Pu
10

ÉTUDES

SUR

L'HISTOIRE D'HAÏTI.

Paris.—Impr. de MOQUET, 92, rue de la Harpe.

ÉTUDES

SUR

L'HISTOIRE D'HAÏTI

SUIVIES DE LA

VIE

DU GÉNÉRAL J.-M. BORGELLA

PAR B. ARDOUIN

ANCIEN MINISTRE D'HAÏTI PRÈS LE GOUVERNEMENT FRANÇAIS,
ANCIEN SECRÉTAIRE D'ÉTAT DE LA JUSTICE, DE L'INSTRUCTION PUBLIQUE ET DES CULTES.

TOME QUATRIÈME.

PARIS

DEZOBRY ET E. MAGDELEINE, LIB.-ÉDITEURS,

RUE DU CLOÎTRE-SAINT-BENOÎT, 10.

1853

PÉRIODE FRANÇAISE.

QUATRIÈME ÉPOQUE.

LIVRE QUATRIÈME.

CHAPITRE I.

Aveu d'un écrivain français sur les causes de la guerre civile du Sud. — Correspondance entre Toussaint Louverture et Rigaud, entre ce dernier et Roume. — Roume arrive au Port-au-Prince et convoque les principaux généraux auprès de lui. — Conférences, et décision prise par Roume. — Rigaud lui demande sa démission. — Il la refuse. — Rigaud fait évacuer le Grand-Goave et le Petit-Goave par ses troupes. — Il commande le reste du Sud. — Révolte du Corail. — Neutralité de Bauvais et réflexions à ce sujet. — Toussaint Louverture lance l'anathème contre les hommes de couleur. — Arrestation et massacre de quelques-uns. — Conduite de Bauvais. — Il se retire à Jacmel. — Roume et Toussaint Louverture vont au Cap. — Intentions respectives de Toussaint Louverture et de Rigaud. — Correspondance entre eux, entre Roume et Rigaud. — Examen de la conduite de Roume.

« La fatalité semblait avoir prédestiné Saint-Domingue
« à voir naître ses maux *des pouvoirs* de la métropole. La
« scission du général Hédouville avec T. Louverture,
« qu'il ne dépendait peut-être pas d'eux d'éviter, eut pour
« résultat la lutte sanglante des noirs et des hommes de
« couleur [1]. »

C'est le cri de la conscience, poussé par l'un de ces généraux français envoyés plus tard à Saint-Domingue, pour recueillir le fruit de la guerre fratricide allumée par le Directoire exécutif. Il confirme pleinement la conclusion que

---

[1] Mémoires de Pamphile de Lacroix, tome 1er, page 373.

nous avons tirée, dans notre troisième livre, des intrigues coupables de Laveaux et de Perroud, de la mission de Sonthonax et de celle d'Hédouville. Ils ont été les agens de la discorde semée entre les anciens et les nouveaux libres de la colonie; et nous avons dit dans quel esprit, dans quel but [1].

Après le départ forcé d'Hédouville, il s'est trouvé un autre agent de la métropole, préparé à l'avance par le Directoire exécutif, muni de ses instructions. Nous allons voir ses procédés, et nous pourrons juger si ses instructions, doublement *cachetées*, ne lui prescrivaient pas, comme à ses prédécesseurs, de parvenir aux mêmes fins.

Nous avons promis d'examiner la conduite politique et militaire de Rigaud, en parlant de l'autorisation qui lui fut donnée par Hédouville, de garder le commandement du département du Sud, de désobéir à T. Louverture, général en chef de l'armée. Nous remplirons notre promesse. Mais auparavant, il convient de relater les actes qui eurent lieu entre ces deux rivaux, immédiatement après le départ d'Hédouville, et quelques-uns du nouvel agent.

T. Louverture avait supprimé la proclamation d'Hédouville qui le dénonçait à la colonie comme pactisant avec les émigrés, les Anglais et les Américains, pour prononcer son indépendance. Il n'ignorait pas que cet agent avait écrit à Rigaud pour le dégager de toute obéissance envers lui; et, dans l'espoir de trouver dans la correspondance de ce dernier, la preuve d'une coalition contre lui-même

---

En parlant de la lettre d'Hédouville à Rigaud, Thibaudeau dit que « c'é- « tait allumer la guerre civile. »— **Histoire du Consulat et de l'Empire**.

entre Rigaud et l'agent, il avait inhumainement ordonné d'assassiner, près de Mont-Rouis, les officiers Dauzy, Cyprès et Camus, qui revenaient des Cayes. Cet assassinat était d'autant plus odieux, qu'en les arrêtant, on pouvait les dépouiller des dépêches dont ils étaient porteurs. Officiers subordonnés, ils remplissaient leur devoir, ils étaient placés sous la sauvegarde de l'honneur militaire : ils ne devaient pas périr[1] !

Voulant contraindre Rigaud à s'expliquer, à se prononcer, T. Louverture lui écrivit une lettre où il lui annonçait le départ d'Hédouville, l'événement du Fort-Liberté, en accusant cet agent d'être l'ennemi de la liberté générale des noirs. Il ne se borna pas à cela : il accusa Rigaud aussi de participation aux projets de l'agent *contre les noirs*. C'était son thème favori, pour pouvoir exciter les passions de la multitude.

Conçoit-on une telle accusation contre Rigaud, qui avait été le premier à affranchir 700 noirs dans le Sud d'un seul coup, de la part du chef qui, en ce temps-là, servait la cause des Rois contre la liberté, qui refusa de passer au service de la France lors de la déclaration de la liberté générale par les commissaires civils, qui ne s'y rallia que pour sa sûreté personnelle ?

Le 27 octobre (Hédouville était encore dans la rade du Cap), Rigaud répondit à la lettre du général en chef : « Je « crains que ce ne soient *les émigrés* qui sèment la mé- « fiance entre les premières autorités de la colonie. Je vous

---

[1] Cet assassinat fut exécuté par un détachement commandé par le chef de bataillon Gabart.
Le ministre de la marine ayant écrit à T. Louverture pour lui demander si les auteurs de cet affreux assassinat avaient été punis, le 23 mars 1799, il lui répondit simplement que ces officiers avaient péri *dans une embûche*.

« engage *à les chasser*. C'est grandement vous abuser
« que de me croire capable de me prêter à aucun projet
« qui tendrait à l'abaissement et à l'asservissement des
« noirs, moi qui n'ai jamais cessé de combattre pour la
« liberté générale. »

Rigaud avait-il autre chose à répondre ? En 1793, n'avait-il pas accepté franchement cette liberté générale, n'avait-il pas déjà combattu les Anglais à Léogane [1], quand ils venaient rétablir l'esclavage, quand alors T. Louverture opérait dans le Nord et l'Artibonite, de nombreuses défections en faveur des Espagnols qui rétablissaient aussi l'esclavage ? Ce dernier n'agissait-il pas de concert avec *les émigrés ?*

Après cette réponse de Rigaud, T. Louverture lui ayant écrit de nouveau, il lui répondit encore, le 20 novembre :
« L'agent Hédouville m'a autorisé à étendre mon com-
« mandement jusqu'à Léogane, qui est compris dans les
« limites du département du Sud, d'après la loi du 4 bru-
« maire an 6 (25 octobre 1797) : j'ai notifié cette décision
« au général Laplume, pour couvrir ma responsabilité ;
« car il semble ne pas vouloir servir sous mes ordres [2].
« Quant au départ de l'agent, le mal n'est pas sans remède.
« Maintenons la tranquillité dans le pays ; prouvons notre
« fidélité à la France, en chassant les émigrés : *au nom*
« *de notre existence,* montrez-vous jusqu'à la fin l'homme
« du gouvernement français. »

Rigaud avait enfin déclaré ce que T. Louverture désirait, sur la question du commandement du Sud. Certes,

---

[1] En novembre : il tenta vainement de leur enlever cette place.
[2] On se rappelle que le 5 juillet, Laplume avait demandé à Hédouville de réunir à son arrondissement, les places du Grand-Goave, Petit-Goave, etc. et que cet agent refusa.

sa lettre se terminait d'une manière blessante pour le général en chef : en l'engageant à prouver sa fidélité à la France, par l'expulsion des émigrés, à se moutrer l'homme du gouvernement français, c'était lui dire qu'il semblait trop favorable au projet dont Hédouville l'avait accusé. Mais, d'après les lois françaises, les émigrés devaient-ils être admis à Saint-Domingue? Mais, T. Louverture n'avait-il pas blessé Rigaud, en lui imputant des desseins contraires à la liberté des noirs? Avait-il seul le privilége des imputations et des injures? Les siennes étaient injustes, tandis que Rigaud avait raison de lui reprocher ses faveurs pour les émigrés.

Insistant encore sur ses accusations, il reçut de Rigaud une autre réplique, le 30 novembre : « En me laissant « *séduire* par Hédouville, dit Rigaud, j'eusse fait preuve « de perfidie et de stupidité. Je déclare hautement que le « général Hédouville ne m'a *parlé et écrit* que pour la « prospérité de Saint-Domingue, que pour l'établissement « de l'ordre constitutionnel et pour l'affermissement de « la liberté et de l'égalité. *Je lui ai vainement demandé* « *ma démission;* je la demanderai au Directoire et à l'a- « gent Roume. »

On a vu, dans le 3e livre, que Rigaud avait manifesté à Roume, par sa lettre du 28 avril 1798, son désir d'aller en France remplir son mandat de député au corps législatif. Bientôt on le verra solliciter avec insistance sa démission de commandant du département du Sud, de Roume qui la lui refusera encore, tant les agens de la France et son gouvernement avaient besoin de faire éclater la guerre entre les défenseurs de cette colonie, qu'ils avaient arrachée des mains des Anglais et des colons. Et puis, Kerverseau et Pamphile de Lacroix ont accusé les Anglais, Maitland surtout, d'avoir été les auteurs de cette guerre civile !

Roume était encore à Santo-Domingo. Le 12 décembre il écrivit à Rigaud qu'il se disposait à se rendre dans la partie française, et que rendu là, il réunirait auprès de lui le général en chef, Rigaud, Bauvais et les autres chefs militaires, afin de conférer ensemble *avec franchise et cordialité*, sur les mesures à employer pour la sûreté extérieure et intérieure du pays, comme pour l'organisation constitutionnelle, la réparation des abus, et la consistance de toutes les autorités républicaines.

Il arriva au Port-au-Prince, le 12 janvier 1799. Le 17 il écrivit à Rigaud qu'il venait de recevoir une lettre de T. Louverture, datée de l'habitation Descahos, et qu'il serait rendu sous peu de jours au Port-au-Prince :

« La confiance que j'ai *dans les vertus de ce grand homme* ne me permet plus de supposer que nous n'agissions *de concert* pour l'intérêt de Saint-Domingue, qui ne saurait être différent de celui de la grande nation. Lorsque j'aurai eu ma première entrevue avec ce général, je m'empresserai de vous écrire pour vous en communiquer le résultat qui sera, j'espère, de nous réunir tous ici, pour concerter ensemble les moyens d'opérer partout le bien, de la même manière, en ne nous écartant *jamais* de l'acte constitutionnel et de la *loi organique des colonies*, et en ne voulant pas aller trop vite. »

Or, il n'y avait d'autre loi organique pour Saint-Domingue, que celle qui réglait et déterminait les limites des cinq départemens, dans lesquels des tribunaux civils et correctionnels, et des administrations départementales et communales devaient être établis. Les colonies françaises, sous la constitution de l'an 3, étaient régies par cette constitution et envoyaient leurs députés au corps législatif.

On vient de voir comment *les vertus du grand homme* avaient bien disposé Roume en faveur de T. Louverture. Écoutons encore cet agent.

Le 22 janvier, il écrivit à Rigaud :

« J'espère enfin, citoyen général, qu'après avoir conservé pendant plus de sept ans un très-vif désir de vous connaître personnellement, sans avoir jamais pu l'effectuer par la fatalité des événemens de Saint-Domingue, j'espère dis-je, *mon cher* Rigaud, que sous peu de jours, *j'aurai le bonheur de vous embrasser*.

« Le général en chef s'est rendu ici hier au soir. Il serait impossible *d'être plus content de quelqu'un*, que je ne le suis *de cet homme vertueux ; lui et moi n'avons qu'un même but,* — celui du bonheur de Saint-Domingue, inséparable de la prospérité nationale ; lui et moi sommes également convaincus que pour y parvenir, il faut la plus parfaite union entre l'agence particulière et les autorités militaires qui ont le plus d'influence. C'est pour cette raison que je viens d'inviter le général en chef *de vous requérir*, ainsi que les généraux Bauvais et Laplume, de venir au plus tôt conférer *fraternellement* avec nous sur les mesures à prendre. *Votre zèle pour la France et Saint-Domingue*, dont l'intérêt est le même, m'assure, citoyen général, que vous ne vous refuserez point à satisfaire à notre vœu, et c'est au nom du gouvernement national que je vous fais cette demande. »

Voit-on avec quel art Roume, *content de l'homme vertueux*, invite le général en chef *de requérir* Rigaud de se trouver à ces conférences ? Rigaud a été constitué indépendant du général en chef; et c'est cependant celui-ci, et non pas l'agent, qui le requiert, qui lui ordonne de venir au Port-Républicain. Mais, comme l'agent connaît la fierté de Rigaud, et qu'il n'ignore pas la correspondance qui a eu lieu entre lui et T. Louverture depuis le départ d'Hédouville, Roume joint une lettre à celle du général en chef: pour le déterminer à venir, il lui parle de son zèle pour la France et Saint-Domingue, il lui fait cette demande au nom du gouvernement national.

Avant de partir de Santo-Domingo, il y avait fait venir Kerverseau, qui était à Saint-Yague, pour le remplacer comme agent dans la partie espagnole. Le 25 janvier, il écrit à Kerverseau qu'il a vu T. Louverture: « C'est un « philosophe, un législateur, un général et un bon citoyen. » Probablement, c'est cette lettre qui aura porté Kerverseau à dire, dans son rapport au ministre de la marine, « qu'il « eût été difficile *de fabriquer un personnage plus propre,* « dans les conjonctures, au rôle qu'il convenait à Tous- « saint de lui faire jouer. » Kerverseau avait mieux connu ce dernier que Roume; il l'avait souvent vu au Cap, et il l'avait parfaitement observé. Roume aussi, dans sa première mission, en 1791, avait vu T. Louverture au Cap, venant accompagner les prisonniers blancs que Jean François avait renvoyés sur l'invitation de la commission civile; et il est possible que cette réminiscence contribua à la haute idée qu'il concevait de lui en 1799. Mais nous voyons en Roume, en ce moment, l'agent fidèle à la politique du Directoire exécutif, revêtu de ses *doubles* instructions, accomplissant avec intelligence, sous l'apparence de la bonhomie, le but que se proposait cette politique.

Le 26 janvier, Rigaud, en accusant réception à Roume de sa lettre du 17 et envoyant auprès de lui le chef de bataillon S. Doyon, porteur de paquets venus à son adresse par un navire de Bordeaux, lui disait :

« Aussitôt que je recevrai vos ordres pour la réunion que vous projetez de faire des divers chefs militaires auprès de vous, je m'empresserai d'y obtempérer. Je ne doute pas que si tous les habitans de la colonie ont en vous *la même confiance* que vous avez inspirée à mes frères d'armes et à moi, elle ne marche à grands pas vers son organisation constitutionnelle et sa prospérité. Votre expérience, le long séjour que vous avez fait dans l'île, tout me fait augurer que vous saurez mieux que personne appliquer aux malheurs de Saint-Domingue le baume qui leur convient. »

Ayant reçu ensuite la lettre de cet agent, du 22 janvier, Rigaud y déféra plutôt qu'à celle de T. Louverture qui le requérait de venir au Port-au-Prince. Il s'y rendit dans les derniers jours de janvier. Bauvais et Laplume y vinrent aussi.

Le 4 février (16 pluviôse) étant l'anniversaire du décret de la convention nationale sur la liberté générale, Roume en fit l'occasion d'une grande fête. Il prononça un discours sur la place d'armes du Port-au-Prince où il était entouré de tous ces officiers généraux. Il les invita à vivre entre eux, en paix, en union, à conserver l'amour de la République française *et l'obéissance à ses lois*. T. Louverture, en sa qualité de général en chef, fit aussi un discours où il prétendit que l'union la plus parfaite existait entre eux tous : ce qui était démenti par les faits connus de toute la colonie.

Relativement au discours de Roume, c'était encore, pour ainsi dire, la même médaille dont Sonthonax avait offert un des côtés à la vue des spectateurs, lorsqu'il pérora sur la place du Champ-de-Mars au Cap, à l'arrivée de l'agence de 1796. Voyons aussi le revers de cette médaille, en 1799.

Le 5 février, une assemblée des généraux eut lieu sous la présidence de Roume. Nous n'en connaissons pas les détails, mais seulement le résultat.

Après s'être bien concerté avec T. Louverture, Roume, décidant le contraire de ce qu'avait résolu Hédouville à son départ, invita Rigaud à se dessaisir du commandement en chef du département du Sud, à renoncer à toute prétention sur Léogane, à abandonner à Laplume, non-seulement le Grand-Goave et le Petit-Goave, où Rigaud avait étendu son commandement depuis la prise de Léogane par les Anglais, mais encore la place et la commune entière de Miragoane [1].

Laplume avait été gagné par T. Louverture. On a vu qu'il avait déjà refusé d'obéir à la réquisition de Rigaud par rapport à Léogane. En voulant étendre maintenant son commandement jusqu'à Miragoane, l'agent de la France voulait faciliter au général en chef l'invasion du reste du département du Sud, par l'occupation du point militaire qui le couvrait.

Rigaud refusa de consentir à un tel amoindrissement de son commandement; il rappela à Roume les dispositions de la loi organique de la colonie qu'il avait promis de ne *jamais* violer, et qui comprenait dans le départe-

[1] Le commandement de Rigaud avait été fixé jusqu'au Grand-Goave, par Polvérel : voyez sa lettre du 11 juin 1794, à la page 465 du 2ᵐᵉ volume. En 1796, Sonthonax ordonna d'en distraire les communes de l'Anse-à-Veau, du Petit-Trou et du Fond-des-Nègres ou Saint-Michel. Sa passion à cette époque fut cause que les troupes et les habitans protestèrent contre cette décision, et les choses restèrent comme auparavant. Hédouville les maintint en cet état, et étendit même le commandement de Rigaud jusqu'à Léogane.

ment du Sud ces différentes communes jusqu'à Léogane. Roume insistant, il paraît que dans la conférence même, Rigaud lui demanda *sa démission* que l'agent *refusa*.

Écoutons, à ce sujet, Kerverseau dans son rapport :

« Roume, en arrivant dans la partie française, avait convoqué les plus influens des généraux au Port-Républicain, espérant *étouffer tous les ressentimens* dans des embrassemens fraternels et réunir tous les efforts pour le salut de la colonie. Mais le général en chef sut en profiter pour augmenter les dissentimens, réveiller les jalousies et rendre les haines plus irréconciliables. Il promettait à Bauvais le commandement de toute la partie du Sud, et lui montrait en perspective le commandement *en chef* de l'armée de Saint-Domingue, et excitait Laplume à demander à Rigaud la restitution des Grand et Petit-Goave. Ces deux places avaient autrefois fait partie du commandement du Sud ; la *délégation* (dont Kerverseau était membre) voulant établir une sorte d'équilibre entre les chefs de ce département, les avait distraites ainsi que Léogane, de la dépendance de Rigaud, pour les mettre sous celle de Bauvais, sur la subordination duquel elle comptait davantage. Sonthonax, qui ne se fiait ni à l'un ni à l'autre, imagina de placer entre eux deux *un général noir*, sépara de Jacmel, Léogane et les autres districts que les délégués y avaient réunis, en forma un arrondissement particulier, et en donna le commandement à Laplume, qui fut nommé à cet effet général de brigade.... Toussaint qui avait gagné Laplume *et qui voulait subjuguer Rigaud*, appuyait fortement la demande du premier. La discussion fut vive et paraissait devoir finir d'une manière sanglante ; mais Rigaud, soit par condescendance pour l'agent, soit pour ôter à Toussaint tout prétexte d'user de violence sur sa personne, consentit à céder ces deux places, et partit *brusquement*, emportant dans son cœur, et laissant dans celui du général en chef, de nouveaux fermens de haine qui ne tardèrent pas à se développer. »

Qui donc était cause de toutes ces haines ? Au lieu d'en accuser T. Louverture tout seul, Kerverseau ne devait-il pas reconnaître que le Directoire exécutif, que ses agens, y poussaient aussi ces généraux ? Mais, il ne pouvait pas le dire au ministre de la marine à qui il relatait les faits. Est-ce que la décision rendue par Roume prouve qu'il voulait étouffer tous les ressentimens ? Il les augmentait, au contraire, et à dessein : comme le gouvernement qu'il représentait, il voulait voir éclater la guerre civile entre T. Louverture et Rigaud, pour arriver à l'affaiblissement de ces hommes dont on méconnaissait les services. Le seul moyen d'empêcher cette guerre était d'accepter la démission de Rigaud qui, déjà nommé député au corps législatif depuis près d'un an, eût eu alors un motif honorable pour quitter Saint-Domingue. On va voir comment Roume agit à son égard.

En effet, le lendemain de cette conférence, où la partialité de cet agent s'était montrée de manière à courroucer Rigaud, le 6 février, ce général lui adressa une lettre accompagnant un aperçu sur la situation du département du Sud, qu'il avait soumis à Hédouville. Cet aperçu contenait un précis de tous les événemens qui s'y étaient passés depuis le départ de Polvérel et Sonthonax ; l'état de la force armée, des notes sur son organisation, sur l'organisation civile et judiciaire, et était accompagné d'une carte particulière du Sud.

« J'ai cru, dit-il à Roume, que ces détails vous seraient nécessaires pour le changement que vous aurez à faire.

Je suis prêt à vous donner tous les renseignemens que vous désirerez sur le département qui m'a été confié jusqu'à ce jour, heureux de pouvoir *le remettre,* sinon intact, mais dans un bon état, en comparaison des autres départemens et en raison des circonstances. *Je vous réitère de nouveau mes instances pour me remplacer dans le commandement du Sud.* Je ne saurai être heureux ni même vivre, *si vous n'adhérez à ma demande.* J'attendrai vos derniers ordres, citoyen agent, pour partir et me rendre au sein de ma famille : elle ne peut exister sans mes secours fraternels. »

Roume n'ayant pas répondu à cette lettre, dans la même journée du 6 février, Rigaud lui adressa la suivante :

« J'ai servi avec honneur et zèle la République française à Saint-Domingue. Le département du Sud qui m'avait été confié a été conservé autant qu'il a été en mon pouvoir de le faire. Je pense que vous serez content de l'état actuel des cultures, si vous allez faire votre tournée dans ce département ; vous vous en convaincrez par vous-même. L'état de ma mauvaise santé, le désir de faire place à d'autres militaires qui sont plus en état que moi de continuer le service, me portent *à vous prier de recevoir ma démission.* Je vous préviens, citoyen agent, que j'avais reçu l'ordre du général Hédouville de prendre le commandement du département du Sud, aux limites prescrites par la loi du 4 brumaire an 6. Vous prescrirez *à celui qui doit me remplacer* ce que vous aurez arrêté pour le plus grand avantage de la chose publique.

« Je demeurerai toute ma vie le défenseur ardent de la République française, à Saint-Domingue ou dans tout autre endroit sous le pouvoir national. Je serai toujours à vos ordres et à ceux des autres autorités supérieures, pour tous les renseignemens que mon expérience me met à même de pouvoir donner, et je vous aurai une reconnaissance éternelle *de m'accorder la faveur que je vous demande* (sa démission) ; et je vous prie de me continuer vos bontés et votre estime. »

On a dit, et Kerverseau le soutient dans son rapport, que Roume était placé absolument sous l'influence, sous la domination de T. Louverture. S'il en était ainsi, n'eût-il pas accepté la démission demandée *trois fois* par Rigaud? Car, le général en chef ne pouvait que désirer qu'il fût annulé ou qu'il s'éloignât de la colonie. S'il est vrai qu'il avait promis le commandement du Sud à Bauvais, même le commandement en chef de l'armée pour l'avenir, il pouvait, il devait profiter de cette demande réitérée de Rigaud, pour déterminer Roume à l'accepter. On ne peut pas admettre que T. Louverture *désirât la guerre* avec Rigaud *plutôt que sa démission*. En refusant cette démission, Roume était donc parfaitement *libre :* il obéissait à ses instructions *secrètes* [1]. Voyons comment il formula sa réponse à Rigaud. Le même jour, 6 février, il lui écrit enfin :

« C'est au moment même que je viens d'achever le brouillon d'un arrêté, que je crois essentiel au salut de votre pays, et par lequel arrêté vous serez chargé d'une confiance si authentique et si glorieuse, que ce seul acte, fait au nom du gouvernement national, doit vous consoler et vous venger, citoyen général, de toutes les intrigues de vos envieux, et de tous les mensonges de vos calomnia-

---

[1] Il était aussi libre qu'Hédouville, quand celui-ci refusa la démission de Rigaud ; et Hédouville avait obéi comme lui à ses instructions *secrètes*. Dans une de ses lettres à T. Louverture, Hédouville lui disait aussi : « *Votre retraite ne sera pas acceptée*, etc. » On conçoit fort bien pourquoi on maintenait l'un et l'autre à leur poste.

teurs ; c'est en ce moment, dis-je, que je reçois votre lettre de ce jour qui demande votre démission !

« La loi du 4 brumaire an VI règle, il est vrai, les limites des nouveaux départemens de Saint-Domingue ; mais elle ne saurait empêcher les moyens propres à rétablir l'ordre, la tranquillité, l'union. Il ne s'agit pas non plus *de ce que faisait mon prédécesseur*, dans les circonstances où il se trouvait : il nous faut tous de commun accord sauver la chose publique.

« Je vous considère avec raison, citoyen général, *comme l'un des principaux bienfaiteurs* de la France à Saint-Domingue. Pensez-vous qu'à l'instant où vous allez jouir de votre réputation, en dépit de ceux qui l'ont calomniée ; où vous allez rendre à la patrie de nouveaux services, *croyez-vous que je puisse consentir à votre demande ?* Il faudrait pour cela que je fusse *l'ennemi de la France* à Saint-Domingue, de vous et de

L'agent particulier, ROUME.

Le même jour, cet agent adressa une nouvelle lettre à Rigaud ; il lui disait :

« Je vous invite instamment, citoyen général, *de venir
« conférer avec moi* demain à onze heures du matin ; car
« il me paraît *impossible* qu'après avoir déjà rendu tant de
« services signalés, vous refusiez de mettre la dernière
« main à votre ouvrage. Vos deux lettres *me déchirent
« l'âme*. »

Il paraît que s'étant rendu le lendemain auprès de Roume, Rigaud, par condescendance pour lui, pour prouver sa soumission à l'agent du gouvernement français et le désir qu'il avait d'éviter toute mésintelligence, toute guerre civile, consentit à remettre à Laplume le Grand-Goave et le Petit-Goave, mais non pas Miragoane. Roume adhéra à cette résolution, et rendit à cet effet un arrêté en date du 21 pluviôse. Rigaud resta encore au Port-au-Prince jusqu'au 12 février, où il partit pour se rendre dans le Sud. Ainsi, il n'est pas vrai, comme l'avance Kerverseau, qu'il partit *brusquement*.

En passant au Grand-Goave, il le fit évacuer par le commandant Laferté. Arrivé au Petit-Goave, le 13 février, il y reçut des dépêches qui lui mandaient qu'une insurrection avait éclaté au Corail. Dans la nuit même où il reçut cet avis, il en informa Roume. Les révoltés étaient des soldats de la 4e demi-brigade commandée par Geffrard, et des cultivateurs du lieu : ils avaient arrêté ce colonel et le chef de bataillon Jean-Louis Compas. Mais le colonel Dartiguenave, commandant à Jérémie, et d'autres officiers des environs, ayant fait marcher des troupes contre le Corail, Geffrard, Compas et d'autres officiers qui étaient détenus avec eux, furent remis en liberté, et la révolte fut éteinte.

« Le commandant Dartiguenave, dit Rigaud à Roume, me marque que *le pavillon anglais* a été un moment arboré, mais que quelques révoltés, toujours français, l'avaient mis en lambeaux et avaient juré, quoique en état de révolte, toujours fidélité à la France. Cette révolte, m'écrit-on, qui ne paraît que l'effervescence d'un peuple ignorant, prenait sa source dans de grands projets des ennemis de la République. En effet, est-il possible que *des noirs*, qui ont combattu sous mes ordres depuis neuf ans pour la cause sacrée de la liberté, aient voulu retourner esclaves, aient arboré le pavillon anglais de leur propre volonté ? Non. *Quelques conspirateurs sont arrêtés et seront interrogés...* Je vous instruirai plus amplement lorsque je serai sur les lieux. »

Il quitta le Petit-Goave pour se rendre au Corail et à Jérémie ; il ordonna au capitaine Bouchard d'évacuer cette place pour se rendre à Miragoane. Rigaud exécuta donc la promesse qu'il avait faite à Roume ! S'il désirait la guerre avec T. Louverture, il eût gardé le Grand-Goave et le Petit-Goave : il se fût efforcé d'enlever Léogane aux mains de Laplume.

On a dit que la révolte éphémère du Corail fut suscitée par T. Louverture ; mais rien ne le prouve. Le fait du pavillon anglais qui a été arboré momentanément et que les révoltés eux-mêmes ont réduit en lambeaux, donne lieu à penser que cette révolte fut occasionnée par les menées *des colons* de la Grande-Anse, qui ne pouvaient que regretter la domination anglaise, et qui cherchaient à susciter des embarras à Rigaud, dans le temps où il était en conférence au Port-au-Prince.

A l'occasion de cette révolte, un incident survint qui motiva de la part de T. Louverture, d'amers reproches contre Rigaud, comme s'il pouvait en être cause. Dartiguenave, comme on vient de le lire dans la lettre de Rigaud écrite du Petit-Goave, avait arrêté un certain nombre de révoltés qu'il fit amener dans la prison de Jérémie ; parmi eux se trouvait un blanc *colon* reconnu pour être l'un des instigateurs de la révolte ; il fut mis avec vingt neuf noirs révoltés dans une des chambres de cette prison, nouvellement blanchie à la chaux. L'entassement de tous ces hommes dans un étroit espace vicia l'air à tel point, qu'ils furent tous asphyxiés durant la nuit. En supposant qu'ils furent tués, Rigaud ne pouvait être responsable de ce crime, puisqu'il n'était pas à Jérémie [1].

---

[1] Si Blanc Cavenave avait pu périr en prison par *une colère bilieuse*, trente

Après avoir échangé plusieurs lettres avec Roume sur le service judiciaire et financier, rendu à Jérémie, le 25 février Rigaud répondit à une autre de Roume, du 20, qui lui demandait des informations sur les causes de la mort de ces prisonniers. Il lui dit qu'il avait appris ce malheureux événement *dans sa route;* qu'il fut occasionné par les causes naturelles signalées plus haut ; que Dartiguenave avait formellement ordonné, *par écrit,* au commissaire des guerres et à l'officier de garde de prendre des précautions à cet égard. Cet événement le porta à contremander l'ordre qu'il avait donné de faire juger militairement les chefs de la révolte ; il les fit détenir, en élargissant les cultivateurs qu'ils y avaient entraînés, en renvoyant à leur corps les militaires égarés par les factieux. Au Corail, il avait rendu une proclamation à cet effet, et le calme se rétablit.

Dans les conférences du Port-au-Prince, le général Bauvais qui, depuis longtemps, ne comprenait plus le rôle qu'il était appelé à jouer dans les affaires de la colonie, par son ancienneté dans la carrière militaire et politique, s'était montré disposé à tenir une exacte *neutralité,* dans la querelle existante entre T. Louverture et Rigaud, par suite de la décision rendue par Hédouville à son départ. La perspicacité du général en chef lui fit découvrir facilement le parti qu'il pouvait tirer de cette disposition de Bauvais. Il lui manifesta les plus grands égards. Roume, qui agissait de concert avec lui, en usa de même envers Bauvais. Celui-ci n'appuya ni les demandes du général en chef, ni la résistance de Rigaud.

hommes entassés dans une chambre étroite pouvaient mourir aussi par une cause naturelle. Si l'on avait voulu les tuer, c'est au Corail que cette exécution aurait eu lieu.

Cependant, de deux choses l'une : — ou Hédouville, agent de la métropole, contraint de fuir de la colonie, avait le pouvoir de délier Rigaud de toute obéissance au général en chef, — ou Roume, nouvel agent, avait le pouvoir de décider le contraire de ce qu'avait ordonné son prédécesseur. Dans le premier cas, Bauvais devait, à son pays et à la France, d'appuyer les prétentions de Rigaud : dans le second, il ne devait pas, il ne pouvait pas s'abstenir d'appuyer celles de T. Louverture. Il n'en fit rien. Cette mollesse, cette inintelligence de son devoir de citoyen et de chef militaire et politique, étaient de nature à porter Rigaud à persévérer dans ses prétentions; car, sachant l'amitié de Bauvais pour lui, il devait espérer qu'au moment décisif, ce général se déclarerait en sa faveur.

Si Bauvais s'était prononcé pour Rigaud dans ces conférences, celui-ci, aidé de lui, eût facilement réuni Léogane dans son commandement du Sud; mais alors, Bauvais se fût trouvé placé sous ses ordres, puisque l'arrondissement de Jacmel faisait partie de ce département, d'après la loi de brumaire sur la division du territoire. Fut-ce là, la considération secrète qui agit sur l'esprit de Bauvais ? Était-ce la répugnance qu'il éprouvait à obéir à Rigaud, qui le détermina à la neutralité, pour conserver son commandement à Jacmel ? On ne peut l'affirmer : cependant, sa conduite personnelle envers Montbrun légitime ce soupçon ; sa conduite aux Cayes, lors de l'affaire de la délégation, l'acceptation par lui, à cette époque, du commandement de l'arrondissement des Cayes, y donnent encore une nouvelle force. Bauvais était certainement l'ami de Rigaud; mais il se peut qu'ayant été le premier général des anciens libres dans l'Ouest, il n'entendait pas se soumettre aux ordres du premier général du Sud.

Si, au contraire, Bauvais se fût déclaré en faveur des prétentions de T. Louverture qui, à titre de général en chef appuyé de Roume, voulait exiger la soumission de Rigaud à ses ordres, ce dernier, convaincu qu'il ne pourrait plus résister, eût nécessairement persévéré dans sa demande de démission ; il n'eût pas eu l'espoir de conserver le commandement du Sud, diminué des communes du Grand-Goave et du Petit-Goave qu'il remit à Laplume ; trouvant dans son élection de député au corps législatif, faite en avril 1798, un prétexte, un motif honorable pour se retirer de la colonie, il n'eût pas accepté l'insidieux arrêté de Roume, du 21 pluviôse, ou il se fût soumis au général en chef.

La conduite inintelligente de Bauvais fut donc cause de la continuation de ces fatales dissensions entre les deux rivaux qui se disputaient, l'un la totalité du pouvoir, l'autre une portion restreinte de ce pouvoir. On va le voir persévérer dans ce que nous appelons *sa coupable neutralité,* parce qu'elle a été cause, en partie, de la guerre civile qui a surgi de ces dissensions. Cette guerre a eu certainement pour moteur, la perverse politique du Directoire exécutif et de tous ses agens obéissant à ses instructions, laquelle a fait naître *la jalousie du pouvoir* entre T. Louverture et Rigaud, qui l'a entretenue en secondant puissamment les élémens de discorde qu'elle a trouvés dans leur rivalité et dans la jalousie préexistante entre les diverses provinces de Saint-Domingue. Mais, selon nous, il était possible de l'éviter, si Bauvais eût agi autrement qu'il n'a fait.

Est-ce que Rigaud ne la pressentait pas, même depuis les premiers jours de 1797, lorsqu'il envoya Pelletier et d'autres agens secrets auprès de T. Louverture, lorsqu'il s'attacha à entretenir avec lui une correspondance suivie, pour éviter que Sonthonax ne parvînt à les désunir? Ne resta-t-il pas *uni et soumis* au général en chef, jusqu'au départ d'Hédouville? Mais alors, la conduite de T. Louverture envers les Anglais, les émigrés et les colons, était-elle de nature à entretenir dorénavant entre eux cette bonne intelligence? Au moment même où Rigaud condescendait aux demandes de Roume, où il faisait sortir ses troupes du Grand-Goave et du Petit-Goave, que fit T. Louverture au Port-au-Prince, en présence de Roume, agent de la métropole?

Le 21 février, après qu'on eut su le déplorable événement arrivé dans la prison de Jérémie, il ordonna de faire battre la générale, et que tous les citoyens eussent à se rendre à l'église. Il s'y rendit aussi, monta dans la chaire évangélique, présenta quelques papiers d'où il prétendait tirer les preuves d'une vaste conspiration ourdie contre la colonie, *par les hommes de couleur* (cette expression a toujours désigné tous les anciens libres, noirs et jaunes), c'est-à-dire, une conspiration contre lui personnellement, contre les colons, les émigrés qu'il accueillait, contre la masse des noirs émancipés depuis 1793. Selon lui, cette conspiration tendait à replacer ces derniers *dans l'esclavage*. Une telle imputation n'était faite que pour soulever les passions, les haines de la multitude contre ceux qu'il désignait. Dans ce dessein perfide, il rappela la malheureuse affaire de la déportation des *suisses*, pour prouver *la haine* des hommes de couleur *pour les noirs*, en feignant ainsi, le coupable! d'ignorer que parmi ces infortunés se trouvaient des *mulâtres* esclaves. Il ajouta à ces déclamations criminelles, les injures les plus odieuses, les menaces les plus terribles contre la classe entière, objet de ses préventions, sinon de sa jalousie haineuse.

« Pourquoi, dit-il, avez-vous sacrifié les *suisses ?* C'est parce qu'ils étaient *noirs.* Pourquoi le général Rigaud refuse-t-il de m'obéir ? C'est parce que je suis *noir ;* c'est parce qu'il m'a voué, *à cause de ma couleur,* une haine implacable [1]. *Mulâtres !* je vois au fond de vos âmes ; vous étiez prêts à vous soulever contre moi. Mais en quittant le Port-Républicain pour me rendre au Cap, j'y laisse mon œil et mon bras : mon œil pour vous surveiller, mon bras qui saura vous atteindre. »

C'était dans l'église même, dans le temple consacré à la divinité par la religion qu'il semblait vénérer ; c'était du haut de la chaire qu'il se faisait ainsi l'apôtre de la haine et de la destruction des hommes ! .... Pour combler la mesure de son hypocrisie jésuitique, en descendant de cette chaire, où il n'aurait dû s'inspirer que de sentimens pieux et charitables, il alla se prosterner au pied du grand autel ; il eut l'air de prier Dieu avec ferveur et se releva, en faisant le signe de cette croix où le Fils de Dieu mourut pour avoir enseigné aux hommes à s'aimer tous comme frères !... Et T. Louverture put croire, en profanant ainsi les choses les plus sacrées, que la Providence divine ne lui ferait pas expier un jour ses sentimens haineux ! ....

En sortant de l'église où il avait jeté la consternation dans tous les cœurs des jaunes et des noirs présens, non des colons ravis de cette diatribe furibonde, il se rendit au palais du gouvernement, où d'autres colons et leurs femmes vinrent le féliciter de tout ce qu'il avait dit de me-

---

[1] Si Rigaud était guidé par de tels sentimens, aurait-il *obéi* à T. Louverture depuis le départ de Sonthonax jusqu'à celui d'Hédouville ?

naçant contre les hommes de couleur. Il faisait parfaitement leurs affaires ; il était naturel qu'ils le félicitassent de ses véhémentes paroles. Mais nous verrons par la suite comment ils exploitèrent son absurde aveuglement.

Le général Bauvais avait assisté passivement à l'église, aux accusations portées contre la classe entière dont il était un des représentans ; il avait entendu surtout celle qui se rapportait à la déportation des *suisses*, à laquelle il avait personnellement consenti : il ne répondit rien au général en chef ! Cependant, il est de ces circonstances où un homme de cœur doit préférer une mort immédiate à l'avilissement de sa personne : Bauvais était avili en ce moment ; il ne le comprit pas !.... Au sortir de l'église, il écrivit à Roume et à T. Louverture pour offrir *sa démission*. Le lendemain, ou le même jour, il se rendit au palais où se tenaient ces deux autorités ; et là, en présence de beaucoup d'officiers, il reprocha à T. Louverture, dit-on *avec énergie* (nous sommes porté à en douter), d'avoir rappelé la déportation des *suisses* comme une preuve *des préjugés de caste et de couleur contre les noirs*, de la part des hommes de couleur [1] ; il lui dit comment ces malheureux avaient été victimes de l'astuce des colons du Port-au-Prince, de la fatale condescendance des hommes de couleur, dans un esprit de paix et de conciliation. C'était présenter une justification tardive et presque personnelle.

C'est à l'église même qu'il fallait prendre la parole, pour protester contre l'inhumaine intention que le général en chef attribuait à la classe de couleur ; c'est là même qu'il fallait récriminer contre lui et lui rappeler que dans

---

[1] Histoire d'Haïti par M. Madiou, t. 1er, p. 334.

ce même mois de novembre 1791 où les *suisses* avaient été sacrifiés, lui, T. Louverture, agissait de concert avec Jean François et Biassou, pour replacer *les noirs insurgés* du Nord *dans l'esclavage, sous la verge des colons.* Bauvais eût peut-être péri, dans l'église même, en prononçant de telles paroles ; mais du moins il se fût honoré aux yeux de l'histoire et de la postérité. Une telle protestation de sa part eût été une gloire pour lui, pour sa mémoire. Et qui sait si son audace n'eût pas fait reculer l'audace de T. Louverture à ordonner sa mort à l'instant même ?

Il n'avait pas apostrophé le général en chef à l'église ; il perdit l'occasion que lui offraient la raison, la politique et ses anciens services dans la cause de la liberté générale des noirs ; car il avait concouru à assurer l'émancipation de 144 noirs dans l'Ouest, en 1792, sous l'autorité de Roume, alors commissaire civil ; car il avait, comme Rigaud et d'autres de ses frères, accepté franchement la liberté générale prononcée par Polvérel et Sonthonax. Sa harangue au palais ne produisit aucun effet, ni sur l'esprit des noirs, ni sur celui des hommes de couleur.

Cependant, Bauvais pouvait encore être redoutable à T. Louverture, si, retiré à Jacmel, il se fût prononcé en faveur de Rigaud. Il avait sous ses ordres cette belle et fameuse légion de l'Ouest, aguerrie, disciplinée, bien commandée par des officiers d'une grande valeur. En ce moment, le général en chef n'avait pas beaucoup de troupes au Port-au-Prince. Bauvais, en se joignant à Rigaud, pouvait avec lui s'emparer de Léogane et du Port-au-Prince. T. Louverture, tout en lançant l'anathème contre les hommes de couleur, n'ignorait pas que *tous les noirs anciens libres* qui faisaient partie de cette classe étaient unis de cœur et d'intention *avec les mulâtres*, pour désapprouver ses tendances à favoriser les colons, les émigrés et les Anglais, et que *beaucoup de noirs parmi les nouveaux libres* étaient eux-mêmes mécontens de sa conduite, que ceux de l'Ouest et du Sud étaient dévoués à Bauvais et à Rigaud. Moïse lui-même, son propre neveu, et plusieurs autres officiers noirs dans le Nord, tels que le général Pierre Michel, Barthélemi, Noël Léveillé, etc., partageaient la crainte qu'il se laissât trop influencer par les blancs.

Dans cette conviction, après son audacieuse apostrophe contre les mulâtres particulièrement, il sentit plus que jamais la nécessité de ménager l'amour-propre de Bauvais, pour l'empêcher de se jeter du côté de Rigaud. Il répondit donc à Bauvais, avec sa dissimulation accoutumée, que dans son discours en chaire, il n'avait pas eu l'intention d'accuser tous les hommes de couleur; qu'il connaissait le mérite de ce général dont il avait toujours su apprécier le noble caractère. Il l'invita à rester à son poste.

Roume, qui entrait entièrement dans ses vues parce qu'elles étaient favorables aux projets du Directoire exécutif, engagea aussi Bauvais à ne pas insister sur sa demande de démission. Il n'avait pas voulu accepter celle de Rigaud; il devait d'autant plus refuser d'accéder à celle de Bauvais. Il servait son pays.

Qu'on ne vienne pas nous dire que cet agent, faible de caractère il est vrai, ne savait pas se conduire comme il convenait pour remplir sa mission : il obéissait à ses instructions. Comment ! il avait été contraire à Rigaud, depuis l'affaire de la délégation ; il l'avait dénoncé au Directoire exécutif comme l'auteur secret de l'assassinat de tous les blancs qui périrent aux Cayes en cette circonstance ; et voyez comme il a écrit à Rigaud, dès l'arrivée d'Hédouville dans la colonie ; comme il a agi envers lui depuis qu'il fut venu de Santo-Domingo au Port-au-Prince !

Bauvais se laissa convaincre par le général en chef et l'agent du Directoire exécutif : il se retira à Jacmel, bien disposé à continuer sa neutralité.

Roume, en venant dans la partie française, avait rendu un arrêté pour fixer sa résidence au Port-au-Prince [1]. Il se laissa persuader à son tour, par T. Louverture, de se transporter au Cap : il avait déclaré qu'il agirait de concert avec *le philosophe, le législateur* ; celui-ci parla, il céda. Est-ce que le général en chef aurait pu l'y contraindre, s'il ne l'avait voulu ? Kerverseau prétend que ce fut par contrainte. Mais tout décèle le contraire [2]. Roume sentait que l'Ouest ou ses frontières allaient être bientôt le théâtre de la guerre civile ; il s'en éloigna pour dire, comme excuse, qu'il ne pouvait s'y opposer, étant au Cap. Il avait pris son arrêté avant d'avoir vu le général en chef, avant les conférences du Port-au-Prince : dès-lors il put comprendre que la guerre était inévitable, imminente. D'ailleurs, le jugement que porte Kerverseau de cette translation du siége de l'agence, n'a eu lieu qu'après que Roume eut été interné au Dondon, en 1800 : il a pensé du fait de 1799 d'après celui-là.

Le 25 février, Roume quitta le Port-au-Prince avec T. Louverture : ils se rendirent au Cap.

Nous avons narré tous les faits ci-dessus rapportés, d'a-

---

[1] Rapport de Kerverseau.
[2] Bientôt nous verrons Roume résister avec énergie à T. Louverture.

près des documens authentiques que nous possédons. Mais nous sentons la nécessité de relever les inexactitudes ou les incohérences qui se font remarquer dans Pamphile de Lacroix qui, écrivant sous la forme de *Mémoires*, ne s'est pas toujours astreint à suivre l'ordre chronologique des faits. Cette nécessité est d'autant plus urgente, selon nous, que notre compatriote, M. Madiou, dans son *Histoire d'Haïti*, a trop souvent suivi cet auteur dans le classement des événemens. Or, ici, l'ordre chronologique doit nous amener naturellement à porter un jugement impartial sur la conduite respective de T. Louverture et de Rigaud, afin de considérer et de décider qui, des deux, a eu le plus grand tort dans la guerre fratricide qu'ils se firent tous deux, au nom des intérêts de la France ; qui, des deux, a mieux entendu les véritables intérêts de la race noire à Saint-Domingue.

On a vu Rigaud, se basant sur la décision d'Hédouville, persister à vouloir obtenir l'intégrité du territoire du Sud dans son commandement, en vertu de la loi de brumaire an VI ; mais on l'a vu aussi céder à la fin à la nouvelle décision prise par Roume qui, refusant sa démission, lui dit qu'il ne s'agissait pas de ce qu'avait fait son prédécesseur ; et Rigaud consentit à remettre à Laplume le Grand-Goave et le Petit-Goave. Eh bien ! c'est au moment où il part pour exécuter ce consentement à l'amoindrissement de son commandement, c'est peu de jours après avoir exécuté sa promesse, après avoir montré de la modération ; c'est alors que T. Louverture réunit la population à l'église du Port-au-Prince et fulmine contre toute la classe des hommes de couleur. Se borne-t-il à ces paroles injustes, à ces menaces foudroyantes ? Non ! Il fait opérer immédiatement des arrestations au Port-au-Prince, il envoie les personnes arrêtées dans les cachots de sa Bastille du Morne-Blanc, aux Gonaïves ; il en fait massacrer d'autres.

Pamphile de Lacroix, et après lui, M. Madiou, place la sortie virulente du général en chef à une date *postérieure*, après que les premières hostilités avaient commencé. Mais Kerverseau, qui était dans la colonie, qui a dû être mieux renseigné sur les faits, qui a pu l'être même par Roume, Kerverseau dit au ministre de la marine :

« *Trois jours* après le départ de Rigaud, une diatribe dé-
« goûtante d'injures et pleine d'imputations atroces *contre*
« *tous les hommes de couleur*, prononcée *en chaire* par
« Toussaint, au son du tambour, dans l'église du Port-
« Républicain, est suivie dans cette ville *de nombreuses*
« *arrestations* ; et, dans les mornes de Jacmel, *du mas-*
« *sacre* de près de quarante propriétaires, *tous hommes*
« *de couleur* ; un cri de mort retentit dans toute la colo-
« nie contre cette caste ; *les uns s'enfuient dans le Sud*, les
« autres dans la partie espagnole. Cependant, ce premier
« mouvement s'arrête tout-à-coup ; le carnage fut suspen-
« du, mais l'appel avait sonné[1]. »

Si telle fut la conduite de T. Louverture au moment où, parti du Port-au-Prince, Rigaud retirait ses troupes du Grand-Goave et du Petit-Goave, nous le demandons aux lecteurs impartiaux, qui ne se font point un système préconçu pour juger des actions des hommes, qui ne recherchent que la vérité historique dans les faits imputables à tous ; nous leur demandons :

Entre T. Louverture et Rigaud, lequel montra le plus

---

[1] Bientôt, nous verrons un acte de Roume qui confirme l'assertion de Kerverseau, quant à la diatribe de T. Louverture, aussitôt après le départ de Rigaud. Voyez au chapitre 3.

de modération en cette circonstance, immédiatement après les conférences du Port-au-Prince ? Lequel des deux montra plus le désir d'arriver à une guerre où tant de sang humain devait être versé ?

Est-ce celui qui souscrivit à la décision intéressée et perfide de l'agent de la métropole, qui abandonna deux communes à un officier supérieur soumis à son adversaire, qui éloigna ses troupes des lieux où la guerre pouvait commencer, dans le moment où il allait pacifier une autre commune mise en état de révolte, a-t-on dit, par les propres agens de son adversaire ?

Ou bien, est-ce celui qui, pour arriver à ses fins homicides, de propos délibéré, lance l'anathème contre toute une classe d'hommes, ses frères, en fait arrêter quelques-uns, tandis qu'il en fait massacrer d'autres ?

Il nous semble que la question est jugée par *les faits*, et que la seule réponse raisonnable à y faire, — c'est que T. Louverture doit être considéré par la postérité, comme ayant voulu la guerre civile, comme l'ayant provoquée par ses injustices envers toute la classe des anciens libres, par les arrestations, par le massacre qu'il fit opérer parmi eux. Par ces faits constatés à sa charge, il a contraint Rigaud à prendre une attitude de guerre qui devait nécessairement amener la guerre elle-même.

Est-ce tout ? Non, il y a encore d'autres faits à constater de la part des deux généraux, avant l'ouverture des hostilités.

A propos de la mort des prisonniers de la révolte du Corail, T. Louverture écrivit une lettre à Rigaud, lettre d'accusation où il s'étonna — que dans tous les mouvemens, *les noirs étaient toujours victimes*, — mettant ainsi de côté l'assassinat commis par ses ordres, de près de *quarante* hommes de couleur dans les montagnes de Jacmel, comme une sorte de compensation à l'asphyxie des *trente* prisonniers à Jérémie.

Le 20 avril, quelques jours après sa lettre, Rigaud lui répondit qu'il s'était convaincu sur les lieux, qu'il n'y avait eu aucune méchanceté de la part des autorités ; que la mort de ces prisonniers était un de ces événemens qu'aucune prudence humaine ne pouvait prévoir.

« Pourquoi faut-il, dit-il en terminant, que les ennemis les plus perfides aient aujourd'hui la faculté d'irriter frères contre frères, amis contre amis? Jusques à quand la défiance portera-t-elle les uns à soupçonner les autres et à détruire l'union et l'accord si nécessaires à notre bonheur et à la prospérité du pays?.... Je gémis en secret du mal qu'on me veut ainsi qu'à mes frères, les hommes de couleur ; mais je ne changerai pas pour cela, et vous me verrez toujours le même, soit à la tête d'une armée, soit au sein de ma famille, aimant la liberté, chérissant l'égalité, bravant les calomniateurs, méprisant les intrigans *et respectant tout homme de bien. C'est vous dire*, citoyen général, *que je vous respecte*, et que je vous donnerai dans tous les temps, les preuves *de mon sincère et respectueux attachement*[1]. »

Rigaud n'avait-il pas raison de parler ainsi au général en chef? Qui donc étaient les artisans de la mésintelligence, de la défiance entre les enfans de la race noire, si ce ne sont *les colons* qui voulurent toujours leur asservissement ; *les émigrés* qui étaient accueillis et qui étaient venus se joindre aux Anglais pour les aider au rétablissement de l'esclavage ; et *le gouvernement français* lui-

---

[1] Vie de Toussaint Louverture par M. Saint-Rémy, p. 227.

même qui les secondait dans cette œuvre machiavélique?

Sans doute, on objectera à ses paroles, que Rigaud, en s'appuyant sur la décision d'Hédouville, qui n'était que le résultat des instructions du Directoire exécutif, prêtait la main lui-même à cette politique. Mais T. Louverture, en s'appuyant de la décision récente de Roume, agent de ce gouvernement, n'y prêtait-il pas la main aussi? Mais du moins, en tenant au général en chef ce langage fraternel, Rigaud mettait sous ses yeux des considérations puissantes, pour le porter à ne pas écouter les conseils perfides des ennemis de leur race : en lui marquant *son respect*, en lui témoignant *son attachement* personnel, il lui prouvait qu'il ne le regardait que comme son frère, qu'il ne désirait pas entrer en lutte avec lui.

Poursuivons la narration des faits et de la correspondance de cette époque.

Tandis que T. Louverture, du Cap, lançait ses accusations contre Rigaud, Roume lui écrivait pacifiquement sur des détails d'administration civile et judiciaire. Le 11 avril, Rigaud l'avait informé que l'assemblée électorale du département du Sud venait d'élire au corps législatif, Pinchinat et Garnot, qui étaient en France. Le 27, Roume lui répondit :

« Votre lettre du 22 germinal m'a fait *beaucoup de plaisir*, en m'apprenant *le bon choix* fait par l'assemblée électorale du Sud, en la personne du citoyen *Pinchinat* pour le conseil des Cinq-Cents, et dans le citoyen *Garnot* pour celui des Anciens. Vous savez déjà, sans doute, que dans l'Ouest on a nommé le citoyen *Rallier* aux Cinq-Cents, et le citoyen *Coisnon* aux Anciens, et que le département du Nord a choisi le citoyen *Pascal* pour les Cinq-

Cents, et le même citoyen *Rallier* pour l'autre conseil. — Votre aide de camp Bonnet (qui venait d'arriver de France), dont tout le monde s'accorde à faire le plus grand éloge, vous aura instruit *de la sagesse* avec laquelle le Directoire exécutif *a jugé les derniers événemens* de Saint-Domingue. Loin donc que cette crise, qui semblait si effrayante, puisse occasionner le moindre malheur à la colonie, il en résultera le plus grand bien, puisque le gouvernement national, *maintenant convaincu de la loyauté du général en chef*, malgré *de spécieuses apparences même assez fortes* pour avoir persuadé l'agent Hédouville, n'en sera que plus facile *à rendre justice aux autres généraux* qui ont rendu tant de services éclatans à Saint-Domingue. *Vous reprendrez donc enfin, mon cher* Rigaud, *le degré de confiance* qui vous est si justement *acquis*, en dépit de vos *calomniateurs*; et soyez bien certain que *depuis mon entrée* aux fonctions de l'agence, je n'ai laissé passer aucune occasion de rendre au Directoire le témoignage que je dois à tous les sauveurs et les conservateurs de Saint-Domingue, parmi lesquels *vous occupez toujours*, dans ma correspondance, *la place qui vous appartient.*

« Maintenant il faut, *mon cher* général, que nous oublions sincèrement tout ce qui s'est passé de *désagréable* jusqu'à ce jour ; il faut, comme je ne cesserai de le répéter, que tous les républicains de l'île se rendent *réciproquement* la justice qu'ils se doivent et renoncent sincèrement *aux anciennes idées de divisions* que les ennemis du bien public ont si *machiavéliquement* répandues *entre les trois couleurs.* Il est vraisemblable que de nouveaux agens ne tarderont pas à venir prendre les rênes du gouvernement. »

Le dernier paragraphe de cette lettre était relatif à beaucoup de militaires *déserteurs* de Saint-Marc et autres endroits de l'Ouest qui se réfugièrent dans le Sud, et notamment à Jérémie, selon Roume.

« Je vous ferais une injure, poursuivit-il, également indigne et de vous et de moi, si je supposais que vous en eussiez même connaissance ; mais, comme je suis toujours convaincu de la nécessité d'entretenir le plus parfait accord entre les chefs *de votre département* et ceux des deux autres, il est de mon devoir de vous avertir de cet abus, qui, s'il subsistait, pourrait occasionner de nouveaux *soupçons* et réveiller d'anciennes *mésintelligences...* »

Et Roume invitait Rigaud de faire rechercher ces déserteurs et de les renvoyer à leurs corps respectifs, pour éviter d'être calomnié. « Portez-vous bien, et soyez bien
« persuadé que *si je vous aimais moins*, je ne serais pas
« si jaloux de tout ce qui peut être utile à votre réputa-
« tion. »

Cette lettre de Roume suggère diverses réflexions. D'abord, on voit que Pinchinat (pour ne citer que lui) a été élu membre du conseil des Cinq-Cents, et que ce choix a eu l'approbation de l'agent de la France. Pinchinat y était depuis la fin de 1797. Croit-on qu'il aura été admis à siéger dans ce corps ? Ce serait étrangement s'abuser, que d'espérer qu'enfin on y fût devenu juste envers les hommes de couleur du Sud et envers Pinchinat en particulier : il fut encore repoussé ! Il continua à végéter dans la capitale de la mère-patrie, jusqu'au moment où il finit ses tristes jours dans l'infirmerie de la Force, accablé de misère, de chagrins.

Ensuite, on voit par cette lettre, que Roume annonce à Rigaud que le Directoire exécutif, convaincu de la *loyauté* de T. Louverture, malgré de *spécieuses apparences même assez fortes*, qui avaient persuadé Hédouville, a rendu toute sa confiance au général en chef de Saint-Domingue, et par là, *il n'en sera* (au futur) que plus facile à rendre *justice* aux autres généraux, à Rigaud par exemple. Mais, lui a-t-il envoyé copie des lettres que lui ou T. Louverture a reçues?—*Vous reprendrez donc enfin le degré de confiance qui vous est si justement acquis :* c'est pour *l'avenir*; en attendant, il reste toujours sous le coup des préventions odieuses qu'on a nourries et qu'on entretient contre lui.—*Depuis* son entrée aux fonctions de l'agence, Roume a bien parlé de lui, a rendu témoignage de ses services ; mais auparavant, cet agent avait fait ce que nous avons constaté ; il l'avait *dénoncé, calomnié.*

Après ces phrases mielleuses, et toutes d'espérances pour Rigaud, Roume insinue tout doucement qu'il conserve des idées de divisions, en l'invitant à oublier le passé. C'était le cas, alors, de rapporter son arrêté du 24 pluviôse, de faire cesser son commandement *indépendant* dans le Sud, de le sommer, au nom de la France, de se soumettre au général en chef.

Cet agent a été témoin, au Port-au-Prince, de la diatribe verbale de T. Louverture contre tous les hommes de couleur, en comprenant ainsi une foule *d'innocens* au moins parmi eux, s'il y en avait *de coupables d'intention;* car aucun *fait* de leur part ne légitimait ces accusations ; il en a vu arrêter beaucoup qui ont été envoyés dans les cachots du Morne-Blanc, où ils étaient encore détenus ; il a su le massacre de ceux des montagnes de Jacmel, et Roume passe tous ces faits sous silence. Il est aussi convaincu que le Directoire exécutif, de la *loyauté* du général en chef, philosophe et législateur.

Enfin, il termine sa lettre par des reproches assez formels à l'égard des *déserteurs.* Ces déserteurs, ce sont sans doute des hommes de couleur qui, n'ayant pas comme lui, autant de confiance dans la loyauté du général en chef, ont fui la proscription qui les menaçait; ce sont ces hommes dont parle Kerverseau dans le passage cité de son rapport; et Roume veut que Rigaud les renvoie au loup qui doit bientôt dévorer leurs semblables!...

Une expression de cette lettre du 27 avril est à remarquer : c'est qu'à propos de ces déserteurs, Roume parle *du département* de Rigaud. Il avait donc réellement consenti, dans leur entrevue du 7 février, à ce que Rigaud gardât le commandement de tout le Sud, à partir de Miragoane et de ses dépendances! Toutes ses lettres postérieures à ce général, relatives au service judiciaire et administratif, confirment cette disposition prise entre eux, et cela est utile et important à constater. Une lettre de Rigaud à cet agent, du 30 floréal (19 mai) lui rappelle encore que par son *arrêté* du 21 pluviôse (9 février), pris deux jours après leur entrevue conciliatoire, *il lui a donné la surveillance directe sur tous les fonctionnaires de cette partie,* du département du Sud, comme avait fait Hédouville.

Plusieurs autres lettres de Rigaud, des 1er, 14, 18, 19 et 20 mai, sur des détails d'administration, corroborent encore cet état de choses. Roume l'autorisa à *remplacer,* même les fonctionnaires qu'il avait nommés.

Dans celle du 1er mai, il témoigne à Roume son regret de la translation du siége de l'agence au Cap, qui devra éloigner leurs communications :

« Pourquoi faut-il donc que nous soyons privés tout à la fois et du bonheur de vous posséder comme les autres départemens, et de jouir des sages mesures que vous indiquez pour leur prospérité et pour le bonheur de ceux qui les habitent ? De tous les temps, *le département du Sud a été négligé ;* depuis le commencement de la révolution, aucune autorité supérieure n'est venue s'assurer de son état physique et moral ; *ses habitans ont été calomniés* en tout genre ; mais ils n'en ont pas moins chéri la constitution française, et n'ont pas moins donné des preuves de leur attachement à la France. Si vous étiez *plus près de nous,* vous vous seriez mieux convaincu de la perfidie de tous ceux qui nous calomnient ; moi en particulier, j'aurais souvent trouvé en vous, non-seulement *un guide* pour ma conduite dans mes fonctions, mais encore *un père* dans vos salutaires conseils... »

Tout ce que Rigaud dit ici est vrai : à l'exception de Polvérel qui a séjourné deux fois dans le Sud, aucun autre agent de la France n'y était allé depuis longtemps. Mais voit-on néanmoins comme il exhale *ces plaintes du Sud contre le Nord,* où ces agens ont constamment résidé, et cela, dans le temps même où la mésintelligence existe entre lui et T. Louverture ?

Quelques mois auparavant, le 13 octobre 1798, Bonnet qui était en mission à Paris, avait présenté au ministre de la marine un mémoire dans lequel nous remarquons ce passage :

« L'aspect militaire de la partie du Nord paraît impo-
« sant. Celle *du Sud* n'est pas, à beaucoup près, dans un
« état de défense aussi respectable. On peut *affirmer,*
« sans craindre d'être démenti, *qu'abandonnée à elle-*
« *même, oubliée,* pour ainsi dire, par la métropole, elle n'a
« subsisté jusqu'à ce jour que par le civisme de ses habi-
« tans. *Elle n'a rien reçu* de la France depuis le com-
« mencement de la révolution... »

Bonnet aussi disait la vérité ; mais son mémoire, où

nous trouvons cette haute capacité qu'il a développée plus tard, par l'appréciation judicieuse qu'il y fait de toutes les parties du service public, ne renferme pas moins *des plaintes, des reproches* que nous disons *fondés* et résultant néanmoins de la *jalousie* traditionnelle du Sud contre le Nord de la colonie. Et dans une telle disposition des esprits, c'est encore *du Nord* que vont bientôt sortir les provocations à la guerre civile ! C'est *du Nord* que Sonthonax avait fulminé contre le Sud !

Dans ses autres lettres, Rigaud faisait savoir à Roume les tracasseries qu'il éprouvait, dans les quartiers de la Grande-Anse et de Tiburon, de la part des colons qui avaient été sous la domination anglaise. Relativement aux déserteurs de l'Ouest, il demanda qu'on lui envoyât des listes de ces hommes, avec désignation de leurs corps, parce que ceux qui arrivaient dans les communes du Sud, présentaient des passeports en règle. Et cependant, dans une dernière lettre de Roume, du 14 mai, il disait à ce sujet:

« J'ai su depuis, que non-seulement les déserteurs de l'Ouest étaient accueillis à Jérémie, mais même aux Cayes. Vous sentez, citoyen général, qu'il est urgent que vous fassiez cesser *cet abus* dont les suites *compromettraient* la tranquillité publique. Je saisis *avec zèle* toutes les occasions de faire valoir *votre mérite et vos services* auprès du Directoire : je n'ai point voulu lui parler encore de cet abus ; mais je serai malheureusement *forcé* de lui en faire *la dénonciation*, si vous ne me faites savoir que vous avez pris des mesures effectives pour le faire cesser et renvoyer ces déserteurs à leurs corps respectifs. »

Roume pouvait-il dire qu'il ignorait que ces déserteurs, ou peut-être de simples citoyens appelés ainsi, étaient des hommes de couleur qui fuyaient leurs pénates, à raison des craintes qu'ils éprouvaient justement, depuis l'épouvantable cri de mort poussé en chaire par T. Louverture contre leur classe? Agissant toujours de concert avec ce *philosophe,* voulait-il augmenter le nombre des victimes qui allaient être bientôt sacrifiées ?.... Cette menace de dénonciation ne peut étonner de la part de l'agent qui avait déjà dénoncé Rigaud, comme proscrivant les blancs dans le Sud : aujourd'hui, il s'agissait de le dénoncer pour avoir accordé asile à ceux de sa classe qui fuyaient la terreur. A Santo-Domingo, en 1796, Roume n'avait-il pas accueilli et protégé les blancs qui sortirent des Cayes, parce qu'ils craignaient pour leurs jours? Comment donc la même action peut être *méritoire* quand elle est l'œuvre d'un *blanc*, et *condamnable* quand elle est celle d'un *mulâtre ?* Les blancs sortis du Sud ont pu être protégés, les mulâtres sortis de l'Ouest ne devraient pas l'être !...

Et c'est Roume, c'est cet agent du Directoire exécutif, que des historiens haïtiens représentent comme regrettant ce qui se passait sous ses yeux ! Oublie-t-on qu'il signa, avec Mirbeck et Saint-Léger, la lettre du 8 janvier 1792 adressée aux confédérés de la Croix-des-Bouquets et du Fond-des-Nègres, où cette commission civile, livrée à la libre appréciation des événemens, disait *des hommes de couleur* placés sous l'empire du décret du 24 septembre 1791 : « Ne les exposez-vous pas, même *à perdre* l'état
« dont ils jouissaient sous l'ancien régime ? La France
« entière les protégeait et ne voyait en eux que les victi-
« mes d'un préjugé ; elle ne les verra plus que comme *des*
« *ingrats dont l'audace doit armer son bras vengeur.* »
Le temps était arrivé pour frapper *ces ingrats* [1] !

---

[1] En lisant toute la législation coloniale, nous avons eu lieu d'être *étonné* de

Si, postérieurement à cette lettre et sous l'influence de la loi du 4 avril, Roume se montra *équitable*; si, à son arrivée à Santo-Domingo en 1796, à propos de l'affaire du 30 ventôse, il se montra *conciliant*; dans la même année, après l'affaire de fructidor, il se montra *injuste*, parce que telle était la volonté du Directoire exécutif; il aida à cette injustice en dénonçant Rigaud et ses frères dans le Sud. En 1799, la politique machiavélique de ce gouvernement persistant dans son injustice à leur égard, Roume étant son agent, s'animait de l'esprit et probablement de la lettre de ses instructions; il agissait conséquemment au but qu'elle se proposait d'atteindre. Sonthonax aussi n'avait-il pas été *juste, et favorable* aux anciens libres sous l'empire de la loi du 4 avril? Mais en 1796, l'était-il quand la politique du gouvernement français avait changé à leur égard ?

Avant de relater les derniers faits qui ont précédé le commencement des hostilités entre Rigaud et T. Louverture, il nous faut parler des négociations de ce dernier avec les États-Unis et la Grande-Bretagne.

---

ne pas y trouver *une loi,* qui permettrait bien aux colons de satisfaire leurs passions avec les femmes noires; mais qui *ordonnerait* en même temps *d'étouffer* à sa naissance, *tout enfant mulâtre* provenant de leurs œuvres. Le système colonial eût été alors plus conséquent : il eût fait l'admiration des siècles à venir.

CHAPITRE II.

Ordonnance de Toussaint Louverture sur le monopole des marchandises étrangères par l'administration publique. — Objet qu'il a en vue. — Il envoie des agens aux Etats-Unis. — Edouard Stevens, consul général, arrive au Cap. — Convention commerciale avec les Etats-Unis. — Arrêté de Roume à ce sujet. — Motifs qu'il en donne à Kerverseau et Rigaud. — Réponse de Rigaud qui l'approuve. — Arrivée du général anglais Maitland au Cap. — Conférences secrètes tenues aux Gonaïves entre lui, Toussaint Louverture et Stevens. — But de ces conférences, d'après Kerverseau. — Autres faits relatés par lui. — Libelle injurieux de Toussaint Louverture contre Rigaud. — Il concentre des troupes au Port-au-Prince. — Lettres du ministre de la marine au général en chef. — Lettre du 31 mai, de Rigaud à Roume. — Examen de la conduite respective de Toussaint Louverture, de Rigaud, et de Roume. — Toussaint Louverture provoque la guerre civile, d'accord avec Roume. — Ecrit de ce dernier contre Rigaud. — Réponse et proclamation de Rigaud, du 15 juin. — Positions prises par les deux armées, du Sud et du Nord. — Situation de l'esprit public.

On a vu dans le 3ᵉ livre, quel était le misérable état des finances dans le Nord et l'Artibonite, au moment où T. Louverture prenait la résolution de contraindre Sonthonax à s'éloigner de la colonie. Si, après le départ de cet agent, il s'entendit avec J. Raymond pour donner de l'extension au système de fermage des grandes propriétés rurales, afin d'augmenter les produits agricoles et d'attirer le commerce étranger, celui des États-Unis surtout et des autres neutres ; néanmoins, la guerre avec les Anglais entravait beaucoup les transactions commerciales. On peut concevoir aussi que les troubles survenus à cette époque, la mésintelligence qui éclata entre le général en chef et l'agent Hédouville, et les agitations qui eurent lieu pour le contraindre à son tour à s'embarquer, durent porter une grande perturbation dans les affaires. Les Anglais, négociant avec T. Louverture pour avoir le monopole du commerce dans la colonie, gênèrent autant qu'ils purent celui des neutres. Leurs navires de guerre continuaient à rester sur les côtes, pour atteindre ce but.

Mais, comme il était essentiel de favoriser l'importation des comestibles exotiques pour l'approvisionnement des habitans, le général en chef, immédiatement après avoir fait partir Caze avec ses dépêches pour le Directoire exécutif, rendit une ordonnance, le 17 novembre, à cet effet. Voici les motifs et le dispositif de cet acte :

Le peu de commerce qui se fait ici avec les Américains et les Danois ne tend qu'à enlever *le numéraire*. Ces étrangers apportant *beaucoup de marchandises sèches et de luxe*, et *peu de comestibles*, la colonie se trouve toujours au dépourvu de ces objets de première nécessité. Cette manœuvre mercantile opère le triple but — de soutenir *la cherté* des comestibles exotiques, par la pénurie où ils jettent la colonie, — d'enlever *tout le numéraire*, par la grande valeur de ces marchandises sèches et de luxe, — et de maintenir la denrée de la colonie à un *très-bas prix*, par le peu de débouché que cette manœuvre laisse aux productions territoriales. Ces abus subsistent depuis longtemps ; mais, du moment qu'ils compromettent le salut du peuple, qui est la suprême loi, il est de la sagesse du gouvernement de les détruire.

En conséquence, les ordonnateurs de cette colonie devront *acquérir* les cargaisons des navires étrangers, payables *en denrées* coloniales, *au cours*.

Ils emploieront les comestibles pour le service public ; mais ils sont autorisés à faire vendre *pour du numéraire*, avant de déplacer, les marchandises sèches et de luxe qu'ils auront achetées.

Ils devront prévenir les capitaines étrangers qu'ils seront *contraints* de rapporter leurs marchandises sèches, si elles excèdent dorénavant *le tiers* de leur cargaison.

Cette ordonnance avait plusieurs buts : — d'exciter la production des denrées du pays, — d'exciter l'importation des comestibles dont on avait besoin, — de concentrer le numéraire dans les caisses publiques, pour l'entretien des troupes qu'on *prévoyait* de mettre bientôt en campagne. C'était *le monopole* à exercer sur une large échelle, au profit du gouvernement qui tiendrait ainsi tous les habitans, tous les citoyens dans ses mains. Si le commerce étranger préférait le numéraire aux produits, c'est une preuve que les produits ne lui laissaient pas de chances de gain ou qu'il en trouvait peu à exporter. La première disposition de cette ordonnance servit de base à un système presque semblable, sous le règne de Dessalines.

Un autre objet paraît avoir été le motif secret de cet acte : c'était de porter le gouvernement des États-Unis à venir à un arrangement avec T. Louverture.

En effet, avant l'arrivée de Roume au Port-au-Prince, il envoya aux États-Unis un nommé Bunel, « ci-devant « procureur, puis marchand, homme très-mal famé, dit « Kerverseau, mais qui avait épousé une femme noire « très-puissante *à la cour* du Cap ; et un autre nommé « Mayer, faisant dans la même ville fonction de consul « des États-Unis. » Ils revinrent au Cap quand Roume y était déjà rendu, en mars ou avril, sur une frégate qui amena aussi Édouard Stevens, nommé consul général à Saint-Domingue : ce dernier avait rempli les fonctions de consul à Santo-Domingo.

John Adams était alors président des États-Unis. Il avait pris les rênes de l'administration fédérale, pendant que ce pays était en mésintelligence avec la France, par rapport à son commerce. Dans la mer des Antilles, ce commerce avait beaucoup souffert de la course des corsaires français armés à Saint-Domingue et à la Guadeloupe, en même temps que les Anglais traquaient les navires de leurs anciennes colonies, qui venaient approvisionner Saint-Domingue. Il y avait donc, pour les États-Unis, un intérêt immense à faire cesser cet état de choses, tandis que T. Louverture éprouvait le besoin de favoriser l'importation de leurs comestibles dans la colonie, puisque le commerce français ne pouvait lui en fournir.

Stevens entra en négociation avec lui ; et à ce sujet, Kerverseau se plaint de ce que ce ne fut pas avec Roume principalement :

« Si l'agent, dit-il, y fut admis, ce fut sur ses instances personnelles, et plutôt pour en être le secrétaire que le modérateur, et lui faire apposer le sceau de l'autorité nationale, à celle des conventions dont le général Toussaint et l'envoyé de John Adams jugeraient à propos de faire part au public et à lui ; c'est que son intervention était indispensable pour l'anéantissement de *la course* que la commission de Santo-Domingo, qui était hors des atteintes de Toussaint, aurait maintenue, et qu'un des grands objets était de détruire. »

Kerverseau, dont nous reconnaissons volontiers la loyauté et le sens judicieux, nous paraît errer toutes les fois qu'il s'agit des intérêts de la France. C'est à tort, selon nous, qu'il fait des reproches ici, et aux États-Unis, et à T. Louverture, et même à Roume. Ce dernier agissait de concert avec le général en chef qui, après tout, était un homme prévoyant. Or, le commerce français, à cause de la guerre avec la Grande-Bretagne, était dans l'impuissance d'apporter les produits de la métropole dans la colonie : fallait-il donc laisser sa population en proie aux privations de toute espèce ? N'était-il pas plus convenable, plus juste et urgent, de se procurer les comestibles que les États-Unis pouvaient fournir, en faisant cesser la course des corsaires qui empêchaient ces comestibles d'arriver dans l'île ? Il est des nécessités pour un peuple, qu'il doit subir sous peine de périr de faim.

Tel fut le but de la convention arrêtée entre Stevens, T. Louverture et Roume, convention sanctionnée par un acte de l'agent, en date du 6 floréal (25 avril). Le même jour, Roume écrivit une lettre à Kerverseau pour lui expliquer ses motifs ; il lui dit que : « S'il vit d'un côté que « cette convention *favorisait les Anglais*, associés des « Américains, de l'autre il sentait qu'il ne fallait pas ré- « duire les habitans de Saint-Domingue dans l'alternative « de périr de faim ou de commettre un acte d'indépen- « dance, en traitant eux-mêmes avec un gouvernement « étranger. » C'est-à-dire, qu'il ne voulait pas laisser le général en chef traiter lui seul. En cela, il avait raison [1].

Dans sa lettre du 27 avril à Rigaud, citée au précédent chapitre, il lui donna également connaissance de son arrêté du 25 :

« La *misère*, dit-il, causée par l'interruption de tout secours était au comble ; le département du Nord était *sans pain* et sans autres approvisionnemens ; le café ne trouvait plus d'acquéreurs, même à 17 sous la livre, ni le

---

[1] Suivant le Moniteur du 26 vendémiaire an 8 (18 octobre), le Directoire exécutif approuva cet arrêté du 6 floréal.

sucre à 2 gourdes et demie le quintal ; les fermiers ne pouvaient plus remplir leurs engagemens ; les cultivateurs, découragés, renonçaient aux cultures des denrées : tout enfin menaçait le plus triste avenir, lorsque la colonie s'est *encore* vue *sauvée* par la *sagesse* du général en chef... c'est à lui que nous devons l'envoi du citoyen Stevens au Cap... Je suis donc persuadé que dans les départemens de l'Ouest et du Sud, l'on ne sentira pas moins que dans celui-ci, combien de *remercîmens* sont dus au général en chef dans cette occasion. »

Et dans ses lettres des 1er et 18 mai, Rigaud, après lui avoir exposé une situation presque semblable pour le département du Sud, lui dit :

« Depuis huit mois, privé de tous les objets indispensables, je n'ai pu voir qu'avec la plus grande satisfaction, votre arrêté du 6 floréal, relativement au commerce des Américains avec Saint-Domingue. Mon cœur est soulagé de l'espoir flatteur de voir bientôt cette partie, ainsi que le reste de l'île, florissante. *Je rends hommage aux vertus et à la prévoyance du général en chef*, et j'admire en vous *le père et le consolateur* des républicains. »

Ainsi, la convention prise avec l'agent des États-Unis semblait faite pour toute la colonie, pour assurer ses bienfaits au département du Sud comme au Nord ; et l'on voit que Rigaud, encore au 18 mai, était loin d'être *jaloux* de ce que faisait T. Louverture, dans l'intérêt général de tous les habitans ; et cela, plusieurs mois après qu'Hédouville l'eût dénoncé pour son alliance avec les États-Unis.

Dans une autre lettre du 19 mai, Rigaud revient sur l'effet salutaire que produira l'arrêté du 6 floréal, par rapport aux cultures, aux cultivateurs et aux troupes. Il exprime à Roume son vif désir de le voir enfin organiser l'administration départementale du Sud, pour qu'il soit débarrassé de toutes les affaires administratives dont il a la surveillance depuis longtemps, et d'après le récent arrêté de Roume, du 21 pluviôse.

Cependant, suivant le rapport de Kerverseau, le général Maitland, qui avait été en Europe depuis la capitulation du Môle, était arrivé au Cap *peu de jours après* l'admission de Stevens en sa qualité de consul général, agent des États-Unis pour traiter avec T. Louverture. Maitland vint sur une frégate anglaise. Le gouvernement britannique avait nommé le colonel Graunt pour résider à Saint-Domingue, et une proclamation royale, du mois de janvier 1799, avait ouvert les ports de cette colonie au commerce anglais, ou plutôt, il avait permis à ce commerce de fréquenter ces ports. Maitland aurait passé par les États-Unis avant de venir au Cap, et y aurait même vu Stevens et John Adams, pour tout concerter avec eux.

Débarqué au Cap, il y vit Roume qui l'accueillit froidement, et T. Louverture avec qui il eut une entrevue particulière. « Son séjour dans la ville fut très-court, dit « Kerverseau ; sa présence y excitait *de la fermenta-« tion.* » Il se rembarqua sur la frégate et fut aux Gonaïves : T. Louverture et Stevens s'y rendirent aussi, par terre. Aux Gonaïves, les attentions les plus marquées lui furent témoignées ; la voiture du général en chef était mise à sa disposition.

Suivant Kerverseau. « Les conférences qu'ils eurent
« ensemble furent très-orageuses ; Toussaint, *rassuré* sur
« les suites de l'embarquement d'Hédouville,... revint
« sur plusieurs de ses engagemens. Il ne voulut ni rece-
« voir le colonel Graunt, en sa qualité publique, ni admet-

« tre les bâtimens anglais dans ses ports, que sous pavillon
« *espagnol ou américain*, restriction que l'orgueil britan-
« nique trouvait humiliante. Maitland réclamait l'exécu-
« tion de ses promesses, Toussaint l'éludait. Il fallut, pour
« calmer les mécontentemens réciproques, toutes les
« ressources de l'esprit conciliateur de M. Stevens... »

Et là-dessus, Kerverseau énumère une foule d'actes et de pièces du gouvernement des États-Unis, qui prouvent l'entente de la Grande-Bretagne et de ce gouvernement, pour arriver aux arrangemens pris avec T. Louverture ; et il en conclut que ce dernier, stipulant *en son nom* sans mentionner celui *de la France*, arrivait ainsi *à l'indépendance* de Saint-Domingue. Il dit en preuve de cette assertion :

« Que, même *avant* les hostilités avec Rigaud, *non encore déclarées, mais décidées entre les alliés, les ports du Sud ont été exclus* des avantages du commerce des États-Unis jusqu'au départ de Rigaud, et que ceux de la partie espagnole ne l'ont pas été moins sévèrement, jusqu'à ce que T. Louverture les eut réunis à ses domaines...; que les émigrés se préparaient à rentrer à Saint-Domingue (ils y étaient déjà);... qu'à peine son traité avec Stevens fut-il conclu, que le 30 floréal (19 mai) au moment même du départ de Maitland, dont l'apparition à Saint-Domingue fut toujours l'annonce *de nouveaux crimes et de nouvelles calamités*, la colonie fut inondée *du libelle le plus insultant* pour Rigaud, où *les injures* les plus grossières étaient vomies par la rage la plus forcenée, imprimé sous tous les formats, répandu avec profusion et inséré tout entier dans le Bulletin officiel. Ce débordement *d'invectives* était terminé par *la menace* d'employer les voies de rigueur pour ramener *le prétendu rebelle* à son devoir, *après, il est vrai, avoir reçu les ordres de l'agent*. Mais l'agent (Roume) *n'était plus* aux yeux de tout le monde, que comme une de ces idoles dont on ne consultait les oracles qu'après lui avoir dicté celui qu'elle devait rendre. Ce manifeste fut suivi, du côté de Toussaint, d'un rassemblement *de troupes* au Port-Républicain, de proclamations, d'adresses et de nouvelles *rigueurs*; du côté de Rigaud, de l'invasion du Petit-Goave... »

La vérité perce enfin ! Nous venons de louer T. Louverture et Roume, à propos de la convention passée avec les États-Unis ; nous venons de voir que Rigaud la considéra aussi profitable au Sud qu'au Nord de la colonie ; et nous avons transcrit la partie de la lettre de Roume à ce sujet. Suivant Kerverseau, ce n'était donc qu'un leurre dont cet agent berçait l'espoir du général du Sud ! Si l'arrivée de Maitland au Cap y occasionna de la *fermentation*, c'est pour ce motif que les conférences furent transférées aux Gonaïves ; si Roume ne s'y transporta pas aussi, et que les alliés y décidèrent *les hostilités* contre Rigaud, est-ce que cet agent n'y prêta pas la main, en donnant *ses ordres* au général en chef? Vainement Kerverseau essaie-t-il de détourner la responsabilité de la guerre qui s'alluma, de la tête de l'agent du Directoire exécutif, en le représentant comme forcé de céder aux exigences de T. Louverture ; vainement prétend-il que ce furent Maitland et Stevens, le premier surtout, qui voulurent cette guerre civile : c'est le gouvernement français qui la conçut comme utile à ses desseins, qui chargea ses agents de la fomenter, de l'exciter. T. Louverture *rassuré*, dit Kerverseau, sur les suites de l'embarquement d'Hédouville...

Voici ce qui le prouve : ce sont trois lettres du ministre de la marine, adressées au général en chef.

La première, du 12 février, lui disait :

Le Directoire exécutif, citoyen général, a vu avec *étonnement* le citoyen Hédouville de retour en France avant l'expiration du terme fixé pour sa mission. Cet événement aurait pu produire de grands maux, et le Directoire a remarqué *les efforts* que vous avez faits pour y remédier. C'est par les résultats de vos soins à prévenir toute sorte de désordres, de votre exactitude à faire exécuter *les lois nationales* et la volonté du gouvernement, de votre zèle à maintenir *la discipline militaire* et à protéger par-là, et en ce qui vous concerne, les propriétés et l'amélioration des cultures ; c'est par les résultats enfin de votre application ferme et constante à maintenir l'armée dans la fidélité et l'attachement à la mère-patrie et à la constitution de l'an III, que l'opinion du Directoire et celle de la République entière seront fixées, citoyen général, sur vos assertions et celles de vos détracteurs. Jamais plus belle carrière ne vous fut ouverte. Le Directoire exécutif se plaît à croire que vous la fournirez de manière à justifier *sa confiance* ; *il applaudit*, au surplus, au parti que vous avez pris d'instruire sur le champ le citoyen Roume, que le Directoire avait nommé en remplacement du citoyen Hédouville, au départ de ce dernier. Le citoyen Roume répondra sans doute *aux espérances* que son caractère, son civisme et ses talens ont fait concevoir, et qui ont déterminé le Directoire à le désigner *d'avance* pour remplacer le citoyen Hédouville.

Salut et fraternité, E. Bruix.

Une autre lettre du 22 février lui transmit de la part du Directoire, des témoignages de satisfaction pour la campagne qui a été suivie de l'entière expulsion des Anglais et qui a mis le comble à ses succès. Elle fut encore signée du même ministre.

Enfin, la dernière, signée de Talleyrand, ministre des relations extérieures, en l'absence de Bruix, lui disait que le Directoire comptait beaucoup sur son zèle *à seconder* son agent *dans les mesures* qu'il croira devoir prendre *pour le maintien de la tranquillité*, en concourant à protéger les *propriétaires* et en rappelant *le commerce* qui peut seul rendre son ancienne splendeur à une colonie qu'il a su, par son courage, débarrasser de ses ennemis.

C'est ce qui avait *rassuré* T. Louverture, ainsi que Roume qui avait déjà ses instructions *libellées pour tous les cas possibles*. On remarquera qu'Hédouville était parti le 27 octobre 1798, et que ce n'est que *quatre mois* après que le Directoire exécutif approuva le général en chef. Ce gouvernement ignorait-il qu'en partant, son agent avait dégagé Rigaud de toute obéissance envers lui, que la mésintelligence avait déjà éclaté entre eux ? Que fit-il pour faire cesser cet état de choses ? Rien ! Il recommanda au général en chef de maintenir *la discipline militaire,* en thèse générale ; mais si ce dernier juge, ainsi que Roume, que Rigaud y contrevient, il a donc le pouvoir de le punir ? Quoique Roume ait rétréci le cercle du commandement de Rigaud, ne l'a-t-il pas laissé *encore indépendant* du général en chef, après lui avoir refusé sa démission ? Une telle décision n'est pas faite pour arrêter T. Louverture, alors que Roume agit encore *de concert* avec lui. Voit-on comment ce machiavélisme est adroitement mené, pour susciter la guerre entre les hommes de la race noire ? Et Kerverseau a persisté à prétendre que ce fut Maitland qui alluma cette guerre !

Il n'est pas jusqu'aux arrangemens commerciaux de T. Louverture avec les États-Unis, qui n'aient eu d'avance l'approbation du Directoire exécutif : il lui a recommandé de rappeler le commerce, et celui de France en est empêché par la guerre avec les Anglais. Il sait que la principale cause de la mésintelligence survenue entre Hédouville et le général en chef, a été, *en apparence,* l'accueil fait par ce dernier aux émigrés ; et s'il lui recommande l'exécution des lois nationales, par conséquent celles rendues *contre les émigrés*, il ne l'approuve pas moins dans sa conduite.

Nous n'ignorons pas qu'on a objecté que dans la situation de la France, le Directoire exécutif, ne pouvant rien entreprendre pour faire respecter son autorité par T. Louverture, a dû patienter dans l'espoir que la paix avec la Grande-Bretagne lui en donnerait les moyens. Cela se peut; mais, en attendant, il le confirma dans son pouvoir, dans son autorité de général en chef; il n'ordonna pas *explicitement* que Rigaud lui serait soumis, pour faire cesser toute cause de mésintelligence entre eux; et son agent Roume qui a reçu ses instructions, qui a persisté à refuser *la démission* de Rigaud, qui l'a contraint moralement à rester à son poste, a maintenu *son état indépendant* dans le Sud. On l'encouragea donc à résister à T. Louverture! Et d'un autre côté, Roume donna *des ordres* à ce dernier pour le contraindre *à l'obéissance!* Il a vu le général en chef débuter par un libelle contre Rigaud, par la menace, par un rassemblement de troupes, par de nouvelles rigueurs, et il l'approuva !

Mais dans l'ignorance où était Rigaud de la conduite tortueuse de Roume, de ses criminelles intentions contre lui, après avoir reçu de T. Louverture la lettre du 19 mai qui constituait le libelle imprimé dont parle Kerverseau, le 31, Rigaud écrit à Roume :

> Je suis enfin proscrit sur la terre ; *vous seul*, citoyen agent, me donnez quelquefois *des consolations paternelles* et vos sages conseils que je mets à profit ; mais les amertumes dont je suis abreuvé journellement ne me donnent pas l'espoir de vivre. Faut-il vous dire mon mal ? Oui, vous ne devez rien ignorer. Je viens de recevoir les injures les plus amères du général Toussaint ; jamais, non jamais, citoyen agent, un officier ne fut plus injustement et plus cruellement injurié ; jamais

scélérat ne peut réunir autant de crimes qu'on ne m'en prête : ma conscience n'a rien à se reprocher.... Je n'ai jamais passé pour *un assassin*.... je ne puis être *un voleur*. L'injure qu'on me fait de me croire ambitieux du commandement est dépourvue de vraisemblance, puisque *je sollicite ma retraite depuis longtemps*. Je ne passe pas dans l'esprit de mes ennemis mêmes pour *un fourbe, un traître, un suborneur, un ennemi de la liberté, un tyran des noirs* [1].... J'ai embrassé trop sincèrement, et peut-être trop chaudement la liberté des noirs ; on m'accuse du contraire de ce qui m'est imputé, c'est de trop les protéger.... Je vous préviens, citoyen agent, que je ne répondrai pas à la lettre insultante du général en chef. Je ne puis donc *désormais* correspondre avec *un chef* qui croit m'avoir déshonoré. J'ai *des chefs*, mais je n'ai point de *maître* ; et jamais maître irrité et mal embouché n'a traité son esclave de la manière atroce que je l'ai été : il faut que tout mon sang coule....

Le général Toussaint *fait marcher des troupes ; il menace par les armes* le département du Sud. Les citoyens qui l'habitent se laisseront égorger, ou ils se défendront ; il faut bien subir le sort qui nous est destiné, puisque l'agent du Directoire, le représentant de la France à Saint-Domingue ne peut rien pour nous.

Mon crime est d'aimer la République, de vouloir lui rester fidèle, de faire exécuter *les lois contre les émigrés*, de maintenir l'ordre et le travail, et de ne point baisser la tête devant l'idole ! Je périrai, si je dois périr ; mais, citoyen agent, si vous me rendez la justice que je mérite, *comme je l'espère*, vous assurerez au corps législatif, au Directoire exécutif et à toute la France, que jamais républicain au monde n'a été plus attaché à sa patrie que moi.

L'épée va donc être tirée du fourreau entre des frères, entre les enfans d'une même race !...

C'est le moment d'examiner la conduite respective de T. Louverture et de Rigaud. Quant à Roume, il est déjà

---

[1] T. Louverture avait la tête meublée d'expressions injurieuses. Voyez ce qu'il a dit de Sonthonax à Laveaux, dans une de ses lettres ; voyez encore quelles épithètes il appliqua à Raffin, à propos de l'affaire du Fort-Liberté.

presque jugé par le seul exposé de ses actes ; et d'ailleurs, il jouait un rôle naturel entre ces deux rivaux, le rôle qui convenait aux hommes de sa race.

Ici, nous éprouvons le besoin de faire une déclaration. Nous allons nous trouver fort souvent en opposition d'appréciations avec un auteur moderne, M. Madiou, notre compatriote, par rapport à Rigaud et à T. Louverture : le lecteur le remarquera, tant dans ce livre que dans celui qui va le suivre.

Comme dans ces *Études* de notre histoire nationale, nous ne nous bornons pas à relater *des faits ;* mais que nous citons *des actes et des documens,* que nous les examinons, que nous réfutons les auteurs quand il y a lieu ; ainsi nous ferons de l'*Histoire d'Haïti* par M. Madiou : ouvrage que nous estimons d'ailleurs par le sentiment patriotique qui l'a dicté, par son mérite, et encore pour avoir beaucoup aidé à notre propre œuvre. Nous le ferons, parce que cela nous paraît important dans l'intérêt de la vérité historique, dans l'intérêt de notre pays. Il nous semble qu'il faut appeler l'examen des esprits éclairés, sur les faits et les actes de nos révolutionnaires, afin de former une opinion raisonnée, générale, qui puisse guider la jeunesse de notre pays dans l'étude qu'elle doit faire de son histoire.

M. Madiou décide *à priori*, pour ainsi dire, contre Rigaud dans sa querelle avec T. Louverture. Il prête à ce dernier la louable intention, le noble projet de *l'indépendance absolue* de Saint-Domingue, pour éviter la réaction qui se préparait en France contre les noirs, anciens esclaves, et dans le but de conserver leur liberté, de la sauve garder. Il va même jusqu'à dire que — « les « Haïtiens doivent remercier la Providence d'avoir se-

« condé les armes de Toussaint contre Rigaud, qui était
« le principal obstacle à l'indépendance de Saint-Domin-
« gue [1]. »

Aux yeux de cet auteur, en s'opposant au général en chef, Rigaud ne voulait donc que retenir la colonie dans les liens de l'obéissance à la métropole, sans envisager *l'avenir de sa race.*

Nous l'avouons cependant, nous aussi, il y a déjà plus de vingt ans, nous avions dit, dans un autre ouvrage où nous parlions de la guerre civile du Sud :

« L'impartiale histoire *devra recueillir les faits* pour
« constater si la politique de T. Louverture n'avait pas
« pénétré le machiavélisme de leurs communs ennemis,
« et s'il n'avait pas senti la nécessité de la grande et im-
« portante mesure de l'indépendance [2]…. »

Privé alors des documens officiels que nous nous sommes procurés depuis, nous avions fait à T. Louverture l'honneur d'avoir eu, mieux que Rigaud, des idées plus justes sur la situation de leur pays, d'avoir mieux compris ce que leur devoir envers la race noire prescrivait. Mais l'étude consciencieuse que nous avons faite de leur conduite respective, s'oppose aujourd'hui à ce que nous maintenions à l'égard du premier, le jugement *douteux* que nous portions, dans l'ignorance où nous étions de toutes les particularités que nous avons déjà exposées et que nous exposerons encore.

Dans tous les cas, examinons la position respective de

---

[1] Histoire d'Haïti, t. 1er p. 340.

[2] Géographie d'Haïti, publiée en 1832, p. 18. — Dans la mission que je remplis en France en 1838, je me suis procuré beaucoup de documens à Paris. Depuis six ans que j'y suis encore, j'en ai eu, j'en ai vu d'autres tout récemment, qui m'ont éclairé sur les faits de notre histoire nationale.

ces deux rivaux, à la fin de mai, après la lettre de T. Louverture à Rigaud, et celle de ce dernier à Roume.

Il est sans doute utile de remonter aux antécédens de T. Louverture, pour bien juger des sentimens qui l'animaient en ce moment-là. Un homme, quel qu'il soit, quelle que soit sa position sociale, ne renonce pas volontiers à son passé : tout se lie dans sa vie, comme la vie d'un peuple n'est qu'une suite des événemens qui lui ont donné naissance.

Eh bien! que nous offre la conduite de T. Louverture ? En 1791, il était l'esclave d'un colon et le favori d'un autre. Agissant sous l'impulsion de ce dernier et du chef du gouvernement colonial, il organisa la révolte des noirs du Nord pour opérer la contre-révolution à Saint-Domingue, dans l'intérêt du pouvoir royal. Toutefois, il ne prit part à la révolte que lorsque les premiers succès des noirs l'eurent assurée. Il y devint d'autant plus influent, qu'il était le seul lettré parmi eux, et le seul capable de combinaisons politiques. Il usa de son influence pour porter les chefs principaux de cette armée à consentir à replacer les masses sous la verge coloniale, pourvu que l'affranchissement des supérieurs leur fût garanti ; et en cela, il suivait le plan dressé par les blancs contre-révolutionnaires. Biassou et Jean François voulaient porter le nombre de ces affranchissemens à 300 ; il le fit réduire à 50, par un sentiment d'égoïsme et pour mieux faciliter l'arrangement. Les colons opposés aux contre-révolutionnaires s'y refusant, la révolte continua. D'accord avec le gouvernement royal de France, l'Espagne la prit sous sa protection, la fomenta de plus en plus, dans l'intérêt de la contre-révolution ; et T. Louverture, dont l'esprit monacal était en rapport avec les moyens qu'elle employait, devint parmi les noirs son principal agent. Après une lutte de deux années, la liberté générale des noirs fut enfin proclamée par les agens de la France républicaine, et l'influence de T. Louverture retint ses frères dans les rangs des ennemis de cette France libérale. Des défections, des trahisons survinrent, et il y aida plus que personne par les intelligences qu'il pratiqua pour en opérer de nouvelles. Il parvint ainsi à conquérir une position supérieure dans cette armée qui combattait la République française, pour soutenir la cause *de Dieu et des Rois*.

Mais alors il arriva une profonde mésintelligence entre lui et ses rivaux, à propos de leurs grades, de leurs *commandemens*, et surtout de la question du rétablissement d'une partie des noirs révoltés sous le joug de leurs maîtres ; il la jugea *prématurée*, et ce dissentiment entre eux fit menacer son existence personnelle, sa vie. Il saisit ce moment pour passer au service de la France ; et en y passant, il immola de nombreuses victimes parmi ses adversaires. La politique de Laveaux, qui accrut ses forces par lui, exalta son mérite ; l'incapacité et la perfidie de ce gouverneur, ses préventions contre les anciens libres, en firent bientôt son principal appui contre eux. T. Louverture exploita avec adresse cette situation ; il profita de la faute commise par Villatte et devint le lieutenant au gouvernement de la colonie. Une nouvelle autorité y arriva ; il la cajola et se fit l'instrument de ses passions, des vues perfides du gouvernement français réactionnaire.

Enfin, après avoir adroitement éloigné Laveaux de la colonie, il fut promu au rang de général en chef de l'armée. Il s'était distingué dans la guerre contre les Anglais, et il fit servir son ascendant pour chasser Sonthonax, l'auteur de son élévation. Hédouville vint remplacer ce dernier ; et à cause des faveurs que T. Louverture accordait aux émigrés, contrairement aux lois de la France, à cause surtout de celles qu'il paraissait vouloir accorder aux Anglais, à l'aide de ces émigrés, la mésintelligence éclata entre l'agent et lui. Hédouville fut chassé à son tour; mais, en partant, il autorisa Rigaud à la désobéissance envers le général en chef auquel, jusque-là, il était soumis. Roume remplaça Hédouville, continua la politique du gouvernement français et s'entendit avec T. Louverture pour arriver à ses fins. Ce dernier qui avait méprisé l'autorité de la métropole par des attentats contre ses agens, se vit approuvé cependant par cette autorité elle-même ; et au moment où il recevait cette approbation, il était en conférences *secrètes* avec les agens des États-Unis et de la Grande-Bretagne.

Quelles étaient ses arrière-pensées, quel était le but qu'il voulait atteindre par une telle conduite qui souleva la *fermentation* dans tous les esprits les plus éclairés, au dire d'un témoin contemporain, sinon oculaire?

Là est toute la question pour juger sainement, impartialement, entre T. Louverture et Rigaud.

Et encore, s'il s'était borné à ces actes, puisqu'il semblait agir de concert avec Roume, agent de la France, on pourrait dire qu'il prenait des résolutions dans la plénitude de son pouvoir, et qu'il n'était soumis à aucun autre contrôle dans la colonie. Mais, oubliant en ce moment tout respect pour Rigaud, son camarade d'armes, son frère, son aîné dans la cause de la liberté, il saisit cette occasion de ses arrangemens *secrets*, pour lui adresser directement une lettre offensante, pleine d'injures grossières, dignes seulement de l'orgueil qui les avait dictées, dans le but évident de provoquer son adversaire, par son honneur blessé et connaissant sa fierté, non-seulement à la résistance, mais à la guerre immédiate. Il ne se borna pas à cela : il fit publier cette lettre et la répandit à profusion, pour mieux porter le défi à Rigaud. Il fit encore plus : se préparant à la guerre, qu'alors il désirait sans doute, pour trouver l'occasion de s'abreuver de sang humain, pour opérer l'égorgement d'une foule d'individus, il ordonna de nouvelles rigueurs contre quelques-uns et la concentration de ses troupes au Port-au-Prince, pour marcher contre le Sud.

Dans ce but criminel, T. Louverture n'était-il pas alors l'agent passionné, aveugle, de la faction coloniale qui avait toujours rêvé à une telle complication entre les hommes de la race noire ; qui, à Paris, suivant le témoignage même de Roume, avait encore médité son plan de destruction des anciens libres d'abord, pour arriver ensuite aux nouveaux libres ? Ne secondait-il pas les affreux desseins des émigrés qui vinrent s'unir aux Anglais pour rétablir l'esclavage des noirs ?

Il a prétendu, dans sa correspondance avec Laveaux et Hédouville, dans son rapport justificatif adressé au Directoire exécutif, après le départ de ce dernier agent, qu'il était trop clairvoyant pour être soupçonné de se laisser influencer par qui que ce soit. S'il n'était pas réellement sous l'influence pernicieuse des colons et des émigrés, il n'en a été donc que plus coupable de servir leur cause, en provoquant la guerre civile : il en doit être responsable ; il doit du moins avoir sa part de responsabilité avec le Directoire exécutif qui désirait cette guerre, et la postérité ne peut que le blâmer.

A l'égard de Rigaud, dans notre 3e livre nous avons parlé de ses antécédens, jusqu'au moment où les injustices de l'agence de 1796 le contraignirent à garder le pouvoir dans le Sud : nous n'y revenons pas. Mais nous l'avons vu ensuite, prendre l'initiative de démarches fraternelles auprès de T. Louverture, pour l'éclairer, appeler son attention sur les suites que pouvait avoir à Saint-Domingue, l'astucieux machiavélisme de Sonthonax. Dans le but d'éviter la guerre civile entre les deux classes colorées, il a continué cette correspondance, il a obéi à son émule devenu général en chef de l'armée, malgré le mécontentement qu'il pouvait éprouver de ce fait ; il s'est entendu avec lui après le départ de Sonthonax, pour agir de concert contre l'ennemi étranger. Hédouville succède à Sonthonax, et Rigaud continue d'obéir aux ordres de T. Louverture : nous l'avons prouvé par des actes irréfutables.

Rigaud se transporte au Port-au-Prince auprès de son chef ; ils vont ensemble au Cap. Peu de jours après l'arrivée d'Hédouville, Rigaud avait été élu député au corps législatif, et vraisemblablement il s'était fait élire pour trouver une occasion de sortir honorablement de la colonie. Sachant les injustes préventions nourries contre lui par le Directoire exécutif, il sollicite de son agent sa démission du commandement du Sud pour aller remplir son mandat de député ; mais Hédouville la lui refuse ; il le comble d'égards et le renvoie à son poste. T. Louverture en conçoit une puérile jalousie ; cependant ils retournent ensemble du Cap ; Rigaud agit sous ses ordres dans l'évacuation de Jérémie par les Anglais.

Attaché, dévoué à la France, comme l'étaient alors tous les hommes éclairés de sa classe, jaunes et noirs, qui n'attribuaient qu'à ses agens les mauvaises mesures prises dans la colonie, qui voyaient dans la métropole une puissance qui avait proclamé les grands principes de liberté et d'égalité en faveur de tous les hommes, Rigaud avait dû, comme eux, faire une grande différence entre Hédouville et Sonthonax. L'ambition effrénée du général en chef lui suggère une opposition sourde à cet agent ; elle éclate bientôt par un mouvement insurrectionnel qui contraint l'agent à fuir ; et, en partant, il donne à Rigaud un commandement indépendant de son chef, parce qu'il dénonce ce dernier comme coupable de connivences avec les ennemis de la métropole : ces connivences étaient visibles à tous les yeux.

Si la mésintelligence d'Hédouville avec T. Louverture n'avait pas eu pour cause visible, la protection que ce dernier accordait aux émigrés contrairement aux lois de la France, et ses relations avec les Anglais, Rigaud, à nos yeux, eût été coupable de s'autoriser de la lettre de cet agent pour prétendre au commandement de tout le département du Sud. Mais la conduite de T. Louverture n'était nullement rassurante pour la liberté générale, quoiqu'il eût constamment ce mot à la bouche pour commettre ses attentats contre l'autorité de la métropole ; elle ne l'était pas davantage pour les anciens libres. Rigaud devait donc s'en défier, attendre ou de Roume, nouvel agent, ou du Directoire exécutif lui-même, une décision à cet égard.

Cependant, Rigaud continue de correspondre avec le général en chef, malgré ses accusations à propos des noirs envers lesquels il suppose le général du Sud animé de mauvais sentimens. Cette correspondance n'est pas exempte d'aigreurs, il est vrai ; mais Rigaud ne veut pas briser avec lui. Roume arrive enfin au Port-au-Prince ; il les appelle en conférences et se montre d'accord avec T. Louverture. Celui-ci prouve des intentions hostiles contre Rigaud, en portant l'agent à exiger qu'il livre à Laplume les communes du Grand-Goave, du Petit-Goave et de Miragoane. Rigaud s'aperçoit où tend la décision de l'agent qui accède aux désirs de son adversaire : il sollicite alors sa démission, il en fait trois fois la demande pour aller remplir son mandat de député en France. Ce motif honorable lui restait encore, comme au temps d'Hédouville. En se retirant de Saint-Domingue, il eût laissé T. Louverture entièrement maître de ses actions. Mais Roume refuse obstinément ; il représente l'autorité du gouvernement à laquelle chacun doit obéissance.

Rigaud pouvait-il, en sa qualité de *militaire*, prendre lui-même sa démission malgré l'agent, et abandonner son poste ? La hiérarchie a des règles inflexibles, surtout dans l'ordre militaire. Roume l'invite à une conférence particulière avec lui, et l'on voit sortir de cette conférence une nouvelle décision, un arrêté de l'agent qui l'autorise, non-seulement à garder sous ses ordres la commune de Miragoane, mais tout le reste du département du Sud. S'il restreint les limites du territoire soumis à Rigaud, il ne lui conserve pas moins un grand commandement dans lequel il lui donne *la surveillance* de tous les fonctionnaires publics, *la direction* de toutes les affaires : il maintient ainsi pour lui *la même autorité* qu'il y exerçait depuis Polvérel, *la même autorité* qu'il avait reçue d'Hédouville. Il continue de correspondre avec lui. Roume est l'agent du Directoire exécutif : ce qu'il fait, semble donc à Rigaud émaner de ce gouvernement dont il a les instructions, et Rigaud a remis à Laplume le Grand-Goave et le Petit-Goave ; il a montré de la condescendance, de la modération.

Mais, sur ces entrefaites, des lettres du gouvernement parviennent à T. Louverture ; elles approuvent sa conduite à l'égard d'Hédouville. Qu'elles aient été le résultat de son impuissance ou de son machiavélisme, elles existent néanmoins. Roume n'a pu ignorer ces lettres : ni lui ni le général en chef n'en donnent connaissance à Rigaud, pour le sommer à l'obéissance absolue aux ordres de ce dernier, ni aux autres généraux et fonctionnaires publics. On l'endort ainsi dans une fausse sécurité, pendant que l'agent souscrit à un arrangement commercial avec les États-Unis. Cet arrangement n'a qu'un motif d'utilité publique pour toute la colonie, et l'on voit Rigaud, confiant, s'abandonnant à l'espérance, transmettre à Roume *son hommage aux vertus et à la prévoyance du général en chef*.

Cependant, cet arrangement commercial est suivi d'un autre, tenu *secret*, auquel l'agent ne prend aucune part apparente, entre T. Louverture et Maitland, général anglais. Personne ne connaît le but de ces conférences secrètes, et l'agent de la France ne s'y oppose pas, ne donne aucun avertissement aux citoyens à ce sujet. Et c'est immédiatement après ce nouvel arrangement, que Rigaud reçoit du général en chef sa lettre insultante, qui le menace de toute sa colère, qui le blesse cruellement dans son honneur !

Rigaud écrit à Roume, le 31 mai, pour se plaindre de ces injures imméritées. Eh bien ! *ce même jour,* Roume fait publier [1], par la voie de l'impression, la lettre du 27 avril qu'il lui avait adressée, — dans le but de prouver sa propre modération et les prétendus torts de Rigaud envers le général en chef, après avoir donné *ses ordres* à ce

---

[1] Histoire d'Haïti par M. Madiou, t. 1ᵉʳ. p. 231.

dernier pour commencer la guerre. Tandis que Rigaud croyait s'adresser à un esprit conciliateur, à une autorité qui devait modérer la fureur de son antagoniste, Roume le dénonçait à toute la colonie et à la France elle-même, comme un ambitieux qui ne voulait reconnaître aucune supériorité hiérarchique !

De tels procédés, pratiqués par l'agent du Directoire exécutif, sont-ils *d'un homme de bien* soumis à ses instructions, ou sont-ils *d'un fourbe* aussi hypocrite que T. Louverture, et ravi de voir arriver à point le succès de ses instructions ? Lecteurs, c'est à vous de prononcer !

Quant à Rigaud, pouvait-il, dans de telles circonstances, refuser le combat auquel on le provoquait avec tant de perfidie ? Non ! mille fois non !

Lorsqu'un *militaire*, un *général*, se trouve placé comme était Rigaud en mai 1799, il n'a plus qu'à faire appel à son courage, à mettre l'épée à la main, et à laisser le Destin accomplir son œuvre.

Nous venons de reconnaître que Rigaud ne pouvait *légalement*, abandonner son poste, comme *militaire*. Son devoir l'obligeait à y rester, puisqu'on n'avait pas voulu accepter sa démission ; son honneur blessé le contraignait *à accepter* la guerre.

Mais, comme personnage *politique*, représentant une classe d'hommes, n'avait-il pas aussi un devoir à remplir, qui devait encore le porter *à accepter* la guerre ?

Reportons-nous, par la pensée, à cette époque douloureuse pour les fils régénérés de l'Afrique.

Après avoir vaillamment combattu les Anglais sur tous les points du territoire de Saint-Domingue, et obtenu d'eux l'abandon des villes qu'ils occupaient, que voyaient les noirs et les mulâtres, toujours si exécrés des colons qui avaient appelé ces étrangers ? N'étaient-ce pas ces mêmes colons et les émigrés, leurs adhérens, qui dominaient dans le conseil de T. Louverture ? Leur plan dénoncé à la colonie par Roume, à son arrivée en 1796 ; la réaction à laquelle ils poussaient le gouvernement français contre la liberté générale, donnaient-ils *des garanties* aux anciens ni aux nouveaux libres ? N'était-il pas à craindre, après tout, que dans un avenir plus ou moins éloigné, le gouvernement de la métropole ne cédât aux perfides suggestions de la faction coloniale ? Quand il réagissait déjà contre *les anciens libres*, pour leur enlever la position qu'ils avaient conquise dans la guerre contre les Anglais, pouvait-on espérer qu'il eût été toujours plus favorable *aux noirs*, émancipés dans des circonstances impérieuses ? Dans son rapport de 1797, Marec n'avait-il pas dit que — « les commissaires civils avaient *promis aux* « *noirs* la liberté, avaient *osé* leur en promettre et « même leur en procurer la jouissance *provisoire*, dont « la convention nationale avait ratifié le moyen *dans un* « *moment d'enthousiasme ?* » Que signifiaient de telles paroles prononcées à la tribune du corps législatif, sinon *le regret* de cette subite émancipation, *une arrière-pensée à l'égard des noirs ?*

Or, la classe des anciens libres qui, en majorité, avait accepté franchement la liberté générale, qui formait la portion éclairée de la race noire, devenait nécessairement le principal appui des masses, jadis esclaves, contre la réaction projetée. Elle le devenait avec d'autant plus de raison, que si cette réaction s'opérait, elle en subirait elle-même les conséquences. Son intérêt politique était donc identique à celui des masses, indépendamment de ses affections de famille, des liens du sang qui l'unissaient à leur sort. L'abbé Maury avait prévu ce résultat, quand il conseillait à l'assemblée constituante de conserver *les prérogatives de la puissance politique* du côté des blancs, quand il disait que les hommes de couleur, noirs et jaunes anciens libres, *deviendraient les maîtres, les rois des colonies.* On réagissait contre eux par ces considérations. En 1799, Rigaud était visiblement le chef de ce *parti politique*; et à l'égard des nouveaux émancipés, il n'était pas moins un patron recommandable, par l'influence qu'il avait exercée sur leur liberté ; car il avait été le premier à en affranchir plusieurs centaines dans le Sud. Sous ce rapport, il avait donc un devoir tout politique, tout moral, à remplir envers tous les hommes de la race noire.

Qu'on ne vienne pas nous dire que T. Louverture, jadis esclave, était bien mieux placé que Rigaud, à défendre ses frères qui avaient été dans la même condition que lui, qu'il avait naturellement plus d'affection pour eux que Rigaud lui-même. Oui, il semble que cela aurait dû être ainsi; mais *les faits* imputables à T. Louverture prouvaient le contraire : car, tandis que Rigaud combattait pour la liberté générale, son adversaire agissait pour le rétablissement de l'esclavage. Tout récemment encore, en 1798, avant et après le règlement de culture d'Hédouville, il avait émis deux autres règlemens qui ordonnaient des contraintes contre les anciens esclaves. Mais *les faits* qui ont suivi ses succès dans la guerre civile, le régime qu'il a établi à leur égard, ont prouvé que ses sentimens pour eux n'étaient pas ceux d'un protecteur bienveillant. Que le lecteur veuille bien attendre cette époque pour se convaincre de nos assertions, par les actes que nous produirons.

A un autre point de vue, Rigaud remplissait encore un devoir politique.

Il est certain qu'il était, comme tous les hommes de sa classe, sincèrement attaché à la France, par cela que la métropole s'était montrée libérale, juste, envers tous les hommes de la race noire. Ce sentiment de dévouement raisonné, pour ainsi dire, s'opposait alors à ce qu'aucun d'eux ne conçût l'idée de l'indépendance de Saint-Domingue. Ils voyaient bien les tendances du Directoire exécutif ; mais ils pouvaient faire une différence entre ce gouvernement corrompu, et cette France dont la gloire était alors portée si haut par ses victoires : le bruit de ces victoires prodigieuses retentissait au cœur de ces hommes éclairés, presque tous militaires. Durant cinq années de lutte, toute la population noire avait également prouvé son attachement à la France, en combattant les Anglais.

Eh bien ! c'était après leur victoire, obtenue au prix de leur sang et de mille privations, qu'on voyait T. Louverture s'allier aux colons et aux émigrés qui avaient été dans les rangs ennemis, *paraissant* encore s'allier à ces ennemis qu'on venait de vaincre, traiter *en secret* avec le général Maitland, avec les États-Unis. N'y avait-il pas réellement à craindre, que le but de ces négociations secrètes était de proclamer l'indépendance de la colonie, sous le protectorat de la Grande-Bretagne et des États-Unis ? Sous un tel régime, y aurait-il eu *garantie* ni pour les anciens libres ni pour les nouveaux, alors que l'influence des colons et des émigrés était déjà puissante ? Ces deux États ne maintenaient-ils pas l'esclavage, l'un dans ses colonies, l'autre sur son territoire ? Quelle confiance pouvait inspirer T. Louverture qui avait été lié aux colons, aux émigrés, aux Espagnols, pour rétablir l'esclavage? N'était-ce pas une opinion généralement admise, alors, que Maitland lui avait proposé de se faire *Roi* de Saint-Domingue, en déclarant son indépendance de la métropole [1]? L'homme qui s'affublait, chez les Espagnols, de cordons et de croix de la noblesse, ne légitimait-il pas ces soupçons?

Rigaud et tous les anciens libres pouvaient donc redouter les manœuvres du général en chef de l'armée. S'opposer à ses vues était donc un devoir.

T. Louverture, Roume, le Directoire exécutif, les colons, les émigrés, voulaient que le sang fût versé. Il le fut abondamment!

Quel fut, en définitive, le résultat de cette guerre fratricide, de cette immolation d'hommes dans les combats, et de l'assassinat de tant d'innocens froidement égorgés?

« **La guerre civile** *allumée par Maitland* dans la colo-
« nie, et qu'il regardait sans doute comme le chef-d'œuvre
« de sa politique, fut, par le redoublement *de haine* qu'elle
« excita *contre sa nation*, un obstacle invincible à la réus-
« site de ses projets [2]. »

Non, ce ne fut pas là le résultat de cette guerre. Non, ce ne fut pas Maitland qui l'alluma. Si l'on dut le soupçonner *alors* d'y être entré pour quelque chose, on put se convaincre *ensuite* que T. Louverture n'était convenu avec lui que de l'admission des bâtimens anglais sous pavillon espagnol ou américain.

---

[1] L'affirmation de Pamphile de Lacroix à cet égard prouve qu'on avait raison de le croire. Etablir une royauté dans la colonie, alors, c'eût été rétablir l'esclavage. Et de quelle liberté ont joui les citoyens du Nord, sous le règne affreux de H. Christophe?

[2] Rapport de Kerverseau.

Mais, T. Louverture, égaré, passionné, voulant satisfaire son excessif orgueil, son ambition démesurée, pour dominer seul à Saint-Domingue, se jeta en aveugle dans cette cruelle lutte, en assouvissant ses vengeances. Vainqueur de Rigaud, enivré des louanges et des flatteries des colons et des émigrés, il ne mit plus de borne à son régime despotique qui lui désaffectionna les populations asservies par la terreur. La France, connaissant cet état de choses, effectuant alors son système de réaction, projeté depuis longtemps contre la liberté de la race noire tout entière, tenta le rétablissement de l'ancien régime dans la colonie. T. Louverture alla finir de tristes jours dans un cachot, par la plus insigne perfidie, par la plus horrible ingratitude envers lui. La France vit naître alors *une haine implacable contre elle;* et l'un des lieutenans de T. Louverture, uni de cœur avec l'un de ceux de Rigaud, *proclama l'indépendance absolue* de la colonie, *en proscrivant de son sol tous les hommes de la race blanche.*

Voilà quel fut le résultat final de la guerre civile du Sud!

Convaincu de son devoir comme homme *politique*, blessé dans son honneur comme *militaire*, Rigaud ne put donc qu'accepter la guerre.

Cela ne détruit pas les assertions que nous avons posées dans notre introduction, sur les causes préexistantes de divisions intestines entre les provinces de Saint-Domingue, qui prédisposaient les populations à une guerre civile.

Il est clair que depuis le gouvernement de Laveaux, les anciens libres du Sud surtout avaient à se plaindre du mal qui leur venait du Nord; que depuis l'agence présidée par Sonthonax, toute la population du Sud souffrit des injustices de l'autorité placée dans le Nord. En 1799, c'était encore du Nord que venaient les provocations à la guerre ; c'était un agent de la métropole, placé là, qui l'ordonnait, c'était un homme du Nord qui, se targuant de son autorité de général en chef, voulait réduire le Sud à merci.

Nous avons assigné aussi, comme une des causes de cette guerre, l'influence des principes politiques qui dirigeaient Rigaud et T. Louverture. N'est-il pas visible que Rigaud voulait soutenir *les principes républicains, démocratiques*, renfermés dans les mots de liberté et d'égalité, et en assurer la jouissance aux masses comme à la portion éclairée de la race noire qu'il représentait plus particulièrement ? N'est-il pas également évident que T. Louverture, tout en s'étayant des mêmes mots de liberté et d'égalité, voulait la prédominance *des principes aristocratiques*, en assurant aux colons et aux émigrés une grande part d'influence dans les affaires du pays ? Les émigrés et beaucoup de colons n'étaient-ils pas *des nobles* de l'ancien régime ? Le régime établi par le général en chef, devenu gouverneur général, était-il autre chose qu'une *aristocratie* au profit des grands propriétaires du sol dont il avait restauré tous les priviléges, et des chefs militaires dont l'autorité sur les masses était d'un absolutisme révoltant ? Il nous sera facile de le démontrer dans notre 5ᵉ livre.

Sous ce rapport, l'un et l'autre adversaire suivaient l'impulsion de leur éducation, des idées traditionnelles de leur lieu natal.

Donc, toutes ces causes réunies prouvent, selon nous, que la guerre civile du Sud ne fut pas une guerre *de caste, de couleur* : elle fut une guerre *de principes*. Il s'agissait de savoir laquelle l'emporterait, ou la *démo-*

cratie dans l'intérêt de tous, ou l'*aristocratie* dans l'intérêt d'un petit nombre de privilégiés. Le Directoire exécutif, par ses agens, favorisa, excita cette guerre *dans l'intérêt de la race blanche*, privilégiée exclusivement dans l'ancien régime, selon les vues constantes de la faction coloniale. En abattant, en détruisant l'influence des anciens libres, en les faisant désigner aux poignards dès 1796, c'était pour se ménager le moyen de réagir contre les noirs nouveaux libres, devenus les instrumens de cette perverse politique. 1802 a bien prouvé ce plan longuement médité !

Cette guerre fratricide ne fut le résultat d'aucune antipathie *entre le noir et le mulâtre ;* car, bien que T. Louverture ait fait à Rigaud, le reproche *de ne pas vouloir lui obéir parce qu'il était noir*, il savait le contraire, puisque Rigaud lui avait déjà obéi : adroit, habile hypocrite, il n'employa cette formule que pour passionner les masses en sa faveur, que comme moyen politique. Et la preuve, c'est que bientôt nous prouverons qu'il sévit avec autant de rigueur, autant d'atrocité, contre *des noirs anciens libres*, même contre *des noirs nouveaux libres*, que contre *des mulâtres* ; c'est que dans les rangs des deux armées figuraient *noirs et mulâtres* combattant les uns contre les autres, et jouissant respectivement de la confiance des deux chefs.

Même dans ce système de reproche fait à Rigaud par T. Louverture, on peut considérer cette guerre comme occasionnée par *des principes ;* car le général en chef prétendait soutenir *ceux* de la subordination militaire contre Rigaud, qu'il accusait de les violer.

Vainement nous objectera-t-on qu'il y eut plus *de mulâtres* sacrifiés par ordre de T. Louverture, qu'il suffisait *de leur couleur* pour qu'ils fussent immolés [1]. Qu'on nous prouve alors que *des noirs* ne sont pas tombés également victimes *de leurs lumières* et de leurs sentimens de sympathie en faveur de la cause que soutenait Rigaud. Qu'on nous prouve encore que T. Louverture n'avait aucune confiance dans *les mulâtres* qui servaient dans son armée [2].

Nous aurions lieu de nous étonner que deux de nos devanciers, MM. Madiou et Saint-Rémy, aient considéré la guerre civile du Sud comme guerre *de caste, de couleur* [3], s'il n'était pas du partage des hommes de différer souvent d'opinion, sur bien des questions.

Si, dans l'ancien régime, les mulâtres et nègres libres formaient une *classe* intermédiaire, une *caste*, si l'on veut, entre les blancs privilégiés et les esclaves de toutes couleurs, ayant par conséquent un intérêt politique *différent* de celui des esclaves; depuis le 29 août 1793, en

---

[1] Cela prouve seulement qu'il y avait parmi eux plus d'hommes éclairés, que T. Louverture crut devoir sacrifier, pour pouvoir établir son régime de 1800 et 1801 : régime entièrement favorable aux colons, ses amis en 1799 — ses ennemis en 1802.

[2] Le 2 août 1799, Roume lui avait écrit une lettre où il lui disait que c'était sans doute son discours prononcé à l'église du Port-au-Prince, qui faisait dire à Rigaud qu'il voulait l'extermination de toute la classe *des mulâtres*. Mais, trois jours après, T. Louverture lui répondit que c'était à tort que Rigaud portait une telle accusation contre lui; qu'il n'en voulait pas à toute cette classe; qu'il ne faisait pas une guerre *de couleur*; et il cita en preuve, non-seulement Clervaux et les autres hommes de couleur employés dans son armée active, mais encore Vernet, Laraque, Desruisseaux, Rouanez, etc., tous commandans de communes en qui il avait la plus grande confiance.

Si ces explications appuient nos propres opinions sur les causes diverses de cette guerre déplorable, elles prouvent aussi qu'en homme éclairé, T. Louverture sentait le besoin de se justifier d'une accusation qui aurait pu peser sur sa mémoire; et nous aimons à citer ici sa propre lettre à ce sujet; car, si nous l'accusons d'excès indignes de ses lumières, nous nous devons à nous-même de présenter ses propres excuses.

[3] Histoire d'Haïti, t. 1er p. 335. Vie de T. Louverture, p. 231.

était-il encore de même ? A partir de ce jour, tous les hommes de la race noire n'étaient-ils pas *libres et égaux* en tous les droits que comporte l'ordre social ? C'est à l'arrivée de l'agence, en 1796, qu'on vit reproduire les anciennes distinctions de *castes*, par Sonthonax même qui les avait détruites par la liberté générale ; et l'on a pu voir dans le 3e livre à quel but, à quel dessein. Mais ces distinctions n'existaient plus, ni dans la constitution française, ni dans les lois.

Si nous recourons aux dictionnaires pour avoir la définition du mot *caste*, que lisons-nous ?

« CASTE. Nom donné aux diverses *tribus ou familles*
« formant une nation et *distinctes* les unes des autres *par*
« *les mœurs, le sang et la différence des races*. Dans
« l'Inde, il existe des *castes* : l'Egypte ancienne avait
« aussi ses *castes*. Dans un sens moins restreint, *caste*
« s'entend des différens *ordres* dans lesquels est divisée
« une nation : *la caste des nobles, la caste des prêtres, la*
« *caste du peuple*, etc. »

En 1799, en était-il de même à Saint-Domingue ? Les noirs, et les mulâtres leurs enfans, différaient-ils alors, non plus qu'aujourd'hui, par leurs mœurs, leur sang, leur race ? Si Rigaud et beaucoup de ses frères avaient une *couleur* différente de celle de T. Louverture, Rigaud n'était-il pas le fils d'une femme *noire* africaine ? Christophe Mornet, Pierre Michel, Barthélemy, Noël Léveillé, etc., qui périrent pour avoir manifesté des sympathies pour la cause soutenue par Rigaud, étaient-ils d'une *couleur* différente de celle de T. Louverture, qui ordonna leur assassinat ? Clervaux et d'autres mulâtres qui soutinrent la cause du général en chef, étaient-ils d'une *couleur* différente de celle de Rigaud ?

Reconnaissons dans cette funeste et cruelle guerre du Sud, ses véritables causes ; et n'allons pas y chercher autre chose, copier bénévolement les écrits des étrangers, particulièrement des écrivains français, qui, abusés par les termes et les distinctions établies par le système colonial, ont attribué cette querelle *à une haine instinctive entre le noir et le mulâtre*. Nous leur faisons l'honneur de croire qu'ils ont été égarés ; mais, si cette interprétation erronée de nos discordes passées pouvait tendre à occasionner encore des querelles parmi nous, ce doit être pour nous un motif de plus de la repousser. De telles discordes se sont vues et se voient encore en Europe parmi *les blancs;* il en est de même en Afrique parmi *les noirs :* il n'est donc pas étonnant qu'il y en ait eu entre les noirs et les mulâtres à Saint-Domingue, car tous les hommes se ressemblent par leurs passions.

Nous arriverons un jour à la guerre civile entre Henri Christophe et Pétion, où de semblables faits se sont reproduits en Haïti ; nous prouverons encore que cette querelle ne fut pas suscitée par la différence des couleurs, des castes. Ecoutez cependant les écrits des étrangers, ignorant ses véritables causes ; ils vous disent que ce fut encore une *guerre de couleur, de caste*. Mais quand Christophe proposait à Pétion et Geffrard d'abattre Dessalines, y avait-il de sa part une idée de couleur ni de caste? Il voulait seulement succéder au pouvoir autocratique de l'Empereur ; et de ce que Pétion était un mulâtre et qu'il devint le Fondateur de la République d'Haïti, on ne verrait dans sa résolution qu'une idée de couleur, de caste, contre Dessalines ! Nous ne pouvons admettre de tels raisonnemens, fondés uniquement sur la couleur des hommes, acteurs des événemens à relater.

Les vraies causes de la querelle entre T. Louverture et Rigaud étant ainsi trouvées, Rigaud pouvait-il, devait-il imiter son adversaire, en faisant un appel aux passions pour l'envenimer ? Non ; car sa position était toute défensive : il acceptait la guerre, mais il ne l'avait pas désirée. Il publia des écrits, beaucoup trop, pour se justifier des mauvais sentimens qu'on lui prêtait.

Afin de se défendre de l'accusation d'ambition portée contre lui par Roume et T. Louverture, il émit une proclamation, le 15 juin, adressée aux citoyens du Sud : il leur rappela la modération qu'il avait montrée et le désir qu'il avait eu de maintenir la paix publique, en faisant évacuer par ses troupes le Grand-Goave et le Petit-Goave. Il publia en même temps la lettre qu'il avait reçue d'Hédouville, et l'autorisation que Roume lui avait donnée par son arrêté du 21 pluviôse. Mais, obligé de se défendre, il fit avancer ses troupes. Il se déclara investi de tous les pouvoirs dans le Sud. C'était une nécessité de sa position.

Il était alors à Miragoane, d'où il ne tarda pas à partir avec l'adjudant-général Toureaux, pour Aquin, afin de faire avancer des munitions de guerre et de bouche.

Avant son départ, il avait fait occuper le Pont-de-Miragoane par le colonel Faubert, avec les 2e et 3e demi-brigades. Le colonel Geffrard était à Saint-Michel, avec les 1re et 4e demi-brigades. Ces troupes s'élevaient à environ 2500 hommes. Le colonel Renaud Desruisseaux commandait à Miragoane.

En même temps, le général Dessalines occupait le Port-au-Prince avec quatre demi-brigades venues de l'Artibonite. Toutes les troupes réunies dans cette ville s'élevaient à une force de près de 10 mille hommes.

La guerre était imminente, et les sympathies de tous les

hommes éclairés de la race noire étaient en faveur de la cause de Rigaud ; car tous voyaient les tendances *rétrogrades et liberticides* de T. Louverture, dans son alliance avec les colons et les émigrés qui se réjouissaient de cette prochaine lutte, dans *l'apparence* de son entente avec les Anglais, bien qu'il n'y eût rien de réel à ce sujet de la part de ces derniers : le but du général Maitland, en revenant dans la colonie, n'avait été que d'obtenir l'entrée des navires de sa nation.

Que les navires anglais n'aient pas été dans les ports du Sud, cela se conçoit : Rigaud ne l'eût pas souffert. Que ceux des États-Unis s'en soient également abstenus, cela se conçoit encore. Stevens ayant traité avec T. Louverture et Roume, et ces deux autorités marchant d'accord, représentant à ses yeux l'autorité de la France, le gouvernement fédéral devait donner des ordres à cet effet. Mais cette abstention ne prouve nullement, comme l'a dit Kerverseau, qu'il y eut entente entre T. Louverture, Maitland et Stevens, pour faire la guerre du Sud. Le général en chef aura réclamé d'eux, de ne pas approvisionner ce département, pour mieux le réduire ; et ils auront cédé à cette réclamation, pour ne pas perdre les avantages qu'ils avaient obtenus en faveur du commerce de leur pays.

T. Louverture, connaissant les vœux que formaient naturellement les hommes éclairés de la race noire, fit opérer de nombreuses arrestations parmi eux : ce sont ces rigueurs dont parle Kerverseau. Elles établirent la terreur dans tous les lieux soumis immédiatement à son autorité. Des manifestations de mécontentement se firent jour, des plaintes furent poussées ; mais elles ne prouvent pas, comme l'a dit Pamphile de Lacroix, que « Rigaud « *ourdit un complot* dont les ramifications s'étendirent

« sur toute la portion de la colonie où commandait Tous-
« saint Louverture [1]. » Ce fut *la conspiration des vœux
légitimes* que faisaient les honnêtes gens, pour celui des
deux rivaux qui leur semblait plus favorable au bonheur
de la population noire, plus dans le droit d'une défense
dictée par la raison : il suffisait d'être *soupçonné* d'en former, pour se voir arrêté par ordre de ce pouvoir farouche.
Les hommes les plus marquans dans la classe des anciens
libres, ceux qui s'étaient mis en évidence depuis 1790,
dans la lutte contre le système colonial, furent *supposés*
devoir désirer le triomphe de Rigaud ; et les colons les
désignèrent à leur aveugle instrument : *aveugle*, quoique
fort éclairé, en ce qu'il diminua ses forces pour le jour où
il dut lutter à son tour contre ces mêmes colons, appuyés
des baïonnettes françaises.

Tandis que la guerre allait commencer, le général Bauvais continua sa funeste neutralité à Jacmel. Même en ce
moment si pénible, il ne crut pas devoir se prononcer ni
pour T. Louverture ni pour Rigaud ! Et il s'agissait de
l'avenir de sa race tout entière !

Dans les troubles civils, un homme comme Bauvais,
ayant de tels antécédens, s'expose toujours ou à la haine
ou au mépris des combattans, en voulant rester neutre
entre les deux partis qui se querellent : ils lui supposent
naturellement le dessein perfide de profiter de leur ruine,
s'ils succombent. Décidez-vous donc pour celui en qui
vous reconnaissez plus de droit et de raison ; car ils sont
vos frères !

Par sa conduite timorée, Bauvais ne conserva ni l'estime

---

[1] *Mémoires*, etc., t. 1er, p. 377. De qui cet auteur a-t-il pu apprendre ce prétendu complot, si ce n'est des colons blancs intéressés à accuser Rigaud ?

de T. Louverture que sa neutralité favorisa, ni celle de Rigaud qu'elle perdit. Et cependant, elle ne fut pas occasionnée par de mauvais sentimens pour ses frères en général : ce fut le résultat d'une erreur de jugement, d'une fausse appréciation de la situation des choses et de la conduite qu'il devait tenir.

Toutefois, nous devons dire ici qu'une tradition rapporte, qu'après le discours tenu par T. Louverture à l'église du Port-au-Prince, Bauvais songea à se déclarer contre lui, et qu'il s'entendit avec Christophe Mornet, colonel de la 8e demi-brigade et commandant de l'arrondissement, pour gagner son corps et se prononcer au moment qui leur paraîtrait convenable. Cet officier avait fait la campagne de Savannah avec Bauvais et Rigaud ; il était dans les mêmes rangs qu'eux pendant leur lutte contre les colons, à Saint-Marc, où nous l'avons vu figurer honorablement en 1793, adoptant la liberté générale : cette confraternité d'armes et politique le rendait partisan de la cause que soutenait Rigaud, quoiqu'il eût servi dans l'Artibonite sous les ordres de T. Louverture, dans la guerre contre les Anglais. Il avait été dévoué au général en chef, jusqu'au moment où il le vit se jeter dans les bras des colons et des émigrés, paraissant s'allier avec les ennemis qu'ils avaient glorieusement combattus. Cette tradition peut donc être fondée ; mais ni Bauvais, ni Christophe Mornet ne surent agir avec résolution.

CHAPITRE III.

Les troupes de Rigaud s'emparent du Petit-Goave. — Faits reprochés à Faubert. — Rigaud fait occuper le Grand-Goave. — Faute politique et militaire qu'il commet. — Proclamation de Toussaint Louverture contre Rigaud. — Proclamation de Roume qui ordonne la guerre. — Toussaint Louverture à l'église du Port-au-Prince et de Léogane. — Opinions de Moïse et de Paul Louverture sur la guerre civile. — Joie des colons au passage des troupes. — Défection de Pétion. — Il conseille un mouvement de retraite à Toureaux. — Combats, et succès des troupes du Sud. — Rigaud est blessé. — Il ne profite pas de sa victoire. — Révolte en sa faveur dans la péninsule du Nord. — Sympathies manifestées pour sa cause. — Mesures énergiques et cruelles de Toussaint Louverture. — Sa lettre à Henri Christophe. — Réflexions à ce sujet. — La révolte du Môle est réprimée. — Embuscades tendues à Toussaint Louverture. — Il revient au Port-au-Prince. — Quelques faits de Rigaud. — Lettres de Roume à tous les agens français dans les îles, et à d'autres autorités, demandant des secours contre Rigaud.

T. Louverture n'avait pas menacé Rigaud, et fait occuper le Port-au-Prince par une division, pour l'y laisser en observation. Son intention était bien de marcher contre le Sud, lorsqu'il faisait avancer encore d'autres troupes du Nord. Ayant médité et combiné son plan, d'accord avec l'agent du Directoire exécutif, il était d'un caractère trop résolu pour s'arrêter devant aucun scrupule.

Laplume, commandant de l'arrondissement de Léogane, s'était rendu au Petit-Goave par ses ordres, avec deux bataillons des 8ᵉ et 11ᵉ demi-brigades. Ce dernier occupait le fort situé près du rivage de la mer, à l'entrée de la ville, du côté de la route du Sud.

Jean-Pierre Delva était alors commandant de la garde nationale du Petit-Goave. C'était un noir d'une ancienne et honorable famille d'affranchis, homme distingué et éclairé, qui partageait les craintes de toute la classe de couleur, à laquelle il appartenait, à l'égard des tendances du général en chef. Apprenant l'occupation du Port-au-Prince par Dessalines, et jugeant bien de la situation qui ne permettait plus de douter que le Sud ne fût bientôt attaqué, il se transporta au Pont-de-Miragoane et communiqua sa pensée à Faubert et Renaud Desruisseaux; il leur fit savoir qu'il y avait peu de troupes au Petit-Goave [1].

Ces trois officiers, pensant que la guerre était inévitable, et qu'un premier succès dans les troubles civils détermine bien des convictions, se crurent suffisamment autorisés, par les circonstances, à reprendre le Petit-Goave et même le Grand-Goave, s'il était possible, puisque l'abandon volontaire de ces deux places par Rigaud n'avait pas empêché les préparatifs de guerre du général en chef. Les actes publiés par l'un et l'autre les fortifièrent dans ces idées.

Certes, Faubert, commandant en chef du camp formé au Pont, était celui des trois officiers sur qui la responsabilité d'une telle résolution devait peser; mais Faubert, ancien lieutenant de Rigaud au camp Prou, en novembre 1790, son compagnon d'infortune dans les prisons du Port-au-Prince, son ami dévoué, était aussi une de ces natures belliqueuses qui ne raisonnent pas froidement en présence d'un ennemi menaçant : il passa outre les instructions qu'il avait reçues de Rigaud.

---

[1] Vie de Toussaint Louverture par M. Saint-Rémy, page 232, d'après une déclaration de Gronier, commissaire des guerres au Petit-Goave.

Dans la nuit du 17 au 18 juin, ces trois officiers marchèrent avec les troupes du Pont, et au jour ils attaquèrent le fort du Petit-Goave qu'ils enlevèrent après une vigoureuse résistance de la 11ᵉ. Le général Laplume s'y était rendu, dès la première attaque : il y fut fait prisonnier. Mais son attachement bien connu pour les hommes de couleur, et la conduite toute fraternelle qu'il avait tenue envers eux dans son commandement, portèrent l'un d'eux, officier parmi les assaillans, à faciliter son évasion [1]. Dans ce moment, ce fut peut-être une faute politique dictée par le sentiment; car Laplume, prisonnier, eût pu passer aux yeux de l'armée du général en chef, comme s'étant laissé prendre parce qu'il désapprouvait secrètement celui-ci, et cette opinion eût été d'un effet immense sur l'esprit des chefs et des soldats, sur l'esprit public dans toute la colonie. Laplume se sauva enfin dans un canot qu'il trouva près du fort et se fit porter à Léogane.

Pendant le combat, le bataillon de la 8ᵉ resta l'arme au bras : il était commandé par Maçon, homme de couleur. Cette conduite, contraire à son devoir militaire, prouve que son colonel Christophe Mornet avait gagné son corps à la cause de Rigaud : elle les perdit tous deux. Maçon aurait dû rester alors parmi les vainqueurs du fort ; mais il fit sortir son bataillon avec celui de la 11ᵉ : cette troupe se retira au Grand-Goave.

Faubert livra la ville du Petit-Goave au pillage de ses soldats. C'était agir encore plus mal que de violer ses ins-

---

[1] M. Saint-Rémy dit que ce fut Léger, M. Madiou prétend que c'est Eloy Boudeau. L'un et l'autre étaient mulâtres. — Le capitaine Segrettier, adjoint à l'adjudant-général Pétion, était venu avec Laplume : fait prisonnier en même temps, il reste parmi les vainqueurs.

tructions : débuter ainsi dans une guerre civile où les ennemis étaient des concitoyens, c'était présenter la cause de Rigaud sous un aspect repoussant. Les habitans, leurs familles n'étaient point responsables de la mésintelligence des chefs : il fallait les protéger, au contraire, contre la fureur des soldats, et il n'y avait même pas une excuse pour ce colonel ; car les habitans n'avaient pas soutenu la résistance des troupes du fort.

M. Saint-Rémy lui attribue encore une plus mauvaise action, en prétendant qu'il fit tuer tous les colons qui habitaient cette ville. M. Madiou assure qu'il n'en fit mourir aucun. Pamphile de Lacroix avance que « plusieurs « personnes de tout rang et de toute couleur furent impi- « toyablement sacrifiées dans la surprise *de Léogane* par « Rigaud, » lorsque cette ville n'a jamais été prise par ses troupes.

Roume lui-même, dans une proclamation du 3 juillet, dont nous parlerons bientôt plus amplement, dit de Rigaud : « qu'il a eu l'audace d'envoyer des subalternes s'emparer « des places du Petit-Goave et du Grand-Goave, où beau- « coup de fidèles républicains ont, *dit-on*, péri par le fer « assassin des rebelles. »

Cette expression dubitative dans un tel acte de l'agent, nous porte à n'admettre que la version de M. Madiou qui parle seulement du pillage de la ville.

Quoi qu'il en fut, en apprenant la prise du Petit-Goave par ses lieutenans, Rigaud s'y rendit avec les troupes sous les ordres de Geffrard. De là, il donna l'ordre à l'adjudant-général Toureaux de se porter au Grand-Goave. Pendant la guerre contre les Anglais, il avait fait construire un blockhaus sur un monticule de l'habitation

Thozin, qui touche à ce bourg. Toureaux le mit de nouveau en état de défense. Les troupes du général en chef évacuèrent le bourg à l'arrivée de Toureaux, et se rendirent à Léogane.

On a accusé Rigaud d'avoir lui-même ordonné le mouvement offensif de Fauber contre le Petit-Goave. Que ce soit lui ou cet officier, comme nous venons de le dire, sur les observations de Delva, le fait ayant eu lieu, il était impossible que Rigaud abandonnât de nouveau ce point militaire qui couvrait mieux le département du Sud que Miragoane : il devait encore s'emparer du Grand-Goave. Il devait même faire plus, avancer avec sa petite armée contre Léogane, afin de tirer parti de l'audace de la première attaque, en essayant d'ébranler le moral des troupes de T. Louverture. Il ne pouvait pas s'imaginer que la prise du Petit-Goave ne lui serait pas attribuée à lui-même, lorsqu'il s'y rendit avec Geffrard : la guerre ayant commencé par ses troupes, il devenait *l'agresseur* aux yeux de beaucoup de gens, à ceux de Roume et de T. Louverture, qui ne tiendraient pas compte de la présence de Dessalines au Port-au-Prince, dans le but évident de marcher contre le Sud, dès qu'il serait renforcé par les troupes attendues du Nord.

Devenu agresseur, il fallait essayer de faire passer le prestige des armes de son côté; et Léogane, en ce moment, était sans défense. Or, il venait de publier la lettre d'Hédouville qui l'autorisait à étendre son commandement du Sud jusque-là ; il s'était déclaré investi de tous les pouvoirs dans ce département. Aurait-il été plus agresseur, plus coupable, de s'emparer de cette ville que des autres qu'il avait consenti à abandonner et qu'il reprit ? Rendu à Léogane, qu'il aurait pu défendre comme du temps des

Anglais, il eût pu faire acte d'autorité à l'égard de Bauvais, dont l'arrondissement faisait partie du Sud, ou faire un appel à son patriotisme pour l'entraîner, et avec lui la belle légion de l'Ouest. Qui sait si, alors, Bauvais ne se fût pas déclaré pour lui, si son indécision n'eût pas cédé devant la résolution de Rigaud ?

Dans les troubles civils où les esprits se partagent, les convictions se décident souvent en faveur de l'homme que la fortune favorise et qui se montre résolu surtout. A Léogane comme au Port-au-Prince, beaucoup de personnes formaient des vœux en faveur de Rigaud : toutes s'attendaient à une marche en avant. A l'Arcahaie, à Saint-Marc, aux Gonaïves, dans tout le Nord, dès qu'on apprit l'événement du Petit-Goave, les hommes de couleur (les anciens libres), manifestèrent le même désir ; et c'est cette manifestation, sans doute imprudente, que T. Louverture traduisit en complot, en conspiration ourdie par Rigaud.

Loin de saisir cette circonstance si favorable, cette disposition de l'esprit public, Rigaud s'arrêta tout-à-coup. Le militaire, en lui, fut paralysé par l'homme politique : il n'apprécia pas cette situation. Cependant, chef d'un parti, il avait eu de bonnes raisons pour résister à T. Louverture : du moment que l'épée était tirée du fourreau, y avait-il à hésiter ? En n'essayant pas d'ébranler le moral des troupes de son adversaire, il faillit arrêter l'élan de ses propres troupes. Il en avait peu, il est vrai ; mais elles étaient aguerries, pleines d'ardeur, commandées par des officiers d'une valeur éprouvée. Il fallait les pousser en avant, essayer de conquérir l'opinion des masses en sa faveur. Vainqueur, il eût été approuvé par le Directoire exécutif comme l'a été son rival ; car, bien que les vœux patents de ce gouvernement fussent pour T. Louverture qui servait mieux ses vues, ses arrière-pensées, il eût paru satisfait de Rigaud, jusqu'au moment où la France pourrait tenter ce qu'elle a fait en 1802. Ayant été vaincu, Rigaud n'a paru être qu'un ambitieux vulgaire, dont l'orgueil ne pouvait souffrir un supérieur depuis le départ des commissaires civils, en 1794. Voyez à quoi aboutit l'inintelligence d'une situation politique, au moment où l'homme d'action doit l'emporter sur l'homme de cabinet!

Une autre faute de sa part, comme militaire, mais que la fausse appréciation politique lui fit commettre, ce fut de n'avoir pas augmenté son armée par un recrutement considérable, dès qu'il se vit menacé par le général en chef. Dans la guerre, il faut souvent fortifier le moral des troupes aguerries, par un surcroît de forces qui prennent part aux combats, et qui finissent par s'aguerrir aussi. T. Louverture, dont l'armée était déjà formidable en proportion de celle du Sud, ne fit pas la même faute : il fit des levées en masse.

Rigaud quitta bientôt le Petit-Goave pour se rendre aux Cayes.

Cependant, en apprenant la prise du Petit-Goave et du Grand-Goave, T. Louverture lança une proclamation où il établissait *le crime de rébellion de Rigaud, pour avoir le premier tiré l'épée du fourreau.* Il y employa des expressions honorables pour Bauvais, afin de le porter à conserver sa neutralité. Il était alors aux Gonaïves. S'entendant toujours avec Roume, celui-ci rendit un arrêté, le 2 juillet, pour ordonner l'impression des trois lettres du ministre de la marine au général en chef, que nous avons fait connaître au chapitre précédent. Ce placard fut envoyé aux autorités civiles et militaires, et affiché dans tous les lieux soumis à T. Louverture. Alors seulement, on sut l'approbation donnée par le gouvernement français au général en chef, pour sa conduite envers Hédouville.

Le lendemain, 3 juillet, Roume émit une longue proclamation où il faisait les éloges les plus pompeux de l'administration de T. Louverture, de sa sollicitude pour le bonheur de Saint-Domingue. Il commença par ordonner la levée en masse *des cultivateurs* pour punir Rigaud, *rebelle à l'autorité de la grande nation.* C'était faire un appel aux noirs contre les anciens libres. Pour mieux démontrer la culpabilité de Rigaud, il rappela sa conduite dans l'affaire de la délégation aux Cayes, en août 1796 : le dénonciateur de Rigaud, à Santo-Domingo, trouvait plaisir à rappeler ces faits [1]. Il rappela encore ce qui s'était passé aux conférences du Port-au-Prince ; il parla de son arrêté du 21 pluviôse ; et, tout en convenant que Rigaud remit à Laplume le Petit-Goave et le Grand-Goave, il lui reprocha d'avoir fait enlever dans ces deux places des objets qu'il devait livrer. Il continua ainsi :

« *Aussitôt après,* ou *peut-être* même *avant* le départ de Rigaud (du Port-au-Prince), le général en chef fut averti que *des citoyens de couleur,* qui *se disaient* les amis et les agens de Rigaud, parcouraient la ville et provoquaient *des associations* contre le général en chef. Ce dernier général, dans l'intention *d'effrayer* les factieux, *sans employer des mesures rigoureuses, convoqua* les habitans du Port-Républicain, leur dévoila le complot et *menaça* d'en punir les auteurs. Cette démarche, dictée par *l'hu-*

---

[1] T. Louverture en avait justifié Rigaud, en accusant Desfourneaux de les avoir provoqués. Voyez son rapport au Directoire exécutif, dans le 3me volume, après le départ d'Hédouville.

manité de Toussaint Louverture, fut *atrocement inter-prêtée* par le général Rigaud ; *il prétendit* que le général en chef était *l'ennemi* de tous les hommes de couleur, et ne négligea aucune des ressources de son éloquence, pour renouveler les anciennes disputes cutanées. »

Tel fut le langage de l'agent du Directoire exécutif sur l'anathème lancé par T. Louverture contre les hommes de couleur, à l'église du Port-au-Prince ! Il ne mentionna pas les arrestations opérées sous ses yeux, le massacre commis dans les montagnes de Jacmel ; mais bientôt après ce paragraphe, il accusa Rigaud « de n'avoir pas fait juger les « auteurs de la mort de trente noirs et d'un blanc, *étouffés* « dans un cachot à Jérémie, par la plus atroce barbarie [1]. »

Dans ce paragraphe que nous venons de citer, Roume confirme l'assertion de Kerverseau, sur la sortie virulente du général en chef contre les hommes de couleur, *peu de jours* après le départ de Rigaud, au moment où il remettait à Laplume le Grand-Goave et le Petit-Goave. Nous relevons de nouveau cette observation, parce qu'elle nous semble importante pour l'ordre chronologique des faits, pour prouver que les premières provocations partirent de T. Louverture, en ce qu'il généralisa ses accusations.

Dans un autre, Roume accuse Rigaud de n'avoir pas fait incarcérer un blanc nommé Duranton, d'après les ordres qu'il lui avait donnés à ce sujet ; et nous avons sous nos yeux une lettre de ce même Roume, datée du Cap, le 1er germinal, où il exprime sa satisfaction à Rigaud, *de l'exécution* de cet ordre !

« Depuis son départ du Port-Républicain, le général

---

[1] En supposant que ces hommes furent étouffés dans la prison de Jérémie, c'eût été le fait des officiers de cette ville, et non pas celui de toute la classe des hommes de couleur.

« Rigaud *s'est dispensé* de rendre, au général en chef et
« *à l'agent*, les comptes qu'il leur devait. »

Et nous avons cité les nombreuses lettres de Rigaud à Roume, déjà rendu au Cap, l'entretenant de toutes les parties du service public !

A propos de celle du 19 mai, de T. Louverture à Rigaud, si insultante, si provoquante, Roume dit :

« Le général en chef, *poussé à bout* par le sentiment d'une juste indignation, a fait imprimer une lettre *très-dure* contre le général Rigaud, mais dont *l'intention* n'était visiblement que *d'amener une explication suivie d'un raccommodement*. C'était *le prétexte* que désirait le général Rigaud : dès-lors *ses menées secrètes* se sont changées en préparatifs publics. Il n'avait *à choisir*, s'il eût été fidèle aux lois de la République, qu'entre l'un de ces deux moyens : il fallait qu'il s'empressât *de se justifier* (des inculpations d'*assassin*, de *voleur*, etc.), auprès de son chef, ou *qu'il donnât sa démission*, s'il répugnait trop *à lui obéir*... »

Ne l'avait-il pas demandée trois fois à Roume ? Ce n'est pas tout : poursuivons.

« La lettre de l'agent Hédouville est *infamante* pour Rigaud ; car si l'agent n'avait pas eu la plus grande *défiance* relativement à son civisme, se serait-il *enfui* de la colonie en abandonnant le poste important confié à sa responsabilité ? Ne se serait-il pas transporté *aux Cayes*, avec les trois frégates et la multitude de militaires qui l'accompagnaient ? Soutenu par le général Rigaud et l'armée des Cayes, n'aurait-il pas proclamé les arrêtés nécessaires pour la *destitution* de l'ancien général (T. Louverture), la *nomination* du nouveau et la convocation de tous les vrais républicains de Saint-Domingue, et des îles voisines ? Avec des forces si majeures, n'aurait-il pas marché contre un *rebelle,* et l'armée de ce rebelle (T. Louverture) n'aurait-elle pas journellement abandonné son parti pour se rallier sous les ordres de l'agent et du véritable général en chef?

« Cette lettre ne signifie rien de plus, si ce n'est que l'agent Hédouville, trompé par d'indignes flagorneurs, croyant à leurs atroces et ridicules mensonges contre *le sauveur* de Saint-Domingue, *le vertueux* Toussaint Louverture; ne se défiant pas moins du général Rigaud; se croyant obligé de mener en France tous les républicains que pouvaient contenir les trois frégates, *afin de les soustraire aux fureurs* de l'un et l'autre général; s'étant persuadé que tous les Français qu'il laissait à Saint-Domingue n'étaient que des traîtres dignes du dernier supplice; se croyant obligé de leur faire, en partant, *tout le mal possible, de tout exterminer,* enfin, *à l'exception du sol* : cet agent, disons-nous, ne pouvait *imaginer* rien de plus analogue à sa manière de voir, que ce qu'il a fait. Sa lettre à Rigaud n'est-elle pas *la pomme de discorde,* n'a-t-il pas lancé le général Rigaud contre son chef, avec la même insensibilité qu'il aurait lâché *un dogue contre un lion?* Non-seulement il voulait *compromettre* Rigaud vis-à-vis du général en chef, ne le compromettait-il pas également envers le général Laplume et *l'imperturbable* Bauvais, qu'il soumettait, *de dessein prémédité,* aux ordres de Rigaud[1]? L'agent Hédouville ne se croyait-il pas obligé, en outre des mesures prises *pour noyer la colonie dans le sang,* de recourir à toutes celles qui pouvaient *l'affamer?* C'est ce que prouvent les lettres par lui écrites aux receveurs français à Porto-Rico, Curaçao, la Havane et San-

---

[1] Machiavélisme de Roume, pour porter Bauvais à observer sa neutralité : il y réussit.

Yago de Cuba; ces receveurs, munis comme Rigaud, de prétendus titres authentiques, ont eu, comme lui, la folie d'y croire, et n'ont pas manqué de vouloir compromettre le gouvernement *légitime* de Saint-Domingue auprès des gouverneurs nos alliés.... »

Ici, nous sommes porté à nous demander, si Roume était autorisé par le Directoire exécutif à accuser Hédouville comme il l'a fait, — ou, si ces accusations étaient le résultat de la rude besogne que son prédécesseur lui avait laissée, — ou si, enfin, sous l'apparence d'une bonhomie aussi ridicule, il remplissait avec intelligence les instructions qu'il avait reçues? Dans tous les cas, quel spectacle dégoûtant qu'offrait à cette colonie, un agent de la métropole qui en accusait un autre!

Nous avouons ne pas être en état de démêler le véritable objet de cette tirade de la proclamation du 3 juillet. Mais, si un écrivain français, de nos jours, a cru pouvoir qualifier d'*imbécile*, la politique du Directoire exécutif suivie entre T. Louverture et Rigaud [1], nous croyons, nous, pouvoir dire, avec conviction, qu'il n'est pas étonnant que l'habileté de T. Louverture ait exploité avec tant de profit, la situation que lui avait faite ce gouvernement, représenté en dernier lieu par un agent tel que Roume. Se moquant de l'un et de l'autre, il agit uniquement dans le but de rester vainqueur de Rigaud, à quelque prix que ce fût.

Enfin, pour tout dire sur cette proclamation, Roume la termina par une grande apparence de modération à l'égard de Rigaud; « il lui offrit *son pardon* et la conservation du
« commandement de l'arrondissement militaire des Cayes,
« si, vingt-quatre heures après la connaissance acquise
« de cette proclamation, Rigaud reconnaissait, par un

[1] M. Lepelletier de Saint-Rémy.

« *écrit* adressé au général en chef et à l'agent, *l'énormité*
« *de sa fatale erreur, et moyennant qu'à l'avenir sa con-*
« *duite ne se démente pas.* » Dans le cas contraire, le général en chef était autorisé et requis de réprimer sa révolte par l'emploi de la force armée ; les gardes nationales et les cultivateurs étaient mis en réquisition permanente ; les généraux Bauvais, A. Chanlatte, Moïse, Dessalines, Agé, Laplume et Clervaux étaient *responsables* de l'exécution des ordres que leur donnerait le général en chef, et la même obligation imposée aux officiers et soldats de l'armée de Saint-Domingue.

Avant que cette proclamation eut été rendue par Roume, T. Louverture se porta au Port-au-Prince où il renouvela, à l'église, l'anathème qu'il y avait lancé contre la classe des anciens libres : c'était dans les derniers jours de juin. Il fit arrêter Christophe Mornet et Maçon, et les envoya aux Gonaïves où ils furent tués avec les précédens détenus du Morne-Blanc. Le commandement de la 8e demi-brigade fut confié au colonel Pierre-Louis Diane ; celui de l'arrondissement du Port-au-Prince, à Paul Louverture ; et celui de la place resta aux mains de Huin.

Le général en chef fit désarmer la garde nationale, composée en grande partie d'hommes de couleur. Après cette opération, le général Dessalines partit pour Léogane à la tête des troupes de l'Artibonite, venues avec lui dès les premiers jours de juin.

Le général en chef se rendit dans cette ville, où il joua de nouveau le rôle hypocrite qu'il avait rempli deux fois au Port-au-Prince. Voulant toujours paraître inspiré de l'esprit divin, il s'affubla d'un mouchoir blanc à la tête ; et tenant un cierge blanc à chacune de ses mains, il s'agenouilla devant la porte de l'église et eut l'air de prier avec ferveur ; entrant ensuite dans l'intérieur, il monta dans la chaire d'où il lança des menaces contre les hommes de couleur, en prenant Dieu à témoin de la justice de sa cause et des torts de Rigaud envers lui. Dans ces divers discours, il accusait toujours les hommes de couleur de vouloir rétablir *l'esclavage des noirs :* nouvelle preuve qu'il feignait de croire qu'il y avait en eux *un principe destructif de la liberté*, et non pas qu'il les envisageât sous le rapport de *caste* ni de *couleur*.

Il ne pouvait persuader *les noirs* de l'Ouest et du Sud qui avaient vu ces hommes, leurs frères et leurs enfans, à l'œuvre depuis le commencement de la révolution.

Il ne pouvait persuader non plus *les noirs* du Nord qui avaient vu ceux du Cap déclarer la liberté de leurs esclaves, en demandant à Sonthonax de déclarer la liberté générale. Dufay en a donné le témoignage à la convention nationale.

Il ne pouvait pas persuader même *les noirs* qui avaient été insurgés avec lui, puisque des hommes de couleur étaient dans leurs rangs, combattant contre les colons.

Mais la terreur qu'il inspirait par ses assassinats fit abonder bien des noirs dans le sens de ces reproches injustes, de ces accusations déloyales.

Cependant, il faut le dire, parce que c'est la vérité, *la majorité des noirs* gémit partout de ces provocations à la haine d'une classe d'hommes auxquels ils portaient naturellement un vif amour. Son propre neveu, le général Moïse, fut celui qui put oser manifester le plus de regret, de voir T. Louverture tomber ainsi dans le piége que lui tendaient les colons et le gouvernement français ; et si ce n'était l'affinité du sang qui le liait au général en chef, celui-ci l'eût fait périr dès le début de la guerre civile. Il semble qu'il réservait cette victime pour un autre temps!

A ce sujet, nous citons ici les lignes suivantes où M. Madiou rend témoignage des bons sentimens de Moïse.

« Moïse, dit-il, ne déployait pas son ardeur ordinaire :
« *il gémissait de cette guerre entre frères, dont les blancs*
« *seuls devaient profiter*, osait-il dire, *en rétablissant*
« *l'esclavage*. Il eût voulu que Toussaint eût abandonné
« à Rigaud le commandement en chef du département
« du Sud jusqu'à Léogane inclusivement, en attendant
« de nouvelles instructions du Directoire exécutif de
« France. Le général Moïse, *de vues bornées, ne pouvait*
« *comprendre que Toussaint ne s'efforçait d'écraser*
« *Rigaud, qu'afin de renverser le principal obstacle à*
« *l'indépendance de Saint-Domingue...* Paul Louverture
« colonel de la 10ᵉ, et frère de Toussaint, *partageait les*
« *opinions de Moïse*[1]. »

Avait-il donc tort de gémir de cette guerre fratricide, avait-il *des vues bornées*, ce jeune homme qui pressentit l'expédition formidable arrivée dans la colonie deux mois après sa triste fin? Dans quel but venaient cette armée et cette flotte nombreuses? Moïse n'avait-il pas raison de penser que le sang de la race noire n'allait être versé que pour rétablir les colons dans leurs priviléges? Y eut-il autre chose après la défaite de Rigaud, et Moïse n'a-t-il pas péri pour avoir manifesté ses répugnances contre cet odieux résultat? Peut-on croire, peut-on dire que T. Louverture eût fait, par la suite, plus qu'il ne fit en 1801, en donnant une constitution spéciale à Saint-Domingue, en prenant ou recevant des colons le titre de gouverneur général? Ce n'est qu'en raisonnant sur cette supposition

---

[1] Histoire d'Haïti, t. 1ᵉʳ p. 342 et 343.

gratuite, qu'on peut admettre qu'il avait le dessein ultérieur d'une *indépendance absolue* de la colonie au profit unique de la race noire ; mais *le fait* qui a existé, conséquent à tous les antécédens de cet homme, s'oppose à ce qu'on lui prête des vues aussi généreuses.

Relisez donc cette foudroyante accusation portée contre lui par Dessalines !

« Généraux, officiers, soldats ; *peu semblable* à celui qui « m'a précédé, à l'ex-général T. Louverture, *j'ai été* « *fidèle* à la promesse que je vous ai faite en prenant les « armes contre la tyrannie.... Jamais aucun *colon*[1]... »

Si Moïse, qui a eu à se plaindre d'Hédouville, a jugé que sa décision à l'égard du commandement de Rigaud pouvait être respectée et maintenue, jusqu'à une décision contraire et *formelle* du Directoire exécutif, c'est que Moïse y voyait une sorte de justice par rapport aux grands services rendus par Rigaud dans la cause de la liberté générale ; c'est qu'il ne voyait pas en lui *un ennemi des noirs,* comme son oncle le disait. Si nous n'avions pas d'autres raisons pour condamner la conduite de T. Louverture, nous nous arrêterions aux sages opinions émises par Moïse : elles sont la condamnation la plus frappante de cette conduite, et d'autant mieux, que Paul Louverture, bien connu par sa modération, les partageait.

Le général en chef était encore à Léogane, dans les premiers jours de juillet, quand les troupes du Nord, sous les ordres de Moïse, y arrivèrent[2]. Il décida que Moïse

---

[1] Proclamation du 28 avril 1804.
[2] Une lettre de Roume à Kerverseau dit que Toussaint Louverture était à Léogane le 24 messidor (12 juillet).

aurait le commandement en chef de toute l'armée, et se rendit ensuite au Port-au-Prince.

Partout, au passage des troupes, les blancs colons manifestèrent la joie la plus vive : les choses allaient selon leur désir ! Au Port-au-Prince, l'armée étant entrée de nuit, la ville fut illuminée par eux. Bernard Borgella, déjà influent dans les conseils du général en chef, se distingua dans cette illumination : il vit avec une satisfaction toute particulière, arriver le moment de réaliser enfin l'atroce projet que son triumvirat avec Borel et H. de Jumécourt avait formé en 1793.

Que vous avez été inconséquens, colons français !

Les mulâtres sont nés de vos œuvres avec les femmes noires. Vous avez donné la liberté civile à ces femmes et à vos enfans. A ces derniers, vous avez procuré l'instruction qui développe l'intelligence de l'homme. Une classe nombreuse a surgi dans la société coloniale : formée de ces premiers affranchis, et de noirs que vos libéralités ou des transactions pécuniaires entre eux et vous ont appelés également à la liberté, elle s'est accrue, elle s'est élevée par ses lumières. La législation de votre pays les a tous admis à la jouissance de leurs droits naturels, et vous avez trouvé étonnant qu'ils voulussent en profiter ! Pour conserver vos injustes prérogatives et continuer votre odieuse domination sur les autres hommes de la race noire, loin de vous réjouir de ce que votre sang n'avait pas dégénéré dans les veines de vos enfans, vous avez imaginé de les faire proscrire ! Et votre détestable cupidité a trouvé des gouvernemens pour la seconder dans ce plan monstrueux !...

Eux et vous, vous ne sentiez donc pas que vous alliez

ainsi porter un défi à toute cette classe intelligente et énergique !...

Mais, laissez-nous raconter ce que fit alors *le mulâtre* qui était destiné à relever ce défi.

Dès le jour où T. Louverture s'était prononcé contre les hommes de couleur à l'église du Port-au-Prince, au mois de février, en reprochant à toute cette classe la déportation des *suisses,* Pétion n'avait plus vu en lui que l'aveugle instrument des colons. Ses nouvelles imprécations à son retour du Nord, l'hypocrisie qu'il avait déployée à l'église de Léogane, avaient achevé en Pétion le jugement qu'il porta de lui. Les arrestations, les massacres déjà exécutés avant et depuis ces scènes de bigoterie, ne lui permettaient plus de rester dans les rangs de son armée. Il était, comme on sait, adjudant-général employé auprès de Laplume, dans l'arrondissement de Léogane. Il avait, comme adjoint à l'adjudance-générale, le capitaine J.-P. Boyer, qu'il affectionnait. Il lui communiqua sa pensée de quitter son poste et de passer auprès de Rigaud, dès que l'occasion s'en présenterait. Ce n'est pas qu'il aimât Rigaud plus que T. Louverture, ni qu'il approuvât leur querelle dès son origine; mais, du moment que ce dernier agissait dans les vues perfides de la faction coloniale, il sentit que sa place était désormais parmi ceux qui soutenaient le système contraire. Une telle *défection,* motivée sur des principes politiques, est toujours louable; elle ne constitue pas une *trahison :* la trahison existe quand on fait défection en faveur d'un ennemi *étranger.* Pétion fit encore défection en 1802, et avec raison : en abandonnant l'armée française pour se joindre à ses frères, il quitta une cause qui n'était pas légitime.

7

Sur ces entrefaites, Laplume fit arrêter Boyer, qui fut mis en prison, quand les troupes du Nord arrivèrent à Léogane. Pétion ne voulut pas quitter cette ville pendant sa détention : c'eût été le perdre, on l'aurait tué. Ne pouvant le protéger auprès de Laplume, il parla et fit parler par d'autres amis de Boyer, *à des officiers noirs d'un régiment du Nord* (nous ignorons lequel) qui s'intéressèrent à lui et obtinrent son élargissement de Laplume [1]. Ce général, en le mettant en liberté, lui dit qu'il ne servirait plus auprès de Pétion, et lui donna l'ordre d'aller dans un poste, hors de Léogane, où il fut employé dans la troupe de ligne. Cette décision de Laplume prouve qu'il suspectait les sentimens de fidélité de Pétion, comme ceux de Boyer : ils étaient d'anciens révolutionnaires de la même bannière que Rigaud et Bauvais; cela suffisait. Alors Pétion fit savoir à Boyer, dans son cantonnement, qu'il ne tarderait pas à passer auprès des troupes du Sud.

La confusion régnait dans les troupes nombreuses qui étaient à Léogane et qui allaient bientôt combattre au Grand Goave : on était arrivé aux premiers jours de juillet. A ce moment, Pétion reçut l'ordre de Laplume de se mettre en route avec l'armée en marche : ce fut pour lui l'occasion favorable : il en donna avis à Boyer qui vint le joindre. Ses fonctions d'adjudant-général lui donnaient le droit de visiter les postes, les avant-postes, de s'assurer même de la position des sentinelles. Pendant la nuit, profitant d'une forte pluie qui avait arrêté la marche des troupes, il monta à cheval avec Boyer, eut l'air de visiter les avant-postes,

---

[1] Ce fait pourrait expliquer la magnanimité que montra Boyer dans le Nord, en 1820, si d'ailleurs ses sentimens comme homme, Haïtien et Chef de l'Etat, ne l'y portaient pas. Il se montra aussi reconnaissant envers ses frères du Nord, qu'il le fut ensuite envers J. Boyé qui lui avait sauvé la vie au Cap, en 1803.

et se sauva avec son adjoint, son ami. Boyer arriva au Grand-Goave un peu avant Pétion, qui, pour ne pas éveiller des soupçons de fuite de leur part, mit son calme ordinaire en allant lentement. Ils furent accueillis avec joie par les officiers et les soldats du Sud [1]. Pétion surtout arrivait comme une bonne fortune pour cette armée, par sa spécialité dans l'arme de l'artillerie, par ses connaissances militaires et cet aplomb qui le distingua toujours.

Si la défection de Pétion fut considérée par T. Louverture comme une trahison et servit de prétexte à de nouveaux crimes de sa part contre les hommes de couleur, Rigaud, de son côté, ne paraît pas avoir apprécié, comme il le fallait, l'acquisition que son armée venait de faire, dans cette individualité militaire qui était destinée à illustrer la guerre civile du Sud, par le plus beau fait d'armes qu'elle ait offert. On assure qu'en apprenant cette défection intelligente, dévouée et hardie, il se montra presque indifférent. Il ne voyait sans doute en Pétion, que l'ancien chef de bataillon d'artillerie qui, à Jacmel, avait pris parti pour Montbrun; et c'est dans cette ville encore qu'il alla bientôt grandir sa réputation militaire! Tous ces précédens regrettables expliqueront bien des faits qui se passèrent sur la terre d'Haïti, en 1810.

Quant à Pétion, quant à ce noble caractère qui sut faire encore en 1802, comme nous venons de le dire, le sacrifice d'anciens souvenirs de divisions intestines, pour s'u-

---

[1] Je tiens toutes ces particularités d'une conversation avec Boyer lui-même. C'est par erreur que M. Madiou fixe la défection de Pétion après les premiers combats livrés à Fauché, en juillet : elle eut lieu auparavant. Le récit de Boyer est positif à cet égard : il était adjoint, et comme tel, il écrivait à l'adjudance; mais il n'était pas secrétaire de Pétion. Il l'avait été auprès de R. Desruisseaux à sa fuite du Port-au-Prince, sous les Anglais; il devint encore secrétaire de Bauvais. Pétion, nommé adjudant-général, le prit alors comme son adjoint, ainsi que Segrettier.

nir à Dessalines et lui prêter son appui contre les Français, après l'avoir vaillamment combattu à Jacmel, dans toute la guerre du Sud et à la Crête-à-Pierrot : Pétion voyant la position peu défendable des troupes du Sud au bourg du Grand-Goave et à Fauché, habitation située sur la route qui conduit à Léogane, et sachant la force quintuple de l'armée du général en chef, il engagea Toureaux, commandant en l'absence de Rigaud, à éviter un combat général dans le bourg et à se porter en arrière du blockhaus de Thozin, dont l'artillerie défendrait ses troupes, en même temps que le terrain y était plus favorable, ayant une pente rapide. Toureaux goûta cet avis et fit opérer le mouvement de retraite. Cependant, l'avant-garde resta à Fauché : le chef de bataillon Octavius, noir originaire de la Martinique, de la 3e demi-brigade de Dartiguenave, commandait cette avant-garde.

Ici, nous devons avouer l'embarras que nous éprouvons pour parler des combats qui eurent lieu entre les troupes de T. Louverture et celles de Rigaud. Nous ne possédons aucun document à ce sujet : à cette époque, il ne paraît pas qu'il fut rien publié, soit d'un côté, soit de l'autre. Le Bulletin officiel qui s'imprimait au Cap ne fit aucune mention des premiers combats de cette guerre, par la raison que les troupes du général en chef n'y obtinrent pas des succès : ce journal ne commença à en parler, que lorsque l'avantage passa de leur côté. Tout ce qui a été publié par MM. Madiou et Saint-Rémy, paraît reposer sur des traditions orales : ce dernier cite cependant deux rapports faits par Dessalines et Laplume.

Le premier auteur, dans son *Histoire d'Haïti*, mentionne trois combats dans le mois de juillet et quatre autres dans le mois d'août.

Le second, dans sa *Vie de Toussaint Louverture*, n'en admet que quatre, dans les journées des 8, 19, 20 et 22 juillet.

L'un et l'autre attribuent toujours plus d'avantages aux troupes du Sud, qui, en dernier lieu, chassèrent l'armée commandée par Dessalines, du Grand-Goave, où elle s'était portée, et la refoulèrent au-delà de la position de Bellevue qui fut occupée par Pétion.

Il paraît que dans le dernier combat livré à Thozin, soit en juillet, soit en août, Rigaud commandait en personne, qu'il fit preuve d'une grande valeur et fut blessé au bras droit; et que Dessalines ne se montra pas moins brave sur ce champ de bataille qu'il fut contraint d'abandonner. Des deux côtés, du reste, se trouvaient des officiers supérieurs qui firent aussi preuve de courage : — dans l'armée du Sud, les adjudans-généraux Toureaux, Blanchet et Pétion, les colonels Faubert, Dartigueuave, Geffrard, Jean Cécile, Renaud Desruisseaux, Tessier; les chefs de bataillon Delva, Vaval, Jean-Louis François, Octavius, Jean-Louis 'Compas', Piverger, Gérin, Martignac, Vendôme, etc.; dans l'armée du Nord, le général Laplume, et d'autres officiers supérieurs tels que Dommage, C. Bélair, Guerrier, Montauban, Ferbos, Larose, Bodin, Gabart.

C'étaient des frères qui s'entre-tuaient ! Mais, en combattant les uns contre les autres sur ce sol qui devait leur appartenir un jour, ils s'aguerrissaient et se préparaient aux hautes destinées qui leur étaient réservées. Ainsi va le monde : le plus grand bien ne s'obtient souvent qu'à la suite de maux déplorables.

Quoiqu'ils diffèrent sur le nombre des combats livrés

entre les deux armées, MM. Madiou et Saint-Rémy s'accordent sur le résultat définitif que nous venons de relater ; — que Dessalines fut refoulé au-delà de la position de Bellevue. Ces échecs successifs subis par ses troupes avaient jeté le découragement parmi elles, tandis que celles du Sud, enflammées par leurs succès, ne demandaient qu'à marcher en avant : les officiers supérieurs pensaient de même ; tous sentaient la nécessité de profiter des avantages obtenus, pour achever d'abattre le moral de l'ennemi.

Dans cette disposition générale, on apprit la situation de l'ennemi et les préparatifs qu'il faisait pour retraiter encore sur Léogane, même pour évacuer cette ville. Après sa blessure, Rigaud s'était retiré au Petit-Goave : on envoya deux officiers l'avertir de la situation des choses et lui demander l'ordre de marcher en avant [1]. Mais, au grand étonnement de son armée, il fit dire de ne pas avancer, de garder seulement la position de Bellevue ; et cependant, dans ses prétentions fondées sur la lettre d'Hédouville, il devait vouloir occuper Léogane !

La Fortune lui tendait les bras : il lui tourna le dos ! L'homme politique arrêta encore l'élan de l'homme de guerre : il crut avoir assez fait, en reprenant le Grand-Goave.

Nous différons donc essentiellement ici du jugement porté par M. Saint-Rémy à cette occasion, pour nous ranger à celui de M. Madiou : ce dernier n'attribue cette halte funeste qu'à Toureaux, qu'il accuse de trahison en-

---

[1] Florant Chevalier, capitaine des guides de son escorte, et Poisson Paris, lieutenant de cavalerie.

vers Rigaud; mais ce fut Rigaud lui-même qui ne voulut pas profiter de la victoire.

« Mais Rigaud, dit M. Saint-Rémy, se contenta d'avoir « porté les limites de son commandement au Grand-Goave; « car, à quoi lui eût servi Léogane, qu'avec un bateau sur « la mer et cent hommes par terre on peut facilement af- « famer? Aucune idée de conquête n'entrait dans les vues « de Rigaud : ce qu'il voulait, c'était garantir l'intégrité « de son commandement, et conserver le Sud à la métro- « pole. Plusieurs de ses lieutenans lui ont reproché cette « conduite; mais il avait bien plus raison qu'eux[1]. »

Non, il n'avait pas raison; car la lettre d'Hédouville sur laquelle il s'étayait, l'autorisait à occuper Léogane; et au départ de cet agent, il avait demandé cette place à Laplume. Il pouvait la défendre comme lorsqu'elle fut attaquée par mer et par terre, par les Anglais. Ce n'est pas le Sud seul qu'il devait conserver à la métropole; c'était toute la colonie, puisqu'il croyait T. Louverture disposé à proclamer son indépendance, d'accord avec les Anglais et les Américains. Une guerre de conquête devenait donc, dans cette pensée, une nécessité de la situation : il fallait conquérir, s'il était possible, devenir vainqueur, pour se justifier devant le Directoire exécutif qui avait approuvé la conduite du général en chef envers Hédouville, d'après ses lettres publiées le 2 juillet par Roume. Roume ayant déclaré Rigaud *rebelle*, ce général devenait coupable aux yeux du Directoire exécutif, dès le jour de la prise du Petit-Goave.

Pour se justifier, il fallait pouvoir lui dire :

« Votre agent n'a été qu'un pusillanime, un traître ou

---

[1] Vie de Toussaint Louverture, p. 246.

« un imbécile. La colonie allait être ravie à sa métropole :
« la voilà ! Donnez-moi vos ordres ; mais que la liberté de
« tous mes frères soit garantie contre l'astuce de la faction
« coloniale, qui s'est entendue avec T. Louverture. J'ai
« chassé les émigrés ; et les Anglais ne peuvent plus rien
« à Saint-Domingue. »

Alors comme alors !.... Mais au lieu d'une telle résolution, que devaient lui suggérer tous les motifs qu'il avait eus pour résister à son adversaire, pour accepter la guerre à laquelle il fut provoqué, Rigaud se borna à son inutile conquête du Grand-Goave. En ce moment, soit que sa victoire eût lieu en juillet ou en août, il avait encore d'autres motifs pour aller en avant, à raison des faits qui se passaient au Môle, dans toute la péninsule du Nord, dans ce département même, dans l'Artibonite, dans l'Ouest.

Nous avons dit que T. Louverture quitta Léogane, après le 12 juillet, et se rendit au Port-au-Prince. Étant là, il apprit ces faits.

Au Môle était le chef de bataillon Bellegarde qui commandait la ville. C'était un homme de couleur de la Guadeloupe, qui s'y était distingué dans la guerre contre les Anglais. Le colonel Noël Léveillé, un noir, frère du général Baptiste Léveillé qui avait dû partir pour France avec Hédouville, était en garnison au Môle avec la 3ᵉ demi-brigade du Nord. Lubin Golard, autre noir, de l'une des plus anciennes familles d'affranchis venues de Saint-Christophe dans la colonie, était chef du bataillon de la 9ᵉ demi-brigade, qui était resté au Port-de-Paix tandis que les deux autres avaient marché contre le Sud. S'étant concertés, ces trois officiers se prononcèrent en faveur de

Rigaud, pour profiter de l'absence des troupes du Nord. On était à la mi-juillet. Ils envoyèrent deux officiers, Moreau et Duverger, de la 3e, informer Rigaud de leur prise d'armes. Le général Clervaux était au Môle alors; il dut s'évader, et alla joindre le général en chef au Port-au-Prince.

En attendant les secours qu'ils espéraient, Golard, influent dans toute la péninsule du Nord, fit soulever une grande partie des cultivateurs de Jean-Rabel, de Bombarde et du Port-de-Paix. Il assaillit bientôt cette dernière ville, où commandait le brave Maurepas, colonel dévoué à T. Louverture, qui lui opposa une résistance héroïque. Cette ville ne put être enlevée, et ce fut heureux pour le général en chef; car un succès de ce côté eût pu déterminer des défections dans tout le Nord.

Apprenant ces faits, néanmoins, le général Pierre Michel, au Haut-du-Cap, le colonel Barthélemy, au Limbé, manifestèrent des sympathies en faveur de Rigaud. Au Fort-Liberté, où T. Louverture avait sévi avec rigueur après le départ d'Hédouville, on montra des dispositions semblables. Au Gros-Morne, aux Gonaïves, à Saint-Marc, à l'Arcahaie, même à la Croix-des-Bouquets, si voisine du Port-au-Prince, où était le général en chef, ce fut la même explosion de sentimens en faveur de Rigaud.

Toutes ces manifestations, sans prise d'armes (excepté dans la péninsule du Nord), étaient occasionnées par les premiers succès obtenus par les troupes du Sud sur celles de T. Louverture, par l'opinion qui le condamnait dans sa querelle avec Rigaud. Mais ce dernier n'avait pas ourdi *des complots* dans tous ces lieux. Il ne pouvait envoyer des soldats au Môle surtout: il en avait si peu à opposer aux forces de son ennemi! Et l'on combattait alors au

Grand-Goave. Mais il expédia Renaud Desruisseaux pour diriger les opérations : ce colonel était accompagné de quelques officiers, et il apporta des munitions de guerre et de bouche.

Cependant, T. Louverture qui avait une résolution énergique, qui avait une âme à toute épreuve, qui était capable aussi de tous les genres d'excès quand il fallait acquérir du pouvoir ou s'y maintenir, averti de la révolte du Môle et des autres faits, ordonna peu après au général Moïse de se détacher de l'armée avec une partie des troupes du Nord, moins la 9e, pour se porter contre le Môle, contre Golard. Il fut peut-être heureux de cette circonstance pour ôter à Moïse la direction de la guerre contre Rigaud, à cause de ses opinions. Le commandement en chef fut donné dès-lors à Dessalines dont l'obéissance passive était une garantie de vigueur : son activité et sa bravoure y ajoutèrent.

Le 19 juillet, Toussaint Louverture émit une proclamation à l'occasion de la révolte du Môle. En même temps, il écrivit à tous les commandans d'arrondissement et de place, de faire main basse sur toutes les victimes désignées d'avance à la mort. Voici la lettre qu'il adressa à Henri Christophe :

    Au Port-Républicain, le 29 messidor (17 juillet) an 7 de la République française une et indivisible.

Toussaint Louverture, général en chef de l'armée de Saint-Domingue,

  Au citoyen Christophe, chef de brigade, commandant en chef l'arrondissement du Cap, et surveillant celui de l'Est (celui du Fort-Liberté [1].)

La révolte du Môle, mon cher commandant, vient de s'opérer *par les agens secrets* du perfide Rigaud. Ils font des prosélytes partout, et

---

[1] H. Christophe devint commandant de ces deux arrondissemens après le départ d'Hédouville.

partout ils opèrent le mal qu'il faut pourtant arrêter dans sa source. Le Môle correspond directement avec le Fort-Liberté ; il y sème la désunion, et j'ai la certitude que cette place *devait* aussi se soulever et arborer l'étendard de la révolte : au Cap même, des agens y provoquent la rébellion. Surveillez-les *avec une rigueur étonnante, déployez le caractère dur* que nécessitent les trames *de ces scélérats. Tous les hommes de couleur en général* se sont donné la main pour culbuter Saint-Domingue, en le désunissant et en armant les citoyens les uns contre les autres ; ils servent la passion du rebelle Rigaud. Ils ont juré de le servir et de l'élever *le chef suprême*, sur des corps et des cendres. Dans aucun cas, *ne mollissez pas contre les hommes de couleur*, et garantissez par une activité sans égale, l'arrondissement que vous commandez *des horreurs* qui menacent déjà quelques-uns.

L'arrondissement de l'Est doit faire encore l'objet de votre sollicitude dans des circonstances aussi critiques. Vous savez combien sont remuans les habitans de cette partie de la colonie ; faites former des camps qui fassent respecter cette place (le Fort-Liberté), et employez et faites même descendre des mornes les cultivateurs armés, desquels vous croirez avoir besoin pour également garantir cette place importante. *Les hommes de couleur y sont aussi dangereux que vindicatifs ; n'ayez aucun ménagement pour eux ; faites arrêter, et même punir de mort* ceux qui seraient tentés d'opérer le moindre mouvement ; Vallière doit être aussi l'objet de tous vos soins.

Je compte plus que jamais *sur votre imperturbable sévérité* ; que rien n'échappe à votre œil vigilant. Je vous désire une bonne santé.

Salut et amitié,

TOUSSAINT LOUVERTURE.

P.S. Voyez Noël Prieur [1], pénétrez-le de la nécessité d'employer *de la rigueur* et de surveiller notamment les auteurs : je lui écris à ce sujet. Faites-lui passer ma lettre.

Quelle bonne aubaine pour H. Christophe, que cet ordre *facultatif*, que cette recommandation *d'une rigueur étonnante, de déployer un caractère dur, de ne pas mollir, de*

---

[1] Surnommé *Petit-Noël*, homme d'une grande férocité, que Christophe fit tuer plus tard.

n'avoir aucun ménagement, de punir de mort tous ces scélérats que le général en chef lui désigne sous la dénomination *d'hommes de couleur!* Comme il a dû se réjouir encore, en voyant son chef, son précepteur dans le crime, compter *sur son imperturbable sévérité!* En fallait-il davantage pour décider cet autre T. Louverture (qui n'a différé du premier que par la franchise de sa violence), à couvrir de cadavres les lieux confiés à son commandement?

Dans tous les autres arrondissemens militaires, un pareil ordre fut donné et exécuté fidèlement.

C'est alors que périrent, dans le Nord, la plupart par la *baïonnette*, outre une infinité de *mulâtres*, tels que Bijou Moline (l'ancien ami de Henri Christophe), des *noirs nouveaux libres*, tels que Pierre Michel, Barthélemy, deux officiers qui s'étaient, des premiers, soumis à Polvérel et Sonthonax en 1793, qui furent constamment fidèles à T. Louverture, jusqu'au moment où ils le virent s'allier aux colons et aux émigrés; Édouard Callot, Pierre Paul, *anciens libres noirs*, etc., etc.

L'emploi de l'horrible baïonnette, comme instrument de supplice, fut une invention *des chefs* de cette partie. Nous n'accusons pas le peuple qui gémissait de ces horreurs, mais *ces chefs* qui contraignaient le soldat à se servir de cette arme contre des victimes sans défense. On conçoit l'emploi de la baïonnette à la guerre, sur le champ de bataille où la fureur des combattans est égale; mais on doit en flétrir l'usage dans les exécutions ordonnées par l'autorité; car cet usage tend à exciter la férocité dans celui qui s'en sert ainsi.

---

[1] Le 17 février 1807, Pétion, alors sénateur et général de division, adressa

Dans l'Artibonite, dans l'Ouest, les mêmes horreurs furent commises, en masse, sur des individus *noirs et jaunes* simplement *soupçonnés* d'être secrètement des partisans de Rigaud. A l'Arcahaie, un *mulâtre* nommé Laraque, très-clair de teint et s'efforçant d'être blanc, et un vrai *blanc* nommé Robes, le premier commandant de la place, le second adjudant, se distinguèrent dans ces boucheries d'hommes. Au Port-au-Prince, Jean-Philippe Dupin; à Léogane, Dieudonné Chambon ou Jambon, *deux noirs*, et un *mulâtre* nommé Morba, rivalisèrent de cruauté avec les autres exécuteurs.

N'entrons pas dans plus de détails de ces actes de barbarie sauvage commis par la volonté de T. Louverture, afin de détourner promptement notre vue de ce spectacle douloureux, qui ne faisait plaisir qu'aux seuls colons de Saint-Domingue, aux émigrés admis à partager leur joie, dans ces festins de cannibales, comme au temps où la population blanche du Cap assistait au supplice d'Ogé et de Chavanne. Mais, résumons ces faits cruels par une nouvelle citation du rapport de l'honnête Kerverseau :

« Je ne vous peindrai point, dit-il, Toussaint Lou-

---

une lettre au Sénat de la République, pour réclamer des modifications au code pénal militaire de Dessalines, qui établissait de nombreux cas *de mort* et la peine des *verges* contre les soldats. Cette lettre est de la main de Boyer, alors son aide de camp. Le Sénat forma une commission composée du général Yayou et Daumec (deux hommes du Nord) et du colonel Lys, trois de ses membres, pour lui faire un rapport à ce sujet ; et cette commission honora Haïti en proposant un des articles ainsi conçu et décrété :

« Le Sénat abolit pour toujours la peine *des verges*; elle est remplacée par « six mois de détention. Il abolit également *le genre de mort à la baïonnette :* « ceux qui l'ordonneront, exécuteront, seront poursuivis et punis comme « *assassins.* »

Ainsi, Yayou et Daumec, hommes du Nord, réparèrent le tort que nous reprochons aux chefs de cette partie. Nous sommes heureux de le constater. Mais sous le règne de H. Christophe, cet usage barbare existait dans le Nord ; il a cessé à sa mort.

verture accablant les habitans de réquisitions d'hommes et d'animaux, épuisant la colonie pour satisfaire son ambition et assouvir ses vengeances ; et devenu furieux par ses défaites et une résistance à laquelle il ne s'était point attendu ; et tourmenté par les soupçons et par la peur qui rendent les hommes cruels, *se baignant dans le sang*, couvrant la colonie de commissions militaires composées d'hommes qui ne savaient pas lire, jugeaient *à huis clos*, et faisaient exécuter, *de nuit*, leurs sentences *de mort*; enfin, *renouvelant* à Saint-Domingue *les fusillades, les mitraillades et les affreuses scènes* des Collot et des Carrier *(les noyades*, comme à Nantes), et toujours constant dans sa fausseté et dans son hypocrisie .... au milieu des scènes de sang dont l'île entière était le théâtre, et des cris des milliers de victimes qu'il immolait chaque jour à ses craintes et à sa tyrannie, faisant célébrer des messes solennelles, des *Te-Deum*, réciter des rosaires par ses soldats, et retentir le quartier-général du chant des cantiques spirituels .... »

On ne peut douter de la véracité du témoignage de Kerverseau, lorsqu'on le voit citer, par comparaison, les actions cruelles de deux blancs comme lui, Collot-d'Herbois et Carrier, qui souillèrent comme tant d'autres la belle révolution française, par leurs crimes. C'est qu'en effet, les actions des hommes doivent être jugées d'après les principes de la morale qui est une pour tous, qui n'admet entre eux aucune différence d'origine, de caste et de couleur.

Et cette observation même que nous faisons ici en faveur de Kerverseau, nous porte naturellement à une réflexion. Est-il étonnant, après tout, qu'à Saint-Domingue, T. Louverture ait commis ces crimes, lorsqu'en France, pays civilisé, on a vu de semblables horreurs dans le cours de la révolution ? Les hommes sont donc partout les mêmes, soit qu'il s'agisse du bien ou du mal ! Mais, ceux de la race africaine qui ont réclamé à juste titre *l'égalité devant la loi* avec la race européenne, comme elle existe devant Dieu, ne doivent pas s'offenser de ce qu'on reproche *aux méchans* parmi eux, les mauvaises actions qu'ils commettent, de même qu'on flétrit les mauvaises actions des blancs qui se montrent cruels. *Égalité* dans le blâme comme dans la louange ! Voilà l'impartialité.

Nous n'avons pas nié que des manifestations ont eu lieu par sympathie, *moins pour Rigaud* personnellement *que pour la cause* qu'il soutenait ; car, pouvait-il être plus aimé que T. Louverture, — de Paul, frère de ce dernier, — de Moïse, son neveu, — de Pierre Michel, de Barthélemy, etc. ? Mais, en persécutant, T. Louverture devait-il proscrire en masse une foule d'individus, les faire égorger, parce que leur qualité d'*anciens libres* les représentait à ses yeux comme des ennemis personnels, tandis qu'ils n'étaient que des adversaires du système politique qu'il voulait faire prévaloir ? Dans de telles circonstances, un chef qui est animé d'un bon esprit, qui croit à la sagesse de ses vues mal appréciées, selon lui, doit restreindre ses vengeances contre ses adversaires, ses frères ; garder en prison, s'il le faut, le grand nombre qu'il redoute et dans lequel il y a nécessairement des hommes qui ne sont qu'entraînés par leurs opinions. Il faut convaincre leur esprit, non par le glaive, mais par la persuasion ; il faut ne frapper que ceux qui font résistance *par les armes*, et non pas ceux qui sont *supposés, soupçonnés* devoir être ennemis de l'ordre de choses qu'on veut établir.

La conduite de Moïse dans le Nord, celle de Dessalines à Léogane, prouvent qu'il y avait moyen de tirer parti de la plupart des victimes. Ces deux généraux firent enrôler dans les troupes beaucoup d'hommes de couleur qui combattirent avec valeur contre Rigaud. Dessalines les trouva un jour, quand il lui fallut combattre contre les Français : ils furent dévoués à ce chef, à leurs frères noirs, à leur pays.

En se montrant *juste* autant que *fort*, un chef conquiert les cœurs et se fortifie encore par le concours qu'il peut obtenir de ceux-là mêmes qui se compromettent par leurs imprudences. C'est ce que ne comprit pas T. Louverture, c'est ce qu'il ne voulut pas comprendre, car il était éclairé ; mais, dominé par son orgueil, par sa soif inextinguible de domination, par cette ambition qui le dévorait, il n'employa que la terreur.

Voyez comment, dans sa lettre à H. Christophe, il veut bien supposer aux hommes de couleur le désir de faire de Rigaud, *le chef suprême* de la colonie ! En faisant mourir tant d'hommes dont une grande partie s'étaient montrés énergiques dans leur lutte contre les colons, il ne satisfit que ces derniers ; et lorsque le moment arriva où il dut lutter contre ces perfides et leurs auxiliaires, il ne trouva pas ces hommes. En immolant une foule d'autres dont le caractère inoffensif n'était pas à craindre pour son système politique, il occasionna une répulsion invincible pour sa personne, pour son gouvernement : il lui fallut ensuite constamment réprimer les conspirations, les révoltes qui éclataient de tous côtés, non pas de la part des hommes de couleur, mais des noirs fatigués de sa tyrannie. La terreur devint le signe caractéristique de son administration, parce qu'elle n'avait d'autre moyen pour se soutenir, et qu'elle était basée sur le mépris et la haine qu'il nourrissait pour ses semblables. Aussi sa chute fut-elle éclatante, exemplaire !

En faisant retourner dans le Nord une partie de l'armée avec le général Moïse, T. Louverture n'était pas resté au Port-au-Prince. Il se rendit sur tous les points de ce département et de l'Artibonite où il fallait, par sa présence, assurer le succès de ses mesures atroces. Il courut des dangers dans une embuscade qui lui fut tendue au Gros-Morne : heureux d'en sortir sain et sauf, ce fut un nouveau motif pour continuer ses proscriptions.

Après avoir été poursuivi par Moïse et Clervaux, Lubin Golard, renfermé et canonné dans Jean-Rabel, finit par l'évacuer pour se porter au Môle. Cette ville elle-même fut bientôt cernée et canonnée par terre, et bloquée par mer, pendant quelques jours : la garnison en était trop faible pour pouvoir résister plus longtemps. R. Desruisseaux et Bellegarde s'enfuirent dans un canot et se rendirent à Miragoane. Après leur départ, Moïse et Clervaux pénétrèrent au Môle, où de nombreuses victimes tombèrent, comme à Jean-Rabel et à Bombarde. Il paraît que ce fut alors que périt Noël Léveillé. Le Môle fut pris le 31 août.

Lubin Golard, d'une résolution énergique, avait échappé à l'ennemi. Il se jeta dans les bois du Moustique, où les troupes du général e... chef ne purent jamais l'atteindre. Il y vécut, secrètement secouru et nourri, jusqu'à l'arrivée de l'armée française, en 1802, où il se rallia à elle.

Une lettre de T. Louverture à Dessalines, datée du Môle le 8 septembre, lui rendit compte de ces événemens qui venaient de se passer.

La prise d'armes de Lubin Golard en faveur du système politique de Rigaud, les vengeances cruelles qui furent exercées alors contre les anciens libres, laissèrent au Port-de-Paix et dans toute la péninsule du Nord, le germe de la résistance contre toute autorité despotique placée au Cap. En 1807, nous verrons ce sentiment se manifester au Port-de-Paix, par la révolte de Jean-Louis Rebecca, simple soldat de la 9e, noir d'une ancienne famille d'affranchis alliée à celle de Golard, qui se prononça et entraîna ce corps contre l'autorité de H. Christophe, en faveur de Pétion.

Après avoir pacifié le Nord et l'Artibonite dans le sang, T. Louverture revint au Port-au-Prince. En passant à la hatte Aubry, près des Sources-Puantes, entre cette ville et l'Arcahaie, il échappa encore, miraculeusement, à une embuscade : ceux qui la formaient tirèrent sur sa voiture; le cocher fut tué, mais le général en chef n'y était pas : il était à cheval, à quelques pas en arrière. Toujours bien monté et escorté par une nombreuse cavalerie, il poursuivit sa route ; et son arrivée au Port-au-Prince fut signalée par de nouvelles sévérités. Le génie de l'extermination se vengea !

Peu avant la révolte du Môle, Rigaud s'occupait d'organiser une flotille pour l'opposer à celle du général en chef. Il fit armer des barges par Panayoty, les deux frères Gaspard, etc., qui avaient déjà servi contre les Anglais en leur enlevant même des corvettes de guerre, qui se distinguèrent dans la guerre du Sud, et plus tard dans celle du Nord. Il envoya 60 mille piastres à Saint-Yague de Cuba pour y acheter une corvette de 18 canons. Nous possédons une lettre de Roume à Kerverseau, du 19 juillet, qui atteste ces faits. Roume écrivit à l'agent français à Cuba, pour entraver l'acquisition de la corvette, et saisir même les 60 mille piastres, comme fonds de la République. Il envoya un blanc nommé Sasportas dans toutes les îles du Vent, auprès des agens français, notamment Desfourneaux, à la Guadeloupe, pour demander des bâtimens de guerre ou des corsaires, afin de *réduire* Rigaud ; il en demanda à Kerverseau qui était à Santo-Domingo, et qui lui avait écrit, au contraire, le 5 juillet, d'interposer son autorité entre les deux rivaux pour arrêter la guerre civile à sa naissance [1]. Il écrivit en même temps, le 17 juillet, à Don J. Garcia, pour le prémunir contre Rigaud. Il écrivit encore aux gouverneurs de Cuba, de Curaçao, de Saint-Thomas, pour leur demander des vaisseaux et des frégates, afin de soumettre *le rebelle*.

Et c'est de cet agent que M. Saint-Rémy dit : « Roume « voyait avec œil et cœur *marris* le mouvement des « choses ! » Roume n'était ni *fâché*, ni *repentant* de ce qui se passait : il s'en réjouissait, au contraire.

Ainsi, quant à Rigaud, il ne négligea pas d'organiser sa défense. Cependant, M. Madiou le représente en plusieurs endroits de son ouvrage, comme s'abandonnant *aux plaisirs* aux Cayes, y donnant *des bals*, négligeant *de soutenir* la révolte du Môle [2]. Cet auteur ne s'est pas aperçu qu'il a démenti lui-même ces accusations portées contre Rigaud par les traditions populaires ; car il parle de la formation de deux *escadres* de barges sous les ordres de Panayoty [3]; et s'il relate trois combats au Grand-Goave,

---

[1] Kerverseau lui en adressa d'autres, les 27, 30 juillet et 9 août, dans le même but.

[2] Histoire d'Haïti, pages 344, 347, 349, 354, 355, 358, du tome 1er.
[3] *Ibid.* p. 350.

en *juillet*, où Rigaud n'était pas à la tête de son armée, il en mentionne trois autres dans le mois d'*août*, où il a dirigé lui-même les opérations militaires [1]. Il est vrai qu'il le fait partir pour les Cayes au moment où un dernier combat contraint Dessalines à abandonner définitivement le Grand-Goave. Mais ce fait est encore démenti par des témoignages des acteurs du temps, qui rapportent que Dessalines fut refoulé au-delà de Bellevue, dans le combat où Rigaud fut blessé. Or, la révolte du Môle eut lieu à la *mi-juillet* et fut comprimée à la fin d'*août;* et durant le mois d'août, Rigaud était à la tête de son armée. Donc, il soutenait cette révolte en combattant au Grand-Goave.

Mais, nous nous accordons avec le même auteur, quand il dit de Rigaud :

« Par une inconcevable hésitation, il ne voulut pas, lui
« si audacieux, pousser ses conquêtes au-delà de Léogane
« (ou plutôt du Grand-Goave, puisque Léogane n'était
« pas en son pouvoir), déclarant qu'il s'en tenait au com-
« mandement que lui avait confié Hédouville. Toussaint,
« général en chef de la colonie, nommé par le Directoire,
« ne l'eût jamais souffert indépendant de son autorité. *Il*
« *devait*, une fois la guerre commencée, *s'efforcer d'é-*
« *craser son rival* [2]. »

Oui, c'est là le reproche que nous faisons aussi à Rigaud; et s'il le mérite, s'il l'a encouru, c'est que l'homme politique, en lui, était inférieur à l'homme de guerre : il ne comprit pas sa position.

---

[1] *Histoire d'Haïti*, t. 1, p. 347 et 348.
Ibid. p. 351.

CHAPITRE IV.

Bauvais, cerné à Jacmel, se plaint à Toussaint Louverture et à Roume.— T. Louverture fait fusiller son aide de camp.— Réponse de Roume.— Combat et prise de Tavet par Birot.— Il est blessé et blâmé par Bauvais.— Préparatifs de défense.— La réponse de Roume porte Bauvais à abandonner Jacmel.— Sa lettre d'adieux aux officiers supérieurs.— Réflexions à ce sujet.— Naufrage et mort de Bauvais.— Birot prend le commandement de Jacmel.— Ecrits de T. Louverture et de Rigaud.— Prise du poste de Bellevue.— Proclamation de T. Louverture, du 11 novembre.— Dessalines marche contre Jacmel.— Investissement et siége de Jacmel.— Tentative infructueuse de Rigaud pour le dégager.— Fuite de Birot et d'autres officiers.— Capture d'une flotille de T. Louverture par les Anglais.— Pétion va prendre le commandement de Jacmel.— Continuation du siége.— Evacuation de la place.— Proclamations de Rigaud et de T. Louverture.

Nous avons laissé Bauvais, tranquille spectateur à Jacmel, de l'occupation du Petit-Goave et du Grand-Goave par les troupes de Rigaud. Mais nous allons le voir contraint d'agir contre les manœuvres de Rigaud et de T. Louverture, qui, tous deux, avaient intérêt à le voir sortir de son inconcevable neutralité.

Dès la prise du Petit-Goave, Rigaud chargea le chef de bataillon Bouchard, de la demi-brigade de Faubert, de gagner à sa cause Lafortune et Conflans, ces deux noirs dont nous avons parlé dans notre 3ᵉ livre, qui exerçaient une grande influence dans la commune de Baynet, et surtout dans les cantons de la Vallée et de la Montagne. Ces deux hommes étaient devenus importans, depuis que Bauvais et Rigaud les avaient employés à soulever les populations, contre A. Chanlatte que Sonthonax avait placé à Jacmel. Rigaud voulait s'appuyer sur eux, pour entraîner Bauvais à se prononcer en sa faveur avec la légion de l'Ouest. Mais Bauvais réussit à éteindre leur insurrection, en envoyant contre eux le chef de bataillon Benjamin Ogé, de la légion [1].

Après cet insuccès de Rigaud, T. Louverture, étant à Léogane dans les premiers jours de juillet, fit donner à son tour des instructions à Lafortune et Conflans, pour exciter les cultivateurs en faveur de sa cause. Ces deux hommes étaient secondés par les nommés Gilles Bambara, Massanga, Mentor Raison et Germain Lavalette. Ils reprirent les armes pour le général en chef. Cette fois encore, Bauvais essaya de comprimer leurs mouvemens par Ogé, qui fut assailli par leurs bandes et contraint à rentrer à Jacmel. Dès-lors, T. Louverture fut assuré qu'il y avait pour lui une force placée entre Rigaud et Bauvais, qui empêcherait leur jonction.

Il ne s'arrêta pas à cette précaution utile au succès de sa guerre contre le Sud. Il avait agi à l'ouest de Jacmel, il voulut agir aussi à l'est de cette ville.

Dans notre 3ᵉ livre, nous avons parlé d'une entrevue qu'il eut au Mirebalais avec Mamzelle, chef des noirs du

---

[1] Une lettre de Bauvais à Hédouville, du 14 août 1798, dénonçait Lafortune et Conflans pour des méfaits commis par eux. Avant l'arrivée de cet agent, Conflans avait été au Cap, former des plaintes contre Bauvais à T. Louverture. A son retour, d'accord avec Lafortune, ils organisèrent les cultivateurs en compagnies armées et méconnurent l'autorité de Bauvais. Ce dernier les dénonça au général en chef, qui se borna à leur recommander de se bien conduire à l'avenir.

Doco, que Borel avait employé, en 1793, contre les hommes de couleur du Cul-de-Sac. Procédant comme ce marquis-colon et dans l'intérêt de ses semblables, T. Louverture gagna Mamzelle et un autre chef de ces indépendans, nommé Joseph Aquart, secondés par un blanc du nom de Gay, pour chasser de Saltrou et de Marigot les troupes de Bauvais, commandées par Desvallons. Après quelques combats où ce dernier fut appuyé par Magloire Ambroise, noir ancien libre, ces deux bourgs tombèrent au pouvoir des partisans de T. Louverture, et Desvallons fut forcé de replier sur Jacmel. Mamzelle fit tuer tous les hommes de couleur que ses bandes purent atteindre.

Lamour Desrances, noir africain, se tenait dans les montagnes du Port-au-Prince, en faisant des incursions au Cul-de-Sac. Il était favorable aux hommes de couleur et correspondait avec Bauvais par la montagne de la Selle; mais il ne put empêcher les auxiliaires de T. Louverture d'envahir l'arrondissement de Jacmel.

En même temps, et pour soutenir Lafortune et Conflans, T. Louverture fit occuper l'habitation Tavet, sur les limites montagneuses de Jacmel et de Léogane. La 11ᵉ demi-brigade, commandée par Néret, homme de couleur, y campa et se fortifia.

Ainsi, Bauvais était resserré dans la ville de Jacmel, à l'ouest, à l'est et au nord. Ces opérations démontrent l'intelligence et l'habileté de T. Louverture. Désormais, il n'avait plus rien à craindre de Bauvais, dans le cas où il eût voulu appuyer Rigaud.

Bauvais, se voyant ainsi traqué, se plaignit à T. Louverture lui-même de ces agressions contre *sa neutralité*. Il lui envoya un noir nommé Gressier, son aide de camp, qui fut fusillé par ordre du général en chef, sous le prétexte que cet officier avait mal parlé de lui[1]. Il écrivit le 17 juillet à Roume, pour se plaindre également, et de la violence que T. Louverture faisait *à sa neutralité*, et des massacres commis par ses partisans contre des hommes de couleur, en implorant de ce perfide agent d'interposer son autorité. C'était s'adresser à un juge prévaricateur, intéressé aux maux, aux crimes qui se commettaient. Mais, forcé dans ses retranchemens d'une neutralité inintelligente, Bauvais envoya Birot, colonel de la légion de l'Ouest, occuper l'habitation Besnard, assez près de celle de Tavet, avec 500 hommes de cette légion appuyés de gardes nationaux. Birot eut ordre *de ne pas attaquer* les troupes du général en chef, dans l'espoir d'une réponse favorable de Roume.

Cette réponse fut concertée avec *le philosophe* qui, dans l'intervalle, s'était porté dans le Nord. Elle est datée du Cap, le 9 août : elle défendait le général en chef qui, selon Roume, avait dû prendre ses sûretés contre Bauvais, *séduit par Rigaud*. T. Louverture *avait raison* de se prémunir contre ce général *qui ne se prononçait pas;* mais Roume était *coupable*, en accusant Bauvais d'avoir été gagné par Rigaud, pour pouvoir justifier l'homme des colons et du Directoire. Enfin, pour frapper l'âme timorée de Bauvais d'un dernier coup, Roume, plus coupable que faible, adressa sa réponse :

« A Louis-Jacques Bauvais, *ci-devant* général de bri-
« gade au service de la République française, et comman-
« dant de l'arrondissement de Jacmel, *actuellement chef*
« *des révoltés* du même arrondissement, *sous les ordres*
« *du traître Rigaud.* »

[1] Vie de Toussaint Louverture, page 251.

Ce fut un coup de massue sur la tête de Bauvais : son esprit se troubla, quand il reçut cette lettre imaginée par le machiavélisme de Roume et de T. Louverture. Le *blanc* se réunit au *noir*, pour accabler le pauvre *mulâtre* qui avait cru pouvoir garder la neutralité dans une question où il était nécessairement intéressé. Dès le mois de juin, Bauvais avait écrit à Roume pour lui demander sa *démission*. Le 2 juillet, il lui écrivit de nouveau en sollicitant l'autorisation d'aller au Cap auprès de lui, ou à Santo-Domingo, où était Kerverseau. Il déclara à Roume qu'il avait eu la pensée de quitter son poste, et de partir par un bâtiment de commerce qui était à Jacmel. Roume refusa d'accéder à toutes ces demandes, d'accord avec le général en chef.

Mais, occupé à éteindre l'insurrection du Nord, T. Louverture n'envoya pas à Bauvais cette lettre foudroyante, aussitôt qu'elle fut écrite : il attendit sa pacification sanglante. Aussi bien, n'étant écrite que le 9 août, cette réponse de Roume avait une apparence spécieuse de vérité à l'égard de Bauvais : *spécieuse*, en ce que l'agent, si digne du Directoire exécutif, ne tenait aucun compte de l'attaque des partisans de T. Louverture à Saltrou et à Marigot, de la prise de ces bourgs par eux, ni de l'insurrection de Lafortune et Conflans, à l'ouest de Jacmel. Et voici ce qui semblait légitimer l'accusation de Roume contre Bauvais.

Le 5 août, après bien des manœuvres de la part des chefs placés à Tavet, Birot s'était vu contraint *d'attaquer* la 11ᵉ demi-brigade. Il fut blessé dans ce combat et y perdit 150 légionnaires ; mais il chassa la 11ᵉ de Tavet, malgré la force supérieure de ce corps, sa défense opiniâtre et la position avantageuse qu'il occupait. A cause de sa blessure, Birot laissa le commandement de sa troupe à Gautier, chef de bataillon de la légion, et rentra à Jacmel.

A son arrivée en cette ville, Bauvais le blâma publiquement d'avoir attaqué les troupes de T. Louverture, et l'accusa d'avoir violé sa propre neutralité. Néanmoins, convaincu qu'il lui fallait combattre maintenant, il fit les meilleures dispositions, non pour attaquer de nouveau les troupes du général en chef, mais pour leur résister dans la place de Jacmel, prévoyant bien que T. Louverture marcherait contre lui. Il fortifia cette place, pourvut à tout avec une intelligence et un sang-froid admirables. Bauvais avait toute la trempe d'un vrai militaire : il était un ancien élève du collége de La Flèche, en France. Ces préparatifs de défense accrurent le courage de cette belle légion de l'Ouest qu'il avait commandée, de tous les hommes valides qui étaient dans Jacmel. Des officiers d'une valeur éprouvée, comme leurs soldats, maintenaient dans leurs rangs cette discipline sévère qui distingua ce corps et qui était due à Bauvais. Ces officiers étaient Birot, Gautier, Ogé, Brunache, Bazelais, Pierre Fontaine, Dupuche, Borno Déléard : les autres, de grades inférieurs, étaient animés du même esprit.

Deux jours après la prise de Tavet, Gautier l'avait abandonné pour se reporter à Besnard, à cause de la putréfaction des cadavres, et peut-être parce qu'il avait appris le blâme donné à Birot par Bauvais. Celui-ci devait être plutôt satisfait que mécontent de l'abandon de Tavet, qui entrait dans son système de neutralité. Néret vint réoccuper cette position.

Rigaud, présent alors parmi ses troupes (dans les premiers jours d'août), en apprenant le combat de Tavet, avait envoyé Pétion à la tête de 500 hommes pour renforcer ceux de la légion de l'Ouest dans cette position : il était satisfait de ce résultat qui contraignait Bauvais à prendre parti pour lui, croyait-il. Mais Pétion dut revenir à Bellevue, par la réoccupation de Tavet par Néret.

Le général en chef étant retourné au Port-au-Prince, et n'ayant plus de crainte pour le Nord et l'Artibonite, se disposa à faire reprendre les hostilités avec vigueur. C'est alors qu'il expédia à Bauvais la lettre de Roume, du 9 août; elle lui parvint le 13 septembre. En même temps, T. Louverture avait donné l'ordre aux troupes du Nord de revenir dans l'Ouest, sous les ordres de Clervaux et de H. Christophe : elles arrivèrent à Léogane dans la seconde quinzaine de septembre.

En recevant la lettre de Roume, Bauvais fut atterré. Il prit immédiatement la résolution d'abandonner son poste et de se rendre en France. Il n'y avait point de navire français dans le port de Jacmel : il s'embarqua furtivement sur une petite goëlette hollandaise qui le porta à Curaçao, en laissant à Jacmel sa femme et deux jeunes filles. Il laissa la lettre suivante, pour expliquer à ses compagnons d'armes les motifs de sa résolution :

Jacmel, le 27 fructidor an 7 (13 septembre),
Louis-Jacques Bauvais,
Aux officiers supérieurs de la garnison de Jacmel.
Mes chers camarades,

Destitué et déclaré en état de révolte par une lettre de l'agent du Directoire exécutif en cette colonie, datée du Cap le 22 thermidor dernier, que je viens de recevoir, je ne puis ni ne dois continuer à vous commander ainsi que cet arrondissement, *sans me rendre plus coupable et encourir de nouvelles disgrâces.*

Vous connaissez, mes amis, mon attachement à mes devoirs et mon respect *pour les autorités constituées*. Plus d'une fois depuis les troubles actuels, je vous ai dit ma façon de penser ; et *quoique je voyais d'une manière à n'en plus douter l'horrible complot de détruire les hommes de couleur*, la présence de l'agent du Directoire m'en imposait au point que je ne pouvais me permettre aucune position hostile. Le Saltrou venait d'être enlevé par Mamzelle ; le cruel Gay y avait assassiné ses habitans. La place de Marigot venait d'être surprise par Joseph Aquart, qui, de concert avec Mamzelle, insurgeait tout et se proposait de venir cerner Jacmel. *Certain* que tout cela se faisait *par les ordres* du général en chef, et voyant que je ne lui avais donné aucun sujet, je lui écrivis pour me plaindre de cette étrange conduite dans un temps où je correspondais journellement et de la meilleure foi possible avec lui. C'est donc à cette époque, *après vos pressantes sollicitations* et la nécessité de préserver les jours de nos concitoyens et les nôtres, *que je fus contraint* par les circonstances *de me mettre sur la défensive*. Je m'empressai d'instruire de ces faits extraordinaires le citoyen agent Roume, dans le ferme espoir qu'il rendrait justice à ma conduite et blâmerait celle du général Toussaint, qui faisait enlever partiellement par des hommes sans mœurs les différens quartiers de l'arrondissement confié à mes soins. Comme je n'avais aucun tort, je m'attendais à recevoir une réponse satisfaisante de l'agent ; mais, quelle a été ma surprise et mon étonnement, lorsque je me suis vu qualifié de *ci-devant général de brigade au service de la République, actuellement chef des révoltés?* Un coup de foudre n'eût pas été pour moi plus terrible : j'eus besoin de toute ma raison pour ne pas me porter au dernier désespoir. Le contenu de la lettre est si plein d'amertume et de choses désagréables, que je ne puis ni n'ai le temps de vous en laisser copie.

Ma première idée était de vous assembler tous, vous en donner lecture et vous faire sentir la nécessité d'aller présenter au Directoire ma justification ou lui porter ma tête, s'il est possible que je me sois rendu coupable. *Mais, réfléchissant que votre désespoir pourrait égaler le mien, et vous porter à contrarier mes vues en me contraignant de continuer* un commandement qui ne m'appartient plus, j'ai pris la terrible et nécessaire résolution *de partir sans vous rien dire*. Vous, mes amis, qui connaissez ma sensibilité et mon attachement pour vous et pour tous mes concitoyens de cet arrondissement, mettez-vous un instant *à ma malheureuse place* ; concevez quel chagrin me poignarde *d'être obligé* de m'éloigner de vous *d'une manière si étrange*. Mais, telle est la force de la raison et l'empire du devoir, qu'un homme de bien doit préférer *l'honneur* à tout ce qu'il a de plus cher au monde. Connaissant votre attachement et votre amitié pour moi, je me flatte, mes amis, *que vous serez utiles à ma femme et à mes enfans* que je vous recommande comme devant être un jour toute ma consolation. Si ma femme désirait aller à Santo-Domingo auprès du général Kerverseau, mon ami, ou partout ailleurs, soyez lui favorables, je vous prie.

Quant à moi, je vais me rendre à Saint-Thomas et ferai en sorte de profiter du premier bâtiment qui fera voile pour Hambourg, afin de me rendre en Europe, et passer de suite en France, où je ne négligerai rien pour *éclairer* le Directoire sur tout ce qui se passe dans cette colonie.

Comme il est possible que mon départ *précipité* occasionne quelque effervescence dans les troupes et des inquiétudes alarmantes aux citoyens de la ville et des campagnes, je vous recommande particulièrement de mettre en usage tout ce que votre prudence et votre sagesse vous suggéreront pour éviter le plus petit malheur ; car *je mourrais de chagrin* si jamais il me parvenait qu'il est arrivé quelque chose de désagréable à un individu quelconque. Assurez de mon attachement à tous les officiers et soldats de l'armée. Ne m'oubliez pas auprès de tous les braves capitaines volontaires de la ville et des mornes. Je compte beaucoup sur leur fidélité à la République française, au maintien de l'ordre et à la sûreté des personnes et des propriétés. *C'est le moment de vous signaler tous.*

Je vous invite à vous rappeler que la commune de Jacmel a envoyé une députation auprès de l'agent Roume, et que j'ai envoyé aussi un officier porteur de mes dépêches : peut-être seront-ils assez heureux de faire revenir le citoyen agent *d'une erreur* qui m'est en particulier si funeste.

Adieu, mes amis, je vous embrasse de tout mon cœur. *Vivent la République française, la liberté et l'égalité !*

BAUVAIS.

P.S. Je vous recommande l'union la plus étroite entre vous tous et l'administration municipale.

Il faut avouer que T. Louverture, en sa qualité de chef d'un *parti politique,* était bien supérieur aux deux chefs du parti contraire. De ces deux adversaires,—l'un est favorisé par la fortune, par le courage et la valeur de ses troupes, et il s'arrête au milieu de ses succès éclatans ; — l'autre, qui a gardé volontairement une déplorable neutralité entre eux, qui l'a vu rompre par son lieutenant, qui a fait tous ses préparatifs de défense, abandonne son poste au moment où il lui faut combattre, parce qu'un agent, complice de son adversaire, lui adresse une lettre où il est traité de *chef de révoltés*, d'*ex-général !*

Dans notre troisième livre, nous avons supposé Hédouville débarqué aux Cayes et agissant contre T. Louverture, et nous avons admis que ce dernier eût été vaincu. Mais aurait-il tenu compte des actes de cet agent ? Il eût remué ciel et terre pour lui résister, comme il a fait en 1802 à l'égard de Leclerc.

T. Louverture avait donc une capacité politique incontestable. Pourquoi cet homme de notre race nous a-t-il donné le droit de l'accuser de cruauté, et de tous les vices qui en sont le cortége ou qui l'engendre ?

Au premier paragraphe de sa lettre aux officiers supérieurs de Jacmel, Bauvais s'avoue *coupable*; il ne veut pas l'être davantage et il redoute de nouvelles disgrâces. Et de quoi donc était-il coupable, sinon de son inconcevable neutralité ? Il était convaincu de l'horrible complot ourdi pour détruire les hommes de couleur ; il était certain que l'envahissement de son arrondissement se faisait par les ordres de T. Louverture, que les massacres exécutés étaient ordonnés par lui, et il avait gardé sa neutralité sans vouloir se joindre à Rigaud ! Dès le jour du discours à l'église du Port-au-Prince, n'aurait-il pas dû se prononcer pour lui, afin de défendre ses frères, — ou pour T. Louverture, afin de désarmer sa colère, d'arrêter ses vengeances, en réduisant promptement Rigaud? Mais, il ne se repent pas de sa neutralité funeste; il s'excuse même aux yeux des officiers, d'avoir fait des préparatifs de défense, en leur rappelant qu'il n'a agi ainsi qu'à leurs pressantes sollicitations. Il se voit accusé d'être chef de révoltés, par un agent dont il respecte l'autorité; mais, en donnant tant de conseils à ces officiers, leur dit-il de se soumettre à cette autorité? Ne sont-ils pas ces révoltés dont parle Roume?

Et il abandonne ces braves soldats qui comptaient sur son courage et son expérience militaire; il abandonne toute cette population qu'il devrait défendre; il abandonne sa femme et ses enfans, ces êtres si chers, alors qu'il ne peut douter que l'ennemi va arriver sous les murs de Jacmel! Il les abandonne, en disant à ces officiers que c'est le moment pour eux de se signaler tous dans la protection due aux personnes et aux propriétés! Et c'est le brave et honnête Bauvais qui agit ainsi! C'est le premier général de la classe des anciens libres qui méconnaît ainsi son véritable devoir envers ses frères, sa race, son pays!....

Que lui importaient donc, à ce moment décisif, cette République française dont il invoquait le nom, ce Directoire exécutif qui faisait semer la division par tous ses agens, l'un après l'autre? L'avenir de sa race à Saint-Domingue, ne devait-il pas seul préoccuper Bauvais, pour le porter à affronter les balles de T. Louverture, complice du Directoire, de son agent, des colons et des émigrés? Loin de là, il quitte le poste de l'honneur et du devoir en se trompant sur ce qu'ils exigent de lui; il fuit clandestinement, en avouant avec naïveté à ses officiers qu'il a craint qu'ils contrariassent ses vues, qu'ils le contraignissent à garder son commandement! Cette idée seule n'aurait-elle pas dû l'arrêter dans cette résolution, si regrettable pour son caractère, pour sa gloire ? Une armée de 4500 combattans, la population entière d'un arrondissement, ne sont-elles pas aussi une autorité respectable ? Que deviendrait donc *la souveraineté populaire*, si on pouvait ainsi toujours méconnaître ses droits, même dans une fraction du peuple ?

Oh! non, ce n'est pas tout que d'être un brave militaire, un héros sur le champ de bataille : il y a encore d'autres choses essentielles à quiconque devient chef. Ces choses, elles se trouvent d'abord dans le caractère ferme et résolu de l'homme, puis dans les idées qui se développent en lui par la pratique du pouvoir, dans l'intelligence qui lui fait découvrir le nœud d'une situation, pour le trancher avec la lame de son épée, s'il ne peut parvenir à le dénouer pacifiquement ; car il est un homme politique avant tout, puisqu'il est chef d'un parti. Ses contemporains, la postérité n'ont à attendre, à exiger de lui que d'être avare du sang des hommes, de ses semblables ; car il n'est pas devenu chef par leur assentiment, pour assouvir ses passions en immolant des victimes sur l'échafaud, par des assassinats : s'il ne peut éviter la guerre, qu'il la fasse ; les victimes qui tomberont sur le champ de bataille ne lui reprocheront pas leur malheureux sort, et la postérité n'aura pas le droit de flétrir sa mémoire.

A notre avis, Bauvais ne possédait pas ces choses essentielles au chef d'un parti politique : il l'était depuis le 26 août 1791, et il ne pouvait résigner une position aussi honorable ; il la partageait avec Rigaud ; l'avenir de ses frères lui commandait de ne pas montrer un désintéressement personnel inopportun, et c'est ce qu'il fit dans bien des circonstances qui précédèrent son départ de Jacmel.

Honnête homme, le plus honnête peut-être parmi vos révolutionnaires, digne, par toutes ses qualités morales, de diriger en temps de paix un peuple dans la conquête de ses libertés, il s'effrayait trop des agitations; il poussait surtout trop loin son respect pour les autorités passionnées que la métropole envoyait incessamment dans la colonie. Ce respect outré le porta toujours à trop s'effacer, à ne pas montrer assez d'énergie dans certaines circonstances où il fallait contraindre ces agens à compter avec lui : de là ses fautes, ses torts, produits par l'erreur du jugement. Il est évident que dans la résolution qu'il prit d'abandonner son poste, l'erreur seule détermina sa conduite : la lettre machiavélique de Roume foudroya sa raison, et il le dit lui-même dans la sienne aux officiers. Connaissant toutes les obligations qui lui étaient imposées pour le salut de l'armée et des populations qu'il dirigeait, ne pouvait-il pas en appeler au Directoire exécutif, contre les inculpations de Roume, d'ailleurs si peu fondées ?

Ce jugement que nous portons sur Bauvais, diffère en bien des points de celui que porte M. Madiou à son égard; mais nous avions prévu que nos appréciations différeraient quelquefois, sur les choses et les hommes qui ont marqué dans les révolutions de notre pays, et plus d'une fois déjà nous l'avons prouvé.

Selon notre compatriote, « Bauvais ne vit qu'une guerre
« d'*ambition* dans celle qui se faisait alors; il ne voulait
« pas être dominé ni par T. Louverture, ni par Rigaud;
« le premier marchait vers *l'indépendance* et blessait ses
« sentimens tout français; le second le froissait en ne vou-
« lant pas souffrir *de supériorité*; si celui-ci devenait

« vainqueur dans cette lutte, il eût été obligé de le com-
« battre pour contenir le débordement *de ses passions;*
« si l'autre triomphait de son rival, Bauvais eût été té-
« moin de la chute *des principes républicains* à Saint-
« Domingue, du triomphe du parti colonial et de l'avilis-
« sement de sa caste [1]. »

Mais, si telles étaient les pensées qui dominaient Bauvais, ne devaient-elles pas, au contraire, lui inspirer une énergie à la hauteur de toutes ces difficultés ? Pourquoi donc avait-il accepté sa position politique, pour faillir au moment suprême ? Si la conviction de ses principes républicains le portait à voir en T. Louverture, un antagoniste de ces principes qui étaient alors ceux de la France qu'il aimait ; s'il voyait en lui un partisan de la faction coloniale visant à l'avilissement de *sa caste*, c'étaient autant de raisons qui devaient le porter à s'unir à Rigaud qui pensait comme lui, sauf à le combattre ensuite pour arrêter ses passions désordonnées. Il est vrai que M. Madiou accuse *son tempérament de n'avoir pas eu assez d'énergie* pour dominer toutes ces difficultés : là est son excuse, car il n'est pas donné à l'homme de surmonter sa nature.

Cet auteur dit encore que « Bauvais était dégoûté de-

---

[1] Histoire d'Haïti, t. 2, p. 10.
J'atteste sur mon honneur, que j'ai lu aux archives du ministère de la marine, une lettre de Bauvais à Roume, du 10 juillet, où il lui fait savoir qu'il a envoyé à Rigaud, les exemplaires de la proclamation du 3, rendue par Roume, qui les lui expédia dans ce but. Bauvais, en le *complimentant* sur cet acte, lui dit cependant qu'il se trompait sur le compte de Rigaud ; que ce dernier n'était point mu *par l'ambition* ; que sa conduite résultait de ce que T. Louverture n'avait aucune *confiance* en lui, qu'il avait des soupçons injustes contre Rigaud, de même que contre lui, Bauvais. Celui-ci profita de l'occasion pour renouveler sa demande de démission.

Ainsi, il est constant par cette lettre, que Bauvais resta jusqu'à la fin, *l'ami* de Rigaud, qu'il ne lui reprochait pas ce qu'avancent les assertions de M. Madiou.

« puis longtemps, *quoique homme de couleur, de la
« folle présomption des mulâtres, qui, ambitieux et in-
« disciplinés, se montraient difficiles à contenter.* »

C'était la thèse que soutenaient T. Louverture, le Directoire exécutif, ses agens et les colons : Bauvais aurait donc dû se réunir *à tous ces ennemis des hommes de couleur* pour les réduire, prêter son appui au général en chef, et ne pas garder la neutralité.

Eh quoi ! ils se montraient *ambitieux, indisciplinés, difficiles à contenter*, ces fameux mulâtres qui avaient accepté franchement la liberté générale, qui avaient combattu vaillamment les Anglais et les colons, sans les secours de la France, pour maintenir cette liberté générale ! Et quand ils se montraient résolus à garder leur position, justifiée par leur valeur, par leur sang versé sur le champ de bataille, c'était montrer *de la présomption !* Depuis quand la juste prétention *de l'intelligence*, réunie aux services rendus dans une cause sainte, peut-elle donc être un sujet de reproches ? M. Madiou lui-même n'a-t-il pas fait l'éloge de beaucoup de ces hommes, de tous ces braves officiers placés sous les ordres de Rigaud et de Bauvais, de ce Villatte si courageux, contre lequel on avait commencé ce système de dénigrement, pour pouvoir leur enlever leur position ?

Quoi ! des hommes tels que Brunache, Gautier, B. Ogé, Birot, Dupuche, B. Déléard, Bazelais, Papalier, sous les ordres de Bauvais ; — Faubert, Tessier, Piverger, Panayoty, les deux Gaspard, Dartiguenave, R. Desruisseaux, J.-L. Compas, Toureaux, Blanchet, Bonnet, Segrettier, Boyer, Lys, Borgella, Lamarre, Gérin, Férou, Geffrard, Pétion, sous les ordres de Rigaud : tous ces intrépides *mulâtres* n'étaient, dites-vous, aux yeux de Bauvais, que *des pré-*

somptueux! Quoi! Delva, Fontaine, Frémont, M. Dougé, J. Cécile, J.-L. François, Octavius, Vendôme, Vaval, Pérou, G. Lafleur, M. Ambroise, Wagnac, Galant, ce noble David-Troy, tous ces braves *noirs* compris dans la même classe : toutes ces illustrations de notre pays n'étaient à ses yeux que *des ambitieux difficiles à contenter!*...

« D'une autre part, continue M. Madiou, Bauvais s'a-
« pitoyait sur l'aveuglement de *la plupart des chefs noirs*
« qui, subissant l'influence des colons, prêtaient leurs ef-
« forts, sans s'en douter, au rétablissement *de l'ancien*
« *régime.* »

Non, telle n'était pas la situation. T. Louverture *seul*, restaurateur de cet ancien régime, lui seul s'aveuglait, subissait cette influence désastreuse ; mais les chefs noirs qui agissaient sous ses ordres, obéissaient passivement à son autorité violente, en vertu de la subordination militaire : *tous* pensaient à l'égard de son système politique, comme Moïse et Paul Louverture, qui furent également contraints d'obéir au général en chef reconnu par la métropole.

Nous n'étendrons pas plus loin cette discussion.

L'avenir des peuples dépend souvent de la manière dont on leur présente leur passé. S'ils portent un faux jugement sur les faits de leurs annales, sur les principes qui ont guidé leurs devanciers, leurs hommes politiques, ils subissent, malgré eux, l'influence de cette erreur, et ils sont exposés à dévier de la route qu'ils doivent suivre pour arriver à leur prospérité, à leur civilisation. C'est par ces considérations que l'histoire est si utile, si instructive ; car elle est remplie d'enseignemens précieux.

Mais, disons une fois ce que devint Bauvais, après son départ de Jacmel.

Il avait subi bien des contrariétés dans son projet de se rendre immédiatement en France, pour exposer la situation dans laquelle il laissait son pays [1]. Rejoint par sa famille, qui partit de Jacmel peu de jours après lui, il s'était embarqué avec elle sur un vieux navire qui les portait en Europe. Le 7 brumaire an IX (29 octobre 1800), étant en pleine mer, une voie d'eau se déclara dans le navire. En vain les pompes agirent, le naufrage devint imminent : pas un autre bâtiment à la vue de tant d'infortunés ! Il fallut mettre à la mer l'unique chaloupe qu'avait le navire, et tous ne pouvaient y entrer sans la faire sombrer elle-même. Le sort dut désigner les élus ; il fut favorable à Bauvais, et contraire à son épouse : leurs enfans en bas âge étaient privilégiés, et c'était juste, dans une circonstance aussi douloureuse : leur âge, la faiblesse de leur sexe, le commandaient. Bauvais n'hésita pas un seul instant à se sacrifier pour sa vertueuse femme : il l'eût fait, quand même ils n'auraient point eu des filles qui réclamaient l'assistance maternelle. Ce fut un moment pénible pour Madame Bauvais, si tendrement attachée à son mari ; elle dut céder à sa haute raison, à son autorité, au dévouement qu'elle devait à ses enfans. Mais, quelles angoisses pour ces deux cœurs intimement unis ! Si Bauvais voyait la mort sous ses pieds, était-il assuré que sa femme, que ses enfans y échapperaient dans cette frêle embarcation, au milieu des flots soulevés en pleine mer ? La Providence seule pouvait les secourir, les sauver ; et elle a placé l'Espérance dans le cœur de l'homme. Bauvais espéra ; il eut foi en la bonté divine ; elle accomplit son vœu ! Embras-

---

[1] Il fut capturé par les Anglais qui lui prirent son argenterie et tous ses effets. (Histoire d'Haïti, t. 2, p. 13.— Lettre de Bauvais à sa fille Coralie.)

sant sa femme, couvrant ses enfans de baisers tendres, il les fit placer dans la chaloupe avec ceux que le sort avait favorisés : cette chaloupe s'éloigna. Le cœur plein d'indicibles émotions, mais résigné à son malheur, Bauvais la suivit des yeux, tandis que le navire se remplissait d'eau : au moment où il allait sombrer, Bauvais agita son mouchoir en signe d'un dernier adieu à sa femme, et disparut sous les flots.

Quelle triste fin pour le vertueux Bauvais ! Quel spectacle douloureux pour son épouse ! ....

Quel beau sujet pour un tableau d'histoire, lorsqu'Haïti aura un peintre capable de sentir ce qu'il y a eu d'héroïque, de sublime, dans le dévouement, dans l'abnégation de Bauvais à ce moment suprême !

Discordes civiles ! voilà l'un de vos résultats !... Mais, honneur à la mémoire de Bauvais ! Car une telle fin répare tout : elle inscrit son nom sur l'autel de la patrie; elle le grave dans tous les cœurs qui se sentent émus au récit d'actions généreuses [1].

Après avoir été ballottée par les flots durant trois jours et trois nuits, la chaloupe rencontra un navire anglais qui la recueillit ; et les infortunés naufragés furent secourus et amenés à Bristol, d'où Madame Bauvais et ses filles passèrent en France. Cette dame, accablée de peines, sur-

---

[1] Bauvais naquit à la Croix-des-Bouquets. Pétion qui agit autrement que lui dans la guerre civile du Sud, mais qui avait le sentiment du beau et du juste, inscrivit son nom *en lettres d'or* dans le salon de son château de Volant Le Tort, à côté de ceux de Lambert, Rigaud, Toussaint Louverture, Ogé, Chavanne, Pinchinat et Villatte. Il joignit à ces noms nationaux, ceux de Ferrand de Baudières, Raynal, H. Grégoire et Wilberforce, quatre vrais philantropes parmi les blancs. Aussi juste appréciateur du mérite militaire, il décora ce salon, comme un ornement à tous ces noms chers à la postérité haïtienne, par les portraits de quatre grands capitaines de l'antiquité : Alexandre, César, Thémistocle et Annibal.

vécut peu à son mari. Un gentilhomme, nommé de Thusy, prit ses demoiselles sous sa tutelle, et les fit élever avec soin. Honneur aussi à la mémoire de cet homme généreux[1] !

Mais honte à la mémoire de Roume ! En apprenant ce qui avait occasionné le départ de Bauvais, Kerverseau écrivit à cet agent, pour lui reprocher son tort envers ce véritable homme de bien dont il avait toujours fait l'éloge. Roume eut *l'indignité* d'écrire au ministre de la marine, le 15 août, pour lui dénoncer Bauvais. « Il n'a« vait, dit-il, pas moins à cœur la cause de Rigaud ; mais « il y mettait une *hypocrisie* que l'autre n'a point à se « reprocher. » Une telle conduite déconsidère aux yeux de la postérité, et le caractère de Roume et le Directoire exécutif dont il était l'instrument, pour assurer le succès d'une politique inintelligente, injuste envers des hommes qui avaient bien mérité de la France, par de glorieux services.

Ce ne fut pas sans étonnement et sans indignation, que la garnison de Jacmel apprit le départ de Bauvais. Le commandement passa aux mains de Birot, l'officier le plus élevé en grade. Il assembla les troupes et les gardes nationaux pour leur donner lecture de la lettre adressée aux officiers supérieurs. Tous ces braves soldats et citoyens jurèrent de défendre la place jusqu'à extinction : leur courage sembla grandir par la fuite de leur général, dans l'expectative d'une guerre acharnée.

---

[1] Au moment où nous écrivons cette page, une des deux filles de Bauvais vient de mourir à Paris : c'était Madame veuve Tisserant, d'une piété exemplaire, d'une charité inépuisable, estimée de tous les ecclésiastiques et d'une foule de familles respectables de cette capitale. L'autre fille de Bauvais, non moins vertueuse, est morte aussi à Paris peu de temps avant sa sœur.

Birot envoya l'ordre à Gautier d'attaquer de nouveau la position de Tavet ; mais cette fois il ne fut pas possible de l'enlever, parce que de nouvelles troupes avaient renforcé la 11e demi-brigade. Gautier y perdit inutilement de braves soldats et revint à son poste de Besnard.

Birot continua les préparatifs de défense commencés par Bauvais, afin de pouvoir soutenir le siége de Jacmel. Cette ville, par sa position montueuse, offrit la possibilité d'être vigoureusement défendue. Différens forts avaient été construits dans le pourtour de la place et sur des sites convenables, depuis Monthrun, aidé par Pétion, alors chef de bataillon d'artillerie. On les désignait sous les noms de Grand-Fort, Blockhaus, Léogane, l'Hôpital, Béliot et Talavigne.

Avant que ces choses eurent eu lieu à Jacmel, T. Louverture émit une proclamation, le 9 septembre, où il accusait les hommes de couleur de vouloir s'emparer de toute l'autorité dans la colonie. C'était pour justifier les massacres qu'il avait ordonnés contre eux.

Rigaud, non moins prodigue d'écrits, en fit un, le 11 septembre, où il défendit sa classe et sa propre conduite, en accusant T. Louverture de ces massacres et de trahison envers la France, par ses traités secrets avec les Anglais et les Américains. Il accusait aussi Roume d'y prêter la main.

T. Louverture jouait un rôle naturel, en publiant ses longues proclamations ; car il sentait le besoin d'accuser ceux dont il s'était rendu l'ennemi, afin de se justifier, croyait-il, de ses cruautés. Mais, nous n'aimons pas cette guerre de plume de la part de Rigaud, lorsqu'il faisait rester son armée dans l'inaction au Grand-Goave.

Après les affaires du Nord, T. Louverture avait nommé Moïse au commandement en chef de cette partie, pour le tenir éloigné de l'armée qui allait reprendre l'offensive contre celle du Sud. En même temps, il donna à Dessalines le commandement en chef de son armée et du département de l'Ouest, ayant sous ses ordres les généraux Clervaux et Laplume, et le colonel H. Christophe. Par un arrêté du 4 octobre, Roume confirma ces dispositions.

Cet habile T. Louverture s'étayait toujours ainsi de l'autorité qui représentait le Directoire exécutif. Ils s'entendirent pour expédier à cette époque, le colonel du génie Vincent, chargé d'aller exposer au Directoire exécutif la situation des choses, et sans doute pour lui demander de nouvelles instructions, à raison de la résistance de Rigaud.

Ici encore, nous ne copions ni Pamphile de Lacroix, ni M. Madiou, qui représentent la mission de Vincent comme étant la preuve *des profonds regrets* de Roume par rapport à la guerre civile. Ce colonel ne fût pas parti si cela n'entrait pas dans les vues de T. Louverture[1]. Il arriva à Lorient, sur l'aviso l'*Enfant Prodigue,* le 25 novembre : déjà les rênes du gouvernement avaient passé

---

[1] Nous ne savons pas nous laisser éblouir par des phrases telles que celle-ci, que nous lisons dans Pamphile de Lacroix : « L'inhumaine politique *étrangère* paraissait insensible à cette guerre *qui ne coûtait,* disait-elle, *que du sang africain.* » C'est de la Grande-Bretagne et des Etats-Unis que cet auteur parle ainsi.

Mais, que faisait la politique *nationale* au sujet de cette guerre? M. Madiou nous répond : « Le gouvernement des consuls suivra à l'égard de Saint-Domingue, la même politique que le Directoire. »

Roume obéissait donc à cette politique *nationale* ; il n'était donc pas *effrayé des horreurs qui se renouvelaient chaque jour* ! A son arrivée en 1796, il avait dénoncé ce plan de la faction coloniale ; mais ensuite il fut pourvu d'instructions pour l'exécuter : il suivit ses instructions en agent fidèle, comme Sonthonax et Hédouville avaient suivi celles qu'ils reçurent.

des mains débiles du Directoire en celles de Bonaparte, revenu d'Égypte [1].

T. Louverture ordonna à Dessalines de tout tenter pour enlever la position de Bellevue, afin de refouler les troupes du Sud au-delà du Grand-Goave et de pouvoir se ménager une attaque contre Jacmel. Le départ de Bauvais lui fit entrevoir plus de possibilité d'enlever cette place qui devenait essentielle au succès de sa guerre. Il jugea avec raison que Jacmel tombant en son pouvoir, il envahirait le Sud par toutes les issues.

Jusque-là, il n'y avait eu que de continuelles escarmouches du côté de Bellevue. Mais le 22 octobre, ce poste, attaqué avec vigueur par l'artillerie de terre et par celle d'une corvette et d'une goëlette, après deux journées d'une résistance opiniâtre dirigée par Pétion, R. Desruisseaux et Toureaux, fut évacué par eux. Là périt le brave colonel Tessier, l'un des meilleurs officiers du Sud. Toureaux fit également évacuer deux autres postes par Faubert et Dartiguenave; et ces troupes rentrèrent au Grand-Goave, s'appuyant sur le blockhaus de Thozin.

Dessalines ne poussa pas plus loin ses avantages, par les motifs exprimés ci-dessus : aussi bien, il eût pu être encore battu devant Thozin, dont la position était avantageuse pour l'armée du Sud.

Il s'agissait maintenant de se diriger contre Jacmel. La position de Bellevue reçut deux demi-brigades : d'autres

---

[1] Suivant le *Moniteur* du 10 vendémiaire an 8 (2 octobre 1799), le général Laveaux donna sa démission de membre du conseil des Anciens, parce qu'il s'agissait alors de l'envoyer à Saint-Domingue comme agent du Directoire. Celui du 23 dit qu'il partit en cette qualité pour la Guadeloupe, le 12 octobre. Celui du 24 vendémiaire parle encore d'une mission que devait aller remplir à Saint-Domingue, M. Saint-Léger, l'ancien collègue de Roume en 1791. Ce projet n'eut pas de suite.

postes furent établis aux environs pour se défendre de ce côté.

Le 11 novembre, étant au Port-au-Prince, T. Louverture rendit une proclamation qui était un véritable écrit en réfutation de celui de Rigaud, du 11 septembre. Le discutant à chaque paragraphe, il dit :

« Rigaud poursuit sa diatribe et dit que j'ai fait un traité
« avec le général Maitland et le président des États-Unis
« d'Amérique, et qu'il y a *des articles secrets.*

« *Cela est vrai;* mais si j'ai fait des traités, ils ont été
« remplis et effectués, tant par l'évacuation entière des An-
« glais que par l'établissement d'un commerce avec les na-
« tions neutres. Tout cela est à l'avantage de la République;
« *et s'il y a des articles secrets, ce dont je ne disconviens*
« *pas,* c'est encore *pour l'intérêt de la colonie,* et je ne
« dois pas compte de mes actions à Rigaud. Ce subalterne
« *sanguinaire et barbare,* ne doit pas connaître les secrets
« *de son chef, qui sait que la modération et la clémence*
« *sont des vertus, et qui se fait un devoir de les pratiquer.*

« *Oui, il y a des articles secrets;* mais ils ont pour but
« *la prospérité de Saint-Domingue qui a besoin d'un com-*
« *merce....* »

Si T. Louverture était résolu, il n'était pas moins audacieux, puisqu'il avouait ainsi avoir fait des traités contenant des articles *secrets,* stipulant des conditions pour la prospérité de Saint-Domingue.

On connaît déjà la convention commerciale souscrite par lui et Roume, avec l'agent des États-Unis. On connaît également les conventions faites avec le général Maitland, pour l'évacuation des villes de l'Ouest, de Jérémie et du Môle.

Les articles *secrets* dont il est question dans la proclamation de T. Louverture, ont été souscrits par lui, lors de son entrevue avec Maitland à la *Pointe Bourgeoise.* C'est ce qu'il a avoué au général Cafarelli, envoyé auprès de lui au château de Joux, par le Premier Consul. Il avait été convenu entre lui et Maitland : 1° que T. Louverture n'entreprendrait jamais rien contre la Jamaïque ; 2° que les Anglais consentaient à permettre aux bâtimens de Saint-Domingue de naviguer à 5 lieues de ses côtes, sans les inquiéter ; 3° que les navires anglais pourraient venir commercer au Port-au-Prince et au Cap seulement, et que si ces navires étaient rencontrés par des bâtimens de guerre français, ils ne seraient pas inquiétés.

Le général Cafarelli déclara dans son rapport, que *l'original* de cette convention existait parmi les papiers qui étaient en possession de T. Louverture, au château de Joux.

Ce dernier lui dit encore, que dans son entrevue avec Maitland *aux Gonaïves,* à son retour d'Europe, ce général anglais voulait obtenir *le commerce exclusif* de l'île et porter T. Louverture à se placer sous *le protectorat* de la Grande-Bretagne ; mais qu'il refusa de souscrire à l'une et l'autre proposition [1].

Les propositions lues par Pamphile de Lacroix ne sont autre chose, si ce n'est celle relative au titre de *Roi* que Maitland lui conseillait de prendre. Et quand Kerverseau

[1] Nous avons eu occasion de lire le rapport du général Cafarelli, après avoir écrit les pages 473 à 480 de notre 3e livre. Nous ne maintenons pas moins nos appréciations consignées dans ces pages, bien que nous ayions douté de l'existence d'une *convention* faite entre T. Louverture et Maitland, autre que celle relative à l'évacuation du Môle. Il résulte néanmoins de ce fait, de cet acte, que le général Hédouville avait raison de l'accuser, et que Rigaud ne fut pas moins autorisé à l'accuser d'être traître à la France, à redouter son alliance avec les Anglais et les Américains, appuyés des émigrés et des colons.

[1799] CHAPITRE IV. 141

a dit qu'il y eut entre eux de vifs débats, c'est sans doute parce que T. Louverture ne voulait pas consentir à accepter ces propositions, et qu'il exigea que les navires anglais ne vinssent que sous pavillon neutre, *américain ou espagnol*. Ainsi, voilà en définitive, toute cette convention du Môle.

Après avoir continué la réfutation de l'écrit de Rigaud, la proclamation, se basant sur celle de Roume, du 3 juillet, régla de nouveau le commandement de l'armée agissant contre le Sud, sous les ordres de Dessalines et des autres généraux : elle leur ordonna de faire entendre aux révoltés, des paroles de persuasion avant de faire aucune attaque, de protéger ceux qui se soumettraient, etc. Enfin, elle promettait *grâce* à tout révolté, même un des plus coupables, qui arrêterait Rigaud et l'amènerait à Dessalines ou à tout autre commandant de colonne ou de poste.

Décidé à faire marcher ses troupes contre Jacmel, T. Louverture se rendit à Léogane pour activer les opérations par sa présence.

Déjà Gautier, avisé à Besnard que de nouvelles forces étaient arrivées à Tavet, et qu'on se proposait de le contourner, avait évacué ce poste pour se porter sur l'habitation Arréguy, à trois lieues de Jacmel.

Le 16 novembre, Dessalines se mit en marche contre cette ville. A son approche, Gautier abandonna Arréguy et y rentra. Birot fit replier sur elle la garnison de Baynet, commandée par un officier français du nom de Geoffroy.

Le 22, l'armée du Nord arriva devant Jacmel. Elle fut partagée en deux divisions. Celle de droite, commandée par Laplume, s'établit à l'ouest de la ville, de la mer à l'habitation Ogé ; celle de gauche, sous les ordres de H.

Christophe, s'établit de cette habitation à celle de Saint-Cyr, s'étendant vers la mer, à l'est. Jacmel se trouva cerné. Dessalines établit son quartier-général sur l'habitation Ménuissier, à peu de distance de ses troupes. Elles étaient considérables et bien commandées.

Dans la ville, les différens forts étaient commandés aussi par des officiers d'une valeur éprouvée : c'étaient Brunache, Bazelais, Gautier, Dupuche et Voltaire. Ogé commandait la réserve, composée des grenadiers et des chasseurs de la légion de l'Ouest, qui se tenaient sur la place d'armes pour secourir les points qui seraient attaqués. Mathieu Dougé, commandait toute la garde nationale. Pierre Fontaine, ancien aide de camp de Bauvais, commandait la place. Le quartier-général de Birot était au poste du gouvernement, à toucher la place d'armes. Mais il y avait peu de provisions à Jacmel : la famine était à prévoir.

Environ 4,500 hommes se trouvaient assiégés par des forces quadruples. Tous les travaux de fortifications avaient été exécutés, même avec le concours des femmes qui rivalisèrent de zèle avec les soldats, en apportant les matériaux nécessaires. Les blancs seuls ne voulurent point s'y prêter : on les laissa dans leur indifférence et leur vœu pour le triomphe de l'ennemi. Un d'entre eux, cependant, un chirurgien nommé Dupéroy, ami particulier d'Ogé, offrit son concours durant tout le siège, pour trahir les assiégés sur sa fin.

Une huitaine de jours se passèrent en escarmouches entre les combattans. Mais durant ce temps, T. Louverture présidait à l'envoi, devant Jacmel, de toute l'artillerie nécessaire pour le siége, de toutes les munitions et des provisions. Des pièces du plus gros calibre franchirent à force de bras les montagnes qui séparent Jacmel de Léogane. Dieudonné Jambon, commandant de cette dernière ville, activait les travaux où beaucoup de femmes des campagnes prirent part. Quinze jours après l'investissement de la place, la canonnade put commencer contre elle. C'était un prodige, vu les difficultés qui furent surmontées ; car, en outre des canons de 24, des obusiers et des mortiers furent apportés devant Jacmel.

Le despotisme et la terreur sont puissans dans leur action : ils ne prennent pas en pitié les populations. Dominer est leur seul but !

Jacmel était journellement canonné et bombardé ; et les assiégeans avaient donné infructueusement plusieurs assauts. Dans la nuit du 5 au 6 janvier 1800, un assaut général eut lieu contre tous les points de la place, et le Grand-Fort et Talavigne, situés en dehors de ses lignes. Ces deux positions furent enlevées ; mais le Grand-Fort fut aussitôt repris par Ogé et remis au commandement de Voltaire.

Nous n'entrons pas dans les détails de l'attaque et de la défense, qui ont été traités ailleurs. Mais cette lutte, après que la famine se faisait déjà sentir, porta Birot à former un conseil de guerre composé des officiers supérieurs de la garnison : il y examina la situation de la place où les forces diminuaient chaque jour dans les combats, où il ne restait que peu de provisions, et qui ne pouvait plus espérer d'être secourue par l'armée du Sud, parce que Rigaud ayant déjà tenté de le faire, avait renoncé à cette entreprise, selon toutes les apparences. Birot proposa donc au conseil d'opérer l'évacuation au travers des assiégeans. Borno Déléard, Fontaine et Dupuche acceptèrent cette proposition ; mais Gautier, Ogé et les autres la repoussèrent, par l'espoir surtout d'une nouvelle tentative de la part de Rigaud. Combattus par le raisonnement, ils cédèrent; et il fut convenu qu'un secret absolu serait gardé à cet égard, pour pouvoir préparer l'évacuation. L'indiscrétion de Borno Déléard mit quelques jeunes officiers subalternes dans le secret; ils se récrièrent, et bientôt les soldats apprirent eux-mêmes le projet des chefs. Toute la garnison s'indigna contre eux et demanda à rester et à combattre. Sublime dévouement au devoir militaire ! Les chefs de bataillon qui avaient été d'un avis contraire dans le conseil, profitèrent de cette héroïque exaltation pour obliger Birot à défendre la place.

Rigaud, dès les premiers momens du siége, était effectivement venu en personne avec une trop faible colonne pour tenter de dégager Jacmel. Un combat avait eu lieu entre lui et Charles Bélair, colonel de la 7e demi-brigade, que Dessalines fit soutenir par deux bataillons de la 4e. Battues par des forces supérieures, les troupes de Rigaud se mirent à fuir. Indigné, il descendit de cheval en leur lançant ces paroles : *Lâches ! courez donc, puisque l'honneur ne vous retient pas !* Malgré les observations de ses officiers, il persista à rester à pied, tandis que l'ennemi avançait et allait les envelopper. Borgella, commandant de son escorte, et Moulite, aidés des autres officiers, l'enlevèrent, le placèrent sur son cheval et le sauvèrent ainsi d'une capture qui aurait mis fin de suite à la guerre civile. Depuis lors, il n'avait plus rien tenté en faveur de la garnison de Jacmel; son armée resta inactive au Grand-Goave : ce qui fut une nouvelle faute de sa part, même un tort grave.

Dans leur opinion qu'une défense plus longue était impossible, Birot, Borno Déléard, P. Fontaine et Dupuche prirent la résolution d'abandonner cette brave garnison dont ils auraient dû partager les périls. L'exemple tracé par Bauvais les détermina, sans doute. Dans la nuit du 10 janvier, ils partirent aussi, furtivement, sur une petite goëlette dont Lartigue, chef des mouvemens du port, prit le commandement. Ils se rendirent aux Cayes, où était Rigaud. Caneaux, capitaine d'artillerie, était avec eux.

Toute autre troupe que l'héroïque légion de l'Ouest eût été abattue par ce nouvel abandon de ses chefs, parmi lesquels Dupuche était le plus à regretter, à cause de sa spécialité comme artilleur : il dirigeait toute l'artillerie de la place contre les assiégeans. Mais, se ranimant d'un courage extraordinaire, ces valeureux soldats promirent à Gautier et Ogé de les soutenir et de défendre Jacmel jusqu'au dernier. Comme plus ancien chef de bataillon, Gautier prit le commandement supérieur, parcourut tous les postes, toute la ligne avec Ogé, et fut acclamé par la garnison.

Déjà T. Louverture, toujours prévoyant et actif, avait envoyé devant Jacmel une petite flotille sous les ordres du capitaine Boisblanc, afin d'empêcher toutes communications entre cette place et les ports du Sud, d'où elle aurait pu recevoir des approvisionnemens. Il avait même prié le consul général Stevens, de requérir les capitaines des navires de guerre des États-Unis qui croisaient sur les côtes de Saint-Domingue, d'aider sa flotille par leur présence : un brig et une frégate étaient venus sur les parages de Jacmel dans ce dessein. Dès le mois de novembre, T. Louverture avait fait équiper de forts bâtimens dans les mêmes vues : sa proclamation du 11 de ce mois, citée plus avant, en mentionne huit. Mais ces navires expédiés alors, furent capturés par les Anglais vers Tiburon, dans le courant du mois de décembre.

Les motifs qu'eut l'amiral Seymours, commandant la station navale de la Jamaïque, pour en agir ainsi, étaient fondés sur une tentative d'insurrection faite dans cette île par Roume, qui y envoya peu avant deux blancs, Dubuisson et Sasportas, pour nouer des intrigues dans ce but. Dénoncé et arrêté, le premier dénonça à son tour son compagnon qui fut pendu, et Dubuisson obtint son honteux pardon du Lord Gouverneur. Néanmoins, ce dernier fit une proclamation à cette occasion, où il justifiait T. Louverture de toute participation à cette tentative d'insurrection, qu'il n'attribua qu'à Roume ; mais les navires capturés ne furent point rendus, attendu qu'ils portaient le pavillon français [1].

La nouvelle de la fuite des quatre officiers supérieurs de Jacmel étant parvenue au Grand-Goave, les chefs qui s'y trouvaient déplorèrent le triste sort des braves troupes, deux fois abandonnées par ceux qui devaient les guider.

Mais Pétion éprouva une véritable indignation de cet oubli du devoir militaire, une sympathie indicible pour la garnison entière, pour cette valeureuse légion de l'Ouest

---

[1] M. Madiou a commis plusieurs erreurs à l'occasion de ces faits : il place la capture de ces navires au mois d'août ; il donne à la proclamation de T. Louverture contre Rigaud la date du 11 septembre, tandis qu'elle est du 11 novembre. L'erreur est encore plus grave à propos de la mission de Dubuisson et Sasportas : il la place en décembre 1801, lorsqu'elle a eu lieu deux années plus tôt. A ce sujet, nous nous fondons sur le rapport de Kerverseau qui dit : « La tentative faite *par Roume*, d'insurger la Jamaïque, irrita contre lui (T. Louverture) les habitans de cette île, et décida l'amiral Seymours à des hostilités « *contre ses bâtimens armés...* » Kerverseau dit ces choses en parlant de la guerre civile du Sud. Un rapport d'A. Chanlatte au ministre de la marine, dit que cette tentative d'insurrection eut lieu en *brumaire* an 8, fin d'octobre ou novembre 1799.

T. Louverture avait trop d'intérêt à ménager les Anglais, surtout en décembre 1801, pour rien tenter contre la sûreté de la Jamaïque : il attendait l'expédition française. Voyez Histoire d'Haïti par M. Madiou, t. 1er p. 350, t. 2, p. 129.

dont il avait fait partie. Dès qu'il eut vu que l'armée du Nord allait faire le siége de Jacmel, celle du Sud restant dans l'inaction au Grand-Goave ; reconnaissant que la défense du Sud reposait désormais sur la conservation de Jacmel, il avait écrit à Rigaud, devenu naturellement le chef de la garnison de cette place par le départ de Bauvais, pour solliciter l'autorisation de s'y rendre afin de prêter à ses camarades d'armes le concours de son expérience : Rigaud ne lui avait pas répondu. Mais ce dernier, en voyant arriver Birot et ses compagnons aux Cayes, envoya l'ordre à Pétion de se porter à Jacmel pour en prendre le commandement. Il se réjouit de cet ordre, partit immédiatement avec Boyer [1], à la tête de deux compagnies de la demi-brigade de Faubert, et se dirigea sur Baynet, où Rigaud avait déjà placé Borgella, après son combat contre Charles Bélair.

Pétion trouva à Baynet une petite goëlette déjà venue de Jacmel pour y chercher des provisions. Elle en avait reçu de Borgella, était partie pour retourner à Jacmel, mais avait dû rentrer à Baynet, étant poursuivie par un brig des États-Unis. Un brig et deux goëlettes arrivèrent en même temps des Cayes, avec quelques faibles provisions qu'envoyait Rigaud à une ville affamée. Il avait négligé jusqu'à cela. Ces bâtimens servirent à Pétion pour se rendre à sa destination : il fut assez heureux pour éviter et les bâtimens américains et ceux de la flotille de Boisblanc. Il fut le premier à descendre dans un canot pour débarquer à Jacmel, le 20 janvier.

---

[1] M. Saint-Rémy affirme que Segrettier fut aussi à Jacmel ; mais la relation de ce siége, déjà publiée sur des notes fournies par le sénateur Longchamp, témoin oculaire des faits, ne mentionne pas Segrettier parmi ceux venus avec Pétion.

La garnison entière l'accueillit avec allégresse : Gautier lui remit le commandement supérieur, et ordonna à tous les forts de faire une vive canonnade contre l'ennemi, pour saluer le nouveau chef, le brave artilleur qui arrivait dans la place : honneurs bien dus au dévouement généreux qui l'y portait !

Mais, dans quelle situation trouvait-il cette place ! Presque sans munitions, dépourvue de projectiles (on était obligé de recueillir les boulets de l'ennemi pour le canonner), éprouvant déjà la famine, ayant la moitié de la garnison tuée ou hors de combat. Pétion ne fut que plus porté à communiquer à ses compagnons, ce courage raisonné qui le distinguait. Voyant dans tous les blancs qui servaient dans l'administration, des hommes froids et sympathiques aux assiégeans, il les remercia de leurs services, et pourvut J.-C. Imbert seul de toute la besogne[1].

Il n'en était pas de même des officiers blancs qui servaient dans la légion : Voltaire, l'un d'eux, se distinguait parmi les autres, par une bravoure à toute épreuve. C'est que ceux-ci étaient des Français vraiment républicains ; ils avaient une haute estime pour le général Hédouville, ils respectaient sa décision à l'égard de Rigaud, en condamnant celle de Roume qu'ils jugeaient contraire aux intérêts de la France.

Les assiégeans n'avaient pas tardé à comprendre que Jacmel était commandé désormais par un officier expérimenté. De son côté, T. Louverture pressait Dessalines et les chefs qui le secondaient, de faire tous leurs efforts pour l'enlever. Diverses attaques furent tentées dans ce but, et échouèrent par l'habileté de Pétion à diriger la dé-

---

[1] Imbert devenu secrétaire d'état des finances, sous Pétion et Boyer.

fense, à faire porter secours aux points menacés. H. Christophe essaya une seconde fois de prendre de nouveau le Grand-Fort; mais la résolution énergique du brave Voltaire, appuyée par l'activité de la réserve d'Ogé, le contraignit à reculer devant ce fort. Là périrent quelques braves soldats européens, de la 44e, qui servaient dans l'armée du Nord : ils s'y montrèrent ce que sont toujours les Français sur le champ de bataille.

Enfin, on était arrivé dans la place assiégée, à se nourrir des choses les plus immondes : rats, vieux cuirs recueillis dans les rues ou sur les malles, herbes, raquettes étaient dévorés après les chevaux, les ânes, les chats, les chiens. 3000 hommes avaient été tués ou blessés. Dans une telle situation, Pétion prit la résolution qui guide souvent le commandant d'une ville assiégée : ce fut d'en faire sortir beaucoup de femmes et leurs enfans, comme autant de consommateurs inutiles, et dont le sort était à plaindre dans la place, puisqu'aux rigueurs de la famine se joignait le danger de périr à chaque instant par les boulets, les bombes et les obus des assiégeans. Réduit à cette extrémité pénible, il dut espérer que leur humanité accueillerait ces êtres faibles et infortunés et pourvoirait à leur salut. Les femmes qui passèrent dans la ligne commandée par H. Christophe furent reçues à coups de fusil et mitraillées. Au contraire, celles qui sortirent du côté de Laplume et de Dessalines reçurent un accueil bienveillant et furent nourries et internées dans la campagne.

Après le renvoi des femmes, on tint encore quelques jours dans la place; mais il était impossible de continuer plus longtemps cette lutte désespérée, contre tous les maux qui assiégeaient Jacmel. Pétion résolut l'évacuation dans un conseil tenu avec les officiers supérieurs. Un brave noir nommé Jérémie, commandant des gardes nationaux de la campagne qui étaient dans la place, fut chargé par Pétion de guider la route à prendre par les assiégés, pour aller joindre les troupes du Sud au Grand-Goave. Le point de la sortie ayant été fixé du côté du Blockhaus où commandait Brunache, Pétion donna le change à l'ennemi en faisant canonner le côté opposé durant toute la journée du 10 mars; c'était sur la route de Baynet. Dessalines, trompé par cette manœuvre et par le rapport des espions qui le croyaient aussi, fit concentrer beaucoup de troupes de ce côté-là. Dans la soirée, vers 8 heures, toute la garnison se réunit en silence sur la place d'armes, après avoir abandonné les forts. Pétion forma l'ordre de la marche, en se plaçant à l'avant-garde avec Ogé et Jérémie, et donnant à Gautier le commandement du gros des troupes : il n'y avait plus qu'environ 1500 hommes en tout. Quelques femmes de militaires, voulant suivre leurs maris, furent placées entre l'avant-garde et le reste des troupes. Au moment de défiler, l'infâme Dupéroy, l'ami d'Ogé, obtint par une ruse le secret du véritable point de la sortie. Il s'empressa d'accourir du côté où Dessalines attendait les assiégés et dévoila le projet de Pétion. Les assiégeans arrivèrent en toute hâte pour s'opposer à la sortie. Il fallut combattre aussitôt : les femmes jetèrent le désordre parmi les troupes, et l'avant-garde fut ainsi séparée du reste.

Après des prodiges de valeur et la perte de la moitié de ces braves soldats, tués ou faits prisonniers, environ 700 hommes se rejoignirent loin de Jacmel et se rendirent, sous les ordres de Pétion, au camp de Thozin, où Faubert les accueillit avec tous les honneurs militaires dus à leur persévérance, en leur procurant les secours que leur position réclamait.

Ceux qui tombèrent au pouvoir de Dessalines furent la plupart incorporés dans ses troupes ; il savait apprécier le courage, même dans un ennemi : les femmes furent traitées avec humanité. Dessalines agit de même envers les habitans restés dans la ville. Mais les malheureux qui furent pris par les troupes de H. Christophe furent tous égorgés ou jetés vivans dans un puits profond de l'habitation Ogé, qu'il fit combler de fascines auxquelles on mit le feu. En 1812, dans la guerre civile entre lui et Pétion, ce barbare commit un pareil acte de cruauté sur des soldats blessés, faits prisonniers par ses troupes : il fit dresser un vaste bûcher sur lequel on plaça ces hommes qui furent brûlés vivans.

Jacmel étant tombé au pouvoir de T. Louverture, il était évident que le Sud serait infailliblement vaincu. Si le siége de cette ville fit honneur au vainqueur, par les moyens énergiques employés à cet effet, il ne fit pas moins d'honneur aux vaincus par leur résistance héroïque. On ne peut qu'admirer le courage de ces soldats dont pas un ne songea à une capitulation ; la bravoure de ces officiers de tous grades qui, abandonnés par leurs chefs, restèrent à leur poste pour continuer la défense ; le généreux dévouement de Pétion qui s'offrit lui-même à aller leur prêter son concours, son intrépidité à traverser les lignes ennemies pour ramener le reste de cette valeureuse garnison dans l'armée du Sud. Pétion justifia alors la haute opinion qu'on avait déjà conçue de ses talens militaires et de tout ce qui constitue un guerrier. Dessalines qui lui était opposé, eut dès-lors pour lui la plus grande estime, car il savait reconnaître le vrai courage. Ce sentiment servit à les rapprocher un jour l'un de l'autre, pour arriver à d'autres destinées.

H. Christophe lui-même, quoique moins appréciateur que Dessalines du mérite réel, apprit à respecter en Pétion le militaire capable d'une résolution énergique.

A la nouvelle de l'évacuation de Jacmel, reçue à Aquin, où se trouvait Rigaud le 14 mars, il fit une proclamation déclamatoire contre T. Louverture. Il appela tous les citoyens du Sud à défendre leurs foyers, qu'il voyait plus que jamais menacés de l'invasion. Cet appel était tardif, car il avait perdu toutes les bonnes chances de succès contre son ennemi, par sa faute politique. Il ordonna des levées en masse, organisa une 5e demi-brigade qui fut confiée à R. Desruisseaux, et après sa mort à Delva. Pétion reçut le commandement supérieur de l'armée réunie au Grand-Goave, tandis que Toureaux commandait les troupes dans la ligne de Baynet.

De son côté, T. Louverture proclama aussi, le 17 mars, sur la prise de Jacmel. Le 20 avril, il fit une adresse aux citoyens du Sud pour les engager à se soumettre à son autorité, accusant Rigaud de les avoir égarés par sa folle ambition, *leur ouvrant les bras comme le père de l'Enfant prodigue avait fait envers son fils repentant :* cette adresse se terminait par des menaces de rigueurs, s'ils ne profitaient pas de ses dispositions généreuses. Il ne fut pas écouté, tant on redoutait ce caractère hypocrite dont la fureur s'était déjà signalée par d'horribles assassinats. Ceux commis à Jacmel ne pouvaient non plus inspirer de la confiance en ses promesses de générosité.

CHAPITRE V.

Ordonnances sur la culture et contre le *Vaudoux*, par Toussaint Louverture. — Arrêtés de Roume, sur l'importation des marchandises étrangères, et l'exportation de divers bois du pays. — Mésintelligence entre Roume et T. Louverture. — Kerverseau quitte Santo-Domingo où il est remplacé par A. Chanlatte. — Refus de Roume d'autoriser T. Louverture à prendre possession de la partie espagnole. — Il refuse de venir au Port-au-Prince, et fait une adresse contre les agens anglais. — Mouvement insurrectionnel dans le Nord contre Roume. — Adresse de l'administration municipale du Cap à Roume. — Il rend un arrêté pour la prise de possession. — T. Louverture envoie le général Agé à Santo-Domingo dans ce but. — Examen des causes de cette prise de possession. — Mouvemens populaires à Santo-Domingo contre Agé. — Décret du gouverneur Don J. Garcia qui suspend la remise de la partie espagnole, en référant aux gouvernemens de France et d'Espagne. — Correspondance entre les diverses autorités. — Agé revient au Port-au-Prince. — Nouvel arrêté de Roume qui révoque celui sur la prise de possession. — Lettre de T. Louverture à Don Garcia, protestant contre les insultes faites à Agé.

Suspendons un instant nos relations de guerre, pour parler des actes de T. Louverture comme administrateur.

A peine il avait expulsé Hédouville, en agitant les cultivateurs du Nord, qu'il rendit une proclamation, le 15 novembre 1798, pour renforcer les dispositions de son règlement de culture du 18 mai, que nous avons fait connaître au 3ᵉ livre. Elle prescrivait aux chefs militaires et à la gendarmerie, d'assujétir tous les cultivateurs au travail, de punir les vagabonds, les voleurs et les perturbateurs du repos public. La plus grande sévérité était exigée à leur égard.

T. Louverture se donnait bien le droit des agitations populaires, afin d'en tirer parti pour ses desseins; mais il entendait aussi que le fleuve rentrât dans son lit, quand il n'y était plus nécessaire.

Le 4 mars 1799, une nouvelle ordonnance parut encore à ce sujet, peu après les conférences des généraux avec Roume, au Port-au-Prince.

Le 4 janvier 1800, une ordonnance du général en chef fut publiée pour la répression du *Vaudoux*, secte africaine qui se livre aux danses connues des adeptes, lesquels pratiquent alors des sortiléges. Il est bon de produire ici cet acte.

Toussaint Louverture, général en chef, etc.,

Instruit que plusieurs personnes, mal-intentionnées et ennemies de la tranquillité publique, cherchent à détourner de ses travaux agrestes le paisible cultivateur, en flattant la passion violente qu'il a pour les danses, et principalement pour celle du *Vaudoux*; pleinement convaincu que *les chefs de ces danses n'ont d'autre but que celui de troubler l'ordre*, et d'altérer de nouveau la tranquillité qui commence, après un éclat orageux, à se rétablir dans les villes et dans les campagnes, et de donner aux personnes qui les écoutent *des principes absolument contraires* à ceux que doit professer l'homme ami de son pays, et jaloux du bonheur de ses concitoyens ; voulant couper racine aux maux incalculables qu'entraînerait après elle la propagation *d'une doctrine aussi vicieuse, puisqu'elle n'enfante que le désordre et l'oisiveté*, j'ordonne ce qui suit :

A dater du jour de la publication de la présente, toutes danses et toutes assemblées nocturnes *seront interdites*, tant dans les villes et bourgs que dans les diverses habitations des mornes et de la plaine ; *punition corporelle* sera infligée à ceux qui chercheront, au mépris de cette défense, à lever des danses ou tenir des assemblées nocturnes ;

ils seront incarcérés, et compte me sera rendu par ceux qui auront ordonné leur arrestation [1].

Chargeons spécialement les généraux et chefs de brigade, commandans d'arrondissement, les commandans militaires et commandans de gendarmerie, de l'exécution de la présente, chacun en ce qui les concerne : les rendant personnellement responsables de son exécution.

Cette ordonnance était rendue au plus fort du siége de Jacmel : la tranquillité dont elle parle, qui commençait à se rétablir, s'entend du calme qui succéda dans le Nord, dans l'Artibonite et dans l'Ouest, après les massacres exécutés dans ces départemens. On conçoit que pendant leur exécution et les agitations qu'ils occasionnaient, tous les mauvais sujets profitèrent de ces excès pour lever la tête, puisque c'était la portion éclairée de la population noire qui en était victime.

T. Louverture avait raison de réprimer ces pratiques superstitieuses venues d'Afrique dans la colonie : elles ne pouvaient que perpétuer la barbarie dans la population noire. En agissant ainsi, il s'élevait à la dignité du législateur qui doit se proposer la civilisation des hommes. Le culte du *Vaudoux* ne peut qu'y nuire. Tous les chefs du pays se sont attachés, comme lui, à le défendre, en employant plus ou moins de sévérité. Il est à remarquer que ceux du Nord ont toujours mis une rigueur très-grande dans la punition de ces sorciers, dont l'influence sur les esprits ignorans finit toujours par devenir excessivement dangereuse [2]. Un chef s'honore aux yeux de la postérité, quand

---

[1] La *punition corporelle* consistait à être battu *de verges*, quelquefois jusqu'à mort.

[2] Dessalines, devenu chef du gouvernement, fut inexorable envers les Vaudoux et tous les sorciers : il les punissait de mort. Au reste, la sorcellerie n'est pas une invention de la race africaine : la race européenne l'a pratiquée aussi dans les siècles d'ignorance. Il faut des lumières à tous les hommes, pour les affranchir de toutes les erreurs.

il protége son pays contre l'invasion de la barbarie, qui abrutit les âmes.

De son côté, Roume, pour concourir avec T. Louverture à obtenir de la complaisance des navires des États-Unis, qu'ils aidassent au blocus de Jacmel et des ports du Sud, rendit un arrêté, le 24 novembre 1799, qui réduisit à 10 pour cent les droits d'importation sur les marchandises des neutres qui avaient été imposées à 12 1/2 pour cent, par un autre arrêté du 1er août. Ce nouvel arrêté mentionne que ce fut sur les représentations d'Edouard Stevens, consul général des États-Unis. Le motif réel de cette réduction de droits fut déterminé ainsi que nous venons de le dire.

Quatre jours après, le 28 novembre, Roume rendit un autre arrêté pour permettre l'exploitation des bois de campêche et autres bois de teinture. Le 4 janvier, un arrêté de lui permit aussi l'exploitation du bois d'acajou. Ces produits furent taxés à 35 pour cent à l'exportation.

Jusque-là, Roume marchait d'accord avec le général en chef : il fallait écraser, annihiler *les anciens libres*, et l'agent du Directoire exécutif se montrait docile à tout ce que voulait leur ennemi. Mais la division survint entre eux, dès qu'il s'agit *des blancs*.

Le 5 juillet, ignorant la proclamation de Roume, du 3, contre Rigaud, Kerverseau, agent à Santo-Domingo, lui avait écrit une lettre pour l'engager à interposer son autorité entre lui et T. Louverture et empêcher la guerre civile. Mécontent sans doute de cette lettre qui était une désapprobation de sa conduite, Roume l'avait communiquée à T. Louverture qui lui répondit, le 12 août, en lui demandant la révocation de Kerverseau [1]. Roume ne céda point. Comme il paraît que T. Louverture se fondait sur ce que Kerverseau laissait continuer dans la partie espagnole, *la vente des noirs* que d'anciens officiers de Jean François et de Biassou, restés dans cette partie, faisaient toujours de concert avec les habitans, Roume envoya l'ordre à cet agent de réclamer contre ce trafic, auprès de Don J. Garcia. Kerverseau exécuta cet ordre.

Mais, toujours persévérant dans une idée quand il l'avait conçue et méditée, étant au siége de Jacmel, T. Louverture écrivit à Roume, le 28 décembre, pour lui demander l'autorisation de prendre possession de la partie espagnole, afin de faire cesser ce trafic des noirs. N'agréant point cette demande qu'il n'avait pas prévue, n'étant pas lui-même autorisé à l'accorder, parce que le Directoire exécutif s'était réservé d'ordonner cette occupation quand il pourrait envoyer des troupes européennes pour l'effectuer, Roume refusa encore; mais il eut assez de condescendance pour T. Louverture, en mandant Kerverseau au Cap, sans doute pour l'aider à convaincre le général en chef de l'impossibilité de lui accorder l'autorisation qu'il désirait obtenir.

Kerverseau se garda de se rendre à cette invitation; il jugea au contraire devoir saisir cette occasion, pour aller en France éclairer le Directoire exécutif sur la marche de T. Louverture vers tous les envahissemens possibles. Dans ce dessein, il partit pour Porto-Rico, où il espérait trouver le moyen de se rendre en Europe : ne le pouvant pas, après y avoir passé quelques mois inutilement, il revint à

---

[1] Nos appréciations diffèrent à ce sujet de celles de M. Saint-Rémy, qui a fait tous ses efforts pour justifier ou excuser Roume. (Vie de Toussaint Louverture, p. 241.)

Santo-Domingo. Mais, déjà, Roume l'avait fait immédiatement remplacer par le général A. Chanlatte, qui était dans la partie française, et que T. Louverture n'avait pas voulu employer dans la guerre du Sud, comme le disait la proclamation du 3 juillet. Le nouvel agent avait eu ordre de Roume, de réclamer de nouveau, avec les plus vives instances, que Don J. Garcia fît cesser absolument le trafic des noirs, pour ôter tout prétexte à T. Louverture de prendre possession de la partie espagnole. Une lettre de Chanlatte à ce gouverneur, du 14 janvier, témoigne de cette sollicitude en faveur des noirs qu'on y vendait.

T. Louverture était parvenu à l'une de ses fins, par le départ de Kerverseau qu'il avait pris en haine, pour sa lettre du 5 juillet ; et Roume le crut apaisé par ce résultat ; mais il ne connaissait pas encore tout ce qu'il y avait de persévérance et de résolution dans ce caractère [1].

Il l'avait mécontenté par son refus formel de l'autoriser à prendre possession de la partie espagnole, et déjà la capture de sa flotille par les Anglais l'avait indisposé contre cet agent. Or, T. Louverture savait garder rancune. Le 2 février, il fit refuser à Roume, une somme de mille piastres qu'il lui demandait à valoir sur son traitement. En même temps il l'invita à se rendre au Port-au-Prince, pour *légaliser les opérations* qu'il voulait ordonner contre Rigaud. La résistance de Jacmel l'inquiétait, ou plutôt, étant obligé de se tenir dans l'Ouest pour activer le siège de cette ville, il voulait avoir Roume à sa portée, afin

---

[1] T. Louverture était vindicatif. Au mois d'août, Martial Besse arriva au Cap venant de Bordeaux. Roume écrivit au général en chef et lui annonça son arrivée, en lui disant que Martial Besse pouvait lui parler de ses enfans qu'il avait vus à Paris ; mais quelque temps après, il le fit déporter aux Etats-Unis. Dieu vengea ce mulâtre, en permettant qu'il pût lui être utile au château de Joux.

d'exercer sur lui la pression nécessaire à l'obtention de l'autorisation demandée pour la partie espagnole.

Roume, *qui pouvait et qui savait résister quand il le voulait*, fit publier une adresse pour *ordonner* l'expulsion des agens anglais de la colonie. M. Wrigloworth venait d'y arriver de Londres, à propos des difficultés survenues par la tentative d'insurrection à la Jamaïque et la capture de la flotille, et pour les aplanir avec T. Louverture[1]. En refusant de se rendre au Port-au-Prince, Roume lui écrivit le 4 mars : « Faites exécuter cette adresse, mon cher gé-
« néral, si vous voulez que je me rende auprès de vous.
« Alors, réunis de principes, nous agirons de concert.
« Les ennemis de la France vous ont proposé des mesures
« *qui doivent justifier la révolte de Rigaud*, si vous n'a-
« vez pas *le courage* de vous prononcer *contre les An-
« glais.* » Il termina cette lettre, en lui demandant de lui envoyer au Cap, la corvette la *Diligente*, arrivée depuis quelque temps, pour se rendre en France[2].

Roume pouvait donc résister à T. Louverture ! Quand il se rendit au Cap avec lui, après les conférences du Port-au-Prince, c'était donc par sa volonté, ainsi que nous l'avons dit, contrairement aux assertions de Kerverseau ! C'était pour avoir le prétexte de dire, qu'étant éloigné du théâtre des hostilités, il ne pouvait les empêcher. En se refusant maintenant de se rendre dans cette ville, il était encore parfaitement libre ; en fulminant contre les agens

---

[1] Rapport de Kerverseau.
[2] Un rapport d'A. Chanlatte au ministre de la marine, du 9 juin 1800, affirme que le capitaine et les officiers de la *Diligente* furent mis en prison par ordre de T. Louverture, dès que la demande de cette corvette lui parvint : sans doute, il voulut faire sentir à Roume qu'étant son complice, il devait rester dans la colonie pour partager la solidarité de tous ses actes.

anglais, il l'était encore. Quelle preuve plus grande peut-on administrer de la complicité de cet agent, par sa soumission aux instructions qu'il avait reçues du Directoire exécutif, pour attiser entre Rigaud et T. Louverture, les dissensions qui firent éclater la guerre civile [1] ?

Mais, en faisant acte de résistance à T. Louverture, et d'autorité par rapport aux agens britanniques, il blessa profondément le général en chef par les expressions de sa lettre. Il crut le menacer d'aller le dénoncer en France, en lui demandant la corvette pour s'y rendre : il avait affaire à un homme plus habile qu'il ne le pensait, et surtout audacieux.

La lettre de Roume parvint à T. Louverture au moment où Jacmel tombait en son pouvoir. Peu inquiet alors sur les résultats probables de la guerre du Sud, il tourna ses regards vers le Cap où était l'agent. Il se rendit aux Gonaïves. Il avait déjà envoyé l'ordre au général Moïse qui était au Cap, et aux autres commandans militaires, de faire un mouvement insurrectionnel dans les campagnes pour se porter sur le Cap. Un attroupement de 7 à 8 mille noirs se rendit à une demi-lieue de cette ville ; ils vociférèrent contre Roume et tous les blancs qui laissaient, disaient-ils, vendre leurs frères dans la partie espagnole. Enfin, ils demandèrent que Roume et l'administration municipale tout entière comparussent devant eux, pour recevoir leurs plaintes, sinon ils envahiraient la ville qu'ils pilleraient et incendieraient.

---

[1] Ce même rapport de Chanlatte représente Roume comme agissant *de bonne foi*, éprouvant *la plus vive douleur* d'avoir été *contraint* de proclamer Rigaud *rebelle*. Dans un autre passage, il dit que cet agent montra dans bien des circonstances *une énergie étonnante* pour s'opposer aux vues de T. Louverture. A. Chanlatte prouve seulement qu'il était dupe et de Roume et du gouvernement français, si toutefois sa dépendance de ce gouvernement ne le contraignait pas à tenir ce langage.

Pour éviter un résultat aussi funeste, les habitans pressèrent ces autorités d'aller au-devant de cet attroupement. Aussitôt leur arrivée, un des chefs brandit son sabre sur la tête de Roume, et tous l'accablèrent d'injures, de menaces. Ils lui dirent qu'il fallait qu'il rendît compte de tout l'argent qu'il avait indûment dépensé, qu'il donnât aux cultivateurs *la moitié des terres des colons*, et la faculté de travailler à leur profit et non à celui des anciens propriétaires, et enfin qu'il rendît un arrêté pour autoriser la prise de possession de la partie espagnole. C'était l'objet principal et même unique du rassemblement; le reste n'était que des accessoires, pour produire plus d'impression sur l'esprit de Roume et des membres de la municipalité.

Roume ayant montré de la fermeté et se refusant à accorder aucun des points de cette singulière demande, les noirs dirent alors qu'on en référerait au général en chef, vers qui ils députèrent pour l'appeler sur les lieux : en attendant son arrivée, ils enfermèrent Roume et ses compagnons dans un *poulailler* rempli d'immondices. T. Louverture pouvait y venir en moins d'une journée; mais il laissa ces hommes passer neuf jours et neuf nuits dans cette prison d'un genre tout nouveau.

En arrivant, il affecta d'être excessivement étonné et affligé d'une telle détention. Lui qui savait imposer sa volonté à la multitude, il eut l'air de dire aux noirs assemblés de déclarer ce qu'ils voulaient pour avoir agi ainsi. On conçoit bien que leur réponse principale fut en faveur de la prise de possession de la partie espagnole. Roume ne pouvant être dupe de cette infernale comédie, adressa à T. Louverture les paroles les plus énergiques : « Non !
« dit-il, je ne signerai point *l'arrêt de mort* de ces pai-

« sibles habitans de la partie espagnole; et puisque je suis
« dans l'alternative d'être sacrifié ou de demander cette
« prise de possession, mon choix est fait. *La France me*
« *vengera; frappez!...* »

T. Louverture qui ne savait pas reculer, lui dit alors,
avec non moins d'énergie : « Si vous ne signez pas un ar-
« rêté pour m'autoriser à cette prise de possession, c'en
« est fait *de tous les blancs* de la colonie; et j'entrerai dans
« la partie espagnole la torche et le fer à la main. »

Les membres de l'administration municipale, plus effrayés peut-être que Roume, le supplièrent de céder; ils
lui firent une adresse au nom du *peuple* assemblé, en le
requérant de remplir ses vœux. Et Roume céda[1]! Voici
ces deux pièces d'une scène tragi-comique :

Au Cap, le 7 floréal an 8 (27 avril 1800).
L'administration municipale du Cap-Français,
A l'agent Roume.

Citoyen agent, — Nous avons eu connaissance des peines que vous
avez prises pour faire cesser dans la partie ci-devant espagnole, l'infâme
abus qui s'y est introduit depuis que vous en êtes parti, de vendre et
de traiter comme esclaves, des citoyens français conduits de la partie
française à celle-là. — Le cri public s'est élevé contre un abus qui insulte à la majesté du peuple français; ce peuple aussi vertueux que
courageux s'est prononcé; il demande par notre organe, qu'en vertu
du traité de Bâle et des instructions dont vous êtes porteur, vous fassiez
immédiatement prendre possession de la ci-devant partie espagnole.

Nous vous requérons, citoyen agent, au nom du salut public, de concerter avec le citoyen général en chef, les moyens les plus convenables

---

[1] Nous avons puisé tous ces faits dans le rapport d'A. Chanlatte. Dans sa
Vie de Toussaint Louverture, p. 278 à 280, M. Saint-Rémy les relate différemment : il n'attribue qu'à Moïse les violences faites à Roume, dans la maison
qu'il occupait. Mais nous avons lieu de croire qu'il confond ces faits avec ceux
qui eurent lieu, à l'occasion de la réclusion de Roume au Dondon, en novembre 1800.

pour cette prise de possession, afin qu'elle s'exécute à la satisfaction commune.

Nous vous invitons l'un et l'autre, à ne point faire aucune espèce de changement en ce qui regarde *le culte religieux*.

(Suivent les signatures).

Au Cap-Français, le 7 floréal an 8.

L'agent du gouvernement national français à Saint-Domingue,

Considérant que l'abus qui s'est introduit, en transportant des cultivateurs et autres citoyens de l'ancienne partie française à la nouvelle de Saint-Domingue, a justement excité l'indignation de toute la portion du peuple français résidant dans cette colonie ;

Que ce peuple l'a requis, par l'organe de l'administration municipale du Cap, de prendre, de concert avec le citoyen général en chef, en vertu du traité de Bâle et des instructions du gouvernement national, les mesures les plus convenables pour prendre immédiatement possession de ladite partie ci-devant espagnole ;

Considérant que ce moyen est réellement *le seul* qui puisse empêcher la continuation de cet abus ; Arrête :

1° Le général en chef de l'armée de Saint-Domingue *est requis* de donner ordre au général de brigade Agé, chef de l'état-major général de l'armée de Saint-Domingue, dont le patriotisme et la sagesse sont connus, de se transporter à la partie ci-devant espagnole pour en prendre possession au nom du peuple français, avec tel nombre *de troupes blanches* que le général en chef jugera nécessaires.

2° L'agence prendra, de concert avec le général en chef, les mesures convenables pour instruire le gouverneur et capitaine-général de la partie espagnole, de cette prise de possession et mettre sur sa responsabilité les ordres qu'il devra donner pour la bonne réception du général Agé et de sa troupe, partout où ils se transporteront.

3° Le général de brigade Chanlatte, actuellement employé comme commissaire du gouvernement à la partie ci-devant espagnole, exercera provisoirement, dès le jour de la prise de possession de la ville de Santo-Domingo, les fonctions de délégué de l'agence dans ladite partie.

4° Il se concertera avec le gouverneur et capitaine-général espagnol, ainsi qu'avec le général Agé, pour que *ce glorieux événement* s'opère à la satisfaction de tous les anciens et nouveaux Français.

5° Il maintiendra, d'accord avec le général Agé, l'exercice du culte tel qu'il subsiste actuellement, et invitera les curés et autres ecclésiastiques à concourir de tous leurs moyens au bonheur public.

6° Le délégué Chanlatte et le général Agé sont expressément chargés d'avoir pour le gouverneur et capitaine-général et les autres officiers et fonctionnaires publics espagnols, tous les égards dus à leur mérite personnel et à leurs grades respectifs, jusqu'à ce qu'ils sortent de la colonie.

Il faut rendre cette justice à Roume, que s'il fut contraint de faire cet arrêté, il n'omit rien de ce qui pouvait persuader, rassurer les habitans de la partie espagnole. Il était, dit-on, de la secte des *Théophilanthropes* dont Laréveillère-Lépaux, un des membres du Directoire exécutif, était le grand prêtre. En consacrant un article de son arrêté au maintien du culte catholique, Roume prouvait à ces habitans qu'il respectait leur foi religieuse, et il entrait aussi dans les vues de T. Louverture qui, sans doute, aura dicté cette disposition.

D'un autre côté, en chargeant le général Agé de cette prise de possession avec des troupes blanches, c'était donner une garantie aux blancs de cette partie, et entrer en même temps dans les vues du gouvernement français qui, en différant depuis si longtemps la prise de possession, s'était réservé de ne l'opérer que par de telles troupes. Mais, il y en avait peu alors. Le général en chef avait eu la précaution de faire marcher contre le Sud, le peu de soldats français qui restaient dans la colonie, et les chefs de son armée ne les ménagèrent pas ; ils les firent placer au premier rang : beaucoup avaient péri, comme nous l'avons vu au siège de Jacmel. Il fut donc forcé d'envoyer le général Agé seul, espérant qu'aucune difficulté ne lui serait faite à Santo-Domingo, puisqu'il était muni d'un acte de l'agent du gouvernement français. Il se trompa dans son attente.

Agé était porteur aussi d'une lettre de Roume et d'une

autre de T. Louverture, de la même date de l'arrêté, adressées à Don J. Garcia, à qui ils annonçaient les motifs de la prise de possession, fondés sur la vente des noirs. A l'égard des dispositions favorables au maintien du culte, Roume disait au gouverneur espagnol :

« Les habitans doivent se féliciter de devenir membres « de la République française, au moment où toutes les « crises de la révolution (en France) viennent de cesser « par *l'établissement* d'un gouvernement sage et éner- « gique, qui accorde la liberté la plus étendue au culte « catholique. » C'est du gouvernement consulaire qu'il s'agit [1].

T. Louverture lui donnait les mêmes assurances à cet égard : « J'ai également chargé le général Agé, conformé- « ment audit arrêté et attendu que nous sommes catho- « liques, de faire respecter la religion, les églises, ses mi- « nistres et tous les chrétiens qui professent le divin culte, « de protéger et faire protéger tous les habitans, de faire « respecter les propriétaires *et leurs propriétés.* » Enfin, il annonçait le prochain envoi des troupes blanches, soit par terre ou par mer ; en attendant, il requérait le gouverneur d'opérer la remise du pouvoir et de tout le matériel militaire aux mains d'Agé.

Quel a été le vrai motif de cette prise de possession, tentée alors par T. Louverture? Est-ce uniquement à cause *de la vente des noirs* qui se continuait dans la partie espagnole?

---

[1] M. Madiou prétend (t. 2, p. 44) qu'on ignorait *en juin*, la révolution du 18 brumaire. La lettre de Roume, en avril, prouve le contraire. Est-il admissible, d'ailleurs, qu'un tel événement n'ait pas été appris à Saint-Domingue deux mois après, par la voie des Etats-Unis ou d'Angleterre?

Et remarquons, avant de chercher une solution à ces questions, que ce trafic infâme se faisait dans la partie du Nord, et non dans l'Ouest qui avoisine aussi la partie espagnole : cette pratique odieuse s'y continuait depuis que Jean François et Biassou l'avaient établie à leur profit. Les noirs de l'Ouest avaient des idées plus élevées, des sentimens plus dignes de la nature humaine : ils ne s'y livrèrent jamais !

M. Madiou explique ainsi les motifs de T. Louverture :

« En s'emparant de la partie de l'Est, Toussaint Lou-
« verture voulait *augmenter ses forces et ses ressources,*
« que la guerre civile avait considérablement *affaiblies,*
« et *prévenir* le général Rigaud qui aurait pu y envoyer
« *des députés* dans le but d'en prendre lui-même posses-
« sion. D'un autre côté, en y faisant reconnaître son au-
« torité, il enlevait au général de couleur *la faculté de s'y*
« *réfugier* s'il était obligé d'abandonner les Cayes, *et d'y*
« *organiser un nouveau parti* au centre de l'île. *Sa per-*
« *spicacité* lui faisait *prévoir* ce à quoi Rigaud n'avait
« jamais songé. Cependant, Antoine Chanlatte était un
« ami politique de Rigaud, son ancien compagnon d'armes
« et partageait toute sa haine contre Toussaint Louver-
« ture…. Nous voyons que les considérans (de l'arrêté)
« n'étaient nullement en harmonie avec les causes qui
« portaient Toussaint à vouloir occuper la partie de l'Est.
« Le général en chef cachait sous les apparences des in-
« térêts publics ceux de *sa profonde politique* …. [1] »

Nous allions dire : Quel honneur fait à Rigaud ! A Rigaud dont les vues politiques, légitimes et grandes dans le principe, arrêtèrent l'élan du guerrier. Mais notre com-

[1] Histoire d'Haïti, t. 2, pages 30, 33.

patriote nous dit qu'il ne songea jamais à s'emparer de la partie espagnole, pendant la guerre civile ; et nous pensons comme lui à cet égard, puisque Rigaud avait à peine des troupes pour faire la guerre. S'en emparer par *des députés,* lui, déclaré *rebelle* par l'agent de la France ! Et qui aurait cédé le terrain à ces députés ? S'y réfugier après avoir été vaincu dans le Sud, y organiser un nouveau parti contre T. Louverture et Roume, même avec le concours d'A. Chanlatte ? Qui connaissait Rigaud dans cette partie ?

Quant à T. Louverture, nous avons une trop haute idée de sa capacité politique, de sa *perspicacité,* pour admettre jamais qu'il ait été guidé par de si frivoles motifs, qu'il ait pu supposer de telles vues à Rigaud.

Ensuite, M. Madiou prétend que T. Louverture voulait augmenter ses forces et ses ressources affaiblies par la guerre civile. Les augmenter par des troupes formées des habitans de l'Est ! Augmenter ses ressources dans un pays pauvre, dont les fonctionnaires coûtaient à l'Espagne, annuellement, 350 à 400 mille piastres pour leurs traitemens [1] ! Mais, les forces de T. Louverture n'étaient pas si affaiblies par la guerre, puisque M. Madiou les porte à 30 mille hommes sous les ordres de Dessalines, et celles de Rigaud à 900 hommes, immédiatement après l'évacuation de Jacmel [2]. Ses ressources, il les trouvait dans la terreur qu'il exerçait, dans la maraude que faisaient ses troupes pour se nourrir dans le territoire conquis, jusque-là bien cultivé ; car elles n'étaient pas soldées.

Il faut donc chercher une autre combinaison de la part de T. Louverture, dans la prise de possession de la partie espagnole.

---

[1] Rapport précité d'A. Chanlatte.
[2] Histoire d'Haïti, t. 2, p. 26.

Il n'y a nul doute pour nous, que cette partie étant cédée à la France depuis 1795, et le gouvernement français en ayant ajourné la prise de possession pour l'effectuer par des troupes européennes, quand la paix avec la Grande-Bretagne lui permettrait d'en envoyer, du jour où T. Louverture fut devenu général en chef de l'armée, il visait à y étendre sa domination. Cette idée n'a été qu'en croissant, après qu'il eut expulsé Sonthonax et Hédouville. Parfaitement informé de la situation de la France sous le Directoire exécutif, occupé de sa guerre contre Rigaud, qui avait l'approbation anticipée de ce faible gouvernement, il était assuré d'exécuter la prise de possession, malgré lui, dès qu'il aurait vaincu son rival.

Mais, en apprenant que le 18 brumaire avait appelé le général Bonaparte au pouvoir, *le Premier des Noirs* savait qu'il aurait affaire désormais au *Premier des Blancs*. La nouvelle de cette immense révolution a dû lui parvenir promptement par la voie des États-Unis ou par celle de l'Angleterre, intéressés l'un et l'autre dans la question du commerce avec Saint-Domingue. Et alors, T. Louverture aura pensé que le génie actif qui dirigeait la France, trouverait moyen, soit par la paix, soit en hasardant une expédition maritime, de jeter des troupes blanches dans la partie espagnole, avec quelques-uns de ces généraux fameux de l'armée française [1]. Prévenir un tel résultat, fut, selon nos appréciations, son unique but. Aussi le voyons-nous écrire à Roume, dès le 28 décembre, au sujet de la prise de possession : c'est à cette époque que dut parvenir

---

[1] Il est probable qu'il apprit alors l'expédition maritime qui se préparait en France, sous les ordres de l'amiral Gantheaume et du général Sahuguet. Nous en parlerons plus loin.

la nouvelle du 18 brumaire. Il ne voulut pas perdre de temps après la prise de Jacmel, dans la crainte aussi que le colonel Vincent reviendrait bientôt avec de nouvelles instructions du gouvernement consulaire, pour maintenir le *statu quo* dans la partie espagnole.

Il se cramponna au motif résultant de la vente des noirs, pour passionner ceux du Nord qu'il dirigeait à volonté, comme il les avait passionnés contre les hommes de couleur, en attribuant à ces derniers le projet du rétablissement de l'esclavage. Mais nous allons voir une lettre curieuse et intéressante, qu'il écrivit au général Agé : auparavant, reprenons la suite de la mission de ce général.

Dès le 10 mai, A. Chanlatte avait reçu l'arrêté de Roume qu'il notifia à Don Garcia. En même temps, on apprit à Santo-Domingo la violence qui lui avait arraché cet acte. Ce fut un motif pour Don Garcia et Chanlatte, d'être opposés à la prise de possession, lorsque les instructions du gouvernement français et ses arrangemens avec la Cour de Madrid étaient formels à cet égard. Ces deux autorités communiquèrent indubitablement leur répugnance aux fonctionnaires publics, aux habitans : tous redoutaient de passer sous les lois, l'autorité d'un homme qui, à ses antécédens connus dans la partie espagnole, venait d'ajouter le massacre de tant d'infortunés pour assurer sa domination tyrannique. On conçoit alors quelle explosion eut lieu, de craintes, de répugnance, de haine, de la part de cette population jusqu'alors si paisible. Elle fut telle, que le général Agé fut menacé d'être lapidé, poignardé.

Le cabildo ou municipalité de Santo-Domingo, le clergé, et la population par une pétition revêtue de nombreuses signatures, s'adressèrent à Don Garcia pour lui demander, le prier de résister à la prise de possession ; mais, pour ne pas exciter la vengeance de T. Louverture, on proposa d'envoyer de suite des députés auprès des deux gouvernemens d'Espagne et de France, afin de recevoir leurs ordres définitifs.

Ce mezzo-termine fut adopté par Don Garcia qui rendit un décret à cet effet, lequel prononçait la suspension de la prise de possession. Avant de le rendre le 21 mai, il avait consulté A. Chanlatte qui lui répondit le 20, qu'il s'en remettait à sa sagesse et à sa prudence. Don Garcia notifia ce décret au général Agé, qui lui fit réponse, le 22, qu'envoyé en mission, il ne pouvait point discuter aucune question à ce sujet, qu'il resterait à Santo-Domingo pour attendre les ordres du général en chef. Mais, bientôt l'effervescence des esprits fut telle, que cet envoyé fut forcé de quitter cette ville pour revenir au Port-au-Prince. Don Garcia dut l'accompagner lui-même hors des murs de la cité des Colomb, et le faire escorter jusqu'aux anciennes limites des deux colonies, pour éviter qu'il ne fût insulté par les populations des bourgades et des campagnes à traverser : partout, le mouvement d'opposition s'était répandu.

Agé s'était empressé d'informer T. Louverture du peu d'empressement que mettait Don Garcia à accomplir le vœu de l'arrêté de Roume ; il espérait alors de parvenir à aplanir les difficultés.

Le 12 prairial (1ᵉʳ juin), étant au Port-au-Prince, T. Louverture lui répondit, évidemment pour qu'il communiquât cette réponse : la voici ; c'est cette lettre que nous venons d'annoncer comme intéressante :

Personne plus que vous ne connaît ma façon de penser *sur les pro-*

priétaires de Saint-Domingue, *à l'effet de les réintégrer dans leurs propriétés.* Si la prise de possession de la partie ci-devant espagnole s'était déjà effectuée, elle deviendrait le bonheur *des propriétaires français* qui s'y sont réfugiés. Mes ennemis auraient beau cherché à me calomnier ; ils continueraient de le faire, *que je ferais dans tous les temps tout ce qui dépendrait de moi pour être favorable aux propriétaires*, et pour faire lever le séquestre de dessus leurs propriétés ; et je croirais d'autant moins faire le mal, que c'est justice *de rendre à César ce qui appartient à César.*

Depuis quelque temps, j'ai remarqué avec peine *que des pères et mères de familles sont absens de leurs biens abandonnés, sans moyens, errans dans un pays étranger. L'humanité et la sensibilité* ont toujours eu des droits sur mon cœur, et je n'ai jamais pu être insensible à l'infortune de tant de malheureux. C'est pourquoi je désire depuis longtemps les voir sur leurs propriétés.

Prenez donc toutes les mesures qui dépendront de vous pour remplir votre mission : rendez-moi compte, à cet égard, de vos plus petites opérations ; et pour que vos lettres ne puissent éprouver aucun retard, envoyez-les directement au Port-Républicain.

Comme je n'ai reçu encore aucune lettre de monsieur le Président, mandez-moi le plus promptement possible à quoi vous en êtes de votre mission. Je ne puis trop vous recommander de ne rien déranger dans les usages des Espagnols ; laissez-les tels qu'ils sont ; au contraire, loin de les inquiéter par un nouvel ordre de choses, employez tous vos moyens de prudence et de sagesse pour qu'ils soient protégés dans leurs habitudes. Vous connaissez ma manière de voir à ce sujet. *Cette partie continuera d'être traitée et gouvernée comme par le passé, ne pouvant l'être comme la partie française.* Il appartient à votre prudence de la gouverner sagement. *Nous avons souvent causé ensemble sur la mauvaise manière dont la liberté générale a été donnée à la partie française, et combien il importait d'être sage pour la faire régner dans cette partie, sans secousse ; il ne faut donc rien changer au système qui existe.* Vous me demanderez seulement la garnison qui vous sera nécessaire.

J'ai fait partir dernièrement pour Santo-Domingo des troupes d'Europe : il reste à Jacmel le bataillon des troupes blanches [1]....

---

[1] Il n'y eut que 60 Européens envoyés à Santo-Domingo.

Voilà le langage de l'homme qui disait à Laveaux, dans une de ses lettres, que Sonthonax n'était pas plus ami des noirs que lui ; qui accusait tout récemment Rigaud et tous les hommes de couleur, de vouloir rétablir leur esclavage ! Dans cette lettre à Agé, il se montre tout au plus partisan d'une liberté *graduelle* qui, selon lui, aurait dû être préférée à la liberté générale *subite*. Eh bien ! n'était-ce pas, dans le principe de la révolution, l'idée qui dominait Vincent Ogé et beaucoup d'autres hommes de couleur, dans la pensée d'amener la liberté de tous sans secousse [1] ? Mais quand la liberté générale fut proclamée, Rigaud et les autres qui combattaient sous lui, n'acceptèrent-ils pas cet ordre de choses avec sincérité, tandis que T. Louverture servait les Espagnols pour rétablir l'esclavage ? La sollicitude de ce dernier pour les colons, pour ces *Césars* qui erraient dans les pays étrangers, ne se dévoile-t-elle pas dans toutes les lignes de cette lettre ? Ne fut-elle pas constamment le sentiment qui domina en lui, soit avant, soit après la guerre du Sud ? Changea-t-il effectivement *l'ordre de choses* qui existait dans la partie espagnole, après qu'il l'eut réunie à la partie française ?

Le 3 juin, il écrivit encore une lettre à Agé, en réponse à celle que ce général lui adressa pour lui rendre compte des adresses du cabildo, etc., à Don Garcia. Il insista dans celle-ci sur la nécessité de la prise de possession, pour faire cesser le trafic des noirs ; il repoussa, comme mal fondés, les bruits courus à Santo-Domingo sur la violence exercée contre Roume : « Vous étiez

---

[1] Dans une lettre à Laveaux, en 1796, à l'occasion de l'affaire de Villatte, T. Louverture dénia tout sentiment de sympathie pour les noirs, de la part de Vincent Ogé : en 1800, ne raisonnait-il pas comme cet infortuné, même après la liberté générale ? Voyez ch. VI, p. 159 du 3ᵐᵉ livre.

« encore au Port-Républicain, dit-il, quand je partis pré-
« cipitamment pour le Nord et me rendis *auprès du peuple
« qui*, s'étant réuni en masse, demandait l'embarquement
« de l'agent, et que je prisse les rênes du gouvernement :
« bien loin d'adhérer à sa demande, je le blâmai fortement,
« et je lui fis entendre raison... » Il méditait dès-lors d'absorber l'autorité de Roume, pour prendre effectivement *les rênes* du gouvernement : c'est ce qui arriva avant la fin de l'année 1800, afin de pouvoir entrer librement dans la partie espagnole.

Cette lettre maintenait la mission du général Agé; mais, arrivé au moment de la signer, il lui dit : « Réflexions
« faites, pour ne pas abandonner un représentant de
« la nation française à de nouvelles vexations, je vous
« ordonne de quitter Santo-Domingo et de vous rendre
« au Port-Républicain. » Immédiatement après l'avoir écrite, T. Louverture partit pour Léogane.

Le lendemain, le général Agé arriva au Port-au-Prince : il y trouva encore cette lettre écrite la veille. Il s'empressa d'écrire à Don Garcia pour protester contre toutes les insultes personnelles qu'il avait reçues à Santo-Domingo, contre l'injure faite au général en chef et même à Roume : il lui rendit cependant témoignage de la bonne conduite des hommes de son escorte envers lui, des attentions dont il avait été l'objet de la part des cabildos de Bany et d'Azua. Il se rendit ensuite à Léogane auprès de T. Louverture.

Le même jour, 4 juin, ce dernier adressa une lettre, de Léogane, à Don Garcia, pour lui exprimer sa surprise, son étonnement de la manière dont le général Agé avait été traité à Santo-Domingo. « Je ne puis vous dissimuler, M.
« le Président, combien cette insulte est grande, de gou-
« vernement à gouvernement, surtout liés par l'union la

« plus sincère... Je n'ai plus rien à vous dire, M. le Pré-
« sident ; je ne puis que vous manifester mon méconten-
« tement du mauvais traitement fait au représentant de la
« colonie, à un général français. J'en donnerai connais-
« sance *à l'agent du Directoire.* »

Il y avait sept mois que ce pauvre Directoire avait été chassé du palais du Luxembourg ; T. Louverture ne l'ignorait pas, mais il était *formaliste*. Roume n'ayant encore reçu aucune confirmation de la part du gouvernement consulaire, il était toujours, pour T. Louverture, l'agent du *défunt* gouvernement ; c'est-à-dire, un agent presque aussi mort que le pouvoir dont il tenait ses instructions. Quant à A. Chanlatte, qui ne s'était pas montré bien fervent pour la prise de possession, il prit bonne note de sa conduite en cette circonstance. C'est alors que Chanlatte fit son rapport du 9 juin 1800, déjà cité, qu'il envoya au ministre de la marine par J. Boyé, qui était à Santo-Domingo [1].

Cependant, Roume s'était enhardi, en apprenant qu'Agé était de retour au Port-au-Prince. Le 16 juin (27 prairial), il rendit un nouvel arrêté pour *révoquer* celui du 27 avril. Il en envoya des expéditions à T. Louverture, à Don Garcia, à Chanlatte et au gouvernement français. Par une lettre du 5 juillet, au gouverneur espagnol, il lui donna l'assurance que le général en chef avait *renoncé* à la prise de possession ; et il approuva l'envoi en Europe, des députés de Santo-Domingo à l'effet de recevoir les derniers ordres des gouvernemens de France et d'Espagne.

T. Louverture ne s'en tint pas à sa lettre du 4 juin à

---

[1] J. Boyé fut capturé par les Anglais, presque en vue de Santo-Domingo. (M. Lepelletier de Saint Rémy, t. 1er p. 306.)

Don Garcia. Le 20 juillet, il lui en adressa une autre où il se plaignit longuement des injures faites au général Agé qui le représentait. Mais il ne lui dit pas un mot qui pût faire soupçonner qu'il avait renoncé à la prise de possession, comme l'affirma Roume.

On voit dans cette lettre le langage du chef qui triomphait en ce moment de son ennemi : son armée était partout vainqueur contre les troupes du Sud. Il était alors au Petit-Goave, où il venait de recevoir une députation de Rigaud, qui se décidait à se rendre en France [1].

Il est temps de reprendre la narration de ces combats.

---

[1] Nous possédons en *copie* toutes les pièces et lettres que nous avons citées dans ce chapitre. Nous avions pris les *originaux* dans les archives de Santo-Domingo; et à la fin de 1828 nous les remîmes aux archives du palais national du Port-au-Prince. Nous avons encore tous les autres documens concernant la prise de possession de la ci-devant partie espagnole, effectuée en 1801.

CHAPITRE VI.

Ordre de destruction donné par Rigaud.— Incendie de plusieurs bourgs.— Succès des troupes de T. Louverture.— Proclamation de Rigaud.— Derniers combats.— Divers actes administratifs de T. Louverture.— Arrivée de trois agens français.— Actes des consuls. — Politique du gouvernement consulaire.— Proclamation de T. Louverture offrant amnistie générale aux habitans du Sud.— Il envoie une députation aux Cayes.— Sauf-conduit donné par Roume.— Réception faite à la députation.— Rigaud se décide à partir pour France, et envoie une députation à T. Louverture.— Nouvelles instructions de ce dernier à sa députation.— Dessalines marche contre les Cayes.— Rigaud expédie un autre envoyé à T. Louverture.— Il quitte les Cayes avec sa famille et ses principaux officiers.— Il s'embarque à Tiburon.— Fuite générale.— Réflexions sur les actes du gouvernement consulaire, et sur ceux de Roume et de T. Louverture.— T. Louverture entre aux Cayes et accorde amnistie générale.— Sa proclamation aux habitans de Saint-Domingue.— Réflexions sur cet acte, et sur la conduite et le caractère de Rigaud et de T. Louverture.— Résumé de la quatrième Epoque.

Après avoir pris possession de Jacmel, T. Louverture avait réorganisé son armée, en complétant les cadres des régimens. Immédiatement après sa proclamation du 20 avril, qui offrait aux habitans du Sud de les recevoir dans ses bras, comme le père de l'Enfant prodigue, jugeant bien qu'il fallait autre chose pour les soumettre que la citation d'un passage des Saintes Ecritures, il ordonna au général Dessalines de reprendre les hostilités.

La marche de cette armée ne fut plus qu'une suite de succès chèrement achetés, par la valeur successivement déployée sur tous les champs de bataille par les troupes du Sud. Nos devanciers ont trop bien relaté ces différens combats, pour que nous en reproduisions ici la narration.

Reconnaissant bien qu'il allait être vaincu, Rigaud avait donné à ses officiers l'ordre *barbare* de laisser entre leurs troupes et celles du Nord, *un désert de feu, en faisant en sorte que les arbres même eussent leurs racines en l'air.*

Nous condamnons, au nom de la postérité, cet ordre extravagant donné dans le délire de l'impuissance. Il devait atteindre et atteignit en effet les familles éplorées, assez malheureuses déjà par la perte de leurs parens tués dans les combats ou menacés de tomber sous le fer des assassins. Les propriétés privées et publiques sont des choses sacrées : elles seules peuvent garantir l'existence des personnes, des vieillards, des femmes, des enfans. Excepté dans certains cas nécessités par la défense d'une ville assiégée, un commandant militaire n'a pas le droit de détruire les propriétés. A plus forte raison, un chef qui réunit le pouvoir politique au commandement militaire, en a encore moins le droit, lorsque l'impossibilité de se défendre le contraint à reculer devant son ennemi. Son devoir, au contraire, l'oblige à épargner les populations, autant que possible, des mots inévitables de la guerre. Même *les propriétés des colons*, satisfaits de cette guerre, devaient être épargnées de la flamme. Si nous avons blâmé Rigaud pour une semblable excitation contre eux, au début de la révolution, en 1791, tout en présentant pour lui une sorte d'excuse par les idées de vengeance qui l'animaient alors, tout en faisant remarquer que Sonthonax donna un pareil ordre dans le Nord, nous n'avons pas moins qualifié ces ordres comme *barbares*[1]. Dans sa lutte contre T. Louverture, Rigaud faisait une guerre civile, de frères contre frères; il fut d'autant moins excusable d'avoir donné cet ordre, qu'il frappait les propriétés de ses propres partisans.

La conscience publique exige que de tels actes soient blâmés; car un chef ne peut jamais avoir une toute-puissance dévastatrice: celle qu'il exerce pour le peuple est dans l'intérêt de sa conservation.

Le bourg de Baynet fut incendié à la fin d'avril. Celui du Grand-Goave le fut aussi, le 1er mai, dans l'évacuation de ce lieu. Ce jour-là, dans un combat de la montagne où il signala sa bravoure accoutumée, le colonel R. Desruisseaux reçut une blessure mortelle à la tête: emporté par ses soldats, il mourut au Petit-Goave où il fut enterré au pied de l'arbre de la liberté; ses compagnons d'armes lui rendirent les honneurs funèbres dus à son mérite. Le 2 mai, cette ville dut être aussi évacuée, et fut également incendiée.

Talonné par Dessalines, Pétion le combattit pied à pied jusqu'au Pont-de-Miragoane, où il se retrancha un moment pour offrir une nouvelle résistance. Forcé d'évacuer ce point et Miragoane même, ce bourg fut encore livré aux flammes: il se porta à l'Anse-à-Veau, tandis que Rigaud combattait à Saint-Michel. La route étant interceptée, Pétion n'avait pu le rejoindre. Rigaud combattit encore sur les habitations Cadillac et Dufrétey.

De tous côtés, la défection gagnait les esprits. Les municipalités, composées en grande partie des blancs, soufflaient une soumission anticipée aux vainqueurs. Cet état

---

[1] Voyez le chapitre X. du 1er livre.

de choses porta Rigaud à émettre une proclamation, le 29 mai, pour déclarer qu'à son pouvoir seul il appartenait de traiter de la paix ou de suspension d'armes avec l'ennemi. Vain effort que font souvent les gouvernemens ou les chefs qui sont sur le point de succomber. Ces municipalités durent avoir seulement la faculté de transmettre à Rigaud, *les vœux de leurs concitoyens*. C'était presque les convier à demander que la paix se fît une fois.

Dans les troubles civils, et même dans une guerre nationale, dès que l'on voit que la résistance n'est plus possible, chacun va au-devant du joug du vainqueur : de là les nombreuses plaintes formées contre Rigaud dont on avait embrassé le parti. Il ne fut plus traité que d'ambitieux, d'orgueilleux, qui continuait la guerre par pur amour-propre. L'intérêt de la cause qu'il défendait, disparut devant les vengeances qu'on redoutait de la part de T. Louverture.

Le brave et intrépide Ogé, blessé mortellement à Dufrétey, alla mourir aux Cayes, où les rameaux de l'arbre de la liberté ombragent encore la pierre tumulaire qui recouvre ses restes [1].

Le dernier combat de cette guerre désastreuse eut lieu au vieux bourg d'Aquin, le 5 juillet. Le colonel Piverger, arrivant de l'Anse-à-Veau peu après, combattit encore les troupes de Dessalines : blessé et fait prisonnier, il fut respecté par Dessalines qui savait admirer la bravoure. Il fut envoyé à Saint-Marc avec d'autres officiers prisonniers. Nous dirons comment mourut cet intrépide officier.

---

[1] Dans une tournée que fit Pétion dans le Sud, en 1806, il honora la mémoire de B. Ogé par un pompeux service funèbre, aux Cayes. *Brave comme Ogé*, disait-il, quand il parlait d'un militaire en qui il reconnaissait cette qualité. Ce jeune homme mourut à 25 ans.

A Saint-Louis, dans les derniers jours de juillet, les adjudans-généraux Lefranc et Toureaux firent leur soumission. Il en fut de même de Gautier avec 150 hommes qui restaient de toute la belle légion de l'Ouest.

Le Sud était vaincu ! Mais une résistance opiniâtre sur tous les points avait coûté cher à l'ennemi : les officiers de tous grades, les soldats, Rigaud lui-même, avaient tous montré un courage, une bravoure, une intrépidité extraordinaires, dignes de leurs premiers succès au Grand-Goave, de leur lutte à Jacmel. Dans l'armée du Nord, les officiers supérieurs avaient prouvé aussi leur vaillance ; mais les troupes eurent moins d'impétuosité que celles du Sud. Le grand nombre l'emporta à la fin.

Le 8 mai, T. Louverture avait émis une proclamation contenant les plus fortes menaces contre les citoyens du Sud : elle déclarait ses ports en état de blocus, et invitait les navires espagnols et américains à aider les siens à capturer tous ceux qui entreraient dans ces ports ou en sortiraient. Les navires de guerre des États-Unis répondirent à cet appel odieux : ils capturèrent sur les côtes, bien des bâtimens qui portaient dans les îles de l'archipel des habitans ou des officiers qui fuyaient les proscriptions de T. Louverture, surtout au moment où arriva la débâcle.

Le 14 mai, T. Louverture fit un règlement pour faire entrer dans les magasins de l'État, les denrées exploitées des habitations dont les propriétaires étaient absens : les revenus de leurs propriétés urbaines aboutirent aussi à la caisse publique.

Le 15, un nouveau règlement régularisa les postes aux lettres, fixa le prix des lettres et des passeports à délivrer pour voyager à l'intérieur.

Le 2 juin, un autre réglementa les revenus des habitations affermées par l'administration des domaines, dont le fameux Idlinger avait la direction.

Le 10, un autre statua sur l'organisation de l'administration de la marine.

T. Louverture se créait des ressources financières pour la suite de ses opérations.

L'autorité de Roume était complètement annulée, depuis qu'il n'était plus en bonne intelligence avec le général en chef qui, du reste, n'avait plus besoin de lui, parce que son armée marchait de succès en succès.

Cependant, une nouvelle circonstance l'obligea à s'appuyer encore sur cette ombre d'autorité nationale. Trois envoyés du gouvernement consulaire arrivèrent à Santo-Domingo, peu de jours après le départ du général Agé de cette ville. C'étaient le colonel Vincent, le général de division Michel et J. Raymond.

Vincent se dirigea sur le Port-au-Prince où il arriva à la mi-juin. Michel et Raymond se rendirent au Cap, en compagnie du général Pageot qui se trouvait à Santo-Domingo, nous ne savons à quelle fin. Ces derniers rencontrèrent vers Cotuy, trois hommes et une femme noirs, garottés, que des Espagnols allaient vendre à Santo-Domingo : ces malheureux venaient du Nord. Ils les délivrèrent et les emmenèrent avec eux au Cap.

Il paraît que sur leur route, Vincent d'un côté, Michel et Raymond de l'autre, furent arrêtés sur de futiles prétextes. C'était un accueil peu flatteur ; mais ils ne furent point dépouillés de leurs papiers, comme l'avance Pamphile de Lacroix à qui M. Madiou a emprunté cette assertion.

Vincent trouva T. Louverture au Port-au-Prince. Michel et Raymond y arrivèrent peu après : ces derniers retournèrent au Cap le 4 juillet [1].

Ces envoyés étaient porteurs de la constitution du 22 frimaire an 8, d'une lettre du ministre de la marine à T. Louverture, et des deux actes suivans.

Liberté. Égalité.
Paris, le 4 nivôse (25 décembre 1799) l'an 8e de la République française, une et indivisible.

Les Consuls de la République arrêtent ce qui suit :

Art. 1er Les citoyens Vincent, ingénieur, Raymond, *homme de couleur*, ex-agent [2], et le général Michel, partiront *sans délai* ; ils se rendront à Saint-Domingue.

2. Ils seront porteurs de la proclamation ci-jointe.

3. Le citoyen Michel sera mis à la disposition de l'agent du gouvernement Roume, pour être employé, dans son grade, dans les troupes de Saint-Domingue, *sous les ordres* du général Toussaint Louverture.

4. Le citoyen Raymond sera employé pour le rétablissement de la culture, sous les ordres de l'agent du gouvernement Roume.

5. Ces agens partiront de Paris *au plus tard* le 5 nivôse (26 décembre), et de Brest *douze heures* après leur arrivée dans cette ville.

6. Les mots suivans : *Braves noirs, souvenez-vous que le peuple français seul reconnaît votre liberté et l'égalité de vos droits*, seront écrits *en lettres d'or* sur tous les drapeaux des bataillons de la garde nationale de la colonie de Saint-Domingue.

Le ministre de la marine et des colonies est chargé de l'exécution du présent arrêté. Le Premier Consul, BONAPARTE.
Par le Premier Consul,
Le secrétaire d'État, HUGUES MARET.

[1] Nous puisons ces faits dans la lettre de Roume à D. Garcia, du 5 juillet ; il lui dit : « Le général Michel, *revenu hier* du Port-Républicain, m'a assuré que le général en chef avait déjà *renoncé* à la prise de possession... » Nous croyons donc erronée l'assertion de M. Madiou qui prétend que T. Louverture se rendit au Cap. M. Saint-Rémy est plus exact. T. Louverture, brouillé avec Roume, ne dut pas vouloir y aller dans cette circonstance, surtout au-devant de tels agens déjà connus de lui.

[2] Pourquoi cette qualification d'*homme de couleur*, à propos de J. Raymond ? La constitution de l'an 8 admettait-elle une différence entre les Français ? *Arrière-pensée* qui se dévoila en 1802.

CHAPITRE VI.

Proclamation.

Paris, le 4 nivôse, l'an 8ᵉ de la République française une et indivisible.

Les Consuls de la République française,

Aux Citoyens de Saint-Domingue.

Citoyens, une constitution qui n'a pu se soutenir contre des violations multipliées, est remplacée par un nouveau pacte destiné à affermir la liberté.

L'article 91 porte que les colonies françaises seront régies par des lois spéciales.

Cette disposition dérive de la nature des choses et de la différence des climats.

Les habitans des colonies françaises situées en Amérique, en Asie, en Afrique, ne peuvent être gouvernés par la même loi.

La différence des habitudes, des mœurs, des intérêts; la diversité du sol, des cultures, des productions, exigent des modifications diverses.

Un des premiers actes de la nouvelle législature sera la rédaction des lois destinées à vous régir.

Loin qu'elles soient pour vous un sujet d'*alarmes*, vous y reconnaîtrez la sagesse et *la profondeur des vues* qui animent les législateurs de la France.

Les Consuls de la République, en vous annonçant le nouveau pacte social, *vous déclarent que les principes sacrés de la liberté et de l'égalité des noirs n'éprouveront jamais parmi vous d'atteinte ni de modification.*

S'il est dans la colonie des hommes mal-intentionnés, s'il en est qui conservent des relations avec les puissances ennemies, — braves noirs, souvenez-vous que le peuple français seul reconnaît votre liberté et l'égalité de vos droits.

Le Premier Consul, BONAPARTE.

Par le Premier Consul,

Le secrétaire d'État, HUGUES MARET.

Maintenant, nous nous demandons : — Pourquoi ces envoyés n'arrivèrent-ils qu'*en juin*, lorsqu'ils avaient été nommés dès le 25 décembre 1799, et qu'ils avaient dû partir de Brest douze heures après leur arrivée dans cette ville? Pourquoi cette mission, dont le but principal aurait été de faire cesser la guerre civile, reçut-elle son exécution six mois après ? Est-ce *à l'hiver* qu'il faut attribuer ce retard, ou bien *à ces diables d'Anglais* toujours prêts à barrer le passage *aux bonnes actions ?*

Par notre long séjour en Europe, nous connaissons tous les inconvéniens de la saison des frimas ; et nous savons aussi de quoi est capable l'activité britannique, pour traverser tous les projets. Mais nous ne nous arrêtons pas à ces considérations, à raison de la haute opinion que nous avons également, de ce que pouvait la volonté de l'homme qui a dit : — « *Impossible* n'est pas français ; » — paroles d'ailleurs justifiées par des faits aussi extraordinaires que glorieux.

Il y a donc eu, probablement, d'autres réflexions faites à la suite de la résolution prise de faire partir les trois agens.

Roume était maintenu comme agent du gouvernement de la métropole, en même temps que T. Louverture était confirmé général en chef. Or, Roume avait déclaré Rigaud *rebelle* à l'autorité nationale, et il était d'accord avec le général en chef pour faire la guerre à ce rebelle, il lui avait donné des ordres à cet effet. Leur maintien dans leurs charges respectives implique l'approbation au moins *tacite* de cette guerre. *La laisser continuer pour en tirer le meilleur parti possible, n'importe le vainqueur*, est une idée simple ; et les idées simples en apparence sont souvent l'expression *de la profondeur des vues*, des combinaisons. Celles qu'avait adoptées le Directoire exécutif étaient trop en harmonie avec les idées régnantes alors en France sur ses colonies, pour n'avoir pas été appréciées par le gouvernement consulaire.

Car, d'un autre côté, est-il possible d'admettre que le

Premier Consul, marié depuis plusieurs années à une Créole aimable et distinguée par les plus belles qualités, propriétaire à la Martinique, et nous croyons aussi à Saint-Domingue [1], n'avait pas déjà réfléchi sur la situation des colonies françaises, avant d'arriver au pouvoir? Il y parvenait, alors que le travail d'une *réaction* contre la liberté générale des noirs s'élaborait, tant dans l'opinion publique que dans le gouvernement et la législature : il était difficile qu'il ne se laissât pas influencer par ces précédens qui durent venir en aide à ses propres réflexions. La conduite de Rigaud et des anciens libres à Saint-Domingue, représentée sous un si faux jour ; les attentats commis par T. Louverture contre l'autorité de la métropole en la personne de plusieurs de ses agens, ses liaisons avec les Anglais et les États-Unis : tout devait contribuer à faire adopter par le gouvernement consulaire, une politique expectante par rapport à cette colonie en particulier : de là le retard mis au départ des trois agens.

Pamphile de Lacroix dit qu'à cette époque, — « une ex-
« pédition destinée pour l'Égypte, sous les ordres du gé-
« néral Sahuguet, et commandée par le contre-amiral
« Gantheaume, était partie des ports de France ; et que
« pour masquer sa vraie destination, on fit courir le bruit
« qu'elle allait à Saint-Domingue [2]. » Il ajoute que « T.
« Louverture devint soucieux et inquiet, et que les enne-
« mis de la France (les Anglais probablement) profitèrent

---

[1] Il existait une habitation sucrerie sous le nom de *Beauharnais*, tout près de Léogane. Nous croyons qu'elle appartenait à la famille du premier mari de l'Impératrice Joséphine.

[2] L'amiral Gantheaume partit de Brest le 5 pluviôse an 8 (25 janvier 1800), et les trois agens ne partirent qu'en mai suivant.

« de cette disposition fâcheuse de son esprit, pour faire
« *circuler* que la guerre du Sud était excitée *par la mé-*
« *tropole*, qui laissait *s'entre-détruire* toute la population
« de couleur de sa colonie, *pour arriver plus facilement*
« *au rétablissement de l'esclavage*[1].

En écrivant ces lignes, cet auteur oubliait ce qu'il avait tracé en commençant le même chapitre de son livre d'où nous les avons extraites : il y convenait que « la fatalité
« semblait avoir prédestiné Saint-Domingue à voir naître
« ses maux des pouvoirs de la métropole. »

Si les Anglais firent circuler de tels bruits, les Anglais étaient dans le vrai ; car ce n'est pas à eux, nous le répétons ici, qu'on doit attribuer la guerre civile du Sud.

Que le retard mis au départ des trois agens ait été occasionné par une circonstance quelconque, toujours est-il que le résultat fut le même. La guerre civile qui aurait pu être terminée dès le mois de février, par les ordres du gouvernement français, ne le fut qu'en juillet ; et le sang des défenseurs de Saint-Domingue contre les Anglais, fut versé par la volonté des gouvernemens directorial et consulaire.

Nous ajoutons à cet égard, comme une justice à rendre à la mémoire de Sonthonax, si souvent blâmé par nous, que nous avons lu *des notes manuscrites* de lui, dont copie fut donnée au ministre de la marine en décembre 1799, où il proposait au gouvernement de faire cesser la guerre entre Rigaud et T. Louverture, en envoyant à Saint-Domingue *trois proconsuls* qui auraient mission de laisser le premier dans son commandement du Sud, le second dans celui du Nord, en gouvernant la colonie au nom de

---

[1] *Mémoires*, etc. t. 1er p. 384.

la France. Sonthonax était complètement revenu sur ses préventions contre Rigaud : la conduite de ce général et celle de T. Louverture l'avaient éclairé [1].

A la même époque, suivant M. Saint-Rémy [2], Pinchinat et d'autres personnes proposèrent leurs avis pour la cessation de la guerre civile du Sud. Pinchinat défendit Rigaud et proposa de le rappeler en France, en envoyant dans le Sud un général français, et un autre comme gouverneur général à la résidence du Port-au-Prince : dans ce plan, T. Louverture eût continué de commander le Nord. Mais le colonel Vincent prit la défense de ce dernier, et son avis prévalut : il était sans doute plus initié que Pinchinat et Sonthonax dans la politique du gouvernement consulaire [3].

Quoi qu'il en soit, après avoir vu les trois agens, T. Louverture se rendit au Petit-Goave où, le 20 juin, il émit une proclamation adressée à tous les citoyens du Sud : c'est la plus modérée qu'il ait faite à leur égard ; elle commençait ainsi :

« *L'humanité et la sensibilité* qui ont toujours été la base *de ma conduite et de toutes mes actions*, m'obligent de vous prévenir encore des malheurs qui vous menacent... J'ai reçu *des ordres* du gouvernement français qui me prescrivent de rétablir la paix et la tranquillité dans cette malheureuse colonie, *de faire cesser la guerre intestine*

---

[1] Au 18 brumaire, Sonthonax, député au conseil des Cinq-Cents, fut incarcéré à la Conciergerie : il en sortit quelques jours après. (Moniteur du 8 frimaire.) C'est peut-être cette circonstance qui fit dédaigner son avis. Du reste, il avait si bien traqué Rigaud à Saint-Domingue, qu'on ne pouvait plus l'écouter.

[2] Vie de T. Louverture, p. 291 et 292.

[3] Suivant Montholon : « Le Premier Consul appela Vincent, lui fit connaître sa *partialité* pour les noirs, sa confiance entière dans le caractère de T. Louverture, et le renvoya dans la colonie. Tome I, p. 186. »

qui nous désole tous, et d'employer pour cela, *tous les pouvoirs* dont je suis revêtu... »

En conséquence, il offrait *pardon et amnistie* à tous ceux qui mettraient bas les armes. Aux chefs, il disait :

« *Profitons de l'indulgence qui nous est offerte, et abjurons nos torts*, pour ne plus penser qu'*à les faire oublier* par une conduite digne de la grande nation à laquelle nous appartenons... Réfléchissez, citoyens, votre sort est entre vos mains ; si vous êtes encore sourds à la voix de *votre ami*, vous succomberez et je n'aurai rien à me reprocher. Le général de division Michel, le citoyen Raymond et le citoyen Vincent arrivent de France ; je les ai pris à témoins de toutes mes opérations... »

Il adressa aussi une lettre aux autorités civiles et militaires et à tous autres citoyens de la ville des Cayes. Il y inséra quelques passages de la lettre du ministre de la marine ; les voici :

« Le grade de général en chef dont vous a honoré la
« République et que le nouveau gouvernement vous a *con-
« firmé*, est le premier de la milice militaire. Il demande
« de la prudence et de la *modération*. Employez votre cré-
« dit, vos talens *à calmer toutes les haines ; étouffez tous
« les ressentimens, et soyez grand par le bien que vous fe-
« rez*. Le Premier Consul *a confiance en vous*. Vous y ré-
« pondrez en ramenant la paix dans la belle colonie de
« Saint-Domingue qui intéresse à tant de titres la nation
« entière. »

La citation de ces phrases n'avait d'autre but, de la part de T. Louverture, que de prouver qu'il était confirmé dans le grade de général en chef ; car il était fort peu disposé à suivre les excellens conseils que le ministre lui donnait, dans l'intérêt *de sa gloire*. Il termina sa lettre aux citoyens des Cayes, en leur disant :

« D'après *l'humanité* qui est toujours mon guide, et la
« lettre du ministre, je vous proteste *que j'ai tout oublié
« et que je vous pardonne.* Je vous tends les bras ; si vous
« résistez encore à ma voix, ce n'est plus ma faute. Ré-
« ponse de suite : — *Oui ou non* [1]. »

Cependant, la dépêche du ministre de la marine contenait une phrase qu'il se garda bien de faire connaître aux citoyens du Sud : « Rappelez-vous, lui disait le ministre,
« que les armes qui vous sont confiées, doivent être exclu-
« sivement employées *contre l'ennemi étranger, contre
« l'Anglais* [2]. »

En rapprochant ce passage de celui de la proclamation des consuls où ils disaient aux citoyens de la colonie : « S'il en est (des hommes) qui conservent des relations « avec les puissances ennemies », — on comprend pourquoi celle du général en chef, du 20 juin, fut si modérée : il voulait prouver que dans sa querelle avec Rigaud, les torts n'étaient pas de son côté. Cependant, cette précaution était inutile ; car, évidemment, aux yeux du Premier Consul, le plus grand tort de T. Louverture était dans ses relations *avec les Anglais*, et non pas *dans la guerre* qu'il faisait à Rigaud. La preuve de notre assertion est dans le silence gardé envers ce dernier; on ne daigna pas lui adresser une lettre, *même pour lui ordonner de quitter la colonie*, tandis qu'en confirmant T. Louverture dans son grade de général en chef, on lui enjoignait d'employer tous les moyens en son pouvoir pour terminer la guerre civile. On augmentait ainsi ses moyens d'action, déjà très-grands. A

---

[1] Extrait du Moniteur universel, du 25 vendémiaire an 9 (17 octobre 1800.)
[2] Vie de Toussaint Louverture, p. 293.

notre avis donc, on ne peut inférer des termes de la dépêche ministérielle, que le gouvernement consulaire *désapprouvait* la guerre civile du Sud : elle entrait aussi bien dans ses vues que dans celles du Directoire exécutif : la suite de cette histoire le prouvera.

Enhardi par les procédés usés envers lui, T. Louverture ne voulut pas faire publier la constitution du 22 frimaire, sous le prétexte qu'elle avait déjà paru dans les gazettes, ni la proclamation consulaire, encore moins faire écrire sur les drapeaux des régimens les mots prescrits par l'arrêté.

L'envoi d'un général de division qui avait fait partie des officiers venus avec Hédouville, lui indiquait une idée de *substitution*, bien que Michel dût servir sous ses ordres. Aussi l'avait-il accueilli plus froidement que les deux autres agens : c'était, à ses yeux, *un mauvais cadeau* fait à la colonie. Cette circonstance, d'après Pamphile de Lacroix, jointe à l'arrestation de Michel sur la route, porta ce général à retourner promptement en France. Cet auteur ajoute que l'on s'était flatté que T. Louverture *résignerait* volontairement ses fonctions entre les mains de Michel ; mais cette assertion ne peut se soutenir en présence de la disposition de l'arrêté consulaire, qui envoyait Michel pour servir sous les ordres de T. Louverture, maintenu à son grade de général en chef : son ambition était trop connue par tous ses actes, pour qu'on pût concevoir une idée aussi puérile.

Nous pensons que Michel pouvait bien être un chef *éventuel* pour toute la colonie, mais qu'il dut aussi avoir la mission d'observer les choses, de s'entendre avec Roume, sauf à retourner ensuite en France, s'il y avait lieu, afin de faire son rapport au Premier Consul. Or, en arrivant dans la colonie, n'a-t-il pas trouvé Roume brouillé avec

T. Louverture, par rapport à la partie espagnole? En débarquant à Santo-Domingo, n'avait-il pas entendu A. Chanlatte et Don Garcia à ce sujet? Il est donc probable que son prompt retour aura été motivé sur ces diverses circonstances. Et d'ailleurs, est-il sensé de croire qu'un général français, envoyé par le Premier Consul pour rester à Saint-Domingue, se fût permis de retourner si vite, si telles n'étaient pas ses instructions? M. Madiou le représente comme *effrayé de menaces d'assassinat ou de déportation*. Nous n'admettons pas une telle version à l'égard d'un militaire qui savait en quelles mains les destinées de la France étaient remises.

Quant à J. Raymond, il ne pouvait être un personnage bien redoutable pour T. Louverture : les précédens de ce mulâtre, qui s'était fait renvoyer dans la colonie pour exploiter de nouveau quelques sucreries à son profit, le rendaient plutôt un être nul et passif. En trouvant les rangs de ses frères clair-semés par les assassinats, il devenait forcément plus soumis que jamais au général en chef.

Restait le colonel Vincent, ami de T. Louverture, disposé à lui donner tous les conseils propres à le rattacher à la France ; mais incapable néanmoins d'obtenir de lui quoi que ce soit qui n'entrât pas dans ses idées. Ce fut celui qui resta auprès de T. Louverture dans l'Ouest. Il paraît que ce dernier se plaignit à lui, et peut-être aussi aux deux autres personnages, de ce que le Premier Consul ne lui eût pas écrit : « Il savait, dit-il à Vincent, qu'on « avait juré sa perte en France, et que, sans le 18 bru- « maire, il était perdu. Le Premier Consul a-t-il confiance « en moi, ajouta-t-il [1] ? »

---

[1] Lettre du colonel Vincent au ministre de la marine, du 26 juin, citée par M. Saint-Rémy, page 293.

Sur le premier point, sa vanité l'égarait ; car il n'était pas le gouverneur de la colonie ; il n'était que le général en chef de l'armée. C'est Roume qui était censé être gouverneur, en qualité d'agent. T. Louverture n'aurait donc pas dû avoir la prétention de recevoir une lettre du chef du gouvernement français. Il relevait, de même que Roume, du ministre de la marine et des colonies. Rarement les anciens gouverneurs généraux eux-mêmes recevaient-ils des lettres du Roi. Mais T. Louverture était déjà lancé au galop dans le champ de toutes les prétentions possibles. Sous le second rapport, qui donc avait pu lui donner l'assurance que sa perte avait été résolue avant le 18 brumaire, lorsque le Directoire exécutif s'était montré de si facile composition avec lui ? Seraient-ce encore les colons qui l'avaient prévenu contre Hédouville, qui étaient intéressés à le faire tomber dans tous les piéges, pour le perdre effectivement ?

C'est après avoir vu ces trois personnages, qu'il se rendit au Petit-Goave et publia sa proclamation du 20 juin où il parla de leur mission. Il demanda à Roume un sauf-conduit pour envoyer Vincent aux Cayes avec deux autres personnes : — Philippe César, noir, et Arrault, mulâtre, anciens libres de Léogane, pour prouver qu'il y en avait encore de vivants, et sans doute pour exercer plus d'influence sur l'esprit de Rigaud, afin de le sommer de se soumettre à ses ordres et terminer la guerre civile. Voici le sauf-conduit :

Au Cap-Français, le 19 messidor (8 juillet), l'an 8e de la République française, une et indivisible.
L'agent particulier du gouvernement national français à Saint-Domingue,
Autorise par ces présentes, et *en vertu des ordres à lui donnés par*

les consuls de la République, le citoyen Vincent, directeur des fortifications à Saint-Domingue, à se transporter immédiatement à la ville des Cayes, et dans tout autre endroit de l'arrondissement du même nom où lui et ses deux collègues jugeraient nécessaire de se transporter, pour y porter, *au nom des consuls français*, et en vertu des pouvoirs à eux donnés par l'agent national et par le général en chef de l'armée de Saint-Domingue ; pour y porter, disons-nous, l'olivier de la paix, et ramener, par un raccommodement effectif, l'ordre, la tranquillité, et le bonheur nécessaires à cette colonie infortunée : ce qui ne saurait s'effectuer que par la réconciliation *des habitans* de l'arrondissement des Cayes avec leurs concitoyens du reste de la colonie.

Le citoyen Vincent et ses deux collègues sont mis sous la sauvegarde, non-seulement des lois françaises, mais même du droit des gens, qui règle les rapports des peuples divisés par la guerre ; l'agence avertissant que toute personne qui oserait s'opposer à leur marche ou les molester, se rendrait coupable d'un crime impardonnable aux yeux du peuple français comme à ceux de toutes les nations policées.

Si l'agence vient de faire usage de cet avertissement, ce n'est que pour satisfaire à la responsabilité qui lui est imposée ; car elle croirait *faire injure aux habitans* de l'arrondissement des Cayes, si elle imaginait qu'ils en eussent besoin.

L'agent particulier, ROUME.
Le secrétaire général, BLANCHARD.

Quoique Roume ait affecté de ne pas nommer Rigaud dans cette pièce, on voit bien que tout ce qu'il y dit était à son adresse, surtout l'avertissement superflu qu'il y donnait pour faire respecter le caractère des envoyés. Rigaud n'avait jamais fait *assassiner sur les grandes routes*, des officiers français envoyés en mission, comme ceux qui revenaient du Sud auprès d'Hédouville ; il n'avait pas fait *fusiller*, comme fit T. Louverture, un officier envoyé en mission auprès de lui. Cette clause était donc superflue ; mais Roume semblait juger de lui d'après les faits de son complice.

Munis de ce sauf-conduit et des pouvoirs de T. Louverture, les envoyés partirent de Jacmel sur une goëlette, le 9 juillet, et débarquèrent en parlementaires aux Cayes, le 14. Rigaud était alors à la tête de ses troupes, hors des Cayes. Informé de l'arrivée des envoyés par Augustin Rigaud, commandant de la place, il s'y rendit armé de pied en cap : un trabouc sur l'épaule, des pistolets à la ceinture, un sabre à un côté et un poignard de l'autre [1].

Descendu dans la maison qu'occupaient les envoyés, Rigaud, excessivement agité, le devint bien plus encore en prenant connaissance des pièces dont ils étaient porteurs : il s'indigna de se voir condamné par le gouvernement de la France, pour une guerre qu'il avait cru faire en partie dans l'intérêt de la métropole ; de recevoir les ordres du général en chef qui avait évidemment trahi cet intérêt, croyait-il, par son alliance avec les Anglais et les Américains, par sa protection accordée aux émigrés. Il tira son poignard comme pour *s'en frapper* et terminer une existence toujours consacrée aux droits de la mère-patrie. Voilà les motifs de cette exaspération, qui ne pourrait avoir d'excuse que dans son caractère porté trop souvent à la colère : au contraire, il aurait dû se respecter assez, pour se montrer calme.

Mais, Pamphile de Lacroix, qui s'est plu à ne pas être toujours exact, à être souvent injuste, attribue l'irritation de Rigaud à ce qu'il se voyait condamné *à obéir à un noir*. Selon lui, « le sauf-conduit était une bien faible garantie « pour braver les dangers qu'allait présenter *la licence en*

---

[1] Vie de Toussaint Louverture, p. 295. En 1843, on a vu arriver ainsi armés, des hommes du Sud au Port-au-Prince, où il n'y avait pas à combattre. Cette reproduction d'un autre temps, prouve encore l'influence des traditions et de l'exemple sur les populations. Nous croyons qu'il en était de même des officiers du Nord, à cette époque de 1800.

« *fureur* chez les chefs désespérés *d'une caste si irascible*
« (les mulâtres) ; et le colonel Vincent ne dut la conser-
« vation *de sa vie* qu'à l'attention de s'être muni d'une
« lettre du jeune Rigaud, qui le nommait son second père
« en reconnaissance des soins qu'il lui avait témoignés au
« collége de Liancourt [1]. »

Nous regrettons de trouver dans l'ouvrage de M. Madiou, une addition à cette injuste imputation de ce général français, qui n'a trouvé l'occasion de faire quelque éloge de Rigaud, que lorsqu'il combattait contre les Anglais ; et l'on conçoit pourquoi. Cet auteur national prétend que : « Les mots de *vengeance*, d'*arrestation*, d'*exécution* (à
« *mort* sans doute) sortirent de la bouche de Rigaud ; qu'il
« eût *méprisé* le sauf-conduit et *fait emprisonner* les dé-
« putés, sans la lettre du jeune Rigaud [2].... »

Or, le rapport du colonel Vincent, au ministre de la marine, ne dit pas un mot de toutes ces prétendues menaces contre sa vie. On conçoit que la lettre de son fils dut porter Rigaud au calme, en présence d'un homme qui avait témoigné de l'intérêt à ce jeune homme ; mais on ne peut admettre que, se reconnaissant déjà vaincu dans le Sud et n'ayant d'autre refuge que la France, il eût conçu l'idée de sacrifier le colonel Vincent, ni même de l'arrêter, de l'emprisonner, quelle que fût sa colère en cet instant. Comment ! M. Madiou n'a pas remarqué dans les deux volumes de Pamphile de Lacroix, qu'il nomme un écrivain *impartial*, que toutes les fois qu'il s'agit *des mulâtres*, cet auteur s'efforce *de les opposer aux noirs*, qu'il les ravale autant qu'il peut ! Il n'a été impartial, que lorsqu'il

---

[1] Mémoires t. 1er p. 391 à 392.
[2] Histoire d'Haïti, t. 2. p. 55.

a *copié* le rapport de Garran de Coulon. S'il l'était réellement, il aurait transmis à la postérité le récit *des horreurs* commises en 1802 et 1803, par ses compatriotes, par l'armée d'invasion dont il faisait partie ; mais il a su s'arrêter à temps pour ne pas les décrire, tandis qu'il n'a rien omis de la part des hommes de la race noire. Ce n'est pas là de l'impartialité [1].

Rigaud, convaincu enfin de l'impossibilité de la résistance, et par les forces du Nord qui avançaient toujours, et par la réduction de ses troupes à une poignée d'hommes, et par le désaveu de sa conduite par le gouvernement consulaire, prit le parti de se retirer en France : c'est ce qui résulte des instructions qu'on va lire et que T. Louverture envoya à ses députés. Rigaud, dans cette intention, résolut d'envoyer aussi une députation auprès du général en chef, pour lui faire savoir sa détermination et demander qu'il fît cesser toutes hostilités par son armée, afin qu'il eût le temps de faire ses préparatifs de départ [2].

La députation était composée d'un blanc, d'un mulâtre et d'un noir : Chalvière, Martin Bellefond et Latulipe. Elle se rendit par terre au Petit-Goave, où elle trouva T. Louverture. Celui-ci l'accueillit comme il devait le faire, puisqu'il était un vainqueur autorisé par la métropole ; il la renvoya de suite, avec de nouvelles instructions à ses propres envoyés. Il fit publier, le 20 juillet, un compte-rendu mentionnant l'envoi de cette députation de Rigaud et de la prise du Petit-Trou par Dessalines. Voici ces instructions :

[1] Voyez l'excuse qu'il se donne à lui-même à ce sujet, dans les deux paragraphes du chapitre 19, t. 2, p. 252.
[2] Rapport de Pétion et Dupont, fait à Bresseau, agent français à Curaçao, le 28 août 1800, cité par M. Saint-Rémy dans la Vie de T. Louverture, p. 296.

Instructions pour les citoyens Vincent, Arrault et César, députés auprès des autorités constituées, tant civiles que militaires, de la ville des Cayes.

...... Vous demanderez que mon adresse (la proclamation du 20 juin) soit sur le champ imprimée et envoyée de suite dans tous les lieux du département du Sud, vous autorisant à faire connaître par tous les moyens que vous croirez les plus convenables, mon ardent désir de terminer la guerre qui nous afflige, ma volonté immuable *d'oublier le passé, de pardonner aux coupables, de protéger chacun dans ses biens et dans ses affections*. Quatre personnes *seulement* ne pourront jouir de cette *amnistie générale*, parce que s'étant rendues *coupables de trahison*, je dois, pour le maintien de la subordination et de la discipline militaire, faire une différence entre des hommes qui, attachés à l'armée du Sud, ont dû obéir au chef qui les commandait (lui seul étant chargé de la responsabilité de ses opérations), et des hommes qui, servant dans les armées du Nord et de l'Ouest, *ont trahi la confiance, l'honneur et la République*. Ces quatre personnes sont : *Bellegarde*, qui, en raison de sa qualité d'étranger (natif de la Guadeloupe), sera renvoyé de la colonie ; *Millet, Dupont et Pétion, qui seront punis de leur trahison par quelque temps d'arrêt*, après lequel ils seront rendus à leurs familles.

Le parti auquel le général Rigaud s'est arrêté, — *celui d'abandonner le département du Sud*, pour aller rendre compte de sa conduite au gouvernement français, est celui que *l'honneur* devait lui prescrire ; mais les choses sont dans une position à exiger de lui *qu'il le fasse de suite* : 1° parce que le général de division Michel étant *sur le point* de son départ pour France, il est nécessaire qu'il puisse porter au gouvernement français la nouvelle certaine de la pacification de Saint-Domingue ; 2° parce qu'ensuite, le moindre délai peut porter des entraves à cette pacification.

Le départ du général Rigaud ayant pour objet de rendre compte de sa conduite au gouvernement, il ne saurait se considérer comme *s'expatriant* de Saint-Domingue. Pourquoi voudrait-il donc arracher sa famille à son pays, à ses foyers, à ses propriétés ? Qu'il la laisse avec sécurité à Saint-Domingue ; elle trouvera *sûreté et protection*. Il peut en outre la charger de la direction de ses biens, du soin de ses effets, et il peut compter que tout ce qui lui appartient *sera respecté* ; je lui en donne *ma parole d'honneur*, et il y doit d'autant plus compter, *qu'en pareil cas*, je ne pourrais voir avec plaisir *que l'on fît de la peine à ma famille* et qu'on la forçât à s'expatrier. Dans une pareille circonstance, je ferai donc *pour elle* tout ce que je voudrais que l'on fît *pour moi.* Cette assurance de ma part devant, pour ses propres intérêts, le déterminer à partir seul, *il n'a plus besoin du délai qu'il demande pour faire ses apprêts.* S'il ne trouve pas dans le Sud un bâtiment prêt à mettre à la voile, *offrez-lui de se rendre au Cap avec vous,* auprès de l'agent, soit par mer, *soit par terre ;* je vous ferai fournir pour le voyage tout ce qu'il vous faudra, pour arriver *sûrement* et à bon port. Si, lorsqu'il sera rendu au Cap, *il persiste à vouloir aller en France,* il pourra partir avec le général Michel qui s'y rend par la voie des États-Unis, sur la frégate de cette nation (*le Boston*), sur laquelle le commodore lui a offert un passage. Si, au contraire, il préfère *rendre à l'agent les comptes que le gouvernement exige de lui,* il pourra le faire *et sera certain, après sa soumission, de me voir adhérer avec plaisir à son retour dans le Sud,* en qualité *de général de brigade commandant sous mes ordres l'armée* dudit département ....

En attendant son départ, il est nécessaire qu'il s'occupe sans délai du soin de faire retourner dans leurs quartiers respectifs et au sein de leurs familles, tous les habitans, propriétaires, cultivateurs et autres personnes des départemens du Nord et de l'Ouest réfugiés dans le Sud ; qu'il renvoie à Jacmel la légion de l'Ouest, officiers comme soldats, et dans leurs garnisons respectives, les militaires qu'il peut en avoir retirés ....

Dans l'intervalle où la députation de Rigaud se rendait au Petit-Goave et en revenait aux Cayes, Dessalines, qui, avec son activité ordinaire, s'était rabattu du Petit-Trou sur Aquin, avait poussé son armée en avant et obligé les troupes du Sud à entrer à Saint-Louis. Il vint aussitôt contre cette ville, obtint la soumission de Lefranc, de Toureaux et de Gautier avec la légion de l'Ouest, ainsi que nous l'avons dit, dans les derniers jours de juillet. Il avança encore sur Cavaillon dont il s'empara.

Alors Rigaud expédia Bonnard, ex-administrateur à Jacmel, auprès de T. Louverture pour obtenir de lui qu'il donnât l'ordre à Dessalines de s'arrêter, afin qu'il achevât ses préparatifs de départ, comme il l'avait annoncé, comme il y était résolu. Si Rigaud fit quelques dispositions de défense aux Cayes, ce n'est pas qu'il fût *de mauvaise foi,* comme l'en accuse M. Madiou, d'après Pamphile de Lacroix. Les négociations résultantes de l'envoi respectif des députations, impliquaient *suspension d'hostilités* entre les deux armées ; et cependant, Dessalines avançait toujours contre les Cayes : en admettant que ce ne fut pas par l'ordre de T. Louverture, si capable lui-même *de mauvaise foi,* le fait existait de la part de son lieutenant. Est-ce que, dans une telle occurence, un chef militaire ne doit pas prendre des précautions ? L'injonction faite par Rigaud à Vincent et ses collègues, selon M. Madiou [1], était dans son droit, puisque par le fait on violait les négociations pendantes entre lui et le général en chef.

Mais alors, chacun étant pénétré de l'inutilité de toute défense, de toute résistance, Rigaud dut songer à son salut, à celui de sa famille, de ses principaux officiers. Il était évident que T. Louverture manœuvrait de manière à les envelopper tous aux Cayes, à les y prendre, sauf ensuite à les accuser d'être de mauvaise foi, à les faire fusiller. Cette pratique lui était trop familière, pour qu'on dût avoir confiance en un caractère aussi hypocrite.

Rigaud prit donc le parti de sortir des Cayes avec sa famille ; et ses principaux officiers le suivirent. Le 28 juillet, Dessalines était à 3 lieues de cette ville, tandis que deux frégates et trois goëlettes des États-Unis en bloquaient le port. Les fugitifs prirent la route de Tiburon. Avant de partir, Rigaud fit ses adieux à ses amis.

---

[1] **Histoire d'Haïti,** t. 2. p. 58.

« Il sortit des Cayes, accompagné de ses parens et d'un nombreux cortége d'amis, au milieu de toutes sortes de témoignages d'intérêt ; *le peuple, respectant son malheur, le couvrait de bénédictions. Chacun versait des larmes et gémissait qu'il eût été trahi par la fortune;* mais chacun sentait profondément que la résistance était devenue impossible. Il fit de touchans adieux à la foule, et prit la route de Tiburon [1]. »

Que deviennent alors toutes les accusations contre Rigaud, *transcrites* par le même auteur, dans les pages 39, 40, 61, du même volume, que nous indiquons seulement à nos lecteurs nationaux [2] ? Est-ce qu'un chef qui se serait ainsi conduit dans sa lutte contre T. Louverture, aurait obtenu à son départ, à sa fuite, de tels témoignages de regrets et de sympathies de la part de toute la population, — les blancs exceptés ? Et encore, il y eut parmi eux des hommes qui se joignirent à ceux de la race noire, pour exprimer de semblables sentimens à Rigaud : c'étaient les vrais amis de la France, qui comprenaient ses intérêts dans la colonie, autrement que la généralité des colons.

Rigaud s'embarqua à Tiburon, avec sa famille, le 29 juillet, sur un navire danois qui les porta à Saint-Thomas. Après son départ, une lettre de T. Louverture, à son adresse, arriva à Tiburon : nous ignorons quel en était le but [3].

---

[1] Histoire d'Haïti, t. 2, p. 59.

[2] A la page 39, M. Madiou fait une citation sans désigner le nom de l'auteur des diatribes qu'elle renferme contre Rigaud. Nous craignons qu'il se soit laissé trop aller à une confiance aveugle en l'auteur anonyme, et aux traditions orales qui l'ont égaré si souvent dans son ouvrage.

[3] M. Madiou s'est trompé sur de faux renseignemens, en disant que Dessalines poursuivit Rigaud à Tiburon : il n'y eut que cette lettre portée par un officier.

Pétion, Bellegarde, Dupont et Millet, les quatre officiers exceptés de l'amnistie de T. Louverture, s'y embarquèrent aussi pour Curaçao. Sur le même navire ou d'autres étaient B. Déléard, Bonnet, Dupuche, Birot, etc. A Jérémie, au Corail, s'embarquèrent Dartiguenave, Geffrard, Faubert, Blanchet, Delva, Lys, J.-P. Boyer, etc., les uns pour les États-Unis, les autres pour l'île de Cuba. Des familles entières s'expatrièrent pour fuir les proscriptions. Ce fut une débâcle générale.

Des navires de guerre des États-Unis, placés expressément sur les côtes de Saint-Domingue, capturèrent plusieurs des bâtimens qui les portaient ; mais, quoique aidant T. Louverture dans son œuvre *de pacification*, ils eurent assez de pudeur pour ne pas les livrer *à sa générosité* : ils furent emmenés aux États-Unis.

De ces divers lieux, plusieurs de ces officiers du Sud se rendirent ensuite en France [1].

Le sauf-conduit de Roume, la proclamation de T. Louverture du 20 juin et ses instructions envoyées aux trois

---

[1] « De Saint-Thomas, Rigaud se dirigea à la Guadeloupe. Il y arriva le 17 septembre. Il en partit le 2 octobre. Fait prisonnier par les *Américains* et conduit à Saint-Christophe, (où il resta un mois en prison et fut relâché sur parole), il rentra à la Guadeloupe le 1er novembre ; et après un séjour forcé à la Guadeloupe, il put se rendre à Bordeaux où il débarqua le 31 mars 1801 ; et il arriva à Paris le 7 avril. » (Vie de Toussaint Louverture par M. Saint-Rémy, p. 298, d'après diverses lettres de Rigaud au ministre de la marine.)

Lys, J. P. Boyer et d'autres, capturés en sortant du Corail, furent maltraités par un capitaine américain qui les mit dans la cale. Aux États-Unis, ils furent réclamés par M. Pichon, consul français, qui les fit partir pour Bordeaux. Les francs-maçons d'une petite ville leur prodiguèrent une assistance fraternelle aux États-Unis. Devenu Président d'Haïti, Boyer reconnut ces soins, en assistant une de ces familles de bons Américains qu'il fit rechercher. Il reçut plus tard M. le *Baron* Pichon, comme envoyé du gouvernement de Louis-Philippe.

députés, prouvent qu'ils avaient reçu des ordres du gouvernement consulaire pour faire terminer la guerre civile. Il devait vouloir ce résultat tardif, pour ramener la tranquillité dans la colonie. Mais il aurait dû expédier plus tôt les trois agens, si sa politique n'était pas la même que celle du Directoire exécutif. L'esprit se refuse à toute autre conclusion, en présence *des faits.*

Admettons aussi, qu'en présence *des faits* qui se passaient dans la colonie, résultant de ceux qui leur étaient antérieurs, il ne pouvait pas agir différemment, qu'il devait approuver T. Louverture et condamner Rigaud : eh bien ! nous conclurons encore que le général en chef n'avait pas plus *les sympathies* du gouvernement consulaire que Rigaud. S'il les avait réellement, on eût envoyé *plus tôt* les trois agens, pour lui assurer son haut commandement à Saint-Domingue. Sans doute, son maintien à ce poste prouve qu'on trouvait son système d'administration plus convenable aux intérêts *des colons, et des émigrés* qui, alors, étaient rappelés en France ; mais, à son égard, il y avait *une arrière-pensée manifeste,* dont la réalisation ne pourrait s'effectuer qu'au moyen de la paix avec la Grande-Bretagne, qu'on négociait alors. La phrase déjà signalée de la proclamation des consuls démontre cette arrière-pensée. T. Louverture ne la remarqua pas assez peut-être : il ne dut se la rappeler qu'en apprenant les préparatifs de l'expédition de 1801.

Quant à Rigaud, vaincu dans le Sud même au moment de l'arrivée des trois agens, il n'avait d'autre parti à prendre que de se retirer en France, puisqu'il était encore condamné par le gouvernement consulaire, *qui suivait* à son égard, à l'égard de tous les anciens libres, *la même politique inaugurée* par Sonthonax à la fin de sa première mission, *suivie* par Laveaux et Perroud, *adoptée* par le Directoire exécutif, *mise* en pleine exécution par Sonthonax à son retour dans la colonie, *continuée* par Hédouville, et surtout par Roume, *exécuteur final* de ce plan machiavélique.

Dans la position où se trouvait Rigaud, en juillet 1800, se soumettre à ce dernier agent et à T. Louverture, c'eût été de sa part une bassesse impardonnable; et Rigaud avait trop de fierté, d'orgueil si l'on veut (l'orgueil est méritoire dans un tel cas), pour en commettre une semblable. *Il brisa, et il devait briser cette vaillante épée*[1] qui avait enlevé Léogane et Tiburon aux mains des Anglais, qui s'était montrée étincelante dans d'autres combats contre eux.

Il faut que *la patrie* ait un empire bien grand sur le cœur de l'homme, pour que Rigaud ait persévéré dans son attachement à la France; car elle n'était plus digne de son amour, de son admiration. Son gouvernement d'alors, comme tous ses prédécesseurs, entrant dans la dernière période des injustices qui devaient lui faire perdre Saint-Domingue, la France en devenait *responsable,* puisque les gouvernemens sont nécessairement identifiés avec leurs pays.

Car, remarquons-le, la France ne fut libérale, équitable, juste enfin envers les hommes de la race noire, que lorsque la grande voix du Peuple français se faisait entendre, dans l'assemblée législative, par l'organe de Brissot et

---

[1] « Rigaud,... que la politique du Directoire ne sut pas comprendre, comme « elle ne sut pas deviner son rival; Rigaud.... resté jusqu'au dernier moment, « fidèle à la métropole, dont la politique *imbécile* le forçait *à briser sa vail-* « *lante épée*...» (M. Lepelletier de Saint-Rémy, t. 1er, p. 277.)
Imbécile et perverse, tel fut le caractère de cette politique.

des Girondins, — et dans la convention nationale, par l'organe de Danton.

Elle ne l'est redevenue envers son ancienne colonie, que sous le gouvernement d'un Monarque qu'on a trop accusé de s'être imprégné de l'esprit révolutionnaire. Elle a complété sa justice envers toute la race africaine, envers une portion de cette race dans ses colonies actuelles, — justice encore préparée par le même Monarque, — le jour où une nouvelle révolution populaire a appelé au timon des affaires, de vrais philanthropes qui ont honoré leur pays dans leur court passage au pouvoir. Tant il est vrai de dire, que *les révolutions seules* savent inspirer aux Nations des idées généreuses et grandes, dans l'intérêt de l'Humanité.

Il est curieux de lire dans les instructions de T. Louverture, cette sorte de prévision d'un sort semblable, pour lui, à celui de Rigaud, par le soin qu'il mit à lui donner l'assurance qu'il traiterait sa famille avec égard et considération, s'il voulait la laisser dans la colonie. Ce pressentiment, au moment de son triomphe, est remarquable [1]. Serait-ce au langage intérieur qu'entend souvent l'homme le plus heureux, ou à l'ironie, qu'il faut attribuer l'assurance qu'il fait donner ensuite au vaincu, qu'après avoir fait sa soumission à Roume et à lui, Rigaud pourrait retourner à son commandement de l'armée du Sud? T. Louverture nous a autorisé, malheureusement pour lui, à tout soupçonner, tout douter de sa part.

Il n'exceptait de l'amnistie qu'il promettait, pour être punis seulement de quelque temps d'arrêt, que Pétion,

---

[1] Il était réservé à Boyer de traiter avec égards et considération, la famille de T. Louverture résidant en France, en lui faisant restituer ses biens immobiliers.

Bellegarde, Dupont et Millet. On sait déjà comment les deux premiers passèrent dans le Sud. Dupont était dans l'armée venant du Nord, et Millet dans les troupes de l'Ouest; ils passèrent dans les troupes du Sud à peu près en même temps que Pétion, pour fuir les proscriptions [1].

T. Louverture appelait *trahison* à sa confiance, à l'honneur et à la République française, la résolution que ses crimes avaient contraint ces quatre officiers de prendre. Quand lui-même abandonna les Espagnols, *la cause de Dieu et des Rois*, en 1794, pour passer au service de cette République, eut-il d'autres pensées que de soustraire sa tête aux vengeances de Biassou, aux violences qu'il redoutait de la part de Jean François? Leur querelle n'eut-elle pas pour origine, la prétention *au commandement distinct* dans les troupes sous les ordres de l'Espagne, comme celle de Rigaud avec lui?

L'armée du Sud, comme celle du Nord, était sous le drapeau tricolore : on fuyait d'un camp dans un autre, soumis tous deux au même gouvernement. Mais quand T. Louverture concourait à obtenir que Neuilly, Lafeuillée, Brandicourt et tant d'autres, abandonnassent le drapeau tricolore, c'était une véritable *trahison* de la part de ces officiers français, qui passèrent sous le drapeau de l'Espagne. Lui *trahit* l'Espagne, puissance étrangère, pour revenir au milieu de ses frères, au service de la France en guerre avec elle. Son *excuse* est dans le résultat qu'ils obtinrent par son concours; mais ce n'est pas moins une

---

[1] Bellegarde revint en Haïti, sous le gouvernement de Boyer. Il mourut colonel commandant l'arrondissement d'Azua, en avril 1836.

Dupont, revenu avec l'expédition de Leclerc, servit de nouveau dans le Nord. En 1815, il fut envoyé par H. Christophe, en mission auprès de Pétion. Peu après, il fut assassiné par ordre de son Roi : il était Baron.

Millet mourut en France.

trahison. Dans le fait reproché aux quatre officiers, il y eut *défection,* abandonnement d'un parti pour un autre, et non pas *trahison.*

Nous insistons à cet égard, parce que nous verrons les mêmes faits se reproduire dans nos autres crises intestines, avec beaucoup de mérite pour leurs auteurs. Ainsi celui de Pétion, de Dessalines, de H. Christophe, de Clervaux, de Geffrard, etc., abandonnant l'armée française en 1802, changeant de *parti politique,* par conviction d'une meilleure cause à soutenir dans un camp opposé. Ainsi des défections nombreuses en faveur de la cause que soutenait Pétion, dans sa guerre contre H. Christophe.

À Aquin, T. Louverture reçut le serment de Gautier et du reste de la légion de l'Ouest, — d'être fidèle à la France, d'obéir à ses lois et de ne jamais prendre les armes contre elle. C'est ce qu'ils avaient entendu faire, en combattant à Jacmel et jusqu'à Saint-Louis. Ce beau corps, mutilé par la guerre, eut ordre d'aller par les Côtes-de-Fer et Baynet, à Jacmel, où ces braves purent contempler encore le théâtre de leurs exploits. Plus tard, ils passèrent à l'Arcahaie où ils entrèrent dans la 3e demi-brigade[1].

Le général en chef fit son entrée aux Cayes, le 13 thermidor (1er août). Il se rendit à l'église où le *Te-Deum* obligé fut chanté avec la pompe religieuse, entourée de la pompe militaire. Il monta en chaire, discourut comme à l'ordinaire, et proclama *l'oubli du passé.* Après cela, il

---

[1] La 3e demi-brigade est devenue depuis le 12 mars 1822, le 1er régiment d'infanterie d'Haïti, par un arrêté de Boyer, daté de la Véga. On peut donc dire que ce corps où entra le reste de la légion de l'Ouest, premier corps de troupes régulières formées dans le pays, suivit la destinée de cette fameuse légion.

alla occuper une des grandes maisons des Cayes, connue sous le nom de *Journu*. Ayant montré de l'étonnement, de ce que les blancs, leurs femmes et les noirs, seuls, venaient le saluer, les hommes de couleur allèrent aussi et furent accueillis avec beaucoup de bienveillance par lui. Nous verrons dans un autre livre ce qui advint à la plupart d'entre eux.

Les habitans des Cayes, au nombre de 52, firent une adresse adulatrice à T. Louverture, contenant par contre les injures les plus infâmes contre Rigaud : elle porte la date du 5 août.

Le même jour, le général en chef publia une proclamation adressée à tous les habitans de Saint-Domingue. La voici :

Citoyens,

Tous les événemens survenus à Saint-Domingue pendant la guerre civile occasionnée par Rigaud, sont de nature à mériter l'attention publique.

Alors qu'ils ne sont plus sur le point d'être renouvelés, il importe à la prospérité de la colonie et au bonheur de ses habitans, *de tirer le rideau sur le passé*, pour ne plus s'occuper qu'à réparer les maux qui ont dû nécessairement être le résultat de la guerre intestine enfantée par l'orgueil et l'ambition *d'un seul*. Une grande partie des citoyens de Saint-Domingue ont été trompés, parce que, trop crédules, ils ne se sont pas assez méfiés des pièges que *les méchans* leur tendaient pour les attirer dans leurs desseins criminels. D'autres ont agi dans ces malheureuses circonstances d'après l'impulsion de leur cœur. *Mus par les mêmes principes que le chef de la révolte, ils ont trouvé au-dessous d'eux, d'être commandés par un noir.* Il fallait s'en défaire à tel prix que ce fût, et pour y parvenir rien ne leur coûtait. *L'ambition de ce chef le portait à s'emparer du pays. Ses satellites n'avaient rien tant à cœur que de le seconder. Pour leur récompense, on leur avait assigné en avance les places* qu'ils devaient occuper. Ces hommes avaient le besoin d'un plus fin stimulant.

Trompés dans leur attente, et en ma qualité de Vainqueur, voulant et désirant très-ardemment faire le bonheur de mon pays ; pénétré de ce que nous prescrit *l'oraison dominicale* qui dit : *Pardonnez-nous nos offenses comme nous pardonnons à ceux qui nous ont offensés*, j'ai publié une proclamation datée du Petit-Goave le 1.ᵉʳ messidor dernier (20 juin), par laquelle j'accorde *une amnistie générale.* Cette proclamation vous est connue, citoyens ; elle a eu l'heureux résultat que je m'étais promis. Le département du Sud est rentré sous les lois de la République. Oublions que *les méchans* l'en avaient écarté pour satisfaire leurs passions criminelles, et ne considérons aujourd'hui que *comme des frères* ceux qui, assez crédules, osèrent tourner leurs armes contre le pavillon de la République, et contre leur chef légitime.

J'ai ordonné à tous les citoyens de retourner chacun dans sa commune respective, pour jouir des bénéfices de cette amnistie. *Aussi généreux que moi*, citoyens, que vos momens les plus précieux ne soient employés qu'*à faire oublier le passé* ; que tous mes concitoyens jurent de ne jamais se le rappeler, *qu'ils reçoivent à bras ouverts leurs frères égarés*, et qu'à l'avenir ils se tiennent en garde contre les embûches *des méchans.*

Autorités civiles et militaires, ma tâche est remplie. Il vous appartient maintenant de tenir la main à ce que l'harmonie ne soit plus troublée. *Ne souffrez pas le moindre reproche de la part de qui que ce soit envers les hommes égarés et rentrés dans le devoir. Malgré* ma proclamation, *surveillez les méchans et ne les épargnez pas. L'homme est injuste ; il est plutôt enclin au mal qu'au bien. Comprimez avec force ses desseins pervers et ne fermez jamais les yeux sur sa conduite et ses démarches.*

L'honneur doit vous guider tous. Les intérêts de notre pays l'exigent ; sa prospérité a besoin d'une tranquillité franche et loyale. Elle ne peut naître que de vous. De vous seulement dépend maintenant la tranquillité publique à Saint-Domingue. Ne prenez point de repos que vous n'y soyez parvenus. Je l'attends de votre courage et de votre dévouement à la République française.

A travers *le rideau* que T. Louverture faisait *tirer sur le passé pour l'oublier,* malgré tous les termes d'*amnistie générale,* de *généreux,* de *frères égarés* auxquels il faut pardonner, on voit sortir quatre fois le mot *méchans* sous sa plume : par ce mot, il entendait surtout les mulâtres dont l'existence gênait le plan de la faction coloniale. Ce n'est pas Rigaud seul, qui, selon lui, répugnait *à obéir à un noir*, ce sont *tous ces méchans* qui l'aidaient dans *sa révolte, tous ces satellites de son ambition et de son orgueil*[1]. C'était déjà beaucoup dire pour empêcher l'oubli du passé. Le paragraphe relatif aux autorités civiles et militaires compléta les idées de vengeance qu'il méditait : — *malgré ma proclamation, surveillez les méchans et ne les épargnez pas.*

Lorsqu'un chef déjà connu par des antécédens récens, prescrit de pareilles choses à ses subordonnés, le mot d'ordre est compris d'avance.

Lorsqu'un gouvernement part de cette base : — *que l'homme est injuste, qu'il est plutôt enclin au mal qu'au bien*, qu'il faut *comprimer avec force ses desseins pervers*, etc., son système d'administration est nécessairement, fatalement, celui *de la terreur*, parce qu'il est fondé sur la haine et le mépris qu'il porte aux hommes.

Nous protestons au nom de l'Humanité tout entière, contre un pareil blasphème à la nature de l'homme. Il n'appartenait qu'au serviteur, à l'allié, à l'ami des colons de Saint-Domingue, de prononcer cette impiété, de l'écrire dans un de ses actes, pour motiver ses rigueurs injustes, pour se justifier des crimes déjà commis par ses ordres et de ceux qu'il méditait en ce moment, contre les hommes du département du Sud auxquels il garantissait l'oubli du passé. Une telle proposition n'est digne de figurer que dans le code des maximes odieuses de celui qui disait aussi :

---

[1] T. Louverture n'était-il pas *un noir*, quand Rigaud lui obéissait depuis le départ de Sonthonax jusqu'à celui d'Hédouville? Mais alors, il refusa obéissance *au noir revêtu de la peau blanche des émigrés*, qui avaient trahi la cause de leur patrie à tous.

« Je n'aurais garde de donner un tel *précepte* (imiter
« le Renard dans ses actions), si tous les hommes étaient
« *bons*; mais, *comme ils sont tous méchans*, et toujours
« prêts à manquer à leur parole, tu ne dois pas te piquer
« *d'être plus fidèle à la tienne*; et ce *manque de foi*
« est toujours facile à justifier [1]. »

En se dirigeant par de telles maximes, en gouvernant ses semblables avec un pareil système, on n'arrive qu'à de cruels résultats. Nous pourrions dire pour *excuser* T. Louverture, qu'il n'en pouvait être autrement de lui puisqu'il croyait dans les autres hommes ce qu'il sentait en lui; mais alors, ce serait plutôt une *flétrissure* qu'une *excuse*.

Ne portons pas à son égard un jugement *à priori*; attendons *les faits* de son gouvernement, de son administration, pour en décider. Désormais, il va *régner* seul à Saint-Domingue : nous aurons occasion d'examiner les actes de sa domination absolue, et nous verrons alors pourquoi il a plu à Dieu Tout-Puissant de le foudroyer, pour l'offrir en exemple à la postérité.

En attendant, disons encore un mot de Rigaud et de son heureux vainqueur.

La carrière politique et militaire de Rigaud a été terminée par sa fuite. Il est revenu un moment à Saint-Domingue avec la plupart de ses lieutenans; mais ils ne furent employés que comme un drapeau dont on avait besoin,

---

[1] Machiavel, dans son livre : *Le Prince*. En examinant attentivement la vie entière de T. Louverture, on est porté à croire qu'il avait fait une étude approfondie de cet ouvrage, pour n'en pratiquer que les plus mauvaises maximes. Machiavel, de même que T. Louverture, jugeait-il des hommes d'après ses propres sentimens, ou seulement d'après le faux système politique qu'il conseillait à Laurent de Médicis ?

pour obtenir des *défections* dans le parti qu'il dirigea. Il fut encore éloigné de sa terre natale, dès que ce besoin eut cessé, pour n'y retourner que huit ans après, et se jeter de nouveau dans une crise civile, malheureusement pour sa gloire, acquise par des services incontestablement favorables à la Liberté. C'est alors que nous porterons notre dernier jugement sur son caractère.

Quelle est la cause de tous ces revers de la fortune? Faut-il n'y voir que son ambition, son orgueil? A l'égard de l'ambition, nous ne sommes guère porté à en faire un sujet de reproches aux hommes; car, nous l'avons déjà dit à propos de Vincent Ogé : sans ambition, on ne fait rien d'utile, rien de grand. Quant à l'orgueil dont on l'a accusé, en disant qu'il lui répugnait *d'obéir à un noir*, nous trouvons ce reproche excessivement injuste; nous pensons encore qu'il n'est pas juste de lui imputer « de la « répugnance à reconnaître la *suprématie* d'un citoyen « qui combattait dans les rangs espagnols pour le rétablis- « sement de l'esclavage, pendant qu'il revendiquait les « droits de l'homme. » *Et ce n'est pas* « pour ce motif « que nous voyons presque tous les anciens libres, nègres « et mulâtres, connus avant la révolution sous la dénomi- « nation de gens de couleur, se rallier au parti de Rigaud [1]. »

Non, il y eut autre chose, d'autres motifs plus louables de la part de Rigaud et de son parti. Qu'il eût de l'orgueil, de la vanité, de la présomption, nous ne l'en défendons pas : ces sentimens peu louables eu eux-mêmes, étaient le résultat des services rendus. Mais Rigaud avait prouvé de bons sentimens envers son heureux rival, peu après l'élévation de celui-ci au grade divisionnaire;

---

[1] Histoire d'Haïti par M. Madiou, t. 2, p. 61.

il lui en avait encore prouvé après qu'il fut devenu général en chef ; il lui obéit en cette qualité, dès le départ forcé de Sonthonax et dans les dernières opérations militaires pour l'expulsion des Anglais. On ne peut donc pas l'accuser d'avoir refusé l'obéissance à T. Louverture, pour les futiles motifs que nous réfutons.

Rigaud, loin de haïr les noirs, les aimait au contraire : pouvait-il haïr *sa mère africaine* et *son frère* Joseph, *noir comme elle* ? N'était-il pas aimé lui-même des noirs ? C'est un fait incontestable. Mais, son refus d'obéissance au général en chef provenait de l'alliance de celui-ci avec les colons et les émigrés, pour faciliter celle avec les Anglais : c'était une chose visible à tous les yeux ; et si des noirs nouveaux libres, si Moïse et Paul Louverture partagèrent les craintes conçues à ce sujet par Rigaud et tous les anciens libres, noirs et jaunes, n'allons donc pas chercher d'autres motifs à sa désobéissance.

Rigaud « *n'excita pas* sur tous les points de la colonie
« *les passions* des hommes de couleur, pour les abandon-
« ner aux vengeances de T. Louverture. » Accordons donc à tous ces hommes éclairés, un jugement égal à celui de Moïse et de Paul Louverture ; ces derniers n'étaient pas *passionnés* à l'égard de leur oncle et frère : ils ont vu au contraire le précipice où il devait tomber.

« Sa chute entraîna celle d'une foule de familles que ses
« fautes avaient compromises ; *égoïste*, colère, *jaloux de*
« *toute influence*, il fut, dès l'origine de la révolution, *l'en-*
« *nemi secret* de Bauvais dont *la gloire* toujours pure *le*
« *tourmentait*. Sur la terre d'exil, *il refusa le pain quoti-*
« *dien* à ses compagnons d'infortune qu'accablait la mi-
« sère... Ses fautes et *ses folles passions avaient boule-*
« *versé la colonie de fond en comble....* Cependant, la

« haine contre Toussaint s'était tellement développée dans
« le Sud, que Rigaud y laissa *de profonds regrets et une*
« *aveugle admiration* [1]. »

Nous demandons pardon à notre compatriote, de ce que nos appréciations soient si contraires aux siennes, sur le caractère et la conduite de Rigaud. Si, au lieu d'être vaincu, il avait été vainqueur, son caractère et sa conduite eussent paru mériter autant d'éloges que lorsqu'il guidait ses frères contre les seuls colons, ou les colons aidés des Anglais. Le vaincu a toujours tort. En 1810, il a eu tort envers Pétion ; mais ce fut une situation politique bien différente de celle de l'année 1799.

Nous ne lui avons pas épargné les reproches qu'il nous a semblé mériter ; mais, le plus grand tort que nous lui reconnaissions dans la guerre civile du Sud, c'est d'avoir manqué de jugement comme homme politique, d'avoir arrêté en lui l'élan du guerrier, de n'avoir pas profité de ses premiers succès pour s'assurer toutes les chances heureuses qui s'offraient à ses armes ; et ce tort, il l'a eu pour n'avoir pas apprécié sainement sa situation à l'égard du Directoire exécutif et de son agent. A l'égard de T. Louverture, il était dans son droit, dans celui de tout le parti qu'il dirigeait, qu'il représentait. Tout faire pour essayer de vaincre son rival, était son devoir. Il usa d'un ménagement intempestif, en espérant une approbation du Directoire, tandis qu'il aurait dû voir que la politique de ce gouvernement, depuis trois ans, tendait à faire asservir son parti. Il n'est pas sûr qu'il aurait vaincu T. Louverture jusque dans le Nord ; mais il aurait dû tenter de conquérir l'Ouest, de s'emparer au moins du Port-au-Prince.

[1] Histoire d'Haïti, t 2, p. 61.

Si des familles entières furent compromises, si elles subirent un sort affreux, en pouvait-il être autrement, lorsque T. Louverture frappait indistinctement tous les hommes qu'il soupçonnait seulement de sympathie pour Rigaud? Comment éviter ou empêcher de tels résultats, avec un homme qui ne se laissait pas guider par la justice? Ne verrons-nous pas ces scènes barbares se renouveler sous H. Christophe, dans sa guerre avec Pétion, sans qu'on puisse accuser ce dernier d'avoir abandonné des familles à ses vengeances injustes? Qui oserait en accuser Pétion?...

Hors ses premiers pas dans la carrière, Bauvais se montra-t-il jamais à la hauteur de sa position, comme le premier général des anciens libres? Sa neutralité funeste, ne fut-elle pas une faute pire que celle commise par Rigaud? Celui-ci ne fut jamais *son ennemi secret*, il ne se *tourmenta* pas *de sa gloire*; mais, plus actif, plus audacieux, plus ambitieux sans doute que Bauvais, il prit une position supérieure à la sienne, aux yeux et de l'aveu de tous les anciens libres, parce qu'en temps de révolution, les partis se rallient aux hommes résolus et non pas à ceux qui montrent des scrupules à chaque pas. Comment Rigaud eût-il pu être jaloux de la gloire de Bauvais, lorsque la sienne était au moins égale? Ne furent-ils pas toujours en correspondance intime? Nous l'avons prouvé.

Nous ne savons quelle fortune colossale emporta Rigaud dans l'exil, pour avoir pu refuser le pain quotidien à ses compagnons d'infortune accablés de misère. Ce sont là de vagues accusations qui exigent des preuves[1].

---

[1] Ainsi que Bauvais, Rigaud fut fait prisonnier par les Américains. Or, si les Anglais prirent tous les effets et l'argenterie de Bauvais, les Américains n'ont rien laissé à Rigaud, qu'ils haïssaient. A la Guadeloupe, les agens français durent subvenir à ses besoins. Nous avons lu des lettres qui l'attestent.

CHAPITRE VI.

Rigaud ne bouleversa pas la colonie de Saint-Domingue de fond en comble. Il ne faut pas, pour trouver une excuse aux crimes commis par T. Louverture, accabler ce pauvre vaincu de la politique astucieuse du Directoire exécutif et de ses agens. Mais, enfin, s'il laissa *de profonds regrets*, même *une aveugle admiration*, c'est que le sentiment public ne lui trouvait pas tous les torts dont on l'accuse.

Il y a dans le jugement populaire quelque chose qu'un historien doit respecter, sous peine de passer soi-même pour avoir un jugement erroné.

A l'égard de T. Louverture, si favorisé par toutes les circonstances de son époque, depuis sa soumission à Laveaux jusqu'à la fuite de Rigaud; si favorisé par la politique des gouvernemens de France et de leurs agens dans la colonie : s'il ne suffisait à un homme que de montrer une haute capacité, pour mériter notre admiration, nous la lui accorderions volontiers; et cela, par un sentiment de juste orgueil pour cette race africaine à laquelle nous appartenons. Mais il nous faut d'autres titres pour l'accorder à un homme, quel qu'il soit; car, nous ne séparons pas les qualités morales de celles qui ne tiennent qu'à ce qu'on appelle vulgairement *la politique*.

En effet, T. Louverture s'est montré, *selon sa nature*, supérieur à tous les hommes de son temps. D'une ambition dévorante (nous ne l'en blâmons pas), et se sentant toutes les facultés pour la soutenir, pour acquérir la plus haute position à Saint-Domingue, il s'est joué avec le plus grand art, de Laveaux, de Sonthonax, d'Hédouville, de Roume; il a profité des fautes et de l'incapacité de Villatte; il est parvenu à annuler Bauvais, à vaincre Rigaud, pour rester seul dominateur sur le terrain colonial. Mais, par quels moyens est-il parvenu à ce résultat ? Nous ne les reproduisons pas ici, parce que nous les avons déjà exposés avec les faits successivement accomplis. Mais encore, que l'on convienne avec nous que, si T. Louverture n'eût pas trouvé dans la politique machiavélique du Directoire exécutif et de ses agens, le véhicule de ses succès éclatans, il n'aurait pu parvenir à ses fins. Tout a été favorable au développement de sa vaste ambition ; il en a profité habilement d'après sa manière d'être, d'après les principes qu'il avait adoptés ; mais nous ne saurions l'en féliciter, à cause des moyens qu'il a employés.

Le voilà complètement satisfait. Va-t-il faire le bonheur des hommes de sa race, au point de les trouver tous unis de cœur avec lui, pour soutenir la lutte à laquelle il sera tenu, dans son propre intérêt et dans le leur ?

Attendons pour juger.

RÉSUMÉ DE LA QUATRIÈME ÉPOQUE.

Si la première époque a offert au lecteur, le spectacle de la lutte des deux branches de la race noire contre le régime colonial, — et des pouvoirs de la métropole indécis, flottans entre elles et la race blanche, puis proclamant l'égalité politique de celle qui jouissait déjà de la liberté naturelle et civile ; la deuxième époque lui a présenté ces pouvoirs, franchement libéraux, équitables, justes, assurant par ses agens à cette première branche, le bénéfice des lois décrétées en sa faveur, et finissant par proclamer aussi, non-seulement la liberté naturelle et civile de la seconde branche, mais l'égalité politique à laquelle elle avait autant de droit que l'autre.

Ces résultats, dictés par la justice et la plus saine politique, donnèrent à la métropole le seul moyen de conserver sa colonie contre des puissances rivales, auxquelles les hommes de la race blanche livrèrent ce pays en partie.

Dans la troisième époque, ceux de la race noire, reconnaissans des bienfaits de la métropole, arrachèrent successivement aux puissances ennemies les parties du territoire dont elles étaient en possession, et les expulsèrent définitivement du sol.

Mais, durant cette lutte toute glorieuse pour eux, des agens incapables et malveillans, s'effrayant de leur attitude et de la position justement acquise par eux, conçurent l'idée de les dépouiller de cette position pour en revêtir les hommes de la race blanche. Afin de parvenir à cette injustice, ils imaginèrent de semer la division, les dissensions, la haine, entre tous les défenseurs de la colonie ; et le gouvernement de la métropole adoptant leurs vues, rétablit entre ces défenseurs dévoués les distinctions éteintes des classes qui existaient dans l'ancien régime ; il se plaça entièrement sous l'influence de la faction coloniale dont les menées provoquaient une réaction contre tous les droits proclamés solennellement en faveur de ses adversaires naturels. Ses agens reçurent l'ordre de réagir d'abord contre la portion la plus éclairée de la race noire, celle qui, la première, avait été l'objet de la justice de la France. Le but du gouvernement étant de parvenir à la compression des masses, sinon à les rétablir dans leur ancienne condition, il ne vit d'autre moyen d'obtenir ce résultat odieux, que de les opposer à cette portion intelligente où se trouvaient leurs patrons légitimes.

Cette politique, aussi machiavélique qu'insensée, réussit complètement ; car, dans ces vues coupables, T. Louverture fut appelé successivement aux plus hauts grades militaires. Il devint la cheville ouvrière de leur exécution. Et bien qu'il portât de rudes atteintes au pouvoir de la métropole, par l'expulsion de plusieurs de ses agens ; bien qu'il parût s'allier à la puissance ennemie la plus redoutable pour la France, la protection spéciale qu'il accordait aux colons le recommanda aux attentions, aux égards de son gouvernement, parce que celui-ci reconnut dans son caractère, dans ses procédés, dans toutes ses tendances, l'instrument nécessaire à la réalisation de ses desseins contre les masses de la race noire, et qu'il espéra parvenir à le briser quand il ne serait plus utile.

T. Louverture devient donc, dans cette quatrième époque, le favori du gouvernement français. Son ambition se complaît dans le rôle qu'on lui fait jouer. On l'oppose à André Rigaud, chef politique et militaire de la portion éclairée de la race noire, on oppose ce dernier à lui. Hédouville, en fuyant, a jeté entre eux la pomme de discorde, et Roume qui lui succède vient attiser cette discorde.

Une correspondance pleine d'aigreurs a lieu entre ces deux rivaux, dès le départ d'Hédouville. Roume, en arrivant à son poste, les réunit en sa présence, après s'être entendu avec T. Louverture sur tous les points à discuter entre eux, par rapport à leurs commandemens respectifs. Dès l'ouverture de ces conférences, cet agent se montre partial; il veut favoriser exclusivement le général en chef de l'armée, en annulant la décision de son prédécesseur.

Rigaud, qui s'aperçoit quel est le but de cette partialité, et qui veut ôter tout motif, tout prétexte à une guerre civile entre les hommes de la race noire, fait le sacrifice des prétentions qu'il croit légitimes de sa part; il demande sa démission avec instance à l'agent de la France, pour s'y retirer; il trouve dans son élection de député au corps législatif un motif honnête, honorable, de sortir de ces dissensions entre lui et son frère d'armes, son frère de race, de quitter leur pays entièrement à ses ordres.

Mais, l'agent de la France ou plutôt du Directoire exécutif, qui sent que la politique de ce gouvernement n'atteindrait pas le but qu'il se propose, par la retraite de Rigaud en France, Roume, l'hypocrite et astucieux Roume, sous l'apparence de la bonhomie, se refuse obstinément à la retraite de Rigaud. Si ce dernier a, en ce moment, une position politique, il occupe aussi un poste militaire; en vertu des règles de la hiérarchie militaire, il ne peut l'abandonner sans l'aveu de ses supérieurs; et T. Louverture concourt avec Roume à l'y retenir malgré lui. Pour mieux y réussir, Roume consent à lui conserver un grand commandement, indépendant du général en chef, ne relevant que de l'agent national. Contraint moralement à rester dans la colonie, Rigaud, de son côté, consent à l'abandon du territoire de ceux communes qu'il tenait sous ses ordres depuis plusieurs années.

C'est dans le moment qu'il exécute cet abandon, que T. Louverture lance l'anathème contre lui et tout le parti qu'il représente; c'est dans ce moment même que ce dernier fait opérer des arrestations et des massacres sur des hommes de ce parti, sous les yeux de Roume qui se retire avec lui, volontairement, loin du théâtre où les dissensions existent, où la guerre doit s'allumer. Ces provocations ont lieu dans le but de forcer Rigaud à prendre une position hostile; car il le doit, il y est obligé, pour préserver son parti de la destruction dont on le menace. Les deux instrumens du Directoire exécutif connaissent sa fierté et savent ce que l'honneur lui dictera: ils le contraignent ainsi à se mettre en mesure de résister.

Immédiatement après, T. Louverture et Roume, agissant de concert, font une convention commerciale avec les États-Unis; et cet acte est bientôt suivi de conférences secrètes entre l'agent de ce pays, un général anglais qui avait déjà jeté les bases d'une alliance, et T. Louverture, réunis sur le même point. L'agent de la France garde le silence sur ces conférences qui inquiètent toute la population noire; et aussitôt qu'elles sont terminées, T. Louverture lance une diatribe pleine d'injures contre Rigaud, en le menaçant de tout son courroux, et en faisant marcher de nombreuses troupes contre lui.

Rigaud se plaint de tous ces actes à l'agent de la France dont le devoir, s'il n'en était pas le complice, devrait le porter à une désapprobation formelle de la conduite de son adversaire ; mais, tandis qu'il s'adressait à lui, cet agent le dénonçait, à la colonie et à la métropole, comme ayant tous les torts.

Rigaud peut-il ne pas accepter la guerre à laquelle on le provoque avec tant de perfidie ? Son droit comme homme, comme citoyen et militaire, est de résister ; son devoir comme chef politique est de ne pas reculer devant cette cruelle nécessité. En présence des préparatifs formidables de son ennemi, la prudence devait lui conseiller de le prévenir, en s'emparant des territoires qu'il avait abandonnés volontairement par désir de la paix, parce que leur possession pouvait mieux garantir la défense du département du Sud menacé de l'invasion. Ce n'est pas lui qui effectue cette prise de possession, c'est un de ses officiers : n'importe, le mouvement offensif est intelligent, il est dans la nécessité de la défense, et il obtient l'approbation de Rigaud.

Dès-lors celui-ci passe pour agresseur, parce que son adversaire de mauvaise foi eût voulu qu'il restât dans la position où il aurait pu être plus facilement vaincu. Mais, il ne devait pas s'arrêter à ce résultat incomplet ; il devait pousser ses troupes en avant, pour conquérir l'opinion par une attitude plus résolue, en entraînant dans sa cause le second chef de son parti qui, jusque-là, a gardé une neutralité inintelligente. Loin de faire ce que sa position lui commandait impérieusement, il s'arrête par une inintelligence aussi funeste au succès de sa cause.

T. Louverture, qui comprend mieux la situation qu'il s'est faite, agissant avec plus de résolution et d'énergie, tire parti de la faute politique et militaire de son adversaire, et dirige contre lui des forces supérieures aux siennes. Toutefois, les premiers combats qui se livrent entre eux donnent le succès aux armes de Rigaud. C'est encore le cas pour celui-ci de profiter de ses avantages ; mais il s'arrête de nouveau, comme pour attendre une approbation de la part du Directoire exécutif, dont la correspondance rendue publique aurait dû l'éclairer enfin sur la politique perfide de ce gouvernement.

En ce moment, toutes les sympathies sont en faveur de sa cause ; une révolte lointaine occasionne une diversion plus favorable encore, et il n'en profite pas.

T. Louverture se livre alors à tous les excès de la vengeance contre ceux qui témoignent ces sympathies, même contre ceux qu'il suppose, qu'il soupçonne en concevoir. Ses mesures barbares, ses cruautés atteignent la portion la plus éclairée de la population noire, au grand désavantage de sa race, au profit des seuls colons et du gouvernement de la métropole qui prépare la réaction contre cette race entière.

T. Louverture se fait ainsi l'agent de la destruction de ses frères, de ses neveux ; et en amoindrissant sa propre puissance, il doit infailliblement devenir victime de son aveuglement. Peu lui importe l'avenir, car il n'envisage que sa situation présente ; la terreur qu'il exerce, les moyens énergiques qu'il emploie, déterminent le succès en sa faveur : il ne marche donc dès-lors que de succès en succès ; et quoiqu'il rencontre encore une résistance courageuse, il finit par triompher complètement de Rigaud. A ce moment, il reçoit une nouvelle approbation de sa conduite, par le nouveau gouvernement qui s'est installé en France. Rigaud, condamné, est contraint de fuir pour s'y réfugier. La guerre civile est ainsi terminée.

Durant cette lutte désastreuse, la mésintelligence a éclaté entre T. Louverture et Roume, à propos de la partie espagnole de Saint-Domingue cédée à la France, dont le premier veut s'emparer. S'il a été forcé d'y renoncer momentanément, sa pensée n'est pas moins dirigée vers ce point ; et il est à prévoir qu'il effectuera son dessein.

En attendant, il reste seul dominateur dans la colonie ; car l'agent de la France n'est plus qu'une ombre d'autorité. Mais là est l'écueil où il doit se briser, parce que la France est désormais dirigée par un gouvernement fortement constitué, résolu et énergique, qui saura prendre sa revanche en temps opportun. Néanmoins, si le gouvernement et l'administration de T. Louverture s'appuient sur l'intérêt réel de la race africaine, il pourra résister à toute entreprise de la part de la métropole.

Entrons donc dans l'examen consciencieux des actes de sa toute-puissance, obtenue par les moyens les plus coupables, les crimes les plus affreux. Voyons s'il va obtenir de la postérité qu'elle les oublie, en faveur des résultats qu'il aura obtenus.

CHAPITRE VII.

Conduite de J.-M. Borgella dans la guerre civile du Sud.

A la fin de notre 3e livre, nous avons vu que Borgella était devenu chef d'escadron commandant les dragons de l'escorte de Rigaud : il reçut ce grade et ce commandement, le 25 novembre 1798.

Durant les dissensions de Rigaud et de T. Louverture, il était placé à suivre son général partout où il se portait. Partageant ses sentimens et ses idées, comme homme du même parti politique, il ne pouvait encore, en qualité de militaire, que suivre sa destinée à la guerre. Il se trouva auprès de lui dans presque tous les combats où il prit part personnellement.

Lorsque Rigaud vint près de Jacmel pour tenter une diversion en faveur de cette place assiégée, Borgella se distingua dans l'affaire de la Porte. Nous avons déjà dit que ce fut à la résolution du chef de son escorte, que Rigaud dut de ne pas être fait prisonnier par les troupes de Charles Bélair. Après l'avoir contraint, avec Moulite, à se placer sur son cheval et à se retirer à quelque distance, Borgella revint sur le champ de bataille pour sauver deux petites pièces de faible calibre. Aidé du lieutenant Desmoulins et d'un chasseur, ils en portèrent une sur leurs épaules : l'autre resta au pouvoir de l'ennemi.

En ralliant sa troupe sur l'habitation Desnoyers, Rigaud, retournant dans le Sud, envoya Borgella prendre le commandement du bourg de Baynet. Là, il s'occupa de faire des envois de vivres aux assiégés de Jacmel, malgré les difficultés qu'offrait au passage des embarcations, la flotille que commandait Boisblanc. De temps en temps, d'autres embarcations venaient de ce port avec des blessés : il leur prodigua tous les secours dont il pouvait disposer. Le chef de bataillon Bazelais, blessé à la défense du fort de Léogane, dans la nuit du 5 au 6 janvier, et venu aussi à Baynet, fut l'objet d'attentions et de soins particuliers de sa part.

Peu de jours avant l'évacuation de Jacmel, Borgella tomba dangereusement malade. Rigaud ayant appris cette circonstance, lui envoya l'ordre de retourner aux Cayes, dès qu'il le pourrait : il refusa d'abord d'obtempérer à cet ordre, et ne quitta Baynet que le 15 avril, aux ordres de Lacole, son adjudant de place, qui l'évacua en l'incendiant, huit jours après.

Au lieu de se rendre aux Cayes, Borgella se porta dans les hauteurs de Saint-Michel où il apprit par Renaud Ferrier, la mort de Renaud Desruisseaux, son frère, de Cochin et de plusieurs autres de ses amis. Apprenant alors l'évacuation du Grand-Goave, il se rendit au Petit-Goave où il arriva au moment que Pétion évacuait cette place. Borgella rencontra Rigaud à l'Aoul, et reçut l'ordre de se transporter de suite au Pont-de-Miragoane pour arrêter les fuyards. De là, Rigaud l'envoya aux Cayes, afin de réunir tous les dragons disponibles et de revenir avec eux à l'armée.

A son retour, il trouva Rigaud sur l'habitation Cadillac : il y fut laissé avec les dragons, pendant que ce général se portait à Aquin pour faire avancer des troupes. Il prit part aux combats qui eurent lieu dans la plaine du Fond-des-Nègres; secondé par Brice Noailles, il protégea avec ses dragons la fuite des troupes du Sud vaincues dans ces combats. Il sauva la vie au chef de bataillon Jean Poisson, de la 5e demi-brigade, qui, blessé, avait été abandonné par ses soldats : il le prit en croupe de son cheval. Après l'avoir remis à ces soldats, il revint en arrière et sauva encore de la fureur de l'ennemi, Corbé qui, par la suite, devint adjudant de place à Jérémie.

Borgella combattit de nouveau sur les habitations Tropenas et Dufrétey ou Trémé, et au vieux bourg d'Aquin : montrant toujours sa bravoure accoutumée, il fut blessé dans cette dernière journée et dut se rendre aux Cayes avec Renaud Ferrier qui l'était plus dangereusement et qui mourut dans ses bras, le 16 juillet.

Lorsque la députation envoyée par T. Louverture eut décidé Rigaud à quitter la colonie, il fit distribuer le peu d'argent qui restait dans la caisse publique, à quelques-uns de ses officiers supérieurs qui allaient se retirer aussi à l'étranger. Borgella, qui avait la même intention, fut oublié dans ce partage. Cet oubli était un tort de la part de Rigaud ; car son chef d'escorte n'avait pas un sou pour affronter la misère sur la terre d'exil, et il lui avait donné des témoignages de son dévouement. Borgella ne voulut rien réclamer de son général ; mais Madame Marthe Bolos, qu'il respectait comme une seconde mère, à cause de son ancienne intimité avec sa tante Fillette La Mahautière qui l'avait élevé et qui était venue se fixer aux Cayes, crut devoir aller réclamer de Rigaud qu'il accordât quelques secours à Borgella. Rigaud lui déclara ne pouvoir plus en donner, ayant épuisé les sommes qui étaient dans la caisse publique. Mécontent de cette réponse, Borgella, qui songeait déjà à ne plus partir, résolut de rester dans son pays et de subir toutes les vicissitudes qui s'offriraient à son sort. Néanmoins, il considéra comme un devoir pour lui, de donner à Rigaud une nouvelle preuve de son dévouement, en l'accompagnant jusqu'à Tiburon. Il fit partager ses sentimens à Lamarre et à Jean Langevin, deux autres officiers de l'escorte, qui remplirent avec lui cette obligation de la fidélité militaire.

Après que Rigaud fut parti de Tiburon, ces trois officiers reprirent la route des Cayes. Résolu à tout braver, Borgella persuada à ses camarades de se présenter à T. Louverture lui-même. En rentrant dans la ville, ils furent directement chez le général en chef à qui ils demandèrent à être présentés, et qui leur fit les questions suivantes auxquelles Borgella répondit :

« D'où venez-vous ? leur dit T. Louverture. — De Ti« buron, général, où nous avons accompagné le général « Rigaud. — Quand s'est-il embarqué ? — Le 29 juillet. « — Il n'a donc pas reçu ma lettre ? — Non, général, elle « est arrivée après son départ. — Pétion, Bellegarde, « Dupont et Millet, sont-ils partis aussi ? — Oui, général. « — *Ils ont bien fait*, car ils étaient exceptés de l'amnis« tie que j'ai proclamée. Comment vous nommez-vous ? « — Borgella. — Êtes-vous le fils de M. Borgella ? — Oui, « général. — Vous êtes le fils de *mon ami*, et vous me « faisiez la guerre ? — Général, je vous la faisais en obéis« sant aux ordres de mon chef ; et je pense que si j'avais « trahi sa cause, vous m'eussiez méprisé. — C'est vrai ! »

Cette franchise et ce raisonnement d'un officier qui

prouvait qu'il comprenait ce qu'impose le devoir politique, durent plaire effectivement au général en chef qui voulait l'exiger de ses subordonnés. En reprochant à Pétion et aux trois autres officiers de l'avoir abandonné, il n'eût pu en vouloir à ceux qui se présentaient devant lui, sans se mettre en contradiction avec ses principes. Quant à Borgella personnellement, il n'y a nul doute que l'amitié qui liait T. Louverture à son père dut contribuer aussi à lui inspirer quelque considération pour ce jeune officier. Enfin, on se rappelle que lorsque Borgella passa de Léogane dans le Sud, avec David-Troy, Lamarre et quelques autres officiers de dragons, ils avaient adressé une lettre à T. Louverture, général en chef de l'armée, pour lui exposer les motifs de plainte qu'ils formaient contre Bauvais ; c'était alors un témoignage de déférence et de respect à son autorité : cette réminiscence dut venir en aide au bon accueil qu'il leur fit. Il les congédia poliment.

Trois ou quatre jours après, l'ordre fut donné à tous les officiers qui servaient dans l'armée du Sud, comme aux citoyens qui n'étaient pas de ce département, de retourner dans leur lieu natal. Borgella était de ce nombre ; mais voulant rester aux Cayes, dont l'arrondissement venait d'être confié au commandement du général Laplume, ayant connu ce général à Léogane, il lui témoigna le désir d'être employé à son état-major. Laplume obtint facilement cette autorisation du général en chef qui, en dérogeant ainsi à ses dispositions, accorda une véritable a veur à Borgella.

Il avait agi différemment envers l'adjudant-général Toureaux qui fit sa soumission à Saint-Louis. Toureaux avait laissé croître sa barbe depuis longtemps, elle était fort longue. S'étant présenté devant T. Louverture, il lui dit en se prosternant à ses pieds : « Je vais mainte-« nant couper ma barbe ; car j'avais fait vœu de ne l'ôter « qu'après le triomphe de vos armes. » Le général en chef s'honora, en lui répondant avec mépris : « Vous m'en « avez trop dit, M. Toureaux : sortez de ma présence ! »

Ces deux traits prouvent la dignité que T. Louverture mettait dans sa haute position : il respecta la fidélité au devoir en Borgella, il accabla de son juste mépris la bassesse en Toureaux.

TABLE DES MATIÈRES

CONTENUES DANS LE QUATRIÈME LIVRE.

PÉRIODE FRANÇAISE.

QUATRIÈME ÉPOQUE.

LIVRE QUATRIÈME.

CHAPITRE PREMIER.

Aveu d'un écrivain français sur les causes de la guerre civile du Sud. — Correspondance entre Toussaint Louverture et Rigaud, entre ce dernier et Roume. — Roume arrive au Port-au-Prince et convoque les principaux généraux auprès de lui. — Conférences, et décision prise par Roume. — Rigaud lui demande sa démission. — Il la refuse. — Rigaud fait évacuer le Grand-Goave et le Petit-Goave par ses troupes. — Il commande le reste du Sud. — Révolte du Corail. — Neutralité de Bauvais et réflexions à ce sujet. — Toussaint Louverture lance l'anathème contre les hommes de couleur. — Arrestation et massacre de quelques-uns. — Conduite de Bauvais. — Il se retire à Jacmel. — Roume et Toussaint Louverture vont au Cap. — Intentions respectives de Toussaint Louverture et de Rigaud. — Correspondance entre eux, entre Roume et Rigaud. — Examen de la conduite de Roume. . . . . page 3

CHAPITRE II.

Ordonnance de Toussaint Louverture sur le monopole des marchandises étrangères par l'administration publique. — Objet qu'il a en vue. — Il envoie des agens aux Etats-Unis. — Edouard Stevens, consul général, arrive au Cap. — Convention commerciale avec les Etats-Unis. — Arrêté de Roume à ce sujet. — Motifs qu'il en donne à Kerverseau et Rigaud. — Réponse de

Rigaud qui l'approuve. — Arrivée du général anglais Maitland au Cap. — Conférences secrètes tenues aux Gonaïves entre lui, Toussaint Louverture et Stevens. — But de ces conférences, d'après Kerverseau. — Autres faits relatés par lui. — Libelle injurieux de Toussaint Louverture contre Rigaud. — Il concentre des troupes au Port-au-Prince. — Lettres du ministre de la marine au général en chef. — Lettre du 31 mai, de Rigaud à Roume. — Examen de la conduite respective de Toussaint Louverture, de Rigaud, et de Roume. — Toussaint Louverture provoque la guerre civile, d'accord avec Roume. — Ecrit de ce dernier contre Rigaud. — Réponse et proclamation de Rigaud, du 15 juin. — Positions prises par les deux armées, du Sud et du Nord. — Situation de l'esprit public. 42

CHAPITRE III.

Les troupes de Rigaud s'emparent du Petit-Goave. — Faits reprochés à Faubert. — Rigaud fait occuper le Grand-Goave. — Faute politique et militaire qu'il commet. — Proclamation de Toussaint Louverture contre Rigaud. — Proclamation de Roume qui ordonne la guerre. — Toussaint Louverture à l'église du Port-au-Prince et de Léogane. — Opinions de Moïse et de Paul Louverture sur la guerre civile. — Joie des colons au passage des troupes. — Défection de Pétion. — Il conseille un mouvement de retraite à Toureaux. — Combats, et succès des troupes du Sud. — Rigaud est blessé. — Il ne profite pas de sa victoire. — Révolte en sa faveur dans la péninsule du Nord. — Sympathies manifestées pour sa cause. — Mesures énergiques et cruelles de Toussaint Louverture. — Sa lettre à Henri Christophe. — Réflexions à ce sujet. — La révolte du Môle est réprimée. — Embuscades tendues à Toussaint Louverture. — Il revient au Port-au-Prince. — Quelques faits de Rigaud. — Lettres de Roume à tous les agens français dans les îles, et à d'autres autorités, demandant des secours contre Rigaud. . 80

CHAPITRE IV.

Beuvais, cerné à Jacmel, se plaint à Toussaint Louverture et à Roume. — T. Louverture fait fusiller son aide de camp. — Réponse de Roume. — Combat et prise de Tavet par Birot. — Il est blessé et blâmé par Bauvais. — Préparatifs de défense. — La réponse de Roume porte Bauvais à abandonner Jacmel. — Sa lettre d'adieux aux officiers supérieurs. — Réflexions à ce sujet. — Naufrage et mort de Bauvais. — Birot prend le commandement de Jacmel. — Ecrits de T. Louverture et de Rigaud. — Prise du poste de Bellevue. — Proclamation de T. Louverture, du 11 novembre. — Dessalines marche contre Jacmel. — Investissement et siége de Jacmel. — Tentative infructueuse de Rigaud pour le dégager. — Fuite de Birot et d'autres officiers. — Capture d'une flotille de T. Louverture par les Anglais. — Pétion va prendre le commandement de Jacmel. — Continuation du siége. — Evacuation de la place. — Proclamations de Rigaud et de T. Louverture. . . . 117

CHAPITRE V.

Ordonnances sur la culture et contre le *Vaudoux*, par Toussaint Louverture. — Arrêtés de Roume, sur l'importation des marchandises étrangères, et l'exportation de divers bois du pays.— Mésintelligence entre Roume et T. Louverture.— Kerverseau quitte Santo-Domingo où il est remplacé par A. Chanlatte.— Refus de Roume d'autoriser T. Louverture à prendre possession de la partie espagnole.— Il refuse de venir au Port-au-Prince, et fait une adresse contre les agens anglais. —Mouvement insurrectionnel dans le Nord contre Roume.— Adresse de l'administration municipale du Cap à Roume.— Il rend un arrêté pour la prise de possession.— T. Louverture envoie le général Agé à Santo-Domingo dans ce but.— Examen des causes de cette prise de possession.— Mouvemens populaires à Santo-Domingo contre Agé.— Décret du gouverneur Don J. Garcia qui suspend la remise de la partie espagnole, en référant aux gouvernemens de France et d'Espagne.— Correspondance entre les diverses autorités.— Agé revient au Port-au-Prince.— Nouvel arrêté de Roume qui révoque celui sur la prise de possession.— Lettre de T. Louverture à Don Garcia, protestant contre les insultes faites à Agé. 153

CHAPITRE VI.

Ordre de destruction donné par Rigaud.— Incendie de plusieurs bourgs.— Succès des troupes de T. Louverture.— Proclamation de Rigaud.— Derniers combats.— Divers actes administratifs de T. Louverture.— Arrivée de trois agens français.— Actes des consuls. — Politique du gouvernement consulaire.— Proclamation de T. Louverture offrant amnistie générale aux habitans du Sud.— Il envoie une députation aux Cayes.— Sauf-conduit donné par Roume.— Réception faite à la députation.— Rigaud se décide à partir pour France, et envoie une députation à T. Louverture.— Nouvelles instructions de ce dernier à sa députation.— Dessalines marche contre les Cayes.— Rigaud expédie un autre envoyé à T. Louverture.— Il quitte les Cayes avec sa famille et ses principaux officiers.— Il s'embarque à Tiburon.— Fuite générale.— Réflexions sur les actes du gouvernement consulaire, et sur ceux de Roume et de T. Louverture.— T. Louverture entre aux Cayes et accorde amnistie générale.— Sa proclamation aux habitans de Saint-Domingue.— Réflexions sur cet acte, et sur la conduite et le caractère de Rigaud et de T. Louverture.— Résumé de la quatrième Epoque. . 176

CHAPITRE VII.

Conduite de J.-M. Borgella dans la guerre civile du Sud. 224

FIN DE LA TABLE DE LA QUATRIÈME ÉPOQUE.

PÉRIODE FRANÇAISE.

CINQUIÈME ÉPOQUE.

LIVRE CINQUIÈME.

CHAPITRE I.

Le général Dessalines va à Jérémie.— Nombreux assassinats dans divers lieux du Sud.— Actes publiés par T. Louverture.— Il quitte les Cayes et se rend à Léogane.— Fête militaire dans cette ville.— Dessalines, général de division.— Assassinats de prisonniers dans plusieurs endroits.— Dessalines en épargne un certain nombre.— Noble conduite de Madame Dessalines à cette occasion.— Hypocrisie de T. Louverture.— Joie et fête des colons.— Révolte éphémère à l'Artibonite.— Inondation extraordinaire.— Règlement sur la culture et sort des cultivateurs.— Ordonnance relative aux propos qui leur sont adressés.— Autre ordonnance sur la culture.— Création de conseils de guerre pour le jugement de divers délits.— Faits relatifs à un vol commis au préjudice de T. Louverture.— Arrêté concernant les comptes à rendre par les agens des finances.— Révolte éphémère dans la plaine des Cayes.— Nouveaux assassinats.— Supputation générale du nombre des victimes par divers auteurs.

Dès son entrée aux Cayes, T. Louverture avait expédié le général Dessalines sur Jérémie, avec une partie de son armée. Au mépris de l'amnistie proclamée, de nombreuses victimes furent immolées dans cette ville, sur toute la route, et bientôt au Corail, au Petit-Trou, à l'Anse-à-Veau, à Miragoane, au Petit-Goave. Les exécutions furent ajournées aux Cayes, parce que le général en chef s'y trouvait et qu'il voulait laisser croire qu'elles n'étaient pas ordonnées par lui, mais bien par ses officiers. Il n'y eut pas seulement des hommes de couleur de tués : beaucoup de noirs périrent aussi.

Le Sud subissait ainsi le joug du despotisme brutal qui avait toujours régné dans le Nord. Il fut traité en vaincu ! Les habitans des villes et des bourgs, les cultivateurs passèrent sous les fourches de la terreur : nul n'en fut épargné.

Cependant, le 4 août, T. Louverture avait publié une proclamation adressée aux citoyens du Sud, pour les exhorter à avoir confiance en lui, leur disant que leurs personnes et leurs propriétés seraient *respectées*. Elle prescrivait la rentrée immédiate des cultivateurs sur les habitations auxquelles ils avaient jadis appartenu. C'était le niveau de l'égalité étendu sur ceux du Sud ; car il en était de même dans les autres départemens.

En même temps, les habitans qui s'étaient réfugiés dans le Sud pendant les dissensions qui précédèrent la guerre civile et durant cette guerre, étaient également contraints à retourner dans leurs foyers : tous les officiers qui, originaires des autres départemens, avaient servi dans l'armée *rebelle,* durent aussi y retourner.

Le génie despotique qui distinguait T. Louverture ne souffrait aucune perturbation, ni dans les choses, ni dans les personnes : avec lui, il fallait que tout rentrât dans le cercle qu'il lui plaisait de tracer.

Le 6 août, une autre proclamation fut adressée aux habitans du Sud, pour confirmer les dispositions prétendues bienveillantes du général en chef et régler quelques points concernant les propriétés, dont partie était séquestrée depuis longtemps par l'absence des propriétaires, et partie nouvellement séquestrée par la fuite des autres. Les habitans présens durent partager leurs récoltes, — moitié à l'État, à raison des dépenses extraordinaires de la guerre, — le quart à ces propriétaires, — et l'autre quart aux cultivateurs. C'était une vraie contribution de guerre.

Le 16, nouvelle proclamation disposant de la totalité des récoltes provenant des habitations séquestrées, en faveur de l'État, ou de la République.

Le 23, T. Louverture fit un règlement sur l'administration politique du département du Sud. Quatre arrondissemens militaires furent institués : ceux des Cayes, de Tiburon, de Jérémie et de l'Anse-à-Veau.

Celui des Cayes fut confié à Laplume; de Tiburon à Desravines; de Jérémie, à Dommage; de l'Anse-à-Veau, à Mamzelle, étonné de sortir de sa sauvagerie du Doco pour commander à des hommes policés : ses excentricités y devinrent proverbiales.

Laplume étant général, étendait sa surveillance sur tous les autres arrondissemens, commandés par des colonels; et il était placé lui-même sous la haute inspection de Dessalines, vrai conquérant du Sud.

Tous les bourgs, toutes les villes de ce département reçurent pour commandans secondaires, des officiers de l'armée du Nord, et des troupes pour y tenir garnison.

Celles du Sud ayant été réduites à un petit nombre, la 1re demi-brigade prit rang dans l'armée coloniale sous le numéro 13, à la suite des 12 demi-brigades du Nord et de l'Ouest. Les autres soldats furent incorporés dans ces dernières.

Après avoir tout organisé, T. Louverture quitta les Cayes le 27 août pour se porter dans l'Ouest. Rendu à Léogane, le 30, il fit une adresse de complimens à ses troupes qui avaient triomphé. Celles qui n'étaient pas nécessaires à l'occupation du Sud se réunirent dans cette ville avec les généraux Dessalines et Clervaux. Une fête militaire, célébrée par le *Te Deum* indispensable, consacra leur gloire. A l'église même, Dessalines fut élevé au grade de général de division dû à son mérite, à sa bravoure, à son activité dans la guerre civile. Clervaux fut récompensé, en recevant du général en chef une carabine dont il s'était toujours servi [1].

Ces généraux partirent ensuite pour le Port-au-Prince et Saint-Marc, avec les troupes qui, de là, furent renvoyées dans leurs cantonnements ordinaires.

Avant de partir lui-même de Léogane, le général en chef ordonna de conduire hors de cette ville, environ 300 prisonniers noirs et mulâtres de l'armée du Sud, qui y étaient détenus. Une compagnie de ses guides assista à leur massacre par la baïonnette. Après cette immolation, elle prit la route du Port-au-Prince où elle rencontra l'hypocrite qui avait prescrit cette boucherie inutile et féroce. S'adressant à l'un des officiers, homme de couleur, il lui dit :

« Tout est tranquille ? — Oui, général en chef. —Vous
« n'avez rien entendu, n'est-ce pas ? — Non, général en
« chef. — Il n'y pas eu d'*assassinat* de ce côté-ci ? —Non,
« général en chef. — J'en suis heureux, *car je hais les*
« *scélérats*. Mon amnistie est donc bien observée ? — Oui,
« général en chef. — Je suis content de vous, jeune
« homme ; vous comprenez votre devoir. Continuez de
« la même manière, vous serez récompensé [2]. »

D'autres prisonniers faits dans la guerre civile, d'autres hommes de couleur, mulâtres et noirs, subirent le même

---

[1] C'est à cette époque qu'il promut H. Christophe et Maurepas au grade de général de brigade.

[2] Cet officier de ses guides était Lerebours, devenu aide de camp de Boyer et général de brigade commandant l'arrondissement du Port-au-Prince. (Hist. d'Haïti, t. 2, p. 65.)

sort que ceux de Léogane, — au Port-au-Prince, à Saint-Marc, au Pont-de-l'Ester, aux Gonaïves. Tous ces massacres furent commis par les ordres du général en chef.

Au Port-au-Prince, les chefs de bataillon Gérin et Bazelais furent sauvés par ordre personnel de Dessalines, pour avoir montré un courage qui défiait leurs bourreaux. Et cependant, ce fut Gérin qui se mit à la tête de l'insurrection qui abattit Dessalines au Pont-Rouge !.... Quand nous arriverons à cette époque, nous examinerons ses motifs pour apprécier sa conduite.

Le mulâtre Rateau, frère de Louise Rateau chez qui les hommes de couleur s'étaient réunis le 21 août 1791, baïonnetté parmi d'autres, avait survécu à dix-sept coups de cette arme meurtrière. Dans la nuit, il reprit ses sens et se traîna sanglant chez *une femme noire*, du voisinage du lieu de ces assassinats. Elle le recueillit et lui prodigua tous les soins qui étaient en son pouvoir. Dirigée par ce sentiment que les femmes seules éprouvent, elle hasarda une démarche auprès de T. Louverture de qui elle implora la grâce du blessé. « Lui faire grâce, s'écria-t-il, et pour« quoi ? Qu'a-t-il fait ? — Il se meurt, il est percé de coups. « — A-t-on arrêté ses assassins ? » Et T. Louverture fit porter ce malheureux en sa présence : en le voyant, il s'apitoya sur son sort et lui fit donner des soins par des médecins qui réussirent à le sauver. Personne ne fut dupe de cette feinte pitié : elle était calculée pour rejeter sur les officiers secondaires l'odieux de ces massacres.

A Saint-Marc, où se trouvait le plus grand nombre des prisonniers, le jour où Dessalines, par ordre de T. Lou-

---

1 Histoire d'Haïti, t. 2, p. 66. Rateau devint membre de la première législature de la chambre des représentans, en 1817 : il était parent de Bauvais.

verture, faisait tuer le colonel Piverger, mulâtre, fait prisonnier à Aquin, on conduisait avec lui le chef de bataillon Galant, noir, qui avait servi dans la légion de l'Ouest : ils montraient tous deux dans cette circonstance le même courage dont ils avaient fait preuve à la guerre. Dessalines, voulant sauver Galant, lui reprocha d'avoir servi *la cause des mulâtres*, et ordonna de le placer soldat dans la 4ᵉ demi-brigade. Mais Galant, fier du parti politique qu'il avait défendu, lui dit : « Moi, soldat ! Mon premier coup de fusil serait « dirigé contre toi ! » Cette déclaration énergique décida sa mort : il la reçut à côté de Piverger, après l'avoir embrassé. Une action aussi belle de la part *d'un noir*, est la protestation la plus frappante contre l'interprétation donnée aux causes de la guerre civile du Sud, et par Dessalines et par tant d'autres, T. Louverture en premier ; la mort de ces deux braves militaires, de couleur différente, est une nouvelle démonstration en faveur des appréciations que nous avons émises à ce sujet.

Beaucoup d'autres prisonniers furent incorporés dans la 4ᵉ par Dessalines, contrairement aux intentions du général en chef. Il est positif que dans cette circonstance, Madame Dessalines influença son mari pour le porter à diminuer le nombre de ces atroces assassinats. Cette *femme noire*, d'une beauté remarquable, d'une âme sensible et compatissante, avait été épousée à Léogane par ce général. Elle ne se borna pas à arracher à la mort ces hommes qu'une barbare stupidité voulait sacrifier ; elle leur prodigua ensuite tous les soins possibles, en leur faisant donner du linge, de la nourriture ; elle les consola dans leur malheureux sort. Sa pitié, éclairée par des sentimens vraiment religieux, s'étendit un jour sur *des blancs* que son mari voulait sacrifier : à ses yeux, la couleur des hommes n'était, comme elle est en effet, qu'un accident de la nature ; tous avaient droit à sa sympathie[1].

On raconte que, pour mettre le comble à son hypocrisie, T. Louverture, en parcourant ensuite divers quartiers dans l'Ouest et dans l'Artibonite, affectait de s'informer de beaucoup d'individus qu'il avait spécialement désignés à l'égorgement opéré par ses bourreaux de bas étage ; et en apprenant que ses ordres sanguinaires avaient été ponctuellement exécutés, il s'écriait : « Je n'avais pas « commandé de faire tant de mal. J'avais dit *de tailler* « *l'arbre, mais non pas de le déraciner*[2]. »

De quels termes l'historien peut-il se servir, pour exprimer le blâme que mérite ce caractère qui se faisait un jeu cruel de la vie des hommes ? Quelle était donc la nature de ce cœur qui ne se sentait pas ému en ordonnant tant d'atrocités ; de cet esprit éclairé, capable de jugement, qui préférait le mal au bien, le crime au plaisir d'épargner la vie de ses semblables ; qui promettait solennellement l'oubli du passé après le triomphe et qui faisait égorger sans pitié des ennemis faits prisonniers dans une guerre provoquée en partie par ses injustices ; qui joignait l'ironie sentencieuse à la certitude acquise de l'exécution de ses ordres barbares ? La postérité peut-elle ne pas mettre la mémoire de T. Louverture, dès à présent, au pilori de l'opinion publique pour la flétrir ? Non, ce serait trop se hâter ; car cet homme fournira encore l'occasion d'accuser sa nature essentiellement sanguinaire : attendons !

Mais on conçoit facilement que les colons de Saint-Do-

---

[1] Le naturaliste Descourtilz fut un des blancs que Madame Dessalines sauva en 1802, à l'arrivée de l'expédition française.
[2] Histoire d'Haïti, t. 2, p. 67.

mingue étaient parfaitement satisfaits des résultats obtenus par la guerre civile du Sud. S'ils durent se réjouir du présent qui était tout en faveur de leurs priviléges, ils ne comptaient pas moins sur l'avenir, alors que la France était vigoureusement dirigée par un gouvernement qui en restaurait beaucoup dans son sein. En voyant T. Louverture lancé à pleines voiles sur cette mer orageuse, ils espérèrent, avec raison, que son système d'administration faciliterait tôt ou tard l'exécution de la réaction méditée depuis plusieurs années dans la métropole, et qu'il ne pourrait échapper au naufrage où il devait nécessairement aboutir. En attendant ce moment, les colons jugèrent avec non moins de raison, qu'il fallait d'avance couvrir de fleurs cette victime pour en rendre le sacrifice plus délicieux.

Dans ce dessein, dès qu'ils eurent appris au Cap, l'entrée du général en chef aux Cayes et la fuite de Rigaud, ils célébrèrent ces événemens par une fête splendide, à laquelle assista le général Moïse qui ne partageait pas leurs sentimens et qui devait périr victime des siens. Corneille Brelle, prêtre capucin depuis longtemps curé au Cap, fit les frais de la fête au Champ-de-Mars, par un discours prononcé sur l'autel de la patrie, contenant les éloges les plus pompeux de T. Louverture, qu'il compara au Premier Consul de la République française. Il chanta ensuite une messe solennelle, un *Te Deum*, chant favori du général en chef.

Le 29 août, l'administration municipale du Cap, toujours en premier au service de ce chef dans les grandes occasions, lui fit une adresse de félicitations pour ses succès glorieux, sa générosité, son humanité, en parlant de la fuite de Rigaud, *brigand fameux par ses crimes*. Cet acte se terminait ainsi : « Que les esprits inquiets et re-

« muans, qui prêchent *une fausse doctrine*, et qui, *par des*
« *discours séditieux*, cherchent à troubler l'harmonie qui
« doit régner entre les citoyens, soient *dénoncés* par les
« bons citoyens aux autorités civiles et militaires ; *que les*
« *méchans ne soient pas ménagés, et que la société en soit*
« *purgée.* »

Les colons paraphrasaient ainsi la proclamation du général en chef datée des Cayes, le 5 août. Moïse recevait sa part pour *la fausse doctrine* qu'il prêchait par *des discours séditieux* ; car aucun des blancs de cette municipalité n'ignorait la désapprobation qu'il donnait au système politique de son oncle : ils annonçaient assez leur intention de le dénoncer à ce sujet, par leur invitation faite *aux bons citoyens*.

Cependant, quelques jours après les exécutions commises à Saint-Marc, au Pont-de-l'Ester et aux Gonaïves, *un noir* nommé Cottereau, de la plaine de l'Artibonite, révolté de ces atrocités après les actes d'amnistie proclamés partout, conçut l'imprudente idée d'opérer une insurrection dans cette plaine, dans l'espoir qu'elle serait grossie de cette population qui partageait ses sentimens d'indignation. A la tête d'une cinquantaine d'hommes, il campa dans la position de la Crête-à-Pierrot que Dessalines, Lamartinière et Magny devaient illustrer deux ans après. Mais Dessalines lui-même marcha aussitôt, à la tête de deux bataillons, contre cette poignée d'hommes. Après les avoir cernés, il les invita à se rendre au bourg voisin de la Petite-Rivière pour écouter les plaintes qu'ils auraient à former, en leur promettant, *sur son honneur*, de ne leur faire aucun mal. Convaincus de l'impossibilité d'une résistance à des forces supérieures, pleins de confiance dans les promesses de ce général, ces malheureux se rendirent à la municipalité où ils furent arrêtés et tous baïonnettés : leurs cadavres furent jetés dans l'Artibonite.

C'était, de leur part, une folle entreprise ; mais aussi une noble protestation contre les crimes de T. Louverture et de son lieutenant, aveuglément soumis à ses ordres et cruel lui-même. L'histoire enregistre un tel fait avec bonheur ; car il est la preuve la plus évidente des sympathies réelles *des noirs pour les mulâtres*, assassinés froidement. Si elles n'existaient pas dans leurs cœurs, pourquoi des hommes de l'Artibonite se seraient-ils intéressés à ce point, en faveur de ceux du Sud qu'on immolait injustement, sans nécessité, et au mépris de promesses solennelles ?

Comme si la nature voulait s'associer au mécontentement général et à celui de ces noirs de l'Artibonite en particulier, une pluie abondante et continue dura du 11 au 20 octobre, et grossit extraordinairement les eaux de cette rivière devenue alors un fleuve, produisant les mêmes effets que dans les débordemens du Nil. La plaine fut entièrement submergée pendant plusieurs semaines ; toutes les digues, toutes les jetées formées dans l'ancien régime pour contenir les eaux de l'Artibonite soumise à des débordemens assez fréquents, furent rompues : nombre de cultivateurs périrent ; avec eux les animaux de toutes espèces, les usines des sucreries disparurent sous l'effort des eaux. La prospérité des cultures, le travail furent suspendus. Ce déluge s'était produit dans plusieurs autres quartiers et y avait occasionné aussi des dégâts, mais moins grands que dans la plaine de l'Artibonite. T. Louverture fit un règlement à cette occasion, en date du 5 novembre ; quelques secours furent accordés à ceux qui en avaient souffert.

Le 30 août, étant encore à Léogane, il avait fait un arrêté qui conférait les attributions *correctionnelles* aux tribunaux civils.

Il n'avait plus besoin du concours de Roume, dont l'autorité fut annulée dès qu'il eut obtenu le sauf-conduit pour envoyer ses députés aux Cayes. J. Raymond, envoyé pour servir sous ses ordres, était aussi insignifiant au Cap que son chef ; et ils méritaient bien ce mépris.

Le 12 octobre, étant au Port-au-Prince, T. Louverture publia un règlement relatif *à la culture*. Nous croyons devoir le donner ici en son entier, parce qu'il est le complément de toutes les idées, de presque toutes les mesures du général en chef sur cette matière. Il est bon de le comparer à ceux précédemment rendus par lui-même, par Hédouville, par Polvérel et Sonthonax, de même que cet acte servira à apprécier, par comparaison, ceux qui furent rendus dans la suite par d'autres chefs du pays.

Nous faisons aussi une remarque au lecteur : — c'est qu'à partir de la fin de la guerre civile du Sud, et même depuis l'évacuation du Port-au-Prince par les Anglais, la plupart des actes importans de T. Louverture ont été faits dans cette ville. Le motif de cette remarque est de signaler à l'attention du lecteur, la coopération de Bernard Borgella à leur émission ; il était devenu le principal conseiller du général en chef, *son ami*, comme il le dit à son fils, aux Cayes. On se rappelle que nous avons parlé de la grande capacité de ce colon, dans nos deux premiers livres. Voici ce règlement :

Toussaint Louverture, général en chef de l'armée de Saint-Domingue,
A toutes les autorités civiles et militaires.

Citoyens,

Notre premier devoir, après avoir terminé la guerre du Sud, a été d'en remercier le Tout-Puissant ; nous nous en sommes acquitté avec la ferveur qu'exigeait un si grand bienfait. Maintenant, citoyens, il importe que tous nos momens ne soient consacrés qu'à la prospérité de Saint-Domingue, à la tranquillité publique, par conséquent au bonheur de tous nos concitoyens.

Mais pour y parvenir d'une manière solide, il faut que toutes les autorités civiles et militaires s'occupent, chacun en ce qui le concerne, de remplir avec zèle, dévouement et en amis de la chose publique, les devoirs que sa place lui impose.

Vous vous pénétrerez aisément, citoyens, que la culture est le soutien des gouvernemens, parce qu'elle procure le commerce, l'aisance et l'abondance, qu'elle fait naître les arts et l'industrie, qu'elle occupe tous les bras, étant le mécanisme de tous les états ; et alors que chaque individu s'utilise, la tranquillité publique en est le résultat, les troubles disparaissent avec l'oisiveté qui en est la mère, et chacun jouit paisiblement du fruit de ses travaux.

Autorités civiles et militaires, voilà le plan qu'il faut adopter ; voilà le but qu'il faut atteindre ; c'est celui que je vais vous prescrire, et je promets de tenir la main à son exécution ; mon pays exige cette mesure salutaire ; les devoirs de ma place m'en imposent l'obligation, et *la sûreté de la liberté* l'exige impérieusement.

Mais, considérant que pour assurer la liberté sans laquelle l'homme ne peut être heureux, il faut que tous s'occupent utilement de manière à coopérer au bien public et à la tranquillité générale ;

Considérant que *le militaire* qui a des devoirs sacrés à remplir, puisqu'il est la sentinelle du peuple, qu'il est perpétuellement en activité, pour exécuter les ordres qu'il reçoit de son chef, soit pour maintenir la tranquillité intérieure, soit pour combattre les ennemis de la République au dehors, *est essentiellement obéissant à ses chefs*,—et qu'il importe que *les gérans, conducteurs et cultivateurs* qui ont également *des chefs*, se comportent *comme les officiers, sous-officiers et soldats* pour tout ce qui a rapport à leurs devoirs ;

Considérant que lorsqu'un *officier, sous-officier ou soldat* s'écarte de ses devoirs, il est traduit à un conseil de guerre, pour y être jugé et puni conformément aux lois de la République, parce que dans le service, on ne peut passer de faute pour tel grade que ce soit ; — les *gérans, conducteurs et cultivateurs* devant être également *subordonnés à leurs chefs et assidûment attachés à leurs travaux*, seront également punis, s'ils manquent à leurs devoirs ;

Considérant qu'un *soldat*, sans encourir la punition la plus sévère, *ne peut quitter* sa compagnie, son bataillon ou sa demi-brigade *pour passer dans une autre*, sans une permission bien en règle de ses chefs, — et qu'il doit être également défendu *aux cultivateurs de quitter* leurs habitations *pour aller résider dans une autre, sans une permission légale* : ce qui ne se surveille pas, *puisqu'ils changent d'habitations à volonté*, vont et viennent, et ne s'occupent nullement de la culture, seul moyen cependant de venir au secours des militaires, leur soutien, se cachent même dans les villes, bourgs et dans les mornes où ils sont attirés par des personnes ennemies du bon ordre, et ne s'y occupent que de voler et qu'au libertinage ;

Considérant que depuis la révolution, *des cultivateurs et cultivatrices* qui, parce qu'ils étaient jeunes alors, ne s'occupaient pas encore de la culture, ne veulent pas aujourd'hui s'y livrer, *parce que*, disent-ils, *ils sont libres*, et ne passent les journées *qu'à courir et vagabonder*, ne donnent qu'un très-mauvais exemple aux autres cultivateurs, alors cependant que tous les jours, — *les généraux, les officiers, les sous-officiers et soldats* sont en activité permanente, pour assurer les droits sacrés de tous ;

Considérant enfin, que ma proclamation du 25 brumaire an 7 (15 novembre 1798), au peuple de Saint-Domingue, aurait dû le porter à un travail actif et assidu, en même temps qu'elle disait à tous les citoyens indistinctement, que pour parvenir à la restauration de Saint-Domingue, le concours de l'agriculteur, du militaire et de toutes les autorités civiles était indispensable ;

En conséquence, voulant absolument que ma proclamation ci-dessus relatée, ait son entière exécution, et que tous les abus qui se sont glissés parmi les cultivateurs cessent dès la publication du présent règlement;

J'ordonne très-positivement ce qui suit :

Article 1ᵉʳ *Tous les gérans, conducteurs et cultivateurs* seront tenus de remplir avec exactitude, soumission et obéissance, leurs devoirs, — *comme le font les militaires*.

2. *Tous les gérans, conducteurs et cultivateurs* qui ne rempliront pas avec assiduité les devoirs que leur impose la culture, *seront arrêtés et punis avec la même sévérité que les militaires qui s'écartent des leurs* ; et après la punition *subie, si c'est un gérant*, il sera mis dans un des corps composant l'armée de Saint-Domingue ; *si c'est un conducteur*, il sera cassé de son emploi, remis simple cultivateur pour travailler à la culture, et ne pourra plus prétendre à l'emploi de con-

ducteur ; *si c'est un cultivateur ou une cultivatrice, il sera puni avec la même sévérité qu'un simple soldat, et suivant l'exigence des cas.*

3. *Tous les cultivateurs et cultivatrices* qui sont dans l'oisiveté, retirés dans les villes, bourgs ou dans d'autres habitations que les leurs, pour se soustraire au travail de la culture, même ceux ou celles qui depuis la révolution ne s'en seraient pas occupé, *seront tenus de rentrer immédiatement sur leurs habitations respectives.* Si, dans huit jours, à compter de la promulgation du présent règlement, ils n'ont pas justifié aux commandans des places ou militaires des lieux où ils résident, qu'ils professent un état utile qui les fait exister (bien entendu que l'état de *domesticité* n'est point considéré comme état utile), en conséquence, ceux *des cultivateurs ou cultivatrices* qui quittèrent la culture pour louer leur service, *seront tenus de rentrer sur leurs habitations*, sous la responsabilité personnelle des personnes qu'ils servent.

On entend *par un état utile*, celui qui paye ou pourrait payer une rétribution quelconque à la République.

4. Cette mesure nécessitée pour le bien général, prescrit positivement *à tout individu quelconque, qui n'est ni cultivateur ni cultivatrice*, de justifier incessamment qu'il professe un état utile qui le fasse subsister et qu'il est susceptible de payer une rétribution quelconque à la République : sinon et faute de ce faire, tous ceux ou celles qui seront trouvés en contravention, seront immédiatement *arrêtés*, pour être, s'ils en sont trouvés coupables, *incorporés dans un des régimens de l'armée*; dans le cas contraire, *envoyés à la culture, où ils seront contraints de travailler*. Cette mesure à laquelle il importe de tenir sévèrement la main, empêchera le vagabondage, puisqu'elle *forcera* un chacun à s'occuper utilement.

5. Les pères et mères sont fortement invités de se pénétrer de leurs devoirs envers leurs enfans, qui sont d'en faire de bons citoyens ; et pour cela, il faut les élever par de bonnes mœurs, dans la religion chrétienne et dans la crainte de Dieu : sur toute chose, indépendamment de l'éducation qu'ils devront leur donner, ils devront encore leur faire apprendre un état quelconque, qui puisse, non-seulement les mettre à même de gagner leur vie, mais encore de pouvoir venir, au besoin, au secours de leur pays.

6. *Tous domiciliés* des villes et bourgs qui recèleront des cultivateurs ou cultivatrices ; *tous propriétaires et fermiers* qui souffriront sur leurs habitations, des cultivateurs ou cultivatrices attachés à d'au-

tres habitations, et n'en auront pas sur le champ rendu compte aux commandans des places ou militaires des quartiers où ils résideront, *seront condamnés* à une amende de 2, 4 ou 800 livres, selon les moyens des contrevenans, et à une somme triple en cas de récidive. Si les contrevenans, faute de moyens, ne pouvaient payer cette amende, ils seraient mis *en prison pour un mois ;* et en cas de récidive, *pour trois mois.*

7. Les gérans et conducteurs de chaque habitation, seront tenus de rendre compte au commandant militaire de leur quartier, et au commandant de l'arrondissement, de la conduite *des cultivateurs et cultivatrices* sous leurs ordres, de même que de ceux qui s'absenteraient de leur habitation *sans permis*, comme de ceux *des cultivateurs et cultivatrices* qui, quoique résidant sur les habitations, *ne voudraient pas travailler à la culture ;* ils y seront immédiatement appelés et *contraints au travail ;* sinon et faute de ce faire, ils seront *arrêtés* et conduits au commandant militaire, *pour être punis*, comme il est dit plus haut, *suivant l'exigence des cas*. Les commandans militaires qui ne rendront pas ces comptes aux commandans d'arrondissement, et ces derniers aux généraux sous les ordres desquels ils sont, *seront sévèrement punis* à la diligence desdits généraux.

8. Les généraux commandant les départemens, me répondront dorénavant des *négligences* qui seront apportées dans la culture, et alors que parcourant les diverses communes et départemens, je m'en apercevrais, je n'actionnerais directement qu'eux, qui les auront tolérés.

9. Je défends expressément à tous militaires quelconques, sous la responsabilité des chefs de corps, *de souffrir aucune femme dans les casernes, sous peine de punition sévère*, à l'exception cependant des femmes des militaires mariés ou celles qui porteraient à manger à quelques militaires, lesquels, par punition, seraient consignés au quartier ; mais elles seront, ces dernières, tenues d'en sortir de suite : bien entendu que les *cultivatrices* en sont totalement exceptées. Les commandans des places et militaires me répondront aussi de l'exécution de cet article.

10. Les commandans des places ou militaires dans les bourgs ne souffriront pas que *les cultivateurs et cultivatrices* restent en ville pendant les décades [1] ; ils surveilleront même à ce qu'ils ne puissent

---

[1] La *décade* se composait de dix jours dans le calendrier républicain de cette époque, et correspondait à la *semaine* du calendrier grégorien. Le cultivateur

s'y cacher : dans le cas contraire, ceux qui ne se conformeront pas à cette défense impérative, *seront punis*, la première fois, de *six jours d'arrêt*, *d'un mois* en cas de récidive, *destitués* s'ils retombent dans la même faute pour la troisième fois. Ils rendront compte des cultivateurs ou cultivatrices trouvés pendant la décade, aux commandans d'arrondissement qui devront également connaître les personnes chez lesquelles ils auraient été trouvés, pour iceux contrevenans, payer l'amende énoncée dans l'article 4 du présent règlement. Les cultivateurs et cultivatrices qui parviendront ainsi, aux commandans d'arrondissement, seront renvoyés par lui sur leurs habitations, *après punition subie*, comme je le prescris dans l'article 2 ci-dessus, en les annonçant aux commandans de leur quartier pour les surveiller à l'avenir.

11. Toutes les administrations municipales de Saint-Domingue sont chargées de prendre les mesures *les plus sages*, de concert avec les commandans de place et militaires, de même qu'avec les commandans d'arrondissement, pour s'assurer que ceux ou celles qui se disent *domestiques*, le soient réellement, en observant que *les cultivateurs ni les cultivatrices ne peuvent l'être :* les personnes qui en conserveraient en cette qualité, et iceux reconnus cultivateurs ou cultivatrices, ces mêmes personnes seraient condamnées à l'amende précitée ; il en serait de même de tous ceux qui soutireraient des cultivateurs ou cultivatrices, auxquels ils donneraient toute autre dénomination d'emploi.

12. Tous les commissaires du gouvernement près les administrations municipales, sont chargés de m'instruire de tous les abus qui existeraient de la non-exécution du présent règlement, comme d'en aviser les généraux commandant les départemens.

13. Chargeons les généraux commandant les départemens, les généraux et officiers supérieurs commandant les arrondissemens, de surveiller l'exécution du présent règlement, de laquelle je les rends personnellement responsables. J'aime à me persuader que leur dévouement à me seconder pour la prospérité publique, ne sera pas momentané, convaincus qu'ils sont, que *la liberté* ne peut subsister sans le travail.

Le présent règlement sera imprimé, lu, publié et affiché partout où besoin sera, même sur les habitations, pour que qui que ce soit n'en puisse prétendre cause d'ignorance ; il sera de plus envoyé avec ma proclamation du 25 brumaire an 7 précitée, qui sera à cet effet réim-

---

pouvait venir en ville pour vendre ses produits, mais il ne devait pas y séjourner.

primée, à toutes les autorités civiles et militaires, pour que chacun se conforme positivement aux devoirs qui lui sont imposés.

Délivré au quartier-général du Port-Républicain, le 20 vendémiaire an 9 de la République française, une et indivisible.

Le général en chef, TOUSSAINT LOUVERTURE.

Ce règlement de culture était l'application du régime militaire aux personnes adonnées au travail agricole : même subordination, mêmes devoirs, même sévérité envers ces dernières qu'envers les militaires de tous grades. En prenant T. Louverture selon sa nature et ses idées, ce système était logique ; tous les hommes de son pays devaient plier sous la même discipline. Il renforçait ainsi le système de réglementation de la liberté proclamée par Sonthonax, le 29 août 1793 : l'article 9 de cet acte disposait que les noirs attachés aux habitations de leurs anciens maîtres *seraient tenus d'y rester* pour travailler à la culture de la terre ; mais ils pouvaient changer d'habitation, d'après la décision des juges de paix, *autorité civile*. Dans le système de T. Louverture, c'était la même chose, excepté que *l'autorité militaire* était juge du cas, dominait la décision de l'administration municipale. Plusieurs des pénalités étaient semblables dans les deux systèmes ; mais le régime militaire l'emportait dans celui de T. Louverture. Nous avons dit, dans notre 2e livre, que le système de Polvérel se rattachait à celui de son collègue en bien des points, quoique plus libéral.

Désormais, voilà les cultivateurs, *noirs la plupart*, soumis à une discipline sévère pour le maintien de leur *liberté* ; mais au profit *des propriétaires* présens dans la colonie, *et des chefs militaires* fermiers des biens des absens. Ces derniers, concourant avec les municipalités, composées presque toutes des blancs colons, à prendre les mesures *les plus sages*, devinrent, comme eux, *juges et parties* dans leur propre intérêt contre les masses.

T. Louverture réalisa ainsi l'idée principale qui avait été le sujet de ses difficultés, de son dissentiment avec Biassou, et qui fut une des causes de sa soumission à Laveaux. En 1794, le moment n'était pas encore venu, les circonstances n'étaient pas favorables à l'exécution de ce plan, dans l'intérêt même *des colons;* mais en octobre 1800, rien ne s'y opposait plus; il l'exécuta[1].

L'article 2 du règlement du 12 octobre parle de *punition* à infliger aux *gérans, conducteurs, cultivateurs et cultivatrices*, avec la même sévérité qu'aux *militaires;* c'est de la punition *corporelle* qu'il s'agit, la même qui était appliquée contre les *Vaudoux*.

Le condamné était placé entre deux lignes de soldats armés de *verges épineuses*, tirées principalement du *bayahonde;* il était contraint de courir d'un bout à l'autre de l'enceinte où il était placé, pour que chacun des soldats pût le frapper de sa verge. Durant cette fustigation, *les tambours battaient la charge* comme à la guerre, pour exciter l'ardeur des soldats. Au commandant militaire présent et ordonnant la punition, était seul réservée la faculté (nous allions dire *le droit!*) de mettre un terme à ce supplice qui, parfois, était poussé jusqu'à *la mort* du patient, *suivant l'exigence des cas*, dit cet article 2[2].

Remercions Pétion et le Sénat de la République d'Haïti,

---

[1] Voyez tome 2 de cet ouvrage, p. 421, 422 et 431.

[2] Bien jeune encore, j'ai vu battre des verges des soldats et des cultivateurs sous T. Louverture en 1801, sous Dessalines, de 1804 à 1806.

Citons ici un passage curieux et instructif de *l'Histoire du consulat et de l'empire*, par M. Thiers, relatif au régime établi par T. Louverture.

« Cet esclave noir, devenu dictateur, avait rétabli à Saint-Domingue un état de société *tolérable*, et accompli des choses *qu'on oserait presque* apped'avoir fait cesser ce supplice douloureux, imposé par le despotisme militaire aux soldats de notre armée, aux cultivateurs, aux cultivatrices de notre pays et à bien des habitans, hommes et femmes, des villes et des bourgs ! A l'époque où il disparaissait dans l'Ouest et dans le Sud, il existait et continuait dans le Nord, sous Henri Christophe.

T. Louverture, en sévissant avec cruauté contre les hommes de couleur, avait agi dans l'intérêt de la faction coloniale : en rendant son règlement de culture qui atteignait les noirs, c'était encore agir dans cet intérêt principalement, puisque ces hommes étaient pourchassés des villes et des bourgs, contraints à rentrer sur les habitations de leurs anciens maîtres et d'y travailler, sous l'inspection des chefs militaires. Moïse avait le commandement en chef du département du Nord. Dessalines commandait les départemens de l'Ouest et du Sud. Celui de l'Artibonite n'était pas encore formé. Mais Moïse mettait moins de rigueur que Dessalines dans toutes ces mesures.

ler *grandes*, si le théâtre avait été *différent*, et si elles avaient été moins éphémères...

« *Les colons* avaient été bien accueillis et avaient reçu leurs habitations *couvertes de nègres, soi-disant libres*.... Souvent même Dessalines et Christophe les faisaient *pendre sous leurs yeux*. Aussi le *travail* avait-il recommencé avec une incroyable activité, sous ces nouveaux chefs *qui exploitaient à leur profit* la soumission *des noirs prétendus libres*.

« Et nous sommes loin *de mépriser* un tel spectacle ! Car ces chefs *sachant imposer le travail* à leurs semblables, même pour leur avantage *exclusif*, ces nègres *sachant le subir*, sans grand bénéfice pour eux, *dédommagés* uniquement *par l'idée qu'ils étaient libres, nous inspirent plus d'estime* que le spectacle *d'une paresse ignoble et barbare*, donné *par les nègres livrés à eux-mêmes*, dans les colonies récemment affranchies. » Tome 4e, édition de 1845.

Nous respectons profondément l'autorité de cet homme d'Etat ; mais nous disons : autre chose est d'écrire un livre à loisir dans son cabinet orné de tout le luxe de la civilisation, et autre chose est pour des noirs de subir, *malgré eux*, la pendaison et la fustigation par des verges épineuses. A moins d'être imbu des préjugés coloniaux, si M. Thiers avait assisté à l'un de ces supplices, il eût pensé autrement.

Les colons comprirent tellement que les mesures prises par le règlement du 12 octobre étaient dans leur intérêt, qu'aussitôt sa publication au Port-au-Prince, ils se montrèrent plus arrogans envers les noirs: des propos furent tenus *par eux*, et nécessitèrent une ordonnance du général en chef, qui fut vivement contrarié de ce qu'il considérait comme une imprudence de ses amis : il leur donna un avertissement, afin de ne pas compromettre l'œuvre qu'il voulait accomplir. Voici cette ordonnance rendue le 14 octobre.

À tous les citoyens de Saint-Domingue.

Citoyens,

Voulant prendre des mesures *sages et justes* pour policer le peuple de Saint-Domingue, en le ramenant à ses devoirs et empêcher par là *le vagabondage et le libertinage, auxquels l'homme est malheureusement trop enclin,* alors qu'il n'est pas retenu par une police *sévère:* voulant aussi faire connaître à tous les citoyens indistinctement, qu'ils doivent se rendre utiles à la République, par un état qui puisse assurer leur bonheur et procurer au besoin des secours à l'État ;

Je suis instruit cependant que des dispositions si utiles, en même temps qu'elles tendent à la tranquillité publique, sont *interprétées* par plusieurs mal-intentionnés *de toutes couleurs*, — et particulièrement par des habitans et *d'anciens propriétaires*, — en disant *aux cultivateurs et cultivatrices :* « Vous dites *que vous êtes libres !* Néan-
« moins, vous allez être *forcés* de rentrer chez moi ; et là, je vous mè-
« nerai comme *anciennement,* et vous ferai voir *que vous n'êtes pas*
« *libres.* »

Considérant que des propos de cette nature ne peuvent que *retarder* la restauration de Saint-Domingue, que nuire à la tranquillité publique, que perpétuer l'anarchie et occasionner les plus grands maux, alors que tout le monde devrait se restreindre à ses devoirs, *ne point se mêler des mesures sages que prend le gouvernement, que pour jouir* paisiblement de leurs heureux résultats, lorsqu'elles ne tendent surtout qu'au bonheur de tous, en instruisant chaque individu de ses droits, et en même temps des devoirs qu'ils lui imposent;

En conséquence, tous les commandans militaires de tous grades, les officiers de gendarmerie, etc. étaient tenus *d'arrêter* les auteurs de ces propos, *de les incarcérer étroitement*, en les tenant à la disposition du général en chef.

« Si c'est un *propriétaire*, il n'en sortira pas qu'il n'ait
« payé deux mille livres d'amende. — Si c'est un *mili-*
« *taire* gradué, il sera cassé et remis simple soldat. — Si
« c'est tout autre *particulier*, non habitant ni militaire,
« il sera également arrêté, puni de prison, et incorporé
« dans un régiment, s'il est d'âge : dans le cas contraire,
« sa détention sera prolongée, selon la nature des propos.
« — Si c'est une *femme*, telle qu'elle soit, elle payera l'a-
« mende précitée ; et faute de le pouvoir, détenue en pri-
« son durant un mois. »

On voit par les motifs de cet acte, que le général en chef de Saint-Domingue était décidément prévenu contre la nature de l'homme : aux Cayes, il le considérait *méchant par instinct* ; au Port-au-Prince, il le considéra *enclin au vagabondage et au libertinage*. Il faut donner cela au despotisme : ses moyens de répression sont aussi simples qu'énergiques ; et dans son raisonnement, en partant d'un faux principe, il arrive droit à son but : — interdire aux hommes la faculté d'examiner ses actes, leur prescrire d'y obéir aveuglément, parce que lui seul connaît ce qu'il doit et ce qu'il veut : tel est son but, telle est sa doctrine en deux mots.

Les termes de cette ordonnance nous font différer d'appréciation avec M. Madiou, qui attribue les propos tenus aux noirs cultivateurs, — aux *Français européens, du parti*
« *républicain particulièrement*, qui, voyant Toussaint
« marcher à grands pas *vers l'indépendance* de Saint-Do-

« mingue, *s'indignaient du dévouement aveugle* à sa
« personne, *des cultivateurs* du Nord et de l'Artibonite,
« *malgré les mauvais traitemens* qu'ils éprouvaient, *à*
« *peu près* comme dans l'ancien régime. Ils disaient
« aux anciens laboureurs de leurs habitations, *pour les*
« *exciter à la révolte : —* Vous dites que vous êtes li-
« bres, etc [1]. »

Il est évident que cette ordonnance ayant été rendue au Port-au-Prince, *deux jours* après le règlement de culture qui *autorisait* à tenir ces propos aux cultivateurs, on ne peut les attribuer aux Français républicains qui étaient hors de là : l'ordonnance en fait le reproche à des mal-intentionnés *de toutes couleurs,* — et particulièrement *aux habitans, aux anciens propriétaires.* Or, que signifiaient ces mots, sinon *les colons ?* Quand T. Louverture parlait des hommes de toutes couleurs, c'était pour couvrir ces colons qui, seuls, pouvaient tenir ce langage aux noirs cultivateurs, que le règlement contraignait à rentrer sur leurs habitations. Est-ce que les mulâtres et noirs anciens libres, propriétaires il est vrai, auraient pu se permettre un tel langage, après les cruautés exercées récemment encore contre eux? Les colons, propriétaires, pouvaient-ils désirer la *révolte* des noirs ?

D'ailleurs, les dispositions de ce règlement si sévère, renferment-elles quoi que ce soit qui indique une tendance, une marche à grands pas vers *l'indépendance* de Saint-Domingue ? Elles contiennent, au contraire, la preuve que T. Louverture faisait tout en ce moment-là pour complaire au gouvernement français, lui donner *des gages* de sa soumission à sa politique, qui avait pour but *de réagir*

---

[1] Histoire d'Haïti t. 2, p. 74.

contre les masses jadis esclaves : le règlement n'est rien autre chose qu'une réaction habilement cachée sous l'apparence de la liberté ; il en emprunte le mot comme un prétexte, tandis que les pénalités corporelles, l'emprisonnement, l'incorporation dans les régimens, constituaient *la perte de la liberté* pour le malheureux cultivateur et sa femme, *contraints à travailler* au profit de leurs anciens maîtres et des chefs militaires.

Ces mesures n'étaient-elles pas la restauration *complète* de l'ancien régime colonial, et non *à peu près*, comme le dit M. Madiou ? Et pouvaient-elles inspirer du *dévouement* à T. Louverture de la part des cultivateurs ? La terreur les obligeait à obéir passivement : ils ne pouvaient faire autrement [1].

Le 17 octobre, trois jours après l'ordonnance, parut une proclamation relative encore *à la culture*, pour expliquer le règlement du 12 : la gendarmerie était requise d'en assurer l'exécution sous l'autorité des commandans militaires.

Enfin, pour compléter *son système de fer* [2], (ici, nous sommes d'accord avec M. Madiou), le 23 octobre, T. Louverture fit un arrêté qui créait, dans chaque département, *un conseil de guerre* pour juger *le vol, l'assassinat, le pillage et le viol.* Les délits militaires étaient aussi de la compétence de ces conseils. Des conseils de révision furent institués en même temps, pour *réformer* leurs ju-

---

[1] « Mais, comme on s'est toujours servi *des mots* pour abuser *des choses,* « *les cultivateurs,* à l'aide de celui *d'intérêt public,* avaient été *contraints* de « recommencer leurs travaux pénibles, *n'avaient pas obtenu* en résultat leur « part au profit, *et avaient été remis* par les chefs noirs intéressés, *sous un ré-* « *gime plus dur que la verge de leurs anciens maîtres.* » Pamphile de Lacroix, t. 1.er, p. 397. Les colons étaient aussi *intéressés* que ces chefs à ce régime.
[2] Histoire d'Haïti, t. 2, p 74.

gemens s'il y avait lieu. Ces différens cas emportaient *peine de mort,* en vertu de la loi du 29 nivôse an VI, rendue en France, et rappelée dans l'arrêté du général en chef, daté du Port-au-Prince.

Les motifs donnés par cet arrêté se fondaient sur la nécessité de *policer* le peuple, pour assurer le libre exercice des droits de chaque citoyen et son bonheur, pour effectuer la restauration de Saint-Domingue qui exigeait impérieusement les mesures les plus fortes, en garantissant la sûreté des personnes et des propriétés. Il était dit aussi que *plusieurs citoyens,* prévenus de ces crimes, *pourrissaient* dans les prisons sans jugemens, parce qu'il n'existait pas, conformément à la loi, *des tribunaux correctionnels.*

Cependant, par son arrêté du 30 août, daté de Léogane, T. Louverture avait conféré les attributions *correctionnelles* aux tribunaux civils existans. Le fait est, que le but de l'arrêté du 23 octobre était d'obtenir une grande célérité dans le jugement de ces divers délits, et ce but est clairement exprimé dans deux autres considérans de cet acte.

« Considérant, dit-il, que ces crimes commis, n'importe par qui, soit par un militaire, soit par un citoyen non militaire, doivent immédiatement être réprimés avec toute la force des lois;

« Considérant que les conseils de guerre, seuls, dans les circonstances actuelles, peuvent mettre un frein à tous ces crimes, en rendant *promptement justice…..* »

Les formes ordinaires de la justice civile paraissent toujours trop lentes à un pouvoir qui veut atteindre promptement ses résultats. L'excuse à donner à T. Louverture est sans doute dans l'état de démoralisation où était parvenue la population coloniale, par suite des tourmentes révolutionnaires, des agitations sans cesse renaissantes, des nombreux crimes commis depuis 1789 et tout récemment encore. Quand une société est arrivée à ce point, si le gouvernement qui la régit est essentiellement *despotique,* il est en quelque sorte contraint lui-même à employer ces mesures expéditives pour assurer son empire, sa domination : il est forcé de briser toutes les résistances *qu'il fait naître,* et chaque jour amène de sa part des moyens coactifs.

T. Louverture sentait lui-même la contradiction qu'il y avait entre ces deux arrêtés du 30 août et du 23 octobre : voici comment il cherchait à pallier le mal, si mal il y avait dans *les attributions* données aux conseils de guerre.

« Art. 4. Les conseils de guerre et de révision seront
« composés *d'hommes sages, d'un jugement sain et droit;*
« ils jugeront *les convaincus (*non pas *les prévenus)* en
« *leur âme et conscience,* et conformément à la loi ; *ils*
« *n'y mettront pas de passion, de condescendance, de*
« *vindication, ni de partialité.* Les juges devront se pé-
« nétrer de leurs fonctions délicates, d'autant plus détail-
« lées, qu'ils auront en main la vie et l'honneur des
« hommes, qu'ils ne pourront jamais faire perdre *impu-*
« *nément,* sans en être directement responsables *envers*
« *Dieu et les hommes.* »

Le général en chef se réservait le droit *d'approuver* les jugemens rendus en dernier ressort : ils devaient lui être expédiés avant de recevoir leur exécution.

Accordons que ces conseils de guerre étaient composés ainsi qu'il est dit en cet article 4, et *les convaincus* ne pouvaient guère se plaindre. Mais, s'ils étaient composés comme ceux qui jugeaient, pour la forme, *les convaincus* de sympathies pour la cause de Rigaud, comme nous l'a appris Kerverseau, dont le témoignage a été cité au 4e livre, alors c'est autre chose : il n'y avait pas de garantie réelle ¹.

Ce qu'il y eut de singulier alors, c'est que, dans le moment même où T. Louverture créait des conseils de guerre pour juger les vols (et ce qui, peut-être, fut le motif secret de son arrêté), *un vol domestique* fut commis dans son propre palais, à son préjudice.

Une femme, nommée Victoire, avait toute sa confiance ; elle était dépositaire des clés de ses armoires : dans l'une se trouvaient des sommes d'argent et des papiers importans, des papiers d'État. Victoire eut la faiblesse d'ouvrir cette armoire à un cousin du général en chef et son aide de camp, nommé Hilarion : celui-ci enleva frauduleusement un sac contenant une somme assez forte. Nous ignorons comment le vol fut découvert ; mais Victoire en avoua toutes les circonstances à T. Louverture, qui fit arrêter les deux auteurs du vol et les livra au jugement d'un conseil de guerre. Il partit aussitôt pour l'Arcahaie, voulant faire penser qu'il laissait toute la liberté possible aux juges. Le conseil les condamna *à la réclusion*, sans doute en vertu des dispositions pénales du code des délits et des peines alors en vigueur, et parce qu'aussi, pour entraîner la peine *de mort* contre les délinquans, la loi du 29 nivôse an VI disposait que cette peine ne serait appliquée, dans les cas de vols commis *dans une maison habitée*, que lorsqu'il y aurait eu *effraction extérieure ou escalade.*

---

¹ La loi du 29 nivôse an 6 n'attribuait la connaissance de ces crimes aux conseils de guerre, que lorsqu'il y avait *plus de deux* personnes prévenues du même fait. L'arrêté ne fit point cette distinction,— un seul individu prévenu en était justiciable, militaire ou particulier. Environ un mois après, *des tribunaux spéciaux* furent aussi établis *en France*, pour juger des vols et autres crimes commis sur les grandes routes.

Or, dans le fait imputé aux accusés, il n'y avait eu aucune de ces circonstances aggravantes : c'était un simple vol domestique, commis par *abus de confiance.*

« Quand Toussaint reçut le jugement, dit M. Madiou, à qui nous empruntons ce fait, il entra dans une violente colère, *le déchira* et écrivit aux juges qu'ils eussent à *mieux* prononcer. Hilarion fut de nouveau jugé et condamné *à mort...* Il fut fusillé... par dix hommes de la garde d'honneur. La citoyenne Victoire, *qui était enceinte,* fut conduite en prison, où elle ne tarda pas *à accoucher;* quelques semaines après elle fut exécutée. L'on prétendit, à l'époque, que Toussaint ne s'était déterminé à faire mourir Hilarion, que parce que celui-ci, en lui enlevant le sac d'argent, avait pris lecture du *traité secret* qu'il avait fait avec le général Maitland [1].

M. Madiou a été mal renseigné, en plaçant ces faits en juillet 1801 : ils se passèrent à la fin d'octobre 1800, au moment même de la publication de l'arrêté du 23 de ce mois, daté du Port-au-Prince. T. Louverture ne visitait pas alors le département du Nord, comme le dit cet auteur ; il n'y fut qu'en novembre suivant. C'est donc pendant sa présence au Port-au-Prince que ce vol fut commis.

Nous l'attestons pour avoir *lu deux lettres* du général Agé, commandant l'arrondissement, à M. Mirambeau, alors chirurgien en chef de l'hôpital militaire de cette ville : la première, datée du 4 brumaire an 9 (26 octobre 1800), lui ordonnait d'aller visiter Victoire, *condamnée la veille et se déclarant enceinte,* afin de faire son rapport. M. Mirambeau, dont l'humanité et l'honorable caractère sont connus en Haïti, espérant sauver cette femme, déclara

---

[1] Histoire d'Haïti, t. 2, p. 106 et 107.

qu'il y avait lieu de la croire réellement enceinte ; il voulait gagner du temps pour cette malheureuse.

Mais le 18 nivôse an 9 (8 janvier 1801), Agé lui écrivit de nouveau, qu'en vertu *d'ordres supérieurs*, il eût à visiter Victoire de nouveau et à faire son rapport, l'avertissant que ce serait *sur sa responsabilité personnelle*. Force fut à M. Mirambeau de déclarer *qu'elle n'était pas enceinte :* elle fut exécutée le 9 janvier. T. Louverture était alors à Saint-Jean, en marche contre Santo-Domingo : il avait envoyé ses ordres de-là. Dans cette seconde lettre du général Agé, il est dit qu'Hilarion était *aide de camp* du général en chef, et non pas un officier *de sa garde*. Nous avons d'ailleurs lu une lettre de ce dernier à Hédouville, où il qualifiait Hilarion également d'aide de camp.

Toutes les traditions du pays attestent l'infirmation du premier jugement rendu par le conseil de guerre contre Hilarion et Victoire ; elles imputent également au premier d'avoir pris lecture de papiers importans. Mais, selon nous, il suffisait du vol commis par eux, soit avant l'arrêté du 23 octobre, soit immédiatement après, pour motiver cette rigueur de la part de T. Louverture ; et ce fut en violation de la loi même du 29 nivôse dont il ordonna l'application. Que l'on juge, après un tel fait, s'il y avait aucune garantie pour la vie de qui que ce soit, sous le gouvernement d'un tel chef.

Le 23 octobre, un autre arrêté fut publié, relatif aux comptes à rendre par les ordonnateurs et les contrôleurs de l'administration de la marine, autrement dit des finances. Cette administration avait été presque toujours vicieuse, par l'infidélité des comptables ; et nous avons plus d'une fois cité des faits à ce sujet, même à l'égard d'Idlinger, sous Sonthonax, en 1797. Or, Idlinger, destitué par J. Raymond, *pour cause*, avait été promu au grade d'adjudant-général, aide de camp du général en chef: depuis le départ d'Hédouville il était devenu le directeur général de cette branche de service. T. Louverture était économe, même parcimonieux des deniers publics[1]. D'accord avec Idlinger qui, peut-être, lui en suggéra la pensée, il supprima plusieurs emplois dans cette administration, renvoya les fonctionnaires, et la réorganisa d'une manière plus simple, pour assurer la restauration des finances. Simplifier, concentrer, sont des procédés naturels au despotisme. Par là, Idlinger lui-même avait ses coudées plus franches, pour *travailler les finances*, dans le sens que l'entendait Rochambeau.

Tandis que ces mesures étaient prises au Port-au-Prince, une protestation se manifestait dans la plaine des Cayes, contre la domination de T. Louverture. Elle eut lieu environ un mois après celle dirigée par Cottereau. Le 29 octobre, *un autre noir* nommé Jean-Charles Tibi, réunit aussi quelques hommes dans le canton du camp Périn, situé au haut de la plaine. Le général Laplume marcha contre eux avec deux bataillons. De même que Dessalines, il n'attaqua point cette poignée de rebelles, et leur fit offrir le pardon de leur faute. Heureux de cette voie de salut, lorsqu'ils ne pouvaient pas résister, ils cédèrent à cette promesse. Laplume, plus humain que Dessalines, fit arrêter et fusiller Jean-Charles Tibi, Jean Michel, son second, et trois autres des principaux révoltés : les autres furent renvoyés à leurs travaux agricoles.

Cette entreprise imprudente paraît avoir été liée à une autre qui se machinait dans le même temps, et qui était

---

[1] Kerverseau cité dans la Vie de Toussaint Louverture, page 265.

une combinaison *des colons* des Cayes, pour faciliter l'égorgement d'une foule d'individus, jusque-là épargnés par l'amnistie de T. Louverture.

L'un d'eux, nommé Collet, grand planteur, devenu en 1801 un des membres de la fameuse assemblée centrale dont nous examinerons les actes, employa à cet effet deux autres colons, Demuzaine Lagrenonnière et Codère, pour déterminer un homme de couleur du nom d'Ambouille Marlot, à se mettre à la tête d'un soulèvement : ils étaient liés intimement avec ce mulâtre. La nouvelle de la révolte de Cottereau était sans doute parvenue aux Cayes. Demuzaine et Codère persuadèrent le trop confiant Marlot, que c'était une insurrection générale dans le Nord, dirigée par le général Moïse contre son oncle : chacun connaissait les sentimens de Moïse au sujet de la guerre du Sud. Ils lui dirent aussi que Rigaud, ayant rencontré en mer une escadre française qui venait à Saint-Domingue, pour lui donner le commandement en chef et le soutenir contre T. Louverture, avait passé à Cuba afin d'y recueillir ses officiers : ils lui montrèrent de fausses lettres fabriquées dans le but de le convaincre. Le pauvre esprit de Marlot succomba à ce piége ; il ne pouvait supposer tant de perfidie de la part de ces deux blancs avec lesquels il était si lié : il avait oublié l'expérience faite depuis longtemps de leurs trames odieuses. Enfin, Marlot consentit à leurs propositions de se faire *général de division* de l'insurrection projetée, en même temps que Demuzaine se nommait *adjudant-général*, et Codère *colonel* de cavalerie. Ils furent immédiatement dans la plaine des Cayes recruter d'autres hommes de couleur et des noirs pour former l'armée : ces derniers s'empressèrent d'arriver sur le lieu convenu, et d'autres grades furent distribués. Ces faits se passaient pendant que Jean-Charles Tibi campait vers le camp Périn, et c'est ce qui donne lieu à croire que ce dernier agissait de concert avec les autres.

Leur rassemblement les avait compromis ; et malgré la punition des chefs du camp Périn, ils ne pouvaient échapper. Demuzaine et Codère, à ce moment, les quittèrent sur un prétexte futile et furent avertir Laplume.

Le 29 octobre, quatre jours après la dispersion des premiers révoltés, ce général réunit la troupe aux Cayes, y fit arrêter tous les officiers, tous les hommes qui avaient servi sous Rigaud, lesquels furent embarqués et mis aux fers. Le 30, il sortit de la ville pour aller contre Marlot et ses gens. S'arrêtant sur l'habitation Laborde, il envoya sa troupe, bien assuré de n'avoir rien à craindre du rassemblement de Marlot.

En apprenant que Laplume marchait contre lui, Marlot lui avait envoyé une lettre par un blanc nommé Rousseau, devenu son aide de camp et dupe comme lui de cette trame : cette lettre exprimait un regret tardif de la part de Marlot, qui réclamait la clémence du général. Celui-ci ne voulut pas y consentir et chercha à retenir Rousseau auprès de lui ; mais, poussé par le sentiment de l'honneur, Rousseau retourna auprès de Marlot, pour partager son malheureux sort. Demuzaine était aussi revenu au lieu du rassemblement.

Lorsque les troupes parurent, aucune résistance ne leur fut opposée ; Marlot prit la fuite et fut poursuivi : abandonné, il se fit sauter la cervelle [1]. Tous ceux qui furent

---

[1] M. Madiou se trompe en disant que Marlot fut pris et fusillé. Il se tua sur l'habitation Bry. La relation de cet épisode a été écrite par M. E. Fergeaud, des Cayes, sur des notes fournies par des témoins oculaires, et publiée sur un numéro du journal *le Temps*, en 1842.

pris subirent la mort. Demuzaine déclara qu'il avait été fait prisonnier par *ces brigands*. Amené pardevant Laplume, celui-ci lui demanda publiquement *la note* qu'il l'avait chargé de prendre de tous les complices de Marlot : Demuzaine l'avait déjà remise à un autre colon nommé Duval, secrétaire de Laplume, un des furieux de cette époque. Cette particularité prouve que Laplume n'ignorait pas la combinaison des colons qui, probablement, s'étaient entendus aussi avec T. Louverture pour arriver au résultat désiré : car, Collet devint l'un de ses intimes conseillers. Laplume, enfin, subjugué par l'influence des colons, témoigna le plus vif regret de la mort de Rousseau, tué avec ceux dont il avait épousé la cause.

Après ce succès du machiavélisme épouvantable de ce temps d'horreurs, une foule d'individus furent tués aux Cayes, les uns *mitraillés*, les autres *noyés, fusillés, baïonnettés, poignardés*. Une partie fut expédiée à Jacmel, d'où Dieudonné Jambon les envoya à Léogane, liés et garottés, sous la conduite du chef de bataillon Lacroix, noir, de sentimens honorables dans tout le cours de sa longue vie, lequel eut pour ces prisonniers les plus grands égards [1]. De Léogane au Port-au-Prince, un infâme conducteur contraignit ces infortunés à trotter, quoique liés, et à faire huit lieues en cinq heures.

Nous regrettons de ne pas connaître le nom de ce barbare, pour le signaler au mépris de la postérité, comme nous recommandons Lacroix à son estime.

Envoyés ensuite à Saint-Marc, quelques-uns furent incorporés dans la 4e demi-brigade par Dessalines, le reste fusillé ou baïonnetté par les ordres de T. Louverture.

[1] Lacroix, parvenu au grade de général de division et à 80 ans environ, est mort au Port-au-Prince, en janvier 1852.

Cette échauffourée d'Ambouille Marlot servit de prétexte à d'autres crimes vers Tiburon et dans tout le département du Sud, à de nouvelles rigueurs contre ses habitans.

Le Sud prit *sa revanche* à l'arrivée de l'armée sous les ordres du général Leclerc, qui venait pour faire autant et plus de mal encore ; mais du moins, la défection de ce département en entier contribua à la chute de T. Louverture. Des hommes énergiques se levèrent ensuite contre ces nouveaux tyrans ; et enfin, ils furent cause de la chute de Dessalines, pour le punir à son tour des excès qu'il y commit sous T. Louverture et sous son propre gouvernement.

On peut subjuguer le Sud, comme en 1800 ; mais il y a dans son tempérament, quelque chose de vivace qui sait faire explosion à un moment donné.

M. Madiou, déclare avoir eu « des renseignemens « d'après lesquels T. Louverture aurait fait exécuter, « pendant la guerre civile et après, sur tous les points de la « colonie, 5000 hommes *Rigaudins*, de l'âge de quatorze « ans à l'âge le plus avancé... Je n'entends pas, ajoute-t-il « avec raison, excuser ces crimes abominables qui, plus « tard, ont amené la chute violente de T. Louverture ; « mais avant tout, il faut être vrai [1]. »

Pamphile de Lacroix porte le nombre des victimes à dix mille, d'après la voix publique ; il ajoute que T. Louverture, seul, a connu le nombre de ces hécatombes humaines [2].

---

[1] Histoire d'Haïti, t. 2, p. 68. A ce sujet, nous remarquons que M. Madiou appelle *Rigaudins*, les partisans de Rigaud, tandis que T. Louverture les appelait *Rigaudistes*. Nous avons lu une lettre de lui où cette qualification leur est donnée : elle fut adressée à Roume.

[2] Mémoires, t. 1er p. 394.

T. Louverture lui-même a pu ignorer combien d'hommes ont été immolés par les ordres barbares qu'il a donnés ; car lorsqu'un chef proscrit en masse, et qu'il trouve d'affreux exécuteurs auxquels il a laissé une pleine latitude, il ne peut être assuré qu'ils n'ont pas été au-delà de ses désirs cruels. C'est pourquoi il disait avec une sanglante ironie : « J'avais dit de tailler l'arbre, mais non pas de le « déraciner. »

Qu'importe, après tout, à la postérité, de savoir le chiffre de ses cruautés dans le Sud ou ailleurs, à l'occasion de la guerre civile ? Sommes-nous à ce moment à la fin de ses crimes ? Il y en a encore d'autres à relater.

CHAPITRE II.

Règlement sur la perception des frais par les tribunaux civils.— Création d'une garde d'honneur.— T. Louverture va au Cap où il est fêté par les colons.— Il fait arrêter Roume qui est conduit au Dondon.— Motifs de cette mesure.— Autres actes administratifs.— Création des douanes, abolition de l'impôt du quart de subvention, établissement de celui sur l'importation des marchandises et l'exportation des denrées. — Acte modifiant le précédent.— Lettre de T. Louverture à Don J. Garcia, pour la prise de possession de la partie espagnole.

Voyons quelques actes politiques et administratifs de T. Louverture. Ce sujet nous plaît davantage.

Le 5 novembre, étant encore au Port-au-Prince, il fit un règlement pour autoriser les tribunaux civils *à percevoir des frais* dans leurs opérations judiciaires.

Après son retour au Port-au-Prince, venant des Cayes, il s'était créé une *garde d'honneur* composée d'environ deux mille hommes, infanterie et cavalerie [1]. L'infanterie fut confiée au commandement du chef de brigade Magny, un des noirs les plus estimables du pays, né au Cap, parfaitement instruit dans l'art militaire et éclairé, judicieux. La cavalerie, divisée en deux escadrons, était com-

---

[1] Il se modela sur la création de la garde consulaire portée à 1800 hommes.

mandée, l'un par Monpoint, autre noir honorable, et Morisset, homme de couleur, d'une grande réputation, tous deux également du Nord. Les officiers inférieurs étaient aussi des noirs et des hommes de couleur, mêlés à de jeunes colons blancs, de l'ancienne noblesse de Saint-Domingue, tels que O Gorman, Saint-James, propriétaires au Cul-de-Sac : ces derniers avaient servi dans les troupes anglaises.

Un riche costume fut donné à cette garde d'honneur : c'était celui des anciens *gardes du corps* des Rois de France. L'homme du Nord, l'ancien serviteur de la cause de Dieu et des Rois, se peignait dans le choix de ce costume. Les hommes qui composaient cette garde avaient été choisis parmi les meilleurs des demi-brigades de l'armée : leur discipline était admirable sous de tels chefs et sous les yeux de T. Louverture ; ils étaient déjà parfaitement exercés dans leur métier ; ils acquirent par la suite plus d'aplomb.

Quand T. Louverture employait dans sa garde d'anciens colons nobles, c'est dire qu'il s'attacha aussi à remplir les tribunaux et toutes les administrations des autres colons : partout ils occupaient les meilleures places. Ceux qui n'étaient pas employés n'en étaient pas moins accueillis avec faveur [1]. Les prêtres surtout étaient plus que jamais l'objet de ses soins, de sa protection particulière ; ils y répondaient du haut de la chaire, dans le confessionnal, en exhortant les esprits à la soumission envers celui dont Dieu avait fait son Élu.

Ayant appris que l'ancien gérant de l'habitation Breda

---

[1] A cette occasion, Pamphile de Lacroix dit que T. Louverture abolit le calendrier de la République française. Ce n'est pas vrai ; tous ses actes jusqu'à l'arrivée de Leclerc portent les dates et les mois de ce calendrier.

était dans le dénûment aux États-Unis, il lui fit écrire, dit-on, de venir s'occuper de nouveau de ses anciens travaux sur cette propriété. Le gérant s'empresse d'arriver au Port-au-Prince et d'aller se présenter à T. Louverture, qu'il veut *embrasser* pour lui témoigner sa reconnaissance, croyant encore voir l'ancien cocher de Bayon de Libertas dans le général en chef de Saint-Domingue. Mais celui-ci recule avec dignité et dit au gérant : « Doucement, « M. le gérant, il y a aujourd'hui plus de distance *de moi* « *à vous* qu'il y en avait autrefois *de vous à moi*. Rentrez « sur l'habitation Breda; soyez juste et inflexible; *faites* « *bien travailler les noirs*, afin d'ajouter par la prospérité « de vos petits intérêts à la prospérité générale de l'admi- « nistration du *Premier des Noirs*, du général en chef de « Saint-Domingue[1]. »

Cette scène qui laissa ce blanc confus, caractérise fort bien l'orgueil où T. Louverture était parvenu, et *l'indépendance* où il mettait *ses frères* vis-à-vis des colons.

Après leur avoir donné tous ces gages d'une protection, d'une sympathie non équivoques, il voulut aller jouir de son triomphe dans sa ville chérie. Il partit pour le Cap dans le courant de novembre. Aux Gonaïves, autre ville de sa prédilection, il fut fêté.

A son approche du Cap, les colons lui dressèrent un magnifique arc-de-triomphe : il fallait célébrer celui remporté sur « *le tyran du Sud,* nouveau *Caïn* qui avait fui « de la colonie, chargé de la malédiction publique et por- « tant à jamais le signe de la réprobation. »

Dans le système colonial, *les blancs* disaient que *les noirs* d'Afrique étaient les descendans de Caïn, maudit par

---

[1] Pamphile de Lacroix, t. 1er p. 399.

Dieu pour avoir tué son frère, et que leur couleur noire était le signe visible de sa réprobation : d'où ils concluaient que leur esclavage était autorisé par la Divinité, pour les punir de la faute, du crime commis par Caïn sur Abel. En 1800, ils disaient *des mulâtres*, leurs enfans, ce qu'ils disaient anciennement des noirs. T. Louverture ne les autorisait-il pas à tenir ce nouveau langage?...

Patience ! c'est à *une lieue* de l'endroit où fut dressé cet arc-de-triomphe, que l'un de ces *Caïns*, en fuite alors avec Rigaud, donnera le signal nécessaire à l'affranchissement de Saint-Domingue, de toute la faction coloniale. Dieu qui voit et entend tout, sait aussi réserver sa justice pour le moment opportun. Les coupables ! ils ne savaient donc pas tout ce qu'une âme fière peut puiser de patriotisme, d'énergie et de résolution, dans l'adversité de l'exil !..

Enfin, T. Louverture fit son entrée triomphale au Cap, le 25 novembre. Des vers lui furent récités par une femme blanche *d'une rare beauté;* elle lui posa une couronne de lauriers sur la tête et le compara à Bonaparte. T. Louverture *l'embrassa*, et c'était juste : le compliment méritait *cette faveur* du général en chef, qui alla occuper la maison du gouvernement, l'ancien couvent des *Jésuites:* ce lieu convenait bien à son logement où il était entouré de sa belle garde d'honneur.

De-là, il se rendit à la Mairie, au sein de l'administration municipale, toujours si obséquieuse. A cet hôtel de ville, il reçut les complimens de tous les hauts fonctionnaires : dans leurs discours, ils le comparaient,—l'un, à Bacchus,—l'autre, à Hercule,—un troisième, à Alexandre-le-Grand, — un quatrième, à Bonaparte, devenu plus grand que le Macédonien [1].

---

[1] Nous empruntons le fond de ce récit à M. Madiou, t. 2, p. 75 et 76.

Il n'en fallut pas davantage pour perdre T. Louverture : ces comparaisons flatteuses et outrées, surtout celle relative au Premier Consul, étaient propres à augmenter sa vanité, son orgueil, déjà portés à un haut point. En vain croira-t-on que par son esprit supérieur, il était inaccessible à ces petites choses qui entraînent les chefs dans de fausses routes : les louanges démesurées sont un danger permanent pour eux, car ils sont des hommes, sujets à toutes les faiblesses de l'humanité. T. Louverture qui avait son plan dressé, les accueillait avec plaisir, parce qu'elles le facilitaient : il jouait son rôle. Les colons aussi avaient leur plan et jouaient leur rôle convenablement. Eux et lui arrivaient ainsi à la réalisation de ce qu'ils avaient toujours désiré ; car l'alliance de T. Louverture avec la faction coloniale n'a jamais été suspendue. Qu'on le suive dans tous ses procédés depuis 1791, on sera forcé d'en convenir : c'est, parmi nos révolutionnaires, celui qui a été le plus conséquent avec ses principes, le plus persévérant dans leur application.

Comme il n'était pas venu au Cap pour recevoir seulement l'encens des colons, dès le lendemain de son arrivée en cette ville il rendit l'acte suivant :

Toussaint Louverture, général en chef de l'armée de Saint-Domingue,
A ses concitoyens.

Les devoirs de la place du citoyen Roume étaient, en sa qualité de représentant du gouvernement français, de consacrer ses facultés morales et physiques au bonheur de Saint-Domingue et à sa prospérité. Bien loin de le faire, il a, ne prenant conseil que des intrigans qui l'environnaient, *semé la discorde parmi nous et fomenté les troubles qui n'ont cessé de nous agiter* [1].

---

[1] Justice divine ! comme tu arrives toujours pour punir les hommes ! Roume avait dénoncé Hédouville, pour avoir jeté *la pomme de discorde à*

Cependant, malgré les calomnies qu'il n'a cessé de lancer contre moi dans ses lettres pour France et Santo-Domingo, il sera à l'abri de tout désagrément ; mais mon respect pour son caractère (public) ne doit pas m'empêcher de prendre les mesures les plus sages pour lui ôter la faculté *de tramer* de nouveau contre la tranquillité, qu'après tant de secousses révolutionnaires, je viens d'avoir le bonheur d'établir.

En conséquence, pour l'isoler des intrigans qui n'ont cessé de le circonvenir ; pour répondre d'un autre côté *aux plaintes* que toutes les communes m'ont faites à son égard par l'organe de leurs magistrats, le général de brigade Moïse fera procurer audit citoyen Roume, deux voitures et une escorte sûre, laquelle le conduira, avec tout le respect dû à son caractère, au bourg du Dondon, où il restera *jusqu'à ce que le gouvernement français le rappelle pour rendre ses comptes.*

Au Cap-Français, le 5 frimaire an 9 de la République française, une et indivisible (26 novembre).

Ce fut l'avant-dernier acte de mépris pour l'autorité de la métropole, que commit T. Louverture. Les motifs qu'il donna dans cet acte pour interner Roume au Dondon ne sont pas ceux qu'il avait contre lui : le vrai motif était l'arrêté du 16 juin, par lequel cet agent avait rapporté celui du 27 avril, qui l'autorisait à prendre possession de la partie espagnole. Décidé à effectuer ce mouvement pour réunir toute l'île sous sa domination et lui donner une constitution spéciale, il lui fallait briser ce reste d'autorité nationale en faisant Roume prisonnier, en rendant toute protestation de sa part nulle, par le seul fait de sa détention, cachée sous l'apparence du bien public. Si Roume était un homme dangereux pour ses vues, il l'aurait contraint à s'embarquer comme Sonthonax et Hédouville ; mais T. Louverture jugeait avec un tact admirable, que son complice dans les provocations à la guerre

---

son départ : le voilà maintenant dénoncé par son complice pour le même fait. Voilà Rigaud vengé de tout ce que Roume avait écrit et ordonné contre lui.

civile du Sud avait suffisamment dégradé son caractère de représentant de la France et son caractère d'homme privé, pour n'être plus à craindre.

Les condescendances de Roume pour sa convention commerciale avec les États-Unis, son silence gardé à l'égard de ses conférences avec Maitland aux Gonaïves, l'avaient jeté dans le mépris de tout Français qui, dans la colonie, aimait la France.

Il n'était pas moins méprisé des colons, quoiqu'il eût servi leurs vues en cela et dans les opérations pour la guerre du Sud ; ils ne lui pardonnaient pas d'avoir dévoilé leurs plans sanguinaires et liberticides, à son arrivée à Santo-Domingo, en 1796.

Enfin, T. Louverture dut penser encore que, jusqu'à un certain point, le gouvernement consulaire lui-même ne pouvait avoir en grande estime, un agent qui avait souscrit à la convention commerciale rédigée contrairement aux intérêts de la France, bien que le Directoire exécutif l'eût approuvée.

Quant à la population noire et jaune, il va sans dire qu'elle ne pouvait être fâchée de ce que faisait le général en chef : l'une dominait avec lui, l'autre trouvait dans ce fait, la juste punition infligée à un coupable qui avait tant contribué à son malheur.

C'est à ce dernier point de vue que nous jugeons aussi la détention de Roume au Dondon. Nous ne lui accordons pas plus nos sympathies, que nous ne les avons accordées à Savary aîné et J. Raymond pour leur conduite respective, le premier en 1793, le second en 1796. Ils ont tous trois encouru les justes reproches que nous avons fait à leur conduite ; ils ont mérité d'être traités comme ils l'ont été.

Roume resta plusieurs mois au Dondon, sollicitant son renvoi en France. Il paraît qu'il n'obtint cette permission que sur les instances du colonel Vincent, mais après la prise de possession de la partie espagnole. Il se rendit d'abord aux États-Unis [1].

Le 17 décembre, en apprenant ce fait de réclusion au Dondon, A. Chanlatte adressa une lettre à Don Garcia, pour lui demander de mettre à sa disposition « 500 dra- « gons de son choix, dont le courage et la bonne volonté « soient bien connus, » afin de se mettre à leur tête et d'aller enlever Roume. Il voulait, disait-il au gouverneur espagnol, venger l'outrage fait à l'autorité nationale en la personne de son agent. Il lui faisait le serment de périr ou de dégager Roume de son emprisonnement, et demandait que ces 500 dragons fussent bien montés, bien équipés, bien armés et bien approvisionnés ; enfin, surtout le secret et la célérité dans ces préparatifs.

Quelle que fût la bravoure de Chanlatte, nous pensons qu'il voulait seulement avoir dans ses archives de délégué ou plutôt dans son porte-feuille, la copie de cette lettre pour aller prouver au gouvernement consulaire qu'il avait rempli un devoir consciencieux, en faisant cette demande de dragons ; car il avait trop de sens pour croire que T. Louverture eût négligé de mettre au Dondon, une force militaire capable de faire maintenir la détention de son prisonnier d'État ; et il devait concevoir en outre que la partie espagnole ne tarderait pas à être envahie par le général en chef : il connaissait assez sa persévérance dans une idée une fois adoptée.

---

[1] Voyez au chapitre 4 de ce livre, la mention d'une lettre de T. Louverture au Premier Consul, relative à Roume.

Dans le même mois où Roume était confiné au Dondon, le gouvernement consulaire rendait à peu près la pareille à T. Louverture, à l'égard de ses enfans qui étaient en France. Le général en chef y avait envoyé l'adjudant-général Huin, avec mission de les ramener à Saint-Domingue, et probablement pour s'assurer aussi de l'opinion qu'on avait de lui. Fouché, ministre de la police générale, ne tarda pas à savoir ce qu'il avait en vue : il ordonna à ses agens de le surveiller, et il fut décidé que les fils de T. Louverture, Placide et Isaac, resteraient en France.

Précédemment, à la fin de 1797, au moment où le général Hédouville devait se rendre à Saint-Domingue, le Directoire exécutif en avait agi de même à l'égard du fils d'André Rigaud. Pelletier, que ce général avait envoyé en mission auprès du Directoire, était chargé de ramener ce jeune homme : il fut voir le général Hédouville qui *pensa,* qu'en raison de la conduite *équivoque* de Rigaud, son fils devait être gardé en France. Quelques mois après, la sollicitude du colonel Vincent pour Louis Rigaud, obtint qu'il passât du collége de Liancourt à celui dirigé par M. Coisnon, où se trouvaient les autres jeunes gens de Saint-Domingue : il était malade à Liancourt, et Vincent lui témoigna des attentions vraiment paternelles. Nous avons vu que Rigaud sut être reconnaissant des bontés de ce colonel pour son fils.

Il résulte de ces deux faits, que le gouvernement français se faisait *des otages* en gardant les fils de ces deux généraux en France : ils recevaient néanmoins tous les soins qu'on leur devait, en continuant leur éducation [1].

[1] Le fait relatif aux fils de T. Louverture se trouve confirmé, par ces paro-

En commettant cette violence envers Roume, T. Louverture s'aperçut que des Français attachés à leur pays n'avaient plus aucune confiance en lui et partaient pour l'étranger : il craignit les rapports qu'ils ne manqueraient pas d'y faire et qui parviendraient nécessairement au gouvernement consulaire. Des hommes de couleur aussi cherchaient à se mettre à l'abri des persécutions qui continuaient contre eux. T. Louverture devait craindre d'être appelé aussi *à rendre ses comptes.*

Ce furent les motifs de l'ordonnance qu'il publia, le 1er décembre, au sujet des passeports à délivrer à ceux qui demandaient à aller *en France* ou dans tout autre pays étranger : lui seul pouvait les accorder, bien entendu quand il le voudrait. Il y établit des pénalités contre tous contrevenans, *des amendes* de 4 mille, de 6 mille gourdes contre eux, *la confiscation de leurs propriétés*, et également contre les capitaines des navires qui les recevraient, même *la confiscation de ces navires.*

Le 2 décembre, il publia une adresse aux habitans de Saint-Domingue, pour leur faire part d'une lettre qu'il venait de recevoir de l'abbé G. Mauvielle, curé de Noisy-le-Sec, près Paris, qui avait été nommé ou élu évêque par le concile national de France, afin de venir occuper un siège à Saint-Domingue. La lettre de cet évêque était du 26 mars ; elle avait été concertée avec H. Grégoire, ancien évêque de Blois, et répondait à des communications précédemment faites à ce dernier par T. Louverture, qui le

---

les qu'il adressa à un colon qui était sur le point de partir pour se rendre en France à la fin de 1801: « Bien plus, dit-il, Bonaparte me refuse mes enfans; « il semble vouloir en faire des otages, comme si je n'avais pas donné assez « de garanties à la France ! » — *Mémoires de Pamphile de Lacroix*, t. 2. p. 57.

priait de lui envoyer douze bons prêtres pour la colonie. L'évêque Mauvielle se préparait à s'y rendre avec ces prêtres, et lui faisait savoir que le concile national, procédant d'après les formes établies par la constitution civile du clergé en France, avait créé quatre siéges épiscopaux à Saint-Domingue.

Mais aussitôt la publication de cette lettre, les prêtres curés, déjà fonctionnant dans les diverses paroisses de la colonie, se déclarèrent en opposition avec l'acte du concile national, par la raison qu'il n'était pas autorisé par le Pape, seule puissance spirituelle qu'ils reconnaissaient ; ils se promirent de n'avoir aucune relation avec l'évêque Mauvielle et les autres prêtres qui viendraient avec lui, les considérant comme schismatiques. C'était la reproduction de la querelle entre les prêtres assermentés et non-assermentés, en France, qui avait bouleversé l'Église gallicane. T. Louverture en fut excessivement irrité ; et cette fois, il blâma sévèrement les curés qui manifestaient de l'opposition à ses vues : preuve évidente qu'il n'employait la religion que comme moyen politique [1].

Le 5 décembre, il émit une ordonnance relative à de nouvelles rues et des quais qu'il ordonna pour l'agrandissement du Cap.

Le 10, il fit installer Julien Raymond en qualité *d'administrateur général des domaines nationaux*, à la résidence du Cap. Jusque-là, Raymond avait suivi le sort de Roume dont l'étoile avait pâli depuis longtemps : il rece-

---

[1] Néanmoins, à l'arrivée de l'évêque Mauvielle, quelques mois après, il le plaça dans la partie espagnole, pour éviter toute collision entre lui et les prêtres de la partie française. Lecun, préfet apostolique au Port-au-Prince, y était revenu après le départ d'Hédouville. On se rappelle la lettre de T. Louverture à cet agent, concernant Lecun : c'était ce dernier qui était l'âme de cette opposition à Mauvielle.

vait l'emploi qui convenait à toutes ses ruines, pour tâcher de vivre, sinon de refaire sa fortune : l'arrêté consulaire recevait enfin son exécution.

Une autre mesure essentielle à la bonne administration du pays est celle que prit T. Louverture, le 12 décembre. Faisons-la connaître dans ses parties principales : c'est un règlement adressé *aux citoyens*, et daté du Cap.

Ma constante sollicitude pour le bonheur de mon pays m'ayant fait connaître les abus sans nombre qu'entraîne avec lui l'impôt du *quart de subvention*, je me suis déterminé à le convertir en un droit simple sur les objets d'*importation* et d'*exportation*. Et afin que les contributions pèsent également sur toutes les propriétés, d'après leur valeur, de créer un impôt sur les produits des maisons et des diverses manufactures, équivalant à celui qui est établi sur les revenus des habitations, de manière que les produits réunis puissent suffire *au paiement de l'armée et des fonctionnaires publics, privés depuis longtemps de leurs appointemens.*

Mais, n'ayant jamais pu être instruit avec précision de la quotité des revenus publics, à cause de la complication de l'administration actuelle et des difficultés de perception ; mon but étant de parvenir à une connaissance exacte de nos ressources, j'ai pensé que le moyen le plus sûr et le plus naturel d'y parvenir était de simplifier les opérations de l'administration : ce qui doit en même temps affranchir mes concitoyens des frais de perception considérables, et faire cesser une multitude de fraudes et d'abus ; me réservant, après avoir obtenu des résultats certains sur nos dépenses et nos recettes, d'*augmenter* ou de *diminuer* ces mêmes droits, suivant les besoins de la colonie.

En conséquence, j'arrête ce qui suit :

1. A dater du jour de la publication du présent arrêté, les droits du *quart de subvention*, du *seizième* et du *vingtième*, établis sur les revenus des habitations et perçus *en nature*, sont *abolis*.

2. Toutes les denrées *exportées* de la colonie, de quelque nature qu'elles soient, sont soumises à un droit de sortie de *vingt pour cent*.

4. Toutes les marchandises *importées* dans la colonie, quelle que soit leur qualité et leur valeur, sont soumises à un droit d'entrée fixé à *vingt pour cent*.

6. Les importations et les exportations de la colonie ne pourront avoir lieu que par les ports désignés par le gouvernement.

7. Dans les ports désignés pour les importations et exportations, il sera établi des *douanes* ....

8. Dans chacun des ports destinés aux importations et exportations, il sera nommé un *directeur* des douanes, un *peseur* public, un *vérificateur*, et un *contrôleur* chargé de surveiller constamment les opérations des trois premiers.

9. Les droits d'exportation et d'importation seront perçus *en numéraire* ....

12. Tout directeur, peseur, vérificateur ou contrôleur des douanes, prévenu d'avoir prévariqué dans l'exercice de ses fonctions, *sera traduit devant un conseil de guerre*; et s'il est déclaré coupable, jugé et puni conformément aux lois.

17. Toutes les *maisons* des villes, bourgs et embarcadères sont imposées à un droit de *vingt pour cent* de la valeur de leur loyer.

21. Toute *manufacture*, de quelque nature qu'elle soit, comme *guildive*, *tannerie*, *chaufournerie*, *poterie*, *briqueterie* et *tuilerie*, dont les produits se consomment dans la colonie, sera assujétie à un droit de *vingt pour cent* sur la valeur de tous les objets qui y seront fabriqués ou manufacturés.

Des dispositions de détails, des pénalités étaient établies pour assurer l'exécution de ce règlement et punir les contraventions qui y seraient faites. Dans les autres ports non ouverts à l'importation et à l'exportation, des receveurs particuliers étaient établis pour veiller aux fraudes, délivrer des acquits-à-caution pour le transport des marchandises et des denrées.

Nous pensons que l'idée de cette institution de douanes fut empruntée à l'administration si intelligente des Anglais, durant leur occupation de quelques points de la colonie. Au reste, les hommes qu'employait T. Louverture dans son administration étaient eux-mêmes fort capables.

Le jugement et la punition des fonctionnaires prévaricateurs par *des conseils de guerre*, complétaient le système militaire.

Le 19 décembre, T. Louverture fixa les appointemens de ces fonctionnaires des douanes : le contrôleur recevait 10 mille francs par an, — le directeur 8 mille, — le vérificateur 7 mille, — le peseur 6 mille. T. Louverture seul pouvait leur faire toucher ces sommes du trésor public, sur des ordres émanés de lui.

Le 31, sur les représentations d'Édouard Stevens, consul général des États-Unis, il modifia le droit imposé sur les importations, ainsi qu'il suit :

Sur les justes représentations qui nous ont été faites par le consul général des États-Unis à Saint-Domingue, M. Stevens, dont nous connaissons l'attachement pour la colonie ;

Désirant maintenir les liaisons commerciales établies entre le continent (d'Amérique) et les diverses autres îles en relation de commerce avec Saint-Domingue ;

Voulant leur en manifester la preuve, par la facilité que je désirerais pouvoir procurer aux divers armemens qui se font journellement pour Saint-Domingue ;

Désirant aussi fixer les ports de cette colonie dans lesquels les divers bâtimens *neutres et étrangers* pourront entrer et prendre chargement ; conciliant *l'intérêt étranger* avec celui du *cabotage français* sur lequel aussi je dois porter ma sollicitude ; ...

2. Toutes les marchandises importées dans la colonie, quelles que soient leur qualité et leur valeur, sont seulement soumises à un droit d'entrée fixé à *dix pour cent*.

4. Les ports désignés pour les importations et exportations sont .... le Cap, le Môle, le Fort-Liberté, le Port-Républicain, les Gonaïves, Jacmel, les Cayes, Saint-Louis et l'Anse-à-Veau.

Ce dernier arrêté fut pris au Port-au-Prince où T. Louverture s'était transporté.

On remarquera que le règlement sur les douanes établissait les droits d'importation, sans distinction de *nationalité* pour les navires. Ainsi ceux de France y étaient assujétis comme les autres. Ces idées se complètent dans le dernier arrêté : les bâtimens *neutres* ne pouvaient être que ceux des nations qui n'étaient pas en guerre avec la France ; les bâtimens *étrangers* s'entendaient même des navires français, puisque les navires *anglais* étaient admis sous pavillon neutre ; le *cabotage français* s'entendait de celui de Saint-Domingue qui était toujours français.

Ainsi, avant la constitution qui fut publiée dans cette colonie quelques mois après, ces dispositions sur le commerce établissaient un ordre de choses tout-à-fait équivoque, par rapport à la métropole. Le génie audacieux de T. Louverture avait pris son vol, dès son triomphe sur Rigaud. Il ne pouvait plus s'arrêter ; et à peine il avait renfermé Roume au Dondon, qu'il donnait suite à ses idées sur la prise de possession de la partie espagnole.

Etant encore au Cap, le 20 décembre, il adressa la lettre suivante à Don Garcia :

Au Cap, le 29 frimaire an 9 de la République française une et indivisible.

Toussaint Louverture, général en chef de l'armée de Saint-Domingue, A Son Excellence Don Joachim Garcia, etc.

Monseigneur,

J'avais eu l'honneur de vous mander des Cayes [1], que *je me réservais* à mon premier voyage au Cap, de vous écrire pour vous demander justice de l'insulte faite au gouvernement, en la personne d'un de ses officiers-généraux, son envoyé auprès de l'audience espagnole. Je vous avoue que si j'ai dû être surpris d'un procédé si contraire aux règles établies entre les nations policées, mon devoir me prescrit impérativement d'en obtenir *une réparation*. J'espère donc, Monseigneur, que

---

[1] Nous ne possédons pas la lettre écrite des Cayes.

vous ne me la laisserez pas désirer plus longtemps, en me répondant d'une manière satisfaisante à ma réclamation.

Des raisons d'État ont déterminé l'agent du gouvernement *à m'ordonner*, le 7 floréal an 8 (27 avril) de prendre, au nom de la République, possession de la partie de cette île cédée à la France par Sa Majesté Catholique, d'après le traité conclu à Bâle entre les deux nations. En conséquence, je vous préviens que j'ai chargé le général Moïse, commandant en chef la division du Nord, de cette importante expédition ; et, d'après l'outrage qu'a essuyé le gouvernement en la personne du général Agé pour la même mission, j'ai dû faire accompagner le général Moïse d'une force armée suffisante, pour l'exécution du traité et pour la protection de toute cette partie de l'île, contre les entreprises des ennemis de la République.

Je désire de tout mon cœur que la conduite franche et loyale des habitans et la vôtre, Monseigneur, réalise mes espérances et me mette à même de contremander la plus grande partie des troupes que l'expérience a nécessité de mettre en mouvement, pour assurer la pleine et entière exécution *des ordres* du gouvernement.

J'espère également, Monseigneur, que vous voudrez bien ne point laisser ignorer aux Espagnols qui resteront sous les lois françaises, que leurs personnes et leurs propriétés seront respectées, et qu'il ne sera rien innové aux usages religieux qu'ils professent. Recevez-en, Monseigneur, je vous prie, ma parole inviolable de militaire. Soyez en même temps persuadé que si j'insiste sur la réparation que je réclame de Votre Excellence, à l'occasion de l'insulte faite au gouvernement en la personne du général Agé, c'est parce que j'ai uniquement à cœur, en faisant respecter *le nom français*, d'entretenir les liaisons d'amitié qui existent entre les deux métropoles.

Que Dieu vous prenne, Monseigneur, en sa sainte garde.

J'ai l'honneur d'être, *avec tous les égards dus à votre mérite et à votre dignité*, etc.

Toussaint Louverture.

Ce n'était plus le même personnage de 1794, se plaignant à Don Garcia contre Biassou, lui demandant sa protection : en 1800, il s'agissait d'une réparation à obtenir du gouverneur espagnol lui-même. Que le lecteur remarque l'ironie qu'exprime la souscription de cette lettre : il va la voir reproduite dans une autre lettre. T. Louverture aimait cette figure, lorsqu'il triomphait de ceux qui lui étaient opposés.

CHAPITRE III.

Toussaint Louverture arrive à Saint-Jean. — Lettre du 4 janvier à Don Garcia. — Proclamation du même jour aux Espagnols. — Réponse de Don Garcia, du 6 janvier. — Nouvelle lettre de T. Louverture, datée d'Azua. — Combat à Nisao. — T. Louverture arrive à Bany. — Lettre à Don Garcia. — D'Hébécourt envoyé à Santo-Domingo. — Convention prise avec Don Garcia. — T. Louverture entre à Santo-Domingo, le 26 janvier. — Réfutation de faits rapportés par divers auteurs. — Lettre de T. Louverture à Don Garcia, du 28 janvier, et réflexions à ce sujet. — Dispositions diverses prises par T. Louverture. — Départ de Don Garcia de Santo-Domingo, le 22 février.

En écrivant à Don Garcia la lettre du 20 décembre 1800, T. Louverture avait déjà fait toutes ses dispositions pour entrer dans la partie espagnole. Il ne lui parlait que du général Moïse, accompagné de quelques troupes, chargé d'en prendre possession, tandis que lui-même allait se mettre à la tête d'une autre colonne plus forte pour marcher contre Santo-Domingo. Du Cap, il se rendit au Port-au-Prince, ainsi que nous l'avons vu par l'arrêté du 31 décembre, daté de cette ville et relatif à la réduction des droits d'importation. Les troupes de la colonne principale étant déjà réunies au Mirebalais, sous les ordres des colonels Charles Bélair et Jean-Philippe Daut, ayant pour commandant supérieur le colonel Paul Louverture, le général en chef partit du Port-au-Prince et les joignit. En même temps qu'il franchissait avec elles les anciennes limites des deux colonies française et espagnole, le général Moïse les franchissait aussi à Ouanaminthe, en traversant la rivière du Massacre.

Le 4 janvier, T. Louverture était déjà arrivé à Saint-Jean de la Maguana, sans avoir rencontré aucune résistance de la part des Espagnols. Il n'en était pas de même de Moïse qui dispersa à coups de fusil quelques miliciens réunis dans un poste placé, pour la police, au passage de la rivière de Guayabina, sur la route de Saint-Yague ; il en rencontra un autre à la Savana-Grande de Maho qu'il dispersa également : ce qui lui permit d'entrer à Saint-Yague, le 11 janvier, et de continuer sa marche sur Santo-Domingo, par la Véga et Cotuy, après avoir placé le général Pageot à Saint-Yague.

A Saint-Jean, le général en chef écrivit la lettre suivante à Don Garcia :

A la Maguana, le 4 janvier 1801 (14 nivôse an 9).

Le général en chef Toussaint Louverture,
A Son Excellence Don Joachim Garcia.

J'ai eu l'honneur de vous écrire, Monsieur le Président, le 29 frimaire dernier du Cap, par le général Moïse. Ignorant si ma lettre vous est parvenue, je vous en fais passer *une copie* sous ce pli, à laquelle je vous invite de me répondre sans perte de temps, en me l'adressant *dans cette ville-ci.*

J'ai été depuis au Port-Républicain, pour faire marcher la troupe nécessaire dans la route du Sud, sous les ordres *d'un autre général*; mais, afin d'éviter l'effusion du sang, et de conserver cette partie intacte et protéger les habitans, je me suis déterminé à y venir *moi-même* en personne. Veuillez me répondre de suite.

J'ai l'honneur d'être, *avec tous les égards dus à votre mérite et à votre dignité,* etc.

TOUSSAINT LOUVERTURE.

En même temps, il fit une proclamation, en espagnol, adressée à tous les habitans de cette partie. Elle leur rappelait que la mission du général Agé avait eu pour but d'en prendre possession, au nom de la République française, en vertu de l'arrêté de Roume, du 27 avril 1800, et conformément au traité de Bâle ; qu'Agé n'était accompagné que d'un aide de camp et de son secrétaire ; que sans égard pour sa qualité d'*ambassadeur* représentant la nation française, il fut renvoyé d'une manière honteuse ; que pour éviter que la République française ne fût insultée une seconde fois, il venait lui-même avec une force armée, afin de donner *protection* à tous les habitans qui voudraient se soumettre ; qu'il promettait *sécurité et appui* à tous les propriétaires en faisant respecter leurs propriétés ; que les habitans de cette colonie, réunis à ceux de la colonie française, pourraient dès-lors s'occuper paisiblement de la culture, du commerce, et jouir de la paix et de la plus heureuse tranquillité. « Voilà ce que « je puis vous dire, Messieurs, voilà ce que les principes « de religion et d'humanité me prescrivent de vous expo- « ser. Je vous présente votre bonheur et votre malheur. « *Choisissez celui qui vous plaira.* »

Deux jours après, le 6 janvier, Don Garcia était en possession de la lettre du 4, datée de Saint-Jean : il n'avait fallu que ce temps au courrier de T. Louverture, pour franchir les 70 lieues qui séparent Saint-Jean de Santo-Domingo. Cette lettre transmettait la copie, *le duplicata* de celle du 20 décembre dont *le primata* serait donc entre les mains de Moïse, si toutefois ce ne fut pas une ruse de T. Louverture. Quoi qu'il en soit, le gouverneur espagnol apprenait le projet du général en chef en même temps que sa présence à Saint-Jean, à la tête d'une troupe autre que celle commandée par Moïse. Il est vraisemblable qu'il dut avoir appris aussi l'affaire de Guayabina. Don Garcia s'empressa de répondre aux deux lettres, du 20 décembre et du 4 janvier. Voici sa réponse :

Santo-Domingo, le 6 janvier 1801.
Très-Excellent Seigneur,

La lettre de Votre Excellence par *duplicata*, en date du 29 frimaire, *que je viens de recevoir*, m'est aussi étrange que celle du 14 nivôse qui l'accompagne : l'une et l'autre sont incompréhensibles, et ne peuvent s'accorder avec ce que Votre Excellence m'a écrit le 1er thermidor (20 juillet, datée du Petit-Goave). Cette dernière est digne de celui qui a été élevé à la suprématie des deux nations.

Dans vos dites lettres, il paraît que Votre Excellence traite tantôt d'une vengeance qui n'est dirigée ni contre moi, ni contre ces peuples honorables, tantôt il paraît qu'elle traite de la prise de possession.

L'agent, par son arrêté du 27 prairial an 8 (16 juin) a annulé celui du 7 floréal (27 avril) de la même année ; il me l'a transmis par sa lettre du 15 vendémiaire (7 octobre)[1], approuvant mes résolutions, et convenant d'attendre en tout, ce que diraient l'Espagne et la France.

A présent, je me trouve avec des lettres, l'une avec le titre de *duplicata*, et l'autre écrite de Saint-Jean dans laquelle vous me parlez d'éviter l'effusion du sang, que Votre Excellence approche de notre juridiction pacifique à la tête de ses troupes menaçantes, et dans le style d'un ennemi déclaré.

Je dois douter que ce soit Votre Excellence qui ait dicté ces lettres, ni qu'on puisse comprendre que ce soit Votre Excellence qui agisse de la sorte. Notre sang se versera toutes les fois que par son effusion il pourra résulter quelque honneur à notre gouvernement. *Il ne se versera pas pour causer un scandale, une horreur, ni pour baigner un territoire où règnent de meilleurs sentimens que ceux de l'humanité.*

Votre Excellence me donne des éloges dans ses lettres : Votre Excellence a des considérations pour ses voisins : comment devons-nous

---

[1] A moins que ce ne soit une erreur de Pamphile de Lacroix, qui nous a donné cette lettre de Don Garcia, celle de Roume était datée du 16 messidor (5 juillet). Il se peut aussi que Roume aura trouvé moyen d'en faire passer une autre à la date du 15 vendémiaire.

concilier cela avec l'idée de la vengeance ? Votre Excellence a renvoyé ses prétendus griefs à la souveraineté de la République française, et j'ai renvoyé les miens à mon monarque : étant ainsi d'accord par cette sage mesure, comment nous arrangerons-nous à présent d'une nouveauté attentatoire des meilleures mesures ou satisfactions que nous sommes sur le point d'espérer de qui nous commande, à Votre Excellence et à moi, et dans le temps que j'attends avec soumission un résultat quelconque, ou une inculpation ?

Monsieur Agé n'a reçu aucune insulte, comme Votre Excellence l'a reconnu dernièrement et m'en a remercié par ses lettres ; ceci me persuade que je ne suis pas dans l'erreur, et les personnes les plus étrangères et les plus impartiales qui connaissent notre cas me le confirment ; d'où il résulte qu'où il n'y a pas d'injure, il n'est pas besoin de réparation ; et, s'il en fallait, ce serait l'affaire de nos gouvernemens.

Que Votre Excellence revienne sur elle-même ; qu'elle éloigne de soi *tous les conseillers qui la conduisent si mal* : car les mouvemens propres de Votre Excellence sont tout différens et *dérivent de la religion*. Que Votre Excellence n'afflige plus ces peuples qui respirent la simplicité et l'innocence : la France le sait, et j'assure Votre Excellence que c'est le seul moyen de les conserver et de les attacher, et qu'il n'en reste aucun autre à Votre Excellence pour conserver sa réputation intacte, depuis tant de temps qu'elle combat pour mériter les éloges de sa patrie.

Autrement, je vous fais mille et une protestations, dans la conviction que c'est un territoire et un vasselage de la République française que vous menacez sans lui en donner avis, et dont la conservation et la tranquillité me sont confiées jusqu'à la détermination suprême de les délivrer, ainsi que j'en ai les ordres.

Dieu garde Votre Excellence un grand nombre d'années, Très-Excellent Seigneur.

Don Joachim Garcia.

Quoique cette lettre du gouverneur contienne beaucoup de choses flatteuses pour T. Louverture, elle renferme aussi un passage où il lui fait sentir amèrement, que ses protestations pour éviter l'effusion du sang n'étaient pas justifiées par tout le sang qu'il avait fait verser dans la partie française : il méritait que ce reproche lui fût adressé. Don Garcia qui avait ses instructions, qui avait sans doute appris encore par le général Michel, que le gouvernement consulaire, ainsi que le Directoire exécutif, ne voulait pas qu'on prît possession de la colonie cédée à la France sans ses ordres, lui donnait assez de conseils pour ne pas encourir son blâme. Mais le moyen d'empêcher T. Louverture d'exécuter ses desseins une fois conçus?

Cette lettre le trouva à Azua. Il y répondit le 13 janvier (23 nivôse), par une autre très-longue ; il s'étonna de n'avoir reçu réponse à la sienne du 4 que le 12, après qu'il fût entré à Azua. Réfutant toutes les raisons alléguées par Don Garcia pour ajourner la remise de la partie espagnole, il revint sur l'arrêté de Roume qui l'autorisait à en prendre possession, en lui disant que celui du 16 juin qui rapportait le premier, ne lui avait pas été notifié *officiellement*, qu'il n'a pas eu de publicité (il avait défendu de le publier), et qu'il n'en a eu même connaissance que par les habitans d'Azua. Or, nous avons déjà dit que Roume le lui adressa, et que le général Michel rapporta à Roume que T. Louverture avait *renoncé* lui-même à cette prise de possession. Mais le général en chef n'avait voulu qu'endormir Roume, Don Garcia et le gouvernement consulaire à ce sujet, dans le moment où Michel retournait en France : *avocat* autant que *général,* il chicanait sur le manque de toute publicité de l'arrêté du 16 juin, tandis que c'était lui-même qui avait défendu de le publier. Reprochant ensuite au gouverneur espagnol de vouloir faire verser inutilement le sang des habitans et de ses soldats, il le rendit responsable de tout ce qui s'ensuivrait. « Les mille et une
« protestations que vous faites deviennent nulles. Je n'ai

« d'autres intentions que de prendre purement et simple-
« ment possession au nom de la République, et je vous
« assure que vous répondrez mille et une fois de tous les
« événemens qui surviendraient d'un refus opiniâtre de
« votre part. »

En arrivant à Azua et avant d'avoir reçu la lettre de Don Garcia, T. Louverture avait envoyé des députés, pris parmi les habitans de cette ville, auprès du cabildo de Santo-Domingo, pour rassurer ceux de la capitale sur ses bonnes intentions de les traiter favorablement : il espérait que ces députés rendraient compte de la manière dont il avait agi envers les habitans depuis qu'il avait franchi les limites ; il les avait effectivement traités avec égard, n'ayant rencontré aucune résistance. Mais en même temps, ses troupes marchaient avec rapidité vers Bany dont elles s'emparèrent.

Don Garcia s'était flatté qu'il suffisait de sa lettre du 6 janvier, pour porter T. Louverture à retourner dans la partie française, et d'autant plus que par celle datée de Saint-Jean, le général en chef lui disait qu'il attendait sa réponse dans ce bourg. Mais quel fut son étonnement, lorsqu'il apprit la présence des troupes noires à Bany ! C'est alors que le gouverneur fit tirer l'alarme à Santo-Domingo, et chercha à disposer *les habitans* à la résistance.

« Tout le monde était bien convaincu de la nécessité de résister, dit A. Chanlatte dans un rapport au ministre de la marine, du 28 mai 1801 ; mais chacun craignant de compromettre son existence, celle de sa famille et ses propriétés, cherchait à se dispenser de paraître. Il n'y avait personne qui ne désirât la défaite et l'extermination des envahisseurs ; mais presque tous, incertains du succès, renonçaient à partager les fruits de la victoire. »

Cependant, Don Garcia avait déjà fait sortir le peu de forces dont il pouvait disposer, pour envoyer cette troupe sur la rive gauche du Nisao, rivière située à six lieues de Bany, sous les ordres d'un officier espagnol nommé Juan Baron. D'après le rapport de Chanlatte, il y avait environ 2500 hommes sortis de Santo-Domingo ; mais arrivés sur les lieux, il n'y en avait plus que 600. Comme on avait plus de confiance dans l'expérience d'A. Chanlatte qu'en Juan Baron, les habitans le pressèrent d'aller se mettre à leur tête : il demanda lui-même au gouverneur ce commandement, et il se rendit sur les bords du Nisao avec l'adjudant-général Kerverseau, accompagnés de 27 dragons au lieu de 500 qu'il avait demandés.

Déjà les troupes de T. Louverture avaient pris position sur la rive droite du Nisao. Un engagement ne tarda pas à avoir lieu entre elles et les troupes espagnoles qui prirent la fuite après peu de résistance. Le colonel Gautier, cet ancien officier de la légion de l'Ouest, s'y distingua.

Le 22 janvier, Chanlatte et Kerverseau rentrèrent à Santo-Domingo. Toute résistance était devenue impossible, quoique les troupes de T. Louverture n'eussent pas poursuivi les fuyards. Ces deux officiers et le juge de paix Pons se décidèrent alors à quitter Santo-Domingo, en emportant les archives de la délégation. Ils se rendirent à Puerto-Cabello, dans le Vénézuéla, et de là en France [1].

Dans ce combat du 14 janvier, six prisonniers faits sur l'ennemi furent amenés à Bany ; T. Louverture qui s'y était porté ce jour-là même, les renvoya avec un sauf-

---

[1] Rapport d'A. Chanlatte, du 28 mai 1801. Il ne fut pas à la Havane, comme l'ont dit plusieurs auteurs.

conduit où il déclarait ne vouloir faire aucun mal aux habitans. C'était habile de sa part : ces hommes furent autant de prôneurs de son *humanité,* de sa *générosité.*

Le 15, Don Garcia adressa une lettre à T. Louverture par un lieutenant-colonel qu'accompagna une députation du cabildo de Santo-Domingo. Le 17, le général en chef renvoya cet officier et la députation, avec l'adjudant-général D'Hébécourt, son aide de camp, porteur d'une lettre au gouverneur, pour prendre des arrangemens avec lui, afin d'opérer la prise de possession. Il rassura Don Garcia sur ses intentions pacifiques, en lui disant qu'il oubliait tout le passé. « Il ne dépend que de vous maintenant de « me prouver votre franchise et votre bonne foi. »

Le même jour, 17, il écrivit de nouveau à Don Garcia, en lui envoyant une lettre pour la faire parvenir à Moïse, dans le but, disait-il, de lui ordonner de cesser toutes hostilités.

Le 19, D'Hébécourt, étant à Santo-Domingo, écrivit au gouverneur : il lui transmit les propositions, formulées en articles, que T. Louverture l'avait chargé de lui faire, en l'invitant à y accéder le plus tôt possible. « Vous « pouvez, dit d'Hébécourt, tranquilliser le peuple sur les « intentions du général en chef. Vous ne serez pas dé« menti et vous aurez occasion de reconnaître, que tel qui « a osé dire que le général était un homme qui ne res« pirait *que le sang,* s'est trompé ; il est au contraire *un* « *homme vertueux, religieux, humain, sage et bienfai-* « *sant.* Voilà les qualités qui le caractérisent. Quelle peut « être sa conduite, si ce n'est celle d'un honnête homme?»

L'Espagnol qui avait livré Ogé et Chavanne aux colons de Saint-Domingue, livra Santo-Domingo à leur ami et protecteur, malgré le souvenir du massacre opéré sur des Espagnols aux Gonaïves, en avril 1794. Il avait une excuse en 1801 : il fallait céder à la force ! En 1790, il n'en avait pas ; car le préjugé et la haine pour une classe d'hommes ne peuvent servir d'excuse.

Cette convention, signée le 21 janvier par D'Hébécourt et Don Garcia, avec quelques additions faites par ce dernier, reçut la ratification de T. Louverture, le 22, au quartier-général de Jayna, petit village situé près de la rivière de ce nom : elle fut encore ratifiée par Joachim Garcia, le 26.

Celle de T. Louverture porte :

> Nous, général en chef de l'armée de Saint-Domingue, approuvons et ratifions les articles ci-dessus et des autres parts, pour être immédiatement et sans réserve, exécutés selon leur forme et teneur.
>
> Quant aux biens des églises revenant aux ministres du culte, je ne puis décidément prononcer pour le moment, en ce qu'il importe que je consulte à cet égard les lois de la République : l'administration des domaines nationaux de la colonie peut seule m'en donner connaissance. En conséquence, il ne sera terminé sur ce point qu'après la prise de possession de la ville de Santo-Domingo.
>
> La prise de possession de l'île, notamment de la place de Santo-Domingo, est définitivement arrêtée pour le 6 du courant (pluviôse, ou 26 janvier). Le 5 dudit, les troupes de la République passeront la rivière de Jayna, et prendront immédiatement possession du fort de l'embouchure. Le 6 au matin, elles se trouveront à la proximité de la ville pour prendre possession des forts, batteries et autres postes de ladite place.
>
> Monsieur le Président est invité, à cet égard, de donner, pour les jours sus-mentionnés, les ordres les plus précis.

Celle du gouverneur est ainsi conçue :

« Ratifié en ce qui me concerne, selon les termes de la
« présente convention, en espérant la résolution défini-
« tive concernant les points pendans en faveur des églises
« et de leurs ministres. »

Le 25 janvier, étant à Boca-Nigua, T. Louverture écrivit à Don Garcia :

« Je réponds à la lettre de V. E. de ce jour, et je suis très-satisfait des mesures qu'elle propose pour amener le pavillon de S. M. C., et arborer le pavillon français, alors que les troupes de la République auront pris possession de l'arsenal. J'observerai seulement à V. E. que le salut national est de 22 coups de canon : j'avais prévenu l'adjudant-général D'Hébécourt sur ce point, sur lequel nous sommes maintenant d'accord [1]. »

T. Louverture avait fait venir des bâtimens armés pour bloquer Santo-Domingo. L'un d'eux, commandé par un blanc nommé *Pierret*, de la station du Sud et sortant des Cayes (où il avait noyé beaucoup d'hommes dans l'affaire d'Ambouille Marlot), ayant capturé une felouque espagnole, le général en chef ordonna à Pierret de la remettre à son capitaine, attendu que l'Espagne n'était pas en guerre avec la France. Il écrivit lui-même une lettre à ce capitaine, pour lui donner avis de cet ordre.

Le 26 janvier (et non le 27, suivant M. Madiou) le général en chef fit son entrée à Santo-Domingo, ainsi qu'il l'avait réglé, au son des cloches des églises de cette antique cité.

Le gouverneur Garcia et le cabildo étaient venus le recevoir à la porte Del Conde, principale entrée de la ville : ils l'invitèrent d'aller à l'Hôtel-de-ville où, rendus, ils lui dirent de prêter le serment usité à la réception des gouverneurs envoyés par le roi d'Espagne, — *au nom de la Très-Sainte Trinité, de gouverner avec équité*. Mais T.

---

[1] La salve de 22 coups de canon répondait à la date de la fondation de la République française, qui eut lieu le 22 septembre 1792.

Louverture leur fit observer qu'il n'était pas dans la même position qu'un gouverneur espagnol, qu'il venait prendre possession d'un pays cédé à la France et en son nom :
« Dès-lors, je ne puis faire ce que vous me demandez.
« Mais je jure de tout mon cœur, devant Dieu qui m'en-
« tend, que je mets *le passé dans l'oubli*, et que mes veilles
« et mes soins n'auront d'autre but que de rendre heureux
« et content le peuple espagnol devenu français. »

Don Garcia lui ayant présenté alors *les clés* de la ville, il dit : « Je les accepte au nom de la République française. » Et s'adressant à l'assemblée de tous les fonctionnaires, il dit : « Allons remercier l'auteur de toutes choses d'avoir effica-
« cement couronné du plus grand succès notre entreprise
« prescrite par les traités et les lois de la République[1]. »

Il se rendit à la cathédrale avec l'assemblée, et le *Te-Deum*, chanté par un clergé nombreux, consacra solennellement la prise de possession de l'ancienne colonie espagnole.

Ce dut être un moment d'extrême bonheur pour T. Louverture qui voyait Don Joachim Garcia, son ancien supérieur, obligé, forcé de lui céder le terrain, le commandement dans la partie espagnole où il avait été si humble. Néanmoins, il lui manquait quelque chose pour satisfaire cette félicité inespérée ; car les hommes sont généralement insatiables dans leurs désirs : un titre, une qualité nouvelle devenait indispensable dans une situation si prospère : il l'eut !

Mais en parvenant à l'apogée de sa puissance, T. Louverture y trouva la principale cause de sa chute ; car l'éni-

---

[1] *Mémoires de Pamphile de Lacroix*, t. 2, p. 17 et 18. Cet auteur cite la date du procès-verbal de la prise de possession au 27 janvier ; il aura été rédigé et signé ce jour-là ; mais cette cérémonie eut lieu le 26.

vrement que produit ordinairement une grande fortune expose à bien des fautes qui entraînent la décadence. Il en est dans l'ordre moral comme dans l'ordre physique : quand on a monté bien haut, il faut descendre. Le génie extraordinaire qui contraignit T. Louverture à descendre, n'a-t-il pas subi aussi cette loi commune à l'humanité ?

C'est peut-être ici le lieu de contredire une fable créée par l'imagination du général Pamphile de Lacroix, ou racontée d'après de faux renseignemens. M. Madiou, qui a eu, selon nous, le tort de trop suivre les mémoires de cet auteur souvent inexact, la reproduit dans son Histoire d'Haïti, contre des faits et des documens certains.

Pamphile de Lacroix prétend que T. Louverture était *au Cap,* quand la vigie de cette ville signala un bâtiment léger venant de France ; et que, soupçonnant qu'il portait une injonction du gouvernement consulaire, contraire à la prise de possession de la partie espagnole, T. Louverture se hâta de monter à cheval, en laissant l'ordre de lui acheminer ses dépêches. Il ajoute qu'un officier français, porteur effectivement de cette injonction « s'empressa « de demander des chevaux pour se mettre sur la piste « du général en chef ; c'était peine inutile. Tout était pré- « paré pour déjouer sa mission. On lui disait à chaque « relai — que T. Louverture semblait avoir pressenti son « arrivée ; que contre ses habitudes, il s'était reposé et « n'avait cessé de dire : —J'attends des nouvelles de « France, et il ne faut rien moins que cette attente pour « m'empêcher d'être à la tête de mes colonnes, qui, à « l'heure qu'il est, doivent être engagées. — Le pauvre « officier de marine, épuisé de fatigues, repartait à l'ins- « tant à toute bride, et recueillait au premier relai les

« mêmes renseignemens. Il est vrai que T. Louverture
« affectait partout de l'attendre, parce que ses chevaux,
« plus agiles que des cerfs, lui assuraient de l'avance, et
« qu'il ne repartait que lorsque *des signaux* lui faisaient
« comprendre l'approche de celui devant lequel il s'amu-
« sait à fuir [1]. »

M. Madiou affirme, lui, que *du Cap*, T. Louverture se rendit au Mirebalais avec la plus grande précipitation; mais, d'après sa version, l'officier de marine n'aura couru seulement que 48 heures sans atteindre le général en chef [2].

Un troisième auteur, M. Lepelletier de Saint-Rémy, fait partir T. Louverture — « de Daxabon où il était venu
« passer, *dans le repos et le recueillement,* les fêtes de
« Noël : il va, à la tête d'un corps de troupes, châtier le
« noir Galard (Lubin Golard) dont la bande désole les
« campagnes du Port-de-Paix. Mais, tandis qu'on le
« croit en route pour remonter vers le Nord, il fait une
« volte subite et redescend (ce serait plutôt remonter)
« rapidement sur San-Juan de Maguana.... [3] » Dans ce récit, il y a absence complète de tout officier de marine.

Eh bien ! les actes et les faits démentent toutes ces assertions fabuleuses.

Nous avons prouvé au chapitre précédent, que T. Louverture était au Port-au-Prince le 31 décembre, y publiant son arrêté sur la réduction des droits d'importation à 10 pour cent au lieu de 20. Quelle que fût la célérité qu'il mettait dans ses voyages, il n'aurait pu, physiquement, se transporter au Cap ensuite pour se rendre de-là à Saint-Jean

---

[1] Mémoires, t. 2, p. 14 et 15.
[2] Histoire d'Haïti, t. 2, p. 83.
[3] Etude et solution nouvelle de la question haïtienne, t. 1er p. 310.

le 4 janvier, jour où il adressa sa lettre à Don Garcia : c'est impossible.

Il est donc parti *du Port-au-Prince* pour joindre son corps d'armée débouchant par le Mirebalais, Las Caobas, Las Matas, arrivant à Saint-Jean le 4 janvier (14 nivôse). Aucun officier français n'était arrivé alors ; et s'il en est venu un sur un navire de guerre, ç'aura été après l'entrée du général en chef à Santo-Domingo. Car, il lui eût été facile de l'atteindre dans la route, puisque de Saint-Jean il n'arriva à Azua que le 12 janvier, marchant avec ses troupes qui allaient vite, il est vrai, selon l'occasion ; mais qui ne couraient pas elles-mêmes comme *des cerfs*. On peut concevoir que la prudence commandait à T. Louverture de ne pas s'en séparer, sur un territoire où il allait presque en ennemi.

Il n'est arrivé à Bany que le 14 janvier ; il n'est entré à Santo-Domingo que le 26 : l'officier français aurait eu le temps de le joindre ; et s'il avait eu une telle mission, rien ne l'eût empêché de poursuivre sa route.

Parmi les nombreuses lettres échangées entre le général en chef de Saint-Domingue et l'ex-gouverneur espagnol jusqu'au 22 février, jour du départ de ce dernier, il en est dont il faut faire mention : celle qui suit mérite d'être connue, à cause de son importance, pour faire connaître l'esprit et les vues de T. Louverture ; elle a été adressée à Don Garcia le 28 janvier.

> **Excellentissime Seigneur,**
>
> Lorsque S. M. le Roi d'Espagne céda à la République française cette portion de ses États, elle ne prétendait pas qu'on dévasterait le pays avant de le livrer à son alliée. Les instructions réciproques des deux puissances contractantes furent, il est vrai, de laisser aux familles espagnoles

la faculté de sortir de la colonie ou d'y rester, suivant leur éloignement ou leur attachement pour le régime républicain ; mais elles n'auraient pu, sans vouloir l'anéantissement de ce pays, permettre *l'enlèvement des hommes* consacrés aux travaux de la culture. Cependant, depuis l'époque où cette cession fut arrêtée entre les deux puissances, non-seulement il est sorti de ce pays une infinité de familles espagnoles ; mais ce qui est contraire au véritable esprit du traité, elles ont amené avec elles *leurs esclaves* qui, pour la plupart, étaient *des noirs volés* dans la partie française et vendus dans celle-ci, ou qui s'y sont trouvés transplantés par les effets de la guerre. Cette désertion et ces enlèvemens se sont continués jusqu'à ce jour, de telle sorte qu'on peut dire qu'ils sont *la cause première* de la prise de possession que je viens d'opérer au nom de la République française ; et ils se sont principalement *multipliés* alors que j'eus l'honneur de vous faire connaître, Monsieur le Président, mon inébranlable résolution de faire cesser ces abus et autres semblables, par la prise de possession que je vous ai demandée de ce pays.

J'ai une trop haute idée de la justice qui caractérise S. M. C., pour croire que son intention soit *de dépeupler ce pays en l'abandonnant à son alliée*, et surtout de détruire la source de sa prospérité en enlevant à la culture *les bras* qui lui étaient consacrés. La République française ne verra pas *sans peine* qu'on lui ait enlevé *sous votre autorité* plus de 3000 cultivateurs que je suis instruit qu'on a déjà fait passer en d'autres pays espagnols. L'habitation Aristisabal offre un exemple frappant du tort que ces enlèvemens font à ce pays ; les noirs qui la cultivaient ont été embarqués sous vos yeux, et l'habitation la plus belle de la partie espagnole va tomber en ruine et retourner en friche ; il en est une infinité d'autres qui sont dans le même cas et dans un tel état d'abandon, qu'il fait frémir.

Je vous prie donc, Monsieur le Président, *de donner des ordres précis pour que ces enlèvemens ne continuent plus.* Je suis instruit que le trois-mâts qui est en ce moment mouillé en ce port et qui est sur le point de partir, *a une infinité de noirs à bord qui y ont été embarqués de force,* lesquels, bien loin de tourner à l'avantage des particuliers *qui les amènent,* deviendront *la proie des Anglais*[1] ; ils seront alors perdus *pour la France,* car dans les *échanges* respectifs (de prisonniers) qui se font entre les nations, *les esclaves n'y sont point*

---

[1] Des navires de guerre anglais croisaient alors sur les côtes de Santo-Domingo.

compris. Aussi est-il défendu, dans la partie française, d'embarquer avec soi ni domestique, ni cultivateur, afin de conserver à la culture les bras qui lui sont destinés, et les empêcher de tomber entre des mains étrangères et ennemies qui en profiteraient.

Veuillez, Monsieur le Président, prendre cet exposé en considération, en ordonnant le débarquement des noirs qui sont en ce moment à bord du trois-mâts prêt à mettre à la voile, et en ordonnant qu'il n'en soit plus embarqué. Je vous demande aussi, au nom de la République, que vous fassiez revenir l'atelier de l'habitation Aristisabal, sans lequel cette belle habitation se verrait anéantie. Dans l'état actuel des choses, il est de notre honneur à tous les deux que nous agissions, dans ce qui nous reste à terminer pour l'intérêt des deux nations, avec franchise et loyauté, afin qu'il ne soit porté aucune atteinte aux droits respectifs des deux nations que nous représentons.

M. Madiou affirme que : « Un nouvel ordre de choses « fut aussitôt établi dans la partie de l'Est. Toussaint « réunit sur la grande place de la ville toute la population, « *et proclama la liberté générale des esclaves. Les noirs* « *de l'Est devenus libres virent dans Toussaint un Dieu* « *libérateur.* Mais les Dons espagnols en ressentire*nt une* « *forte indignation* qu'ils furent cependant obligés de « contenir. »

Tout cela résulte sans doute de traditions orales ; car nous ignorons si T. Louverture a fait aucun acte écrit sur la liberté générale des noirs de la partie espagnole.

Mais que ressort-il de sa lettre à Don Garcia, après qu'une telle proclamation aurait été faite ? Évidemment, que T. Louverture ne se croyait pas *le droit de maintenir cette liberté des noirs* dans la partie espagnole ; car il ne se fût pas borné *à solliciter* le gouverneur, ainsi que nous le voyons par cette lettre, de donner des ordres pour que les enlèvemens ne continuassent plus. Comment ! lui protecteur naturel de ces malheureux, il est informé qu'un navire ancré dans le port en a à son bord, qui vont aller continuer leur esclavage dans les colonies espagnoles, ou dans les colonies anglaises si le navire est capturé, et il n'ordonne pas impérativement qu'ils soient débarqués sur le champ, pour être libres comme tous les autres hommes, dans un pays appartenant désormais à la France qui avait proclamé la liberté générale ! Il *prie* celui qui a permis tant d'autres enlèvemens, qui a souffert le trafic des noirs de la colonie française dans la partie espagnole, devenue *française* depuis le 22 juillet 1795 ! Il ose reconnaître aux Anglais *le droit de retenir les noirs* de Saint-Domingue dont ils se seraient emparés, parce que *les esclaves* ne sont point compris dans les échanges de prisonniers ! Tous les noirs de ce pays n'étaient-ils pas déclarés *libres et citoyens français* depuis 1793 et 1794 ? Il admettait que la France ne serait pas *dans le devoir* de les réclamer à titre de citoyens français et de retenir autant d'Anglais prisonniers, pour obliger la Grande-Bretagne à leur échange contre ces noirs ! Il dit encore que c'est *par le seul motif de leur utilité* pour la culture, que, dans la partie française, on empêche aux colons d'en amener avec eux ! Ces noirs de la partie française n'étaient donc pas *des hommes libres* sous son gouvernement, qu'ils fussent domestiques ou cultivateurs ?

En lisant cette lettre et celle du 1er juin 1800, qu'il écrivit au général Agé[1], qui pourra nier qu'il était conséquent avec sa promesse faite de traiter et de gouverner la partie espagnole *comme par le passé, qu'il ne fallait rien changer au système* qui y existait, et qu'il regrettait sincère-

---

[1] Voyez le 5e chapitre du 4e livre, page 170 et 171 de ce volume.
L'article 9 du traité de Bâle n'accordait *que l'espace d'une année à compter de sa date,* aux habitans de la partie espagnole, *pour se transporter avec leurs biens* dans d'autres possessions de S. M. C. Donc en 1801, ils

ment que la liberté générale eût été donnée subitement aux noirs de la partie française ? Qu'on rapproche ces deux lettres avec les divers règlemens de culture émis par T. Louverture, notamment celui du 12 octobre 1800, et tout s'explique de sa part ; on voit dès-lors pourquoi il n'a pas voulu entendre aux propositions de Sonthonax et de Polvérel, lorsqu'ils déclarèrent libres les guerriers noirs après l'affaire de Galbaud, pourquoi il ne s'est soumis à Laveaux que lorsque ses jours ont été menacés par Biassou. Et c'est cet homme qu'un auteur national représente constamment, comme marchant *à l'indépendance* de Saint-Domingue, *au profit de la race noire*, comme forcé *d'écraser* Rigaud qui y mettait obstacle ! Rigaud n'était-il pas, encore une fois, dans le devoir de combattre ses tendances, ses projets liberticides ?...

Il y avait dans le trésor royal de Santo-Domingo, une somme de 320 mille piastres-gourdes. Le 29 janvier, T. Louverture en demanda 30 mille à Don Garcia, à titre de prêt à la République française, pour acheter des farines et d'autres provisions nécessaires à ses troupes. Le 12 février, il lui demanda de laisser le reste pour l'entretien de ces troupes et d'un bataillon espagnol qu'il obtint de l'ex-gouverneur de faire rester à Santo-Domingo, afin de n'y pas tenir garnison par des soldats noirs seulement, la France devant restituer cette somme à l'Espagne, d'a-

---

n'avaient pas *le droit* d'enlever leurs esclaves : ce droit était périmé dès le 22 juillet 1796. T. Louverture ne devait pas *intercéder* ; il devait *ordonner*, s'il était réellement dans l'intention d'assurer la liberté aux noirs embarqués sur le trois-mâts : ils étaient *français et libres*, sinon depuis 1796, du moins à partir du 26 janvier, jour de son entrée à Santo-Domingo.

près l'avis qu'il donnerait de cette disposition au gouvernement consulaire. Don Garcia y ayant consenti et retenu 62 mille gourdes pour les frais de son départ avec les autres troupes espagnoles, 228 mille gourdes furent remises au trésorier de la République. Mais, le 15 février, T. Louverture lui adressa une autre lettre où il lui disait qu'il ne pouvait consentir à cette retenue, qu'il ne pouvait laisser sortir de la colonie une seule gourde appartenant à l'État. « Tout me fait un devoir, dit-il, de prendre les « intérêts de la République ; *par conséquent* ceux du Roi « d'Espagne, son allié ; et vous devez en votre qualité, « vous y porter de tous vos regards et de tout votre pou- « voir. »

L'ancien serviteur de la cause des Rois devait, en effet, *prendre les intérêts* du monarque espagnol contre l'éventualité d'une capture par les Anglais.

Cette même lettre du 15 février réclamait aussi la remise immédiate de toutes les armes quelconques, habillemens, fournimens, appartenant aux régimens de Cantabre et de Porto-Rico (qui allaient partir avec Don Garcia) et qui excéderaient l'effectif de ces corps ; les vases et ornemens des églises ; et enfin, T. Louverture déclarait à l'ex-gouverneur, que toutes *les archives* de l'administration espagnole resteraient à Santo-Domingo, sauf à S. M. C. à les réclamer en temps plus opportun, pour éviter que ces documens ne tombassent entre les mains des Anglais.

On ne peut disconvenir qu'il avait raison sur ces divers points, vu la présence des navires anglais sur les côtes de la partie espagnole.

Nous le remercions, au nom de l'Histoire, de sa prévision quant *aux archives ;* car, sans elle, nous eussions été privé de la connaissance de bien des faits, surtout par rapport *à lui.* Dans les déterminations des hommes, des hommes de génie surtout, il y a quelque chose qui semble toujours dicté par la prescience de Dieu.

Il y avait peu de navires à Santo-Domingo, pas assez pour le transport de l'ex-gouverneur, de sa suite, des fonctionnaires et des troupes espagnoles. Le général en chef fut forcé d'en demander au Cap à bref délai. Dès le 4 février, il disait à Don Garcia qu'il avait écrit trois fois à ce sujet, et qu'il avait réitéré ses pressantes instances à Édouard Stevens, consul général des États-Unis. Cet Américain lui vint toujours en aide; et dans cette circonstance, il lui rendit un grand service; car il finit par se fatiguer de la présence de son ancien chef à Santo-Domingo.

Le 13 février, il lui écrivit:

« Je viens de recevoir la lettre de V. E. de ce jour. Je ne crois pas devoir taire à V. E. *qu'il est instant qu'elle parte* avec les troupes de S. M. C., comme nous en sommes convenus, pour des motifs très-puissans, *que je ne puis détailler à V. E.*, et qui pourraient altérer *la bonne intelligence* que je me suis proposé d'entretenir avec elle. J'ai lieu d'espérer qu'en envoyant à V. E. les papiers des divers corps, revêtus de mon approbation, comme elle le désire, elle ne tardera pas un instant à faire ses dernières dispositions pour son embarquement. »

C'est après avoir donné ce congé pressant à Don Garcia, qu'il lui retira toutes les sommes dont nous avons parlé. C'était le moyen le plus expéditif de le contraindre à partir. Mais le 16 février, il lui écrivit encore une lettre pour obliger un officier du régiment de Porto-Rico à remplir un engagement d'honneur:

« Il a contracté un engagement *d'épouser* Doña Ursula Guerrero : cet officier se dispose à partir pour Porto-Rico sans remplir cet engagement sacré. J'ai toujours été d'avis qu'un gouvernement sage devait veiller continuellement à la pureté des mœurs; et je pense que vous, M. le Président, qui êtes père de famille et chef, vous n'apprendrez pas avec plaisir qu'un officier de S. M. C. quitte l'île sans s'acquitter d'une promesse solennelle et d'un devoir aussi sacré. J'ai donc tout lieu d'espérer que, vous joignant à moi pour maintenir les bonnes mœurs dans toute leur pureté, vous accorderez un congé à cet officier pour remplir ses engagemens : il pourra partir ensuite pour rejoindre son corps. »

Rien n'échappait à la vigilance de T. Louverture : en faisant cette réquisition, il se recommandait à toutes les familles qui restaient dans la partie espagnole.

Il est probable qu'en invitant Don Garcia à s'en aller promptement, il redoutait l'arrivée de quelque ordre du gouvernement consulaire, pour laisser les choses dans le *statu quo* par rapport à la partie espagnole; et s'il est vrai que cet ordre parvint effectivement au Cap, son injonction à l'ex-gouverneur s'explique encore mieux, car il a dû en avoir connaissance immédiatement.

Enfin, le 22 février Don Joachim Garcia quitta Santo-Domingo où il résidait avant 1776, emmenant avec lui les fonctionnaires publics et les troupes de sa nation [1]. En 1799, l'audience royale (cour suprême de justice) avait été transférée à Puerto-Principe de Cuba, par un ordre de la

---

[1] Don J. Garcia était commissaire pour le Roi d'Espagne dans le tracé des limites entre les deux colonies espagnole et française, terminé par un acte du 28 août 1776, signé au Cap par lui et le vicomte de Choiseul. Le comte et marquis d'Ennery était alors gouverneur général de la partie française.

cour d'Espagne; et dès que l'ex-gouverneur eut appris la marche de T. Louverture, il avait fait transporter à la Havane, les restes de Christophe Colomb et de Barthélemy Colomb, son frère, sur le vaisseau l'*Asia*, arrivé à Santo-Domingo en ce moment [1].

Dans le chapitre suivant, nous allons énumérer les divers actes administratifs et politiques publiés par T. Louverture pendant son séjour à Santo-Domingo.

---

[1] Diégo Colomb, fils de Christophe Colomb et héritier de tous ses titres, avait fait construire une espèce de château sur la rive droite de l'Ozama, dans l'enceinte de Santo-Domingo. La superstition remarqua que le jour du départ de l'audience royale, la charpente de ce château en ruine s'écroula. Les murs en subsistent encore.

CHAPITRE IV.

Règlement établissant les droits du timbre et de l'enregistrement.— Ordonnance portant la valeur de la piastre à onze escalius.— Proclamations sur la prise de possession de l'Est de l'île, et la convocation d'une *assemblée centrale* au Port-au-Prince.— Arrêté sur les acquisitions de terre par les cultivateurs.— Proclamation sur des propos tenus contre les intentions de T. Louverture.— Proclamation sur les denrées à cultiver dans l'Est.— Arrêté sur l'organisation et l'entretien de la gendarmerie.— Proclamation qui réduit les droits d'importation et d'exportation dans l'Est.— Ordonnance et arrêté sur la vente des animaux, et portant impôt à ce sujet.— Deux lettres de T. Louverture au Premier Consul.— Arrêté qui défend l'exploitation et l'exportation des bois d'acajou et de gayac.— T. Louverture fait battre une monnaie à son effigie.— Réception faite à l'évêque Mauvielle qui est placé dans l'Est.— Assassinat du colonel Gautier, par ordre de T. Louverture.— Commandemens militaires conférés dans l'Est.— Retour de T. Louverture au Port-au-Prince.— Arrêté contre les pirates.— Répression des *Vaudoux* par Dessalines.— Irruption de Lamour Dérance à Marigot.— Il en est chassé et se réfugie au Baboruco.

Quand T. Louverture voyageait, ses idées, ses plans, ses méditations, son génie d'organisation administrative et politique, franchissaient les distances avec lui ; partout où il s'arrêtait, il statuait sur les affaires publiques. Quelquefois il faisait une halte dans la route pour envoyer les ordres les plus importans aux extrémités de la colonie.

Durant son séjour à Saint-Jean, il signa deux règlemens qu'il envoya imprimer, et publier dans toute la partie française.

Le premier, du 9 janvier (19 nivôse), établit les droits du *timbre* et de *l'enregistrement*, conformément aux diverses lois rendues sur ces matières, en France. Ce règlement ouvrit quatorze bureaux pour la perception de ces droits, dans les principales villes du Nord, de l'Ouest et du Sud. Il accorda aux receveurs ou percepteurs cinq centimes par franc de la recette, sans autres frais ni appointemens ; le logement seul leur était donné par la colonie. Chaque département avait un bureau central pour le timbre. Les fonctionnaires de cette administration relevaient des ordonnateurs ou administrateurs. L'article 9 disait :

« Les peines portées par les lois anciennes et nouvelles
« qui ont été promulguées contre les faussaires, faux mon-
« nayeurs et faux fabricateurs, seront aussi appliquées con-
« tre les faux fabricateurs du timbre, leurs fauteurs, com-
« plices et adhérens, qui, à cet effet, seront traduits de-
« vant un *conseil de guerre* pour y être jugés, d'après
« mon règlement portant établissement desdits conseils
« de guerre. »

Le second établit le droit de *patentes*, comme en France, proportionnellement à la population des villes et bourgs. La perception de ce droit était réunie dans les mêmes mains. Ce règlement fut rendu le 10 janvier.

Le lendemain de son arrivée à Azua, il rendit une ordonnance pour porter la *piastre-gourde* à *onze escalins*, comme cela existait dans la partie française depuis le gouvernement du comte d'Ennery : dans la partie espagnole, elle ne valait que *huit réaux*, appelés *escalins* dans l'autre colonie. Les motifs du règlement du comte d'Ennery étaient fondés sur la guerre existante alors entre les colonies anglaises, qui venaient de proclamer leur indépendance, et l'Angleterre ; on prévoyait une guerre entre cette dernière puissance et la France.

Le 27 janvier, le lendemain de son entrée à Santo-Domingo, T. Louverture ayant appris que beaucoup d'habitans étaient déjà partis et que d'autres allaient les imiter, publia un avis pour rassurer ces derniers sur ses dispositions à les traiter avec bienveillance, et engager les autres à revenir dans leurs foyers. Toute sa conduite antérieure, depuis qu'il avait abandonné les Espagnols en 1794, donnait peu de confiance en lui : son hypocrisie et ses méfaits en étaient cause, car le vice porte sa propre condamnation.

Le 31, il écrivit à Don Garcia, d'abord pour lui demander la liste des communes de la partie espagnole, afin d'y envoyer ses actes : « Il est instant qu'ils soient connus « pour tranquilliser les esprits ; » ensuite, pour lui déclarer que son intention étant d'établir les mêmes lois et les mêmes mesures dans toute l'île, il mettait la gourde à *onze escalins*, comme il avait fait à Azua.

Le 2 février, il publia une proclamation aux habitans de Saint-Domingue, annonçant la prise de possession de la ci-devant partie espagnole de l'île, au nom de la France : elle contenait sa profession de foi sur son gouvernement et son administration, dans les vues d'assurer le bonheur de tous.

Afin de compléter ses vues connues depuis longtemps, T. Louverture publia une autre proclamation le 5 février : elle était adressée aux administrations municipales de la colonie et à ses concitoyens [1]. Après leur avoir exposé les faits qui se passèrent dans la mission du général Agé

---

[1] Le 5 février 1801 correspondait au 16 pluviôse an 9 : cette dernière date était l'anniversaire du décret de la convention sur la liberté générale. En ren-

à Santo-Domingo et depuis, jusqu'à son entrée dans cette ville, et promis de leur adresser le procès-verbal de ses opérations, aussi indispensable que ses *Te Deum*, il leur dit :

Citoyens, vous avez été témoins de ma sollicitude pour le bonheur de mon pays, *pour la liberté de mes frères*. Vous avez été témoins que je n'ai jamais pris les armes, si ce n'est dans le cas *d'une légitime défense* ; que l'ordre et la prospérité de cette colonie ont été toujours les objets les plus chers à mon cœur, ceux de mes vœux les plus constans ; qu'*invité à prendre les rênes* du gouvernement, *d'après l'expression de la volonté publique*, ce nouveau témoignage de confiance qui augmentait le fardeau dont je me voyais chargé *à regret*, n'a point ralenti mon zèle ni mon désir de faire le bien.

Aujourd'hui ma tâche est remplie. *Ma conscience satisfaite me dit que j'ai fait le bien et empêché le mal autant que je l'ai pu*. Il ne me reste qu'un devoir bien doux à remplir : — c'est de proclamer la bonne conduite des généraux, officiers et soldats de l'armée de Saint-Domingue ; ils ont exécuté mes ordres avec courage et intelligence ; ils m'ont secondé avec un zèle digne des plus grands éloges ; ils ont bien mérité de la patrie.

C'est à vous maintenant, citoyens magistrats, à assurer à cette colonie sa tranquillité future, à poser les bases de sa prospérité par des lois convenables à *nos mœurs*, à *nos usages*, à *notre climat*, à *notre industrie*, et en même temps *propres à nous attacher de plus en plus et plus fortement encore à la République française*. C'est à vous *de choisir*, en conséquence, des hommes sages, probes, éclairés, dont la première passion soit l'attachement à *la République*, à *l'humanité*, à *la liberté*, qui, susceptibles d'avoir de bonnes vues, puissent concevoir et présenter des projets de restauration pour cette colonie qui la porteront rapidement à une prospérité à laquelle elle n'était *jamais parvenue*. Des citoyens *sans préjugés*, également recommandables par leurs talens et par leurs vertus, doués de lumières, mais empressés à recevoir les bonnes idées de leurs concitoyens, et à les rendre profitables à

dant sa proclamation ce jour-là, il semble que T. Louverture eut la pensée de rappeler ce fait. Nous verrons si sa constitution, au fond, raffermit ou non la liberté générale.

la chose publique, inaccessibles à l'intrigue et à la corruption, et résolus de se dépouiller, au moins pendant le temps de leur honorable mission, des petites passions qui rétrécissent l'esprit et avilissent les hommes. Leurs travaux, pour être paisibles, n'en seront pas moins glorieux ; et s'ils ont le courage de se livrer à leur devoir, avec le dévouement qu'il exige, ils pourront lire dans l'avenir leurs noms inscrits parmi *les bienfaiteurs* de Saint-Domingue, et compter, dès ce moment, sur la gratitude de leurs concitoyens.

L'intérêt que je prendrai au succès de vos utiles travaux me portera à redoubler de vigilance, pour vous en aplanir les difficultés. *Je vous assure,* en mon nom et en celui des généraux, officiers et soldats de l'armée de Saint-Domingue, *de la liberté de vos suffrages* et du maintien de l'ordre public ; et d'après la confiance que j'ai en mes compagnons d'armes, que *le projet* que vous présenterez pour l'avantage de cette colonie, sera accueilli avec respect et reconnaissance, *exécuté avec empressement* et ponctualité, *après avoir obtenu l'assentiment de mes concitoyens et reçu le sceau des lois, par la sanction du gouvernement de la République.*

En conséquence, j'arrête ce qui suit :

1. Le 10 ventôse prochain (1ᵉʳ mars) toutes les administrations municipales de la colonie seront convoquées, à l'effet de procéder à la nomination d'un député.

3. Le 20 ventôse (11 mars) les députés des administrations municipales, nommés, se réuniront dans le chef-lieu de chaque département, savoir : — les députés du département du Nord, au Cap ; — ceux de l'Ouest, au Port-Républicain ; — ceux du Sud, aux Cayes ; — ceux de Samana, à Saint-Yague ; — et ceux de l'Engaño, à Santo-Domingo [1].

4. Les députés des communes, réunis dans les chefs-lieux des départemens, s'occuperont à nommer deux députés *à l'assemblée centrale* de la colonie, qui sera fixée au Port-Républicain.

6. L'assemblée centrale, composée de *dix députés* et réunie au Port-Républicain, commencera ses opérations au 1ᵉʳ germinal prochain (22 mars).

7. Toutes les administrations, soit individuellement, soit collective-

---

[1] Nous avons dit que le corps législatif de France avait divisé le territoire de l'île entière en 5 départemens, ainsi dénommés. Déjà T. Louverture avait formé des municipalités dans toutes les communes de la partie espagnole.

ment, tous les citoyens en général, sont invités à adresser leurs vues et à offrir leurs réflexions à l'assemblée centrale. qui, après avoir mûrement discuté *le projet* qui sera formé, l'enverra, après l'avoir adopté, *à mon approbation*; de là, *il sera adressé au gouvernement français, pour obtenir sa sanction.*

8. *Ledit projet, revêtu de la sanction du gouvernement français, aura force de loi et sera exécuté dans toute la colonie.*

9. Les assemblées de département et l'assemblée centrale ne pourront, sous aucun prétexte, s'occuper d'objets étrangers à leur convocation.

Après avoir vaincu toutes les résistances qui s'opposaient à sa marche vers *le pouvoir suprême*, et non pas vers *l'indépendance* de la colonie, T. Louverture arrivait au dernier acte qui devait le lui assurer et consolider son autorité légalement, du moins par l'apparence de la puissance populaire. S'étayant de l'article 91 de la constitution française de l'an 8, cité dans la proclamation des consuls qu'apportèrent Vincent et ses collègues, il paraphrasa cette proclamation pour légitimer ce qui, de sa part, était une violation flagrante de cette constitution ; car, Saint-Domingue, comme toutes les autres colonies de la France, devait recevoir les lois qu'il plairait au gouvernement et à la législature de la métropole de faire pour elles. A moins de déclarer *son indépendance absolue*, cette colonie n'avait pas le droit de faire des lois, ni pour son régime intérieur, ni pour ses relations extérieures. C'était déjà un empiètement considérable qui pouvait encore être excusé, si le travail qu'aurait à présenter l'assemblée centrale, ne devait être considéré que comme un *vœu* de la colonie, un *projet réel* à soumettre au gouvernement français.

Nous remarquons seulement l'expression d'*assemblée centrale*, substituée au titre d'*assemblée générale* que prit l'assemblée de Saint-Marc en 1790, et au titre d'*assem-*

blée coloniale que prit l'assemblée du Cap en 1791, nous réservant de faire d'autres rapprochemens, quand son œuvre sera mise sous les yeux du lecteur.

Dans tous les cas, T. Louverture parlait dans sa proclamation, de sa sollicitude pour *la liberté de ses frères;* nous allons bientôt citer un autre acte où nous examinerons s'il garantissait ou non leur liberté. Nous verrons aussi si les membres de l'assemblée centrale étaient des hommes *sans préjugés;* si réellement il y a eu *liberté de suffrages* dans leur nomination ; si l'assemblée a travaillé en dehors de son *influence,* dans le lieu qui lui était assigné ; et si, enfin, le général en chef a attendu *la sanction* du gouvernement français pour exécuter le projet en question, s'il ne s'est pas trop *empressé* de l'exécuter.

Nous voilà tout de suite à l'acte que nous venons d'annoncer. C'est un arrêté publié le 7 février, deux jours après la proclamation ci-dessus. Comme il complète parfaitement les vues de T. Louverture sur l'administration de son pays, sur le sort qu'il faisait *à ses frères noirs,* déjà assez passablement fixé par ses divers *règlemens de culture,* par les punitions *corporelles,* etc., etc., il est bon de le produire au grand jour. Dans notre manière d'écrire sur l'histoire de notre pays, nous ne nous bornons pas à des *assertions;* nous appelons le lecteur à juger des intentions avec nous, à rectifier nos appréciations, si nous sommes dans l'erreur ou passionné. Voici cet arrêté :

Toussaint Louverture, général en chef de l'armée de Saint-Domingue.

Plusieurs citoyens s'étant proposé *des acquisitions de terre,* il est de mon devoir de régler les dispositions auxquelles ils devront être assujétis.

La culture de cette colonie, bien différente de celle des autres pays, exige une réunion de moyens considérables en hommes et en argent, sans lesquels il est impossible qu'*un planteur* puisse obtenir les avantages qu'il doit naturellement se proposer. Presque toutes les habitations des départemens du Nord, du Sud et de l'Ouest manquent de bras, et dans la ci-devant partie espagnole, le nombre en ayant été diminué depuis cinq ans par de fréquentes émigrations, il serait *imprudent et impolitique* de permettre de nouveaux établissemens, tandis que les anciens languissent, et de vouloir en accroître le nombre avant que la population soit augmentée.

Il est en même temps nécessaire de fixer le nombre de carreaux de terre qu'il est convenable de laisser acquérir. Il s'est introduit dans la partie française *des abus* qu'il est urgent d'arrêter. *Un, deux ou trois cultivateurs s'associent, achètent quelques carreaux de terre, et abandonnent des habitations déjà en valeur, pour aller se fixer sur de nouveaux terrains incultes.* De cette manière, les anciens établissemens seraient bientôt *ruinés, sans utilité* pour les entrepreneurs des nouveaux défrichemens, et sans compensation pour la chose publique, des pertes que *ces isolemens* occasionnent. Il est de la prudence d'empêcher une semblable *désorganisation*.

En conséquence, *aucune vente de terre* ne pourra être faite, si ceux qui désirent faire des acquisitions n'ont préalablement obtenu *de l'administration municipale* de leur canton, *l'autorisation d'acheter*, après avoir prouvé qu'ils ont les moyens nécessaires pour former de nouveaux établissemens : ladite autorisation sera soumise à *mon approbation*.

Les *notaires* publics ne pourront passer des contrats de vente, si les parties se présentent à eux avant d'avoir rempli les formalités ci-dessus indiquées, les rendant responsables personnellement des événemens qui pourraient en résulter, s'ils s'écartaient des dispositions du présent arrêté.

D'après ces considérations, j'arrête ce qui suit :

1. Aucune vente de terre ne pourra être faite dans la colonie, si la vente n'est *au moins de cinquante carreaux*, — *me réservant de prononcer* sur *quelques* exceptions qui pourraient avoir lieu à cet égard.

2. Toute personne désirant acquérir un terrain *non encore défriché*, ou une propriété *déjà établie*, sera tenue de se présenter pardevant l'administration municipale de son canton, pour lui en faire la déclaration.

3. L'administration municipale est tenue d'examiner *si le déclarant est déjà attaché à une habitation*, — quel est le genre de culture qu'il

se propose d'établir, — quel est le nombre *de cultivateurs* qu'il peut employer ; et, après avoir examiné s'il a *les moyens* de former ou de soutenir un établissement, elle soumettra sa demande à *mon approbation*.

4. Il est défendu à tout notaire public de passer aucun acte de vente, si les formalités exigées par le présent arrêté n'ont été préalablement remplies.

Le présent arrêté sera imprimé, publié et *spécialement recommandé* à la surveillance des autorités civiles et militaires, chargées de tenir *sévèrement* la main à son exécution.

A Santo-Domingo, le 18 pluviôse (7 février) an 9 de la République française une et indivisible.

Le général en chef, TOUSSAINT LOUVERTURE.

Le voilà tout entier, ce fameux acte qui limitait le droit qu'a tout homme libre de se donner légalement une propriété.

Contre qui était-il dirigé, si ce n'est contre *les cultivateurs noirs* ? En faveur de qui était-il conçu, si ce n'est en faveur *des colons blancs* de Saint-Domingue ? Le mot de *planteur* qui y figure dit toute la pensée de T. Louverture à cet égard. Selon lui, il était *imprudent et impolitique* de permettre *aux noirs* (qui n'avaient pas de grands moyens et qui s'associaient pour acquérir des terres), de se rendre *indépendans* du caprice et de la tyrannie de leurs anciens maîtres, de leurs oppresseurs naturels, — du despotisme des chefs militaires qui s'adjugeaient de nombreuses habitations, — en achetant quelques carreaux de cette terre qu'eux ou leurs ancêtres avaient défrichée, arrosée de leur sueur et de leur sang ! Ces noirs étaient-ils des esclaves ou des hommes libres ? Que signifiaient donc ces mots pompeux de *liberté*, d'*égalité*, placés en tête des actes du général en chef de Saint-Domingue, si ces hommes ne pouvaient jouir des mêmes droits que tous autres dans cette colonie? Lorsque cet ancien esclave lui-même avait sagement économisé le fruit de son travail, pour employer ce pécule accumulé à s'acheter des habitations, telles que celles situées à Ennery et aux Cahos, il trouvait qu'il était juste d'interdire *à ses frères* qui avaient été dans la même condition que lui, la faculté d'employer le fruit de leurs épargnes à s'acquérir aussi de petites portions de terre pour les transmettre à leur postérité! L'esprit comme le cœur se soulève à la lecture de cet acte de T. Louverture.

Et à qui conférait-il le droit de statuer sur de pareilles demandes? Aux administrations municipales, aux municipalités, composées presque toutes *des blancs colons*. Qui étaient notaires publics? *Les blancs colons*. Au sommet de cette juridiction administrative était le général en chef, qui va devenir bientôt *le gouverneur général* de la colonie, statuant en dernier ressort, pour donner ou refuser son approbation; et comme ce *noir*, devenu *blanc* par ses sentimens d'attachement aux autres blancs, par l'effet de son funeste système, pensait qu'il serait imprudent et impolitique de tolérer l'acquisition des terres par des cultivateurs, qu'il fallait empêcher une semblable désorganisation de la grande propriété, on conçoit facilement quel espoir pouvait rester à ces malheureux de devenir propriétaires.

C'est sous les yeux de Moïse, présent à Santo-Domingo, que cet arrêté a été publié. Ne voit-on pas dès-lors comment l'indignation de ce jeune homme, mécontent du système affreux de son oncle, ira sans cesse croissant, pour s'exhaler ensuite par des murmures sortis de son cœur oppressé, pour aboutir à la mort?

Il est constant, d'après cet arrêté, que les cultivateurs, se voyant traqués de tous côtés pour rentrer sur les habitations de leurs anciens maîtres, devenus plus arrogans depuis la fin de la guerre civile du Sud ; étant de plus contraints au travail par la flagellation, mais reconnaissant, d'un autre côté, qu'on accordait toutes les faveurs aux propriétaires, ils imaginèrent de se rendre eux-mêmes propriétaires aussi, en espérant que la loi *de l'égalité* leur assurerait les mêmes avantages, puisqu'on disait qu'ils étaient libres et qu'ils savaient qu'ils l'étaient effectivement, et par le droit naturel et par la proclamation de la liberté générale. Ne pouvant, la plupart, avoir assez d'argent pour atteindre leur but, ils s'associaient en réunissant leur petit pécule. Loin de favoriser cette tendance de la population noire, T. Louverture l'arrêta tout-à-coup: il découvrit l'ingénieux moyen employé par *ses frères* pour se soustraire au châtiment corporel, à toutes les vexations de ce temps barbare, et il l'entrava, en rendant ses complices et lui, juges de ce louable désir d'acquérir ce qui constitue pour l'homme la vraie liberté, — *la propriété*, — par l'indépendance qu'elle lui procure dans la société.

Sont-ce là le fait d'un administrateur bienveillant, le droit d'un gouvernement juste et équitable ?

M. Madiou, ne trouvant pas la pensée de T. Louverture assez clairement formulée, ajoute à ses motifs, en disant : « Il avait remarqué que deux, trois ou un plus grand « nombre de cultivateurs s'associaient pour acheter quel-« ques carreaux de terre sur lesquels ils se retiraient, *se « livrant à la paresse* ; il en était résulté un *dépérissement* « général dans les cultures*[1]*. »

Cette accusation de *paresse* portée par cet auteur, contre les cultivateurs associés, ne se trouve pas dans l'arrêté du

[1] Histoire d'Haïti, t. 2. p. 88.

général en chef : celui-ci ne parle que de *l'isolement* où ils allaient se placer des grandes habitations qui seraient ainsi ruinées ; il considérait ce résultat comme un abus contraire aux intérêts des planteurs, des colons, grands propriétaires ; il ne voulait pas la formation de la *petite propriété*, plus favorable à la liberté, parce que son système d'administration était tout *aristocratique*. Voilà la pensée politique de cet acte. Y ajouter par cette accusation de paresse, c'est légitimer les calomnies répandues par la faction coloniale contre les hommes de la race noire ; c'est presque justifier le régime monstrueux contre lequel ils s'étaient levés ; c'est reproduire l'idée exprimée dans la proclamation de Whitelocke, en 1793, « qu'une colonie
« ne doit pas devenir le théâtre *des vertus républicaines*,
« ni du développement *des connaissances humaines ;* que
« sa prospérité consiste à faire *beaucoup de denrées* pour
« en exporter le plus avec le moins de frais possible. »
Voilà le but que se proposait T. Louverture qui, à la même époque, agissait dans le Nord pour le rétablissement de l'esclavage des noirs, déclarés libres par les commissaires civils. Qu'il se soit montré, en 1801, conséquent avec ses anciens principes, d'accord ; mais n'accusons pas les cultivateurs d'une chose qui ne se trouve point dans un acte qui était si contraire à leurs droits.

Brissot, qui, certes, était un véritable *ami des noirs*, dans un de ses écrits publié le 20 novembre 1790, considérait *la petite culture* comme plus propre à augmenter les produits des colonies, à les rendre moins chers, à rendre surtout *l'esclavage moins nécessaire*, alors qu'il n'était question que d'une liberté graduelle à accorder aux noirs esclaves. Mais en 1801, après huit années d'affranchissement général, après les idées émises par Polvérel, dans son système d'affranchissement, sur les terrains à donner aux nouveaux libres, T. Louverture *réagissait* contre eux par son arrêté : en limitant le droit d'acquérir à 50 carreaux de terre, c'était *repousser* ces hommes *de la société civile,* parce qu'il n'était guère possible qu'ils pussent en acquérir autant à la fois ; et encore, il entrava ce droit par les autorisations préalables à obtenir des colons eux-mêmes, fonctionnant dans les municipalités, par l'approbation qu'il se réservait de donner à ces autorisations ou de les refuser.

Sans doute, nous verrons plus tard, le Sénat de la République d'Haïti, en 1807, limiter le droit d'acquisition à 10 carreaux de terre, et Pétion, plus libéral, le restreindre à 5 carreaux ; mais cette limitation étant posée, chacun était libre d'acheter sans avoir besoin de recourir à des autorisations préalables, à une approbation despotique.

Malgré tous ses actes en faveur des Espagnols devenus Français, des bruits alarmans étaient répandus sur les intentions perfides qu'on supposait à T. Louverture, de vouloir accorder *quatre heures de pillage* à ses troupes et de les charger *de massacrer les habitans* de Santo-Domingo, comme les Espagnols avaient laissé faire à celles de Jean François, sur les Français au Fort-Liberté ; cet ordre, disait-on, devait être exécuté aussitôt son départ de Santo-Domingo. Ces bruits épouvantables portaient beaucoup de gens à l'émigration.

Pour les dissiper, le 8 février, T. Louverture émit une proclamation où il disait : « Mes *principes* et mon *carac-*
« *tère* m'interdisent de me justifier de semblables *hor-*
« *reurs.* » Cependant, jugeant bien que ses faits antérieurs dans la partie française justifiaient *un peu* ces appréhen-

sions, il déclara qu'il ne permettrait plus qu'à Don Garcia et à sa troupe de quitter la colonie, que tous les habitans y resteraient jusqu'à ce qu'il reçût de nouveaux ordres de France. Il ajouta à cette déclaration, qu'il mettait tous les Espagnols indistinctement sous la protection de la République ; qu'il se rendait personnellement responsable de tous les attentats qui seraient commis contre leurs personnes et leurs propriétés, en ordonnant en outre des punitions sévères contre tout officier ou soldat de son armée qui serait coupable d'une vexation quelconque contre les habitans ; mais d'arrêter aussi les auteurs de ces calomnies. Les officiers supérieurs furent requis de tenir la main *avec rigueur*, à l'exécution de sa proclamation.

Don Garcia demanda à T. Louverture *une copie authentique* de cet acte, qui lui fut remise le 9 février. L'ex-gouverneur voulait avoir un titre en forme, en cas d'événement sinistre, pour accuser au besoin l'homme qui lui écrivait, le 27 mars 1794, tant de protestations de soumission et de fidélité, au moment où il se préparait à massacrer les Espagnols aux Gonaïves, où il tendait un piége à Don Cabrera.

C'est la punition anticipée des hommes sans foi, des grands coupables, de voir leurs intentions sans cesse suspectées. La méfiance publique devient ainsi le précurseur du jugement de Dieu à l'égard de leurs méfaits, et elle porte le trouble dans leur conscience.

Le même jour, 8 février, une autre proclamation parut, adressée aux habitans de la ci-devant partie espagnole. Après leur avoir fait la comparaison, entre l'état des cultures dans cette partie et celui existant dans la partie française, tout à l'avantage de cette dernière, pour les inviter à imiter les Français dans la production des denrées destinées à l'exportation, qui procurent l'aisance et même la richesse, il ordonna la plantation *des cannes, du café, du coton, du cacao.*

« Il est de l'intérêt des habitans, dit-il, de sortir de l'indolence à laquelle ils étaient livrés : partout la terre n'attend que les secours des bras pour ouvrir ses trésors, pour récompenser ceux qui se livreront à la culture de ces riches productions, — tandis qu'elle laisserait dans la misère ceux qui cultivent *des bananes, des patates, des ignames*, productions sans valeur dans cette colonie. »

Sans valeur, bien entendu pour l'exportation, mais immensément utile pour la nourriture du peuple.

C'est donc une erreur commise par M. Madiou, quand il dit que T. Louverture *prohiba* la culture de ces vivres [1]. Il n'y a pas de défense faite d'en planter, dans cette proclamation ; et il aurait été coupable de prendre une telle mesure, qui aurait exposé ces populations à la disette, à périr de faim. Il était trop prévoyant pour agir ainsi.

« C'est un bon père qui parle à ses enfans, continue la proclamation, qui leur indique la route du bonheur pour eux et leur famille, qui désire les voir heureux. Je n'ai jamais pensé que la liberté fût la licence, que des hommes devenus libres pussent se livrer impunément à la paresse, au désordre : mon intention bien formelle est *que les cultivateurs restent attachés à leurs habitations respectives;* qu'ils jouissent du quart des revenus; qu'on ne puisse impunément être injuste à leur égard ; mais en même temps, *je veux qu'ils travaillent plus encore qu'autrefois*, qu'ils soient *subordonnés;* qu'ils remplissent avec exactitude tous leurs devoirs, bien résolu *à punir sévèrement* celui

---

[1] **Histoire d'Haïti**, t. 2, p. 88.

qui s'en écartera... » — par la *verge épineuse*, par le *bâton* de l'inspecteur de culture, de la gendarmerie dont l'organisation va être décrétée.

Nous doutons alors que *les noirs* de la partie de l'Est, habitués à une vie paisible, aient réellement vu en T. Louverture, *un Dieu libérateur*, ainsi que l'a affirmé M. Madiou.

L'indolence reprochée à la faible population de la partie de l'Est d'Haïti, n'a jamais été aussi grande qu'on l'a cru généralement. Ses principales productions ont toujours été l'élève des bestiaux et la coupe du bois d'acajou, et elles exigent plus d'activité qu'on ne pense. Si elle avait montré peu de disposition à produire autre chose, on doit en accuser l'administration espagnole qui négligea constamment cette colonie, et dont l'inintelligence ne sut pas tirer parti de cette terre fertile et de ses habitans. L'influence des ordres religieux, les innombrables fêtes célébrées toute l'année, y contribuaient; ces fêtes absorbaient presque tout le temps qui aurait dû être accordé au travail. Mais, pendant la période de vingt-deux années que ce territoire a été réuni à la République d'Haïti, on a vu ses produits en tabacs *décupler*, les autres portés à un chiffre inconnu jusqu'alors; et certes, on n'y employait pas la *punition corporelle*, ni aucune contrainte morale : *le commerce fut le seul agent provocateur de la production*, comme il l'a été dans la partie occidentale de l'île, aidé de la *petite propriété*, également établie dans la partie orientale.

Le 11 février, T. Louverture fit un arrêté qui créait une compagnie de gendarmerie dans chaque commune de toute la colonie : composée de 54 hommes, y compris 3 officiers et un trompette, elle devait être entretenue, payée, habillée et montée, aux frais de la commune; le gouvernement fournissait les armes. Le 6 mai suivant, rendu au Cap, il rendit un autre arrêté pour régler cet entretien de la gendarmerie par les communes, *taxant* les propriétaires, fermiers *et cultivateurs*, proportionnellement aux produits retirés de la terre. Ainsi, les cultivateurs étaient tenus de contribuer à l'entretien des hommes chargés de les contraindre au travail, en les assommant de coups. La gendarmerie appliquée au service des campagnes recevait la ration journalière en vivres du pays, celle des villes et bourgs en argent.

Un des articles du second arrêté, supprima dans l'Est les anciennes contributions, excepté *la dîme*, et les remplaça par les impôts établis dans la partie française. La dîme était anciennement payée au roi d'Espagne au lieu de l'être au clergé, parce que la couronne faisait tous les frais du service divin [1]. C'était *le dixième* de tous les produits.

Le 11 février, T. Louverture avait rendu une ordonnance pour défendre la vente *des animaux* dans l'Est, afin de conserver à cette partie ces instrumens de travail. Le 7 mars, pour donner suite à cette idée et mettre la police à même de surveiller les vols qui se faisaient, principalement de chevaux, il rendit un arrêté, qui établissait un impôt, *un droit de passage* sur tous les animaux qu'on menait d'un département à un autre : des formalités rigoureuses étaient prescrites aux particuliers pour obtenir la permission *de vendre* des animaux quelconques, et les autorités civiles et militaires qui ne les observeraient pas seraient considérées *complices* des vols commis : *les con-*

---

[1] Voyez la description de la partie espagnole par Moreau de Saint-Méry, pour connaître les détails de cet impôt que T. Louverture maintint, probablement par rapport aux animaux de toutes espèces.

seils de guerre jugeaient ces délits et devaient confisquer les animaux au profit de la colonie.

Le 12 février, une proclamation réduisit à *six pour cent*, dans la partie de l'Est, les droits d'importation portés à dix pour cent, et ceux d'exportation portés à vingt pour cent dans la partie française. Voici les motifs donnés par cet acte.

> L'état de nullité dans lequel j'ai trouvé la culture et le commerce dans la partie espagnole, mon extrême désir de la voir sortir du néant où elle était restée, et de la rendre florissante, me font un devoir d'exciter l'émulation des anciens habitans, par des encouragemens qui doivent, en même temps, *y attirer de nouveaux colons*.
>
> Les départemens de l'Engaño et de Samana offrent, sans doute, aux hommes industrieux, de grandes ressources ; mais il est une partie de l'île faite surtout pour fixer l'attention générale. La superbe plaine de Samana (celle de la Véga-Réal), sur laquelle la Providence paraît avoir répandu toutes ses faveurs, se trouve propre à la fois à tous les genres de culture. A la plus étonnante fécondité, à une température plus douce que celle des autres plaines de Saint-Domingue, elle réunit des débouchés faciles, des rivières qui l'arrosent dans tous les sens ; et enfin, elle est traversée par le fleuve *Youna*, qui, après avoir été navigable à une grande distance dans les terres, porte ses eaux dans la grande baie de Samana, où se trouve naturellement formé le port le plus vaste et le plus sûr. Avec *des bras*, de l'intelligence et de l'activité, les hommes laborieux sont assurés, sur une terre aussi fertile, d'être payés au centuple de leurs avances et de leurs travaux.
>
> Que les *Français* industrieux, que les amis d'une sage liberté, du travail, des bonnes mœurs et de la prospérité de cette colonie, dirigent leurs spéculations vers ce grand établissement. S'ils réunissent ces qualités, ils peuvent me demander *des concessions* ; ils me trouveront *toujours disposé à favoriser* leurs utiles travaux. J'en atteste celui qui lit dans mon cœur, et ma conduite entière : nul homme n'a une volonté plus ferme et en même temps plus d'intérêt à rendre son pays heureux. Que cette conviction excite l'émulation, *inspire la confiance* ; que *les anciens et les nouveaux habitans* soient bien persuadés qu'ils trou-

veront toujours en moi *un ami*, dans un chef constamment disposé *à les aider et à les seconder de tout son pouvoir.*

Les ports de Monte-Christ, Puerto-Plata, Samana, Santo-Domingo, Azua et Neyba furent alors ouverts au commerce d'importation et d'exportation, afin de faciliter ces grandes vues d'établissemens nouveaux.

Nous avons donné les considérans, les motifs de cette réduction d'impôts dans la partie de l'Est, pour faire apprécier le bonheur dont jouissait T. Louverture au moment où il l'ordonnait. On le voit pleinement satisfait de cette prise de possession effectuée au nom de la France; il a la conscience de ce qu'il va devenir dans son pays, car sa constitution est déjà rédigée entre lui et ses conseillers, B. Borgella principalement.

Dans cette conviction, il appelle de nouveaux *colons*, il convie les *Français* à venir se fixer dans ces possessions qu'ils avaient toujours convoitées. Pour mieux les déterminer, il devient *poète*, pour ainsi dire, par la ravissante description qu'il fait de l'immense et fertile plaine de la Véga-Réal, qui a eu l'honneur de recevoir ce nom de Christophe Colomb lui-même[1]. Il parle de sa douce température; il énumère ces mille rivières tributaires de la majestueuse Youna, qui décharge ensuite leurs eaux dans la superbe baie de Samana; il fait parcourir de l'œil avec lui, ces lieux agrestes où tant d'établissemens pouvaient être fondés pour acquérir des richesses, objet des désirs incessans des Européens. Enfin, il invoque celui qui lit

---

[1] *Véga-Réal*, en espagnol, signifie *PlaineRoyale*. D'après Charlevoix, elle a 80 lieues de longueur et 10 de largeur : une infinité de ruisseaux, de rivières y coulent leurs eaux et forment la Youna et le Grand Yaque. A cause de son élévation, on y jouit de la plus délicieuse température.

dans son cœur comme dans tous les cœurs ; il rappelle aux colons sa conduite entière qui leur a été toujours favorable, pour inspirer plus de confiance en lui, en ses déclarations, en ses promesses.

Cependant, il n'y avait que *cinq jours* écoulés, depuis qu'il avait restreint le droit *des noirs* à acquérir des propriétés ! Il refusa cette jouissance légitime à ses frères, tandis qu'il offrit des concessions *gratuites aux blancs* qui viendraient d'Europe !...

T. Louverture était, sans contredit, un homme supérieur par son esprit qui saisissait, qui embrassait toutes choses. Mais il oublia toujours, dans tous ses rapports avec les colons, qu'il était *noir*.

Hélas ! en ce moment même où son cœur s'épanouissait, que faisait la faction coloniale à Paris, dans toute la France, peut-être même à Saint-Domingue ? Elle le trahissait, elle le livrait à la vengeance de l'autorité de la métropole, si souvent méconnue par lui dans ses rêves d'ambition extrême ; elle sollicitait de son côté toute la puissance de la France contre lui, pour lui arracher cette position où *un noir* n'aurait jamais dû prétendre. Ce projet se réalisa, contrairement aux intérêts bien entendus de la France : son succès occasionna *des regrets ;* mais *il était trop tard !* Les temps étaient déjà accomplis pour toutes les grandes fortunes. Ainsi l'avait réglé la Providence.

Le 12 février, le général en chef adressa une lettre au Premier Consul, par laquelle il lui demanda la confirmation des grades supérieurs auxquels il avait promu plusieurs de ses officiers. Il lui dit qu'après la prise du Môle sur *les rebelles* du Sud, il avait nommé Moïse, *général de division*, à raison *de sa bonne conduite ;* mais que cette nomination fut *secrète* jusqu'à la prise de possession de la partie espagnole où il la rendit *publique*, d'après la manière *digne d'éloges* avec laquelle il s'était conduit dans cette circonstance. Il lui déclara avoir élevé Dessalines au même grade, immédiatement après la pacification du Sud.

Relativement à Moïse, il mentait impunément : les opinions de son neveu sur la guerre civile et les ménagemens dont il avait usé envers des hommes de couleur dans le Nord, avaient mécontenté T. Louverture au point qu'il éleva Dessalines seul à ce grade divisionnaire. Mais, après la prise de possession de l'Est, il ne pouvait plus refuser le même grade à Moïse, sans paraître injuste aux yeux de l'armée. Voilà la cause de sa promotion faite à Santo-Domingo.

T. Louverture dit ensuite au Premier Consul, qu'il avait nommé aussi, au grade de *général de brigade*, Maurepas, H. Christophe, Paul Louverture, Charles Bélair et D'Hébécourt, en ajoutant un mot d'éloges pour chacun d'eux. H. Christophe était loué par lui, pour avoir préservé le Cap et *les blancs* de la *fureur des partisans* de Rigaud. Il aurait pu ajouter, — pour les avoir fait tuer avec plus de zèle qu'aucun autre de ses officiers. Enfin, il s'excusait de l'élévation de Charles Bélair, malgré son jeune âge, à cause de son mérite : cet officier avait alors 23 ans.

Chose singulière ! presque en même temps, le 17 pluviôse an 9 (6 février), le Premier Consul rendait un arrêté par lequel il nommait T. Louverture, *capitainegénéral* de la partie française de Saint-Domingue. Mais nous ignorons si cet acte lui fut adressé.

Une autre lettre de la même date disait au Premier Consul, qu'il avait cru devoir interner Roume au Dondon, pour avoir écouté des intrigans qui le firent rapporter l'arrêté relatif à la prise de possession de la partie espagnole ; mais que cet agent était encore au Dondon, à ses ordres [1]. C'était donc là le vrai motif de sa réclusion !

Le 3 mars, après avoir parcouru tous les lieux du département de l'Engaño jusqu'à Samana qu'il visita aussi, revenu à Santo-Domingo, il publia un arrêté par lequel il défendit la coupe des bois d'*acajou* et de *gayac*, et leur exportation de cette partie, ne permettant que l'exploitation du bois de *campêche* par les seuls propriétaires des terrains où il serait coupé, et encore sous la condition d'obtenir préalablement une permission expresse du gouvernement.

Ses motifs étaient fondés sur le gaspillage qu'on faisait des bois d'acajou, dont la plus grande partie restait sur les lieux, abandonnée par les coupeurs qui se contentaient d'enlever les plus grosses billes. Il avait un autre motif exprimé dans l'arrêté : c'était de porter, de contraindre les habitans à se livrer aux grandes cultures des autres denrées déjà prescrites, seules capables, dit cet acte, de rendre à la colonie et au commerce national leur ancienne splendeur.

Par suite de toutes ses mesures fiscales et de l'augmentation de la valeur de la piastre-gourde à onze escalins, il paraît que l'idée lui vint, à Santo-Domingo même, d'y

---

[1] Ces deux lettres furent publiées sur le Moniteur du 15 octobre 1801, au moment où l'expédition se préparait dans les ports de France contre Saint-Domingue. Il semble que la pensée du gouvernement consulaire était de la justifier d'avance, en démontrant la nécessité de punir T. Louverture pour tous ses actes commis en violation de l'autorité de la métropole.

faire battre une monnaie *à son effigie* : elle portait dans l'exergue les mots de : *République française.* Nous ne garantissons pas ce fait, ne connaissant aucun acte public à ce sujet; nous le puisons dans un auteur national [1] et dans un manuscrit du général Kerverseau, résumant son rapport si souvent cité par nous : au reste, les traditions populaires l'appuient.

Avant de quitter Santo-Domingo pour retourner dans l'Ouest, T. Louverture apprit l'arrivée de l'évêque Mauvielle à Puerto-Plata. Il s'empressa d'envoyer des ecclésiastiques à sa rencontre ; ils le trouvèrent à la Véga. Apprenant lui-même que le général en chef était à Santo-Domingo, il venait au-devant de lui. L'évêque fut parfaitement accueilli : les départemens de l'Engaño et de Samana furent confiés à sa juridiction spirituelle, à la résidence de Santo-Domingo, dont le siége archiépiscopal était vacant. L'éducation de ce prélat, son instruction supérieure, ses mœurs, ses manières distinguées le firent aimer de tous les fidèles de l'ancienne possession espagnole, habitués qu'ils étaient depuis trois siècles à vénérer les hauts dignitaires de l'Église.

Quelques mois après, cet évêque contribua *à la défection* de toute cette partie en faveur de l'expédition française : il répondait ainsi, dans l'intérêt de cette armée, aux sentimens que lui avait manifestés T. Louverture.

Celui-ci, en partant de Santo-Domingo, donna la preuve d'autres sentimens contre un de ses officiers, qui, peut-être, lui fût resté fidèle dans cette conjoncture. Nous avons dit que le colonel Gautier, cet ancien légionnaire de l'Ouest, s'était distingué dans le combat livré sur les

---

[1] M. Madiou, Histoire d'Haïti, t. 2, p. 89.

bords du Nisao. Il ne convenait pas à la politique cruelle de T. Louverture, de conserver un officier qui s'était conduit avec tant de valeur à Tavet, au siége de Jacmel, dans l'évacuation de cette place, et dans les autres combats qui eurent lieu, entre lui et Rigaud, jusqu'à Aquin : ce brave avait eu encore *le tort* de montrer son courage récemment ; il pouvait devenir influent. L'homme qui venait d'en appeler de toute sa conduite antérieure, qui en appelait au témoignage de Dieu lisant dans son cœur, pour donner des assurances *aux colons*, voulut leur donner un autre gage : il ordonna à son frère Paul Louverture *de faire assassiner* Gautier. Cet infortuné, digne d'un meilleur sort, eut ordre à son tour de remplir une mission dans l'arrondissement de Santo-Domingo : il tomba dans une embuscade tendue à son innocence, et fut *baïonnetté*.

La justice de Dieu annota ce nouveau crime.

Paul Louverture, élevé, comme on vient de le voir, au grade de général de brigade dès l'entrée du général en chef à Santo-Domingo, y resta en qualité de commandant du département de l'Engaño : la 10ᵉ demi-brigade, sous les ordres du colonel Jean-Philippe Daut, y tint garnison.

Le département de Samana fut confié au commandement du général Clervaux, à la résidence de Saint-Yague : la 6ᵉ demi-brigade, qu'il avait commandée, prit garnison dans cette partie.

T. Louverture traversa toutes les bourgades par où il avait passé, pour retourner au Port-au-Prince. Arrivé là, il reçut un accueil digne de toutes les opérations qu'il venait d'accomplir dans l'ancienne partie espagnole. Un arc-de-triomphe fut dressé à l'entrée de la ville, au-devant de la porte Saint-Joseph. Le curé Lecun, préfet apostolique, y vint avec le dais et tous les accessoires d'une pareille cérémonie; les rues étaient jonchées de fleurs, par les dispositions prises par le général Agé, commandant de l'arrondissement, par le colonel Dalban, commandant de la place. Ces trois personnages, Européens, ne négligèrent rien pour rendre cette réception aussi pompeuse que possible : des salves d'artillerie se faisaient entendre pendant la marche d'un cortége nombreux, pour se rendre à l'église, où le *Te Deum* devait être chanté. Là, le général en chef s'assit dans le banc des anciens gouverneurs généraux de Saint-Domingue, au-dessus duquel le curé Lecun avait fait placer un arc recouvert de soiries : sur cet arc étaient écrits ces mots : *Dieu nous l'a donné, Dieu nous le conservera.* Mais, dans le cœur de ce prêtre était écrit aussi : *Dieu nous l'enlèvera;* car il contribua *aux défections* peu de mois après. Agé et Dalban les suivirent, s'ils ne les ordonnèrent pas.

Peu de jours après son arrivée au Port-au-Prince, T. Louverture publia un arrêté, le 3 avril, à l'occasion de quelques actes de piraterie qui avaient été commis sur les côtes de l'île : il prescrivit des mesures pour s'en garantir à l'avenir.

A cette époque, des *Vaudoux,* conduits par une vieille africaine, commettaient leurs sorcelleries habituelles dans la plaine du Cul-de-Sac, malgré l'ordonnance répressive publiée à leur égard. Ces pratiques superstitieuses nuisaient, comme toujours, aux travaux agricoles des cultivateurs. Pour y mettre ordre, Dessalines, inspecteur général des cultures, répondant de leur résultat au général en chef, se mit en campagne à la tête d'un bataillon de la 8ᵉ demi-brigade; ayant cerné ces Vaudoux réunis dans une case, il ordonna un feu de bataillon qui les en fit sortir ; une cinquantaine d'entre ces hommes grossièrement ignorans tombèrent au pouvoir de la troupe qui les baïonnetta [1].

Leur audace à se montrer ouvertement en contravention à l'ordonnance précitée, paraît avoir été concertée avec une incursion faite en même temps par Lamour Dérance dont nous avons déjà parlé. Cet africain, ancien esclave de l'habitation Dérance, située dans la montagne de la Selle, était lui-même un grand sectateur du fétichisme de son pays natal. Il s'était dévoué à Bauvais, à la cause de Rigaud ; il était attaché aux hommes de couleur. Retiré dans les montagnes de Bahoruco, il avait remplacé Mamzelle, (autre africain, devenu commandant à l'Anse-à-Veau) comme chef de ces indépendans sauvages. Il les réunit et vint s'emparer du bourg de Marigot, dans l'arrondissement de Jacmel que commandait Dieudonné Jambon : des soldats de la légion de l'Ouest tenaient garnison à Marigot. Soit qu'il leur répugnât de combattre avec vigueur, ce chef qui avait été dans la même cause qu'eux, soit qu'ils dussent céder au nombre, on leur imputa à crime, ou du moins à leurs officiers, hommes de couleur, l'enlèvement de ce bourg. Dieudonné Jambon marcha d'abord contre Lamour Dérance, lui reprit Marigot et le refoula dans les montagnes.

Dans cet intervalle, Dessalines avait passé par ces montagnes pour venir se joindre à Dieudonné Jambon. Arrivé à Jacmel, il fit fusiller quatre officiers de couleur de la

---

[1] Histoire d'Haïti, t. 2, p. 91. M. Madiou affirme que T. Louverture détestait les *Vaudoux*, parce qu'il prétendait n'être devenu *nasillard* que par des maléfices qu'ils avaient lancés sur lui. Il était trop éclairé pour le croire ; mais, s'il a dit cela, c'était pour justifier ses rigueurs contre eux, aux yeux de la multitude ignorante. Au dire de Kerverseau, il passait lui-même pour un *Macandal* dans l'esprit de bien des ignorans du Nord.

légion de l'Ouest, les accusant d'avoir trahi pour ménager Lamour Dérance. Il donna ensuite à un autre mulâtre, nommé Cassé-Camp (nom de guerre), le commandement de 400 hommes pour aller chasser entièrement Lamour Dérance. Cassé-Camp réussit dans cette opération, tua beaucoup d'hommes aux indépendans. Lamour Dérance se réfugia au Bahoruco pour ne reparaître que quelques mois après, en apprenant l'arrivée de Rigaud au Port-au-Prince avec l'armée française : il fit sa soumission alors.

T. Louverture n'était pas retourné au Port-au-Prince, sans avoir ordonné une des mesures les plus utiles qu'il ait prises dans l'ancienne colonie espagnole,—l'élargissement des routes publiques. Avant cette prise de possession, elles n'étaient à peu près que des sentiers. Une population extrêmement faible par rapport à l'étendue de ce territoire, éparse comme les troupeaux qu'elle élevait, pauvre et se contentant de sa condition, n'éprouvant aucune excitation de la part de ses administrateurs, privée de tout commerce intérieur, ne sentait pas elle-même la nécessité des grandes routes qui donnent tant de facilité aux communications des hommes entre eux. Les gouverneurs espagnols, une fois débarqués à Santo-Domingo, n'en sortaient jamais pour parcourir le domaine confié à leurs soins : leur apathie était d'une influence capitale sur toute la population. Mais un gouverneur comme T. Louverture ne pouvait souffrir la continuation d'un tel état de choses : en peu de mois, toutes les routes publiques furent améliorées, bien entretenues.

L'administration de la colonie française, introduite tout entière dans cette partie, fit sentir certains bons effets sous tous autres rapports. M. Madiou dit à cette occasion :

« Jusqu'aujourd'hui (1847) les habitans de la partie de l'Est, qui *maudissent* les noms de Dessalines et de Christophe, parlent de T. Louverture *sans animosité*. Cependant les cinq-sixièmes de la population de ce pays étaient *de couleur* (mulâtres). Mais Toussaint n'y avait pas rencontré à l'établissement de son autorité les mêmes obstacles que dans la partie française. *Sa conduite dans la partie de l'Est prouve que sa politique cruelle ne l'avait porté à frapper avec tant d'acharnement sur les hommes de couleur, que parce qu'ils contrariaient, comme Français dévoués à la métropole,* tous ses actes tendant à *l'indépendance* de Saint-Domingue [1]. »

Nous convenons avec notre compatriote que T. Louverture n'exerça pas dans l'Est, les cruautés que Dessalines et Christophe y commirent en 1805. Mais nous pouvons dire aussi, que, n'ayant pas voyagé dans l'Est, comme nous l'avons fait nous-même, il ne peut guère connaître l'opinion qu'avaient les habitans de cette partie qui furent contemporains du *règne* de T. Louverture : il aurait pensé autrement, s'il les avait entendus. Ensuite, nous craignons qu'en faisant toujours l'honneur à T. Louverture, d'avoir conçu le projet de rendre Saint-Domingue indépendant de la France, comme Dessalines l'a fait, le lecteur ne soit induit à conclure : — que les mulâtres et les noirs anciens libres de la partie française, ayant voulu rester *Français* malgré T. Louverture, celui-ci a eu raison de les exterminer. Telle n'est pas la pensée de M. Madiou, nous le reconnaissons ; car l'épithète de *cruelle* dont il

---

[1] Histoire d'Haïti, t. 2, p. 86 et 87.

se sert l'explique suffisamment ; mais sa phrase se prête à cette interprétation, pour les esprits qui jugent d'après ce proverbe qui excuse tous les forfaits : —*qui veut la fin veut les moyens*; proverbe qui a heureusement pour correctif cet autre : *telle vie telle fin.*

Si les principes de la morale doivent céder à ce que certains hommes considèrent comme la perfection de la politique, rien de mieux : T. Louverture a eu raison de tuer. Mais alors, on a eu raison aussi de le faire mourir de faim ou de froid dans un cachot.

Qui donc, à Saint-Domingue, se montra plus *Français* que celui qui restaura tous les priviléges des colons de cette île ; qui les rappela de tous côtés pour les remettre en possession de leurs biens ; qui contraignit les noirs cultivateurs, par la verge et le bâton à rentrer sur ces biens, et à travailler pour leurs anciens maîtres ; qui convia les Français à venir d'Europe, pour former de nouveaux établissemens dans la plaine de la Véga-Réal et dans toute la partie de l'Est, en même temps qu'il entravait toute acquisition de terres de la part des noirs ? Dans sa proclamation du 5 février, qui convoqua une assemblée centrale, T. Louverture n'avait-il pas fait pressentir la constitution coloniale qu'elle allait donner, et les lois qui seraient *plus propres à attacher Saint-Domingue à la République française ?* Nous verrons bientôt cette constitution et ces lois, et notre tâche sera de découvrir si ses promesses ne sont pas réalisées *au profit de la France*. Si le Premier Consul crut devoir renverser T. Louverture, *en partie* pour ces actes, les regrets exprimés tardivement à Sainte-Hélène sont la démonstration la plus frappante de ce que nous venons de dire : autrement, ils n'auraient aucune signification.

L'observation de M. Madiou sur la conduite de T. Louverture envers les habitans de l'Est, presque tous hommes de couleur, nous fournit toutefois un nouvel argument en faveur de nos opinions sur les causes de la guerre civile du Sud, en prouvant qu'elle ne fut pas une querelle *de couleur;* car cet auteur reconnaît lui-même que les hommes assassinés de sang-froid ne l'ont été, que pour avoir montré *de l'attachement à la France,* mais à un autre point de vue que leur persécuteur. Nous revenons sur cette observation, parce que nous ne comprenons pas qu'on puisse persécuter un homme uniquement à cause de la couleur de sa peau.

CHAPITRE V.

Formation, composition et réunion de l'assemblée centrale au Port-au-Prince. — Toussaint Louverture se rend au Cap. — Sa proclamation à l'armée. — Arrêté pour son habillement. — Nouveau règlement fiscal sur le commerce. — Arrêtés contre les jeux, sur l'exportation des bois d'acajou dans l'Est, sur les boucheries dans toute la colonie. — Examen de quelques opinions émises sur le gouvernement de Toussaint Louverture. — Il met des hommes de couleur en liberté. — Examen de la constitution coloniale décrétée par l'assemblée centrale, et d'opinions émises à son sujet par divers auteurs. — Publication de cet acte au Cap, discours et cérémonie à cette occasion. — Mission du colonel du génie Vincent en France, pour apporter la constitution au gouvernement consulaire.

D'après la proclamation du 5 février, l'assemblée centrale devait se réunir au Port-au-Prince le 22 mars, pour commencer ses opérations. Ses membres, nommés par le choix préalable de T. Louverture, furent élus pour la forme par les députés des départemens. C'étaient :

Bernard Borgella et *Lacour*, pour le département de l'Ouest ;

Étienne Viart et *Julien Raymond*, pour celui du Nord ;

Collet et Gaston Nogérée, pour celui du Sud ;

Juan Mancebo et Francisco Morillas, pour celui de l'Engaño ;

Carlos Roxas et Andres Muñoz, pour celui de Samana.

Les noms soulignés sont ceux de trois hommes de couleur. Les autres étaient des blancs [1].

On aurait lieu de s'étonner de voir figurer parmi ces membres, *des mulâtres*, si ceux-là n'étaient pas inféodés au général en chef qui accusait leurs semblables de vouloir occuper tous les hauts emplois. Ceux-là étaient du reste des hommes éclairés ; et c'est une preuve que le pouvoir le plus farouche est obligé d'employer *les capacités*, s'il veut obtenir d'heureux résultats [2].

On connaît déjà les antécédens de B. Borgella, l'âme de cette assemblée dont il fut le président : tout avait été concerté d'avance entre lui et T. Louverture. On a vu mentionner le nom de Collet, dans l'affaire d'Ambouille Marlot aux Cayes, et cette circonstance suffit pour le faire connaître. Gaston Nogérée était un colon de Jérémie, jadis uni aux Anglais. Les députés blancs de la partie de l'Est ne purent que suivre leurs inspirations [3].

M. Madiou affirme que T. Louverture assista à plusieurs séances où cette assemblée rédigea le projet de constitution coloniale. Qu'il s'y soit trouvé ou non, peu importe ; car le plus parfait accord existait entre lui et les membres qui la composaient.

Mais à la fin d'avril, le général en chef était parti du Port-au-Prince pour se rendre au Cap. Là, le 26 il émit une proclamation adressée à l'armée de Saint-Domingue, sur la nécessité d'observer la discipline militaire. Le 29,

---

[1] Cette affirmation a été donnée par T. Louverture, dans le cachot du fort de Joux, au général Cafarelli. Il lui dit que F. Morillas mourut avant la réunion de l'assemblée centrale. Son nom ne figure pas en effet dans les actes.

[2] M. Madiou affirme que Moïse, élu, refusa de siéger dans cette assemblée. Il aura fait alors un grand acte d'indépendance qui aura contribué à sa mort.

[3] T. Louverture avoua à Cafarelli que tous ces membres de l'assemblée centrale étaient *à sa dévotion*, mais qu'ils avaient la liberté de leurs opinions.

il publia un arrêté pour ordonner l'habillement de ces troupes.

Le 8 mai, il fit un nouveau règlement fiscal qui embrassait plusieurs des impôts qu'il avait précédemment établis, en déclarant que *des observations* lui avaient été faites à leur égard, par des hommes instruits, amis de la chose publique, et que des modifications devenaient nécessaires, par son désir de favoriser le commerce et l'agriculture. Reconnaissant que les ressources de la colonie reposaient surtout sur les impôts perçus dans les douanes, et que des *fraudes* pratiquées par les armateurs avaient commandé les mesures déjà arrêtées, mais que, « malgré les précautions prises, on a encore tenté d'en « commettre, et toutes celles qui ont été découvertes « ayant été commises *par des négocians étrangers*, il « convenait de rendre *les Français domiciliés consigna-* « *taires des cargaisons*, parce qu'ils offraient plus de « garantie au gouvernement; » T. Louverture supprima d'abord le [droit d'*enregistrement* et celui de dix pour cent] établi sur *les loyers* des maisons, en maintenant l'impôt du *timbre* et celui des *patentes*. Il maintint encore les droits d'*exportation* à vingt pour cent et ceux d'*importation* à dix pour cent, excepté sur les objets de première nécessité, tel que *farine, biscuits, salaisons, bois de construction, cordages, houes, serpes et tous autres instrumens aratoires*, qui ne furent plus taxés qu'à un droit de six pour cent. Un *tarif* nouveau et uniforme remplaça les évaluations que faisaient auparavant les commerçans des ports ouverts au commerce étranger; et le cas échéant où des marchandises non évaluées seraient introduites avec apparence d'un prix frauduleux dans les factures des armateurs, l'administration était autorisée à les acheter à ce prix, augmenté de quinze pour cent. L'exportation du *numéraire,* déjà défendue, le fut encore *sévèrement.*

Ces détails sont utiles à connaître ; car tous les gouvernemens qui ont succédé à celui de T. Louverture, ont basé leur système fiscal sur celui qu'il avait établi.

La réduction du droit d'importation sur les objets de première nécessité avait le double but de favoriser leur consommation à l'intérieur et le commerce particulier des États-Unis : E. Stevens lui avait été trop utile dans la guerre civile du Sud, pour qu'il ne reconnût pas ses services. Et c'est une chose remarquable, qu'à cette époque l'orgueil des États-Unis ne souffrait pas de leurs relations avec un chef noir, ancien esclave, tandis que de nos jours, il croirait s'humilier, si le gouvernement fédéral en entretenait avec le chef d'Haïti, quel qu'il soit. Cependant, le même intérêt mercantile qui motivait ces relations, a décuplé au moins de valeur dans le commerce des deux pays : il est vrai qu'au commencement de ce siècle, les États-Unis n'étaient pas ce qu'ils sont aujourd'hui.

Le lecteur nous pardonnera cette digression, à raison de son importance sous le rapport moral et même politique. Revenons au règlement de T. Louverture.

« Tout armateur arrivant dans la colonie était obligé de consigner sa cargaison à un négociant domicilié. Nul n'était admis à être consignataire, s'il n'était 1° *citoyen français;* 2° si dans quelque circonstance, il avait manqué à ses engagemens ; 3° s'il n'avait une fortune suffisante pour établir une responsabilité, — sauf les exceptions à faire en faveur *des négocians étrangers* à qui le gouvernement se réservait d'accorder le même droit, après avoir examiné *les services qu'ils auraient rendus à la colonie, leur bonne foi, leur crédit et leur moralité.* Des listes de négocians, ayant les qualités requises pour être admis à être consignataires, étaient soumises *à l'approbation* du général en chef et affichées ensuite dans les chambres de commerce. Tout consignataire était solidairement responsable des fraudes commises sur les bâtimens à lui consignés ; et dans le cas où il serait convaincu d'être auteur ou complice de ces fraudes, il était de plus *rayé* de la liste des consignataires. »

Ainsi, en prenant des mesures fiscales nécessitées par les circonstances, T. Louverture favorisait *les Français* et ne faisait que des exceptions pour *les étrangers*, de quelque nation qu'ils fussent, et moyennant des conditions bien formulées dont il était *juge* en dernier ressort. Logique en tout, son despotisme tenait dans ses mains tous les individus de la colonie.

Le 9 mai, sur *les représentations* qui lui furent faites, dit-il, des malheurs et des désordres qu'entraîne *la passion du jeu*, et considérant qu'il importait à la morale, à la sûreté du commerce, au maintien de l'ordre public et au bonheur des familles, d'interdire les maisons de jeu, — il les défendit sous peine d'emprisonnement et d'amende, à prononcer par *les conseils de guerre ;* l'amende était au profit de l'hôpital de la Providence, situé au Cap : cette disposition prouve que c'était dans cette ville surtout qu'existait ce jeu effréné. Tout fonctionnaire civil ou militaire surpris dans une maison de jeu était *destitué* et puni d'un mois de prison. Tout citoyen rencontré dans les rues, jouant à des jeux de hasard, devait être arrêté et puni de quatre mois de prison, pendant lesquels il serait employé *aux travaux publics.*

Toutes les classes de la population étaient ainsi atteintes dans la pratique d'une habitude réellement nuisible à la société et aux individus. On a toujours imputé à H. Christophe, alors général commandant l'arrondissement du Cap, d'être fort passionné pour le jeu; mais ce reproche pouvait s'adresser à beaucoup d'autres hommes : c'était le résultat des mœurs coloniales. Les colons, grands planteurs, en donnaient le funeste exemple dans leurs jours de prospérité : la plupart d'entre eux se ruinèrent au jeu, au lieu de payer leurs dettes au commerce français, qui leur avait fait d'énormes avances pour l'exploitation de leurs propriétés.

Le 10 mai, sur les *représentations* à lui faites par les habitans des communes de Santo-Domingo et de Monte-Christ, au sujet des bois d'acajou déjà coupés dont il avait défendu l'exportation, le général en chef permit cette exportation, en payant au fisc un droit de 25 pour cent; mais il renouvela la défense d'en faire d'autres coupes. L'exportation des bois de teinture fut aussi permise dans ces deux ports, pour l'avenir, moyennant un droit de 20 pour cent.

Le 19 mai, un arrêté régla les *boucheries* dans toute la colonie : elles furent affermées, et les bouchers fermiers eurent seuls le droit de tuer des bestiaux et d'en vendre la viande au public; eux seuls avaient aussi le droit d'acheter des bestiaux pour cet objet, ainsi que les propriétaires ou fermiers d'habitations, pour l'exploitation des terres; mais les uns et les autres devaient obtenir préalablement une *permission* du général en chef. Des amendes étaient applicables aux contrevenans.

Jamais, à aucune époque antérieure ou postérieure, le despotisme ne fut plus fortement organisé que sous T.

Louverture. Il ne se bornait pas à permettre ou à défendre en thèse générale; il fallait encore toujours recourir à son autorité, pour jouir de toute permission accordée par ses actes. Pour mieux apprécier ce despotisme, aidons-nous de quelques opinions émises par M. Madiou, avec qui nous nous trouvons souvent en opposition d'appréciations par rapport à T. Louverture. En caractérisant son gouvernement, cet auteur dit :

« Depuis la chute de Rigaud et la réunion de l'ancienne possession espagnole à la colonie française, l'autorité de Toussaint était devenue sans bornes sur toute l'étendue de l'île.... Toussaint paraissait tenir entre ses mains les destinées de la colonie.... Il était parvenu à remplir les caisses de la trésorerie générale, *qui étaient les siennes*, et à établir sa puissance sur les têtes les plus fières qu'il courbait ou qu'il *tranchait. Aucun obstacle n'arrêtait plus sa marche :* il avait anéanti, après l'embarquement de Rigaud, ceux des noirs et des hommes de couleur qui auraient pu s'indigner contre *ses faits cruels* et les contrarier.... Dans les savanes, dans les gorges des montagnes, des cultivateurs noirs montraient en frémissant aux voyageurs de vastes espaces *couverts d'ossemens humains.* Jusqu'alors, Toussaint se montrait sourd aux gémissemens qui arrivaient jusqu'à lui. *Entouré de prêtres scélérats, de colons perfides, qui l'excitaient sans cesse à continuer le massacre des hommes de couleur, il se confessait après chaque crime et s'approchait de la sainte table.* Nous avons vu qu'il y avait dans son armée un grand nombre d'hommes de couleur, particulièrement du Nord et de l'Artibonite, parmi lesquels on remarquait le général Clervaux, les commandans Nérette, Larose, Gabart, Ferbos, officiers de mérite et de courage, qui avaient servi sa cause avec zèle contre Rigaud. *Nous n'avons aucun reproche à leur adresser : Rigaud fut l'auteur* de cette malheureuse guerre civile, *en refusant de se soumettre* au général en chef reconnu par la métropole. Le commandement en chef du département du Sud qui lui avait été donné par Hédouville et qui n'avait pas été confirmé par le Directoire exécutif, *ne pouvait le porter à s'armer* contre T. Louverture. Les officiers de couleur qui combattirent Rigaud ne virent en lui *qu'un ennemi du bien public, refusant la seconde place* de la colonie, *voulant renverser celui auquel il devait obéissance, et se souciant fort peu, pour satisfaire son ambition, de répandre sur son pays toutes sortes de maux.* Après la victoire (et avant cette victoire?), ils gémirent *des cruautés* de leur chef ; ils ne prévoyaient pas *cette horrible réaction ;* ils eussent voulu qu'on eût pardonné aux vaincus. Mais alors que pouvaient-ils faire ? Se taire, gémir, en se soumettant à la puissance des circonstances. Dessalines disait souvent, après la guerre civile, qu'il avait reçu l'ordre de Toussaint, *de faire main basse sur toute la race de couleur, femmes et enfans,* si des officiers tels que Clervaux, Nérette, Ferbos, Gabart, suivant l'exemple de l'adjudant-général Pétion, avaient aussi passé dans les rangs de Rigaud [1]. »

Il résulte de ce passage qui caractérise fort bien le gouvernement de T. Louverture, que M. Madiou partage entièrement l'opinion des officiers de couleur qui servirent sa cause ; il les défend contre tout reproche qu'on voudrait leur adresser.

Nous l'avons déjà dit, dans les dissensions civiles des peuples, chacun adopte le parti qui lui semble le plus juste

---

[1] Histoire d'Haïti t. 2, p. 94 et 95.

dans ses idées, dans ses prétentions. Nous n'eussions pas blâmé, même Bauvais, si, au lieu de rester neutre, il eût pris parti pour T. Louverture. Si telle fut la conviction de Clervaux et des autres, on n'a rien à reprocher à leur mémoire. Mais aussi, on ne doit rien reprocher à la mémoire de tous les noirs, anciens et nouveaux libres, de tous les mulâtres, qui adoptèrent le parti de Rigaud, probablement parce qu'ils y virent autre chose que *son ambition.*

Lorsqu'un homme comme Pétion abandonna l'armée du général en chef pour aller prêter à Rigaud l'appui de son courage et de ses talens militaires, il faut croire qu'il y avait au fond de cette querelle désastreuse, autre chose que l'ambition de ce général, quelque chose qui valait la peine de cette défection remarquable. Car, nous ne supposons pas qu'il entre dans la pensée de notre compatriote, de comparer, pour *l'intelligence*, ni Clervaux, ni Gabart, ni Néret, etc., à Pétion.

En 1802, le général Leclerc était mieux le représentant de l'autorité de la France, que T. Louverture en 1799 : c'est donc à dire que Pétion eut *tort* d'abandonner l'armée française, pour se placer sous les ordres de Dessalines, son ancien ennemi? N'est-ce pas lui qui entraîna Clervaux, H. Christophe et tant d'autres? A cette époque, il agit encore d'après ses convictions.

Mais, voyons un autre passage du même auteur, à l'occasion de la querelle entre Hédouville et T. Louverture.

« Toussaint entrait hardiment dans *le système* que vou-
« laient *les colons. Excité par l'ambition,* et voulant,
« par n'importe quel moyen, éloigner Hédouville de la
« colonie, *il sacrifiait* momentanément *les vrais intérêts*
« *des noirs* à la cupidité coloniale [1]. »

[1] « Histoire d'Haïti, t. 1er, p 321.

Rigaud n'était donc pas le seul qui eût de l'ambition ! Et Hédouville, n'était-il pas l'agent du Directoire exécutif ? Pourquoi donc T. Louverture lui refusa-t-il *obéissance?* Pourquoi ne voulut-il pas occuper sous lui *la seconde place?* C'est bien par son *ambition*, selon M. Madiou lui-même. Mais apparemment, il était *privilégié* sous ce rapport.

Et ce système des colons, T. Louverture ne le poursuivit-il pas en tout point, soit dans les assassinats prémédités de longue main, suivant les aveux de Roume en 1796, soit par ses règlemens de culture ? Après son triomphe sur Rigaud, après la prise de possession de l'Est, ne sacrifiat-il pas les vrais intérêts des noirs ? Ne sont-ce pas tous ces résultats *prévus* qui portèrent Rigaud à lui résister?

Cependant, admettons, pour un instant, que Rigaud fut *l'auteur* de la guerre civile du Sud. Était-ce une raison pour T. Louverture de couvrir *d'ossemens humains*, de vastes espaces ? De ce que Pétion fit défection, de ce qu'il était à prévoir qu'un ou même plusieurs autres officiers eussent pu l'imiter, y avait-il justice, y avait-il nécessité de donner l'ordre à Dessalines, de faire main basse sur *des femmes et des enfans*, sur toute *une classe* d'hommes, devenue *une race* sous la plume de M. Madiou ? C'est en vain que cet auteur qualifie de *faits cruels*, de *cruautés*, d'*horrible réaction*, les crimes commis par ordre de T. Louverture : selon lui, c'est Rigaud qui est seul *responsable* de toutes ces horreurs, — « parce qu'ayant refusé « la seconde place, voulant renverser celui auquel il de- « vait obéissance, se souciant fort peu, pour satisfaire son « ambition, de répandre sur son pays toutes sortes de « maux, » — c'est lui qui en est la cause.

Ainsi, tous ces crimes commis se trouvent en quelque

sorte *justifiés*, parce que T. Louverture les jugea nécessaires. Par la même raison (nous sommes forcé d'anticiper sur les événemens pour comparer), les crimes commis par Rochambeau, après la défection de Pétion et des autres, se trouveraient aussi justifiés.

Nous ne concevons pas cette manière de relater les faits historiques; car, à nos yeux, que ce soit *un noir*, ou *un blanc*, ou *un mulâtre* qui commette un crime, nous l'appelons *crime*: nous l'imputons à lui seul.

Mais enfin, T. Louverture s'amenda. M. Madiou dit de lui :

« Voyant tous ses projets se réaliser, et voulant se créer *des amis*, même parmi les vaincus, il jeta un regard *de compassion* sur les hommes de couleur *Rigaudins* et se résolut à leur *pardonner*. Le 28 mai, il réunit dans l'église du Cap tous les mulâtres qui, depuis la chute de Rigaud, languissaient dans les prisons, ou marchaient à la suite des troupes, en guenilles, et exposés à toutes sortes de mauvais traitemens. Il monta en chaire et leur dit : « *Je vous pardonne généreusement*, je vous donne *des* « *consolations*; soyez pleins de courage, et retournez en « paix au sein de vos familles. » Toussaint, *croyant* n'avoir plus rien *à redouter* d'un parti qui avait été *presque exterminé, se montrait généreux* .... Il fit connaître à Dessalines, par une lettre en date du 31 mai, la décision qu'il venait de prendre relativement aux *Rigaudins*, et lui recommanda de les laisser se rendre dans leurs familles. « .... Quant à moi (dit-il), je les regarde comme *des* « *frères* et comme *mes enfans* .... Qu'ils pratiquent surtout « *la religion*, en élevant leurs enfans dans la crainte de « Dieu .... » Il faut avoir été dans une position *semblable* à celle de ces infortunés, ayant chaque jour la mort sous les yeux, *pour apprécier la clémence* d'un chef dans de telles circonstances, quelle qu'en soit la cause [1]. »

Si l'auteur que nous citons n'a pas été lui-même dans une semblable position, nous craignons qu'il n'ait pu apprécier avec justesse le sentiment que durent éprouver ces infortunés.

La clémence s'exerce envers des coupables, et non envers des hommes que la tyrannie se plaît à considérer comme tels. A moins d'être sans énergie, sans dignité, sans honneur, on accepte ce qui n'est qu'un retour à la *justice* de la part du tyran, comme on s'était résigné à sa *violence*, en espérant sa punition de l'Être Tout-Puissant qui décide de tout.

Il ne faut pas induire en erreur les chefs qui voudraient abuser de leur force, et encore plus de l'autorité dont ils ne sont revêtus que pour être *justes*, en leur faisant penser qu'il puisse jamais exister de la sincérité de la part de l'opprimé envers l'oppresseur. L'opprimé supporte tout ; mais au fond du cœur, il conserve à l'oppresseur toute la rancune, toute la haine qu'il a méritée [2].

Il faut dire sans cesse, qu'il y a une histoire qui recueille les actes des tyrans, — une postérité qui les juge en flétrissant leur mémoire, — et un Dieu dans le ciel qui les fait périr dans un cachot, quand il ne dispose pas autrement de leur vie souillée de crimes.

Que ceux qui aiment mieux *tyranniser* que *gouverner*,

---

[1] Histoire d'Haïti, t. 2, p. 98.

[2] « Les troupes du Sud, composées des citoyens de ce département, *nourrissaient* contre le gouverneur *une haine implacable* qui éclatera avec fureur, aussitôt après l'arrivée à Saint-Domingue de l'expédition de Leclerc. » Histoire d'Haïti, t. 2, p. 110.

Voilà le sentiment de tout opprimé ! Après deux siècles d'injustices inouïes, les mulâtres et les noirs l'ont prouvé à Saint-Domingue.

le sachent d'avance ! La mission de l'historien est de dire *la vérité, dans l'intérêt des peuples :* il ne peut que s'honorer en remplissant son devoir.

Le siége de l'assemblée centrale avait été fixé au Port-au-Prince ; mais T. Louverture, continuant son séjour au Cap, l'y manda par une lettre du 1er mai adressée à son président. Le 9, elle acheva et signa la *Constitution :* elle partit le 11. Rendus au Cap, ses membres continuèrent la préparation des lois organiques qui en découlaient, en attendant que la constitution fût publiée.

Le 77e et dernier article de cet acte portait :

« Le général en chef Toussaint Louverture est et de-
« meure chargé d'envoyer la présente constitution *à la*
« *sanction* du gouvernement français. Néanmoins, et *vu*
« *l'absence absolue des lois*, l'urgence de sortir de cet état
« *de péril*, la nécessité *de rétablir promptement la cul-*
« *ture, et le vœu unanime* bien prononcé des habitans de
« Saint-Domingue, le général en chef est et demeure in-
« vité, au nom du bien public, *à la faire mettre à exé-*
« *cution* dans toute l'étendue du territoire de la colonie. »

Jouant fort bien son rôle avec les membres de l'assemblée centrale, T. Louverture mit le sceau à cette constitution, en ces termes, le 14 messidor (3 juillet) :

« Après avoir pris connaissance de la constitution, *je*
« *lui donne mon approbation.* L'invitation de l'assem-
« blée centrale est *un ordre pour moi.* En conséquence, je
« la ferai parvenir au gouvernement français *pour obtenir*
« *sa sanction.* Quant à ce qui regarde *son exécution* dans
« la colonie, le vœu exprimé par l'assemblée centrale sera
« également *rempli et exécuté.* »

Il était dit dans la proclamation du 5 février, articles 7

et 8, que le travail de l'assemblée centrale ne serait qu'un *projet* qui devrait recevoir l'approbation préalable du général en chef, mais qui serait envoyé au gouvernement français pour obtenir sa *sanction* ; que ledit *projet*, revêtu de cette sanction, aurait force de loi, et serait (alors) *exécuté* dans toute la colonie. Le dernier paragraphe des considérans disait cependant que ce *projet* serait exécuté avec empressement et ponctualité, après avoir obtenu *l'assentiment* des citoyens et reçu le sceau des lois, — par *la sanction* du gouvernement de la République.

Cette rédaction jésuitique faisait présager une opération de mauvaise foi.

Trois choses étaient nécessaires pour que la constitution eût force de loi : 1° *l'approbation* du général en chef; 2° *l'assentiment* des citoyens, 3° *la sanction* du gouvernement de la métropole. T. Louverture l'approuva ; pour obtenir l'assentiment des citoyens, il est clair qu'il fallait *publier* cet acte ; la sanction du gouvernement ne venait qu'après cette formalité[1]. Mais l'assemblée centrale, se basant sur le vœu unanime bien prononcé des habitans, requit le général en chef de mettre la constitution *à exécution* : elle dévia donc des termes de la proclamation sur son institution.

Quel fut le motif secret de cette déviation, qui indique un désir ardent d'arriver à leurs fins, de la part du général en chef et des colons rédacteurs ? Car les motifs allégués par ces derniers, de l'absence absolue des lois, de l'état de péril qui en résultait, de la nécessité de rétablir promptement la culture, n'étaient pas sérieux : une foule

---

[1] Le gouvernement consulaire avait soumis la constitution du 22 frimaire an VIII à l'acceptation du peuple français. T. Louverture, se piquant d'être le Bonaparte de Saint-Domingue, agit d'après les mêmes erremens.

de lois anciennes et nouvelles existaient sur le régime des colonies françaises ; T. Louverture en avait promulgué beaucoup sous la forme d'ordonnances, d'arrêtés, de proclamations, de règlemens ; la culture était rétablie par tous ces actes ; la constitution ne pouvait mieux faire sur cette matière importante, ni sur toutes autres.

Le motif secret et non avoué était donc autre chose : il fallait parvenir à la situation que les colons avaient toujours rêvée pour Saint-Domingue ; que T. Louverture avait constamment désirée aussi, puisque, dans tout le cours de sa carrière, il marcha d'accord avec eux, suivant leur impulsion, obéissant à leur influence. Cette situation, quelle était-elle ? Que le lecteur se rappelle que nous l'avons prié de prendre note de la lettre de l'assemblée provinciale du Nord, en date du 24 décembre 1789, adressée aux comités de l'Ouest et du Sud, lorsqu'il s'agissait d'établir une assemblée coloniale [1]. Qu'il se rappelle aussi tout ce que nous avons dit de l'assemblée provinciale de l'Ouest, de la municipalité du Port-au-Prince, et en particulier, de B. Borgella, alors maire de cette ville [2]. En relisant ces pages, tout s'explique de la part de l'assemblée centrale et de T. Louverture ; c'est que, dans leur manière de voir :

« Saint-Domingue faisait partie de la *confédération* qui
« unissait toutes les provinces *de l'empire français* ; c'est
« comme *alliée*, et non comme *sujette*, que cette colonie
« figurait dans l'assemblée de la grande famille ; elle avait
« donc *le droit de faire elle-même sa constitution*, en
« tout ce qui regarde son régime *intérieur* ; ce n'était que
« dans *ses rapports avec la métropole*, soit en ce qui

---

[1] Voyez livre et tome premier, page 121 et 122.
[2] Livre et tome deuxième, p. 52, 63, 64, 69 et suivantes.

« touche *les impositions*, soit en ce qui concerne *le com-
« merce*, ou enfin en tout ce qui tient *à l'union* commune
« et générale, que son droit *se bornait à des propositions*
« qu'il dépendrait de la métropole *d'accepter ou de refuser.*
« Car, qu'importait, en effet, à la métropole que cette co-
« lonie eût un régime *différent* de celui de toutes les au-
« tres provinces de la France, pourvu qu'elle contribuât
« comme elle à l'utilité générale? C'était là tout ce que
« la France *pouvait exiger*, parce qu'elle n'avait pas in-
« térêt *d'exiger autre chose ;* car l'intérêt est la mesure des
« droits *de société à société,* comme il est la mesure des
« actions de particulier à particulier. »

Voilà quelle fut, en résumé, la doctrine des colons du Nord adoptée par l'assemblée générale de Saint-Marc, dont B. Borgella avait été l'un des plus chauds partisans. Que le lecteur relise encore les bases de la constitution coloniale décrétées par cette assemblée, le 28 mai 1790 [1], et il se convaincra que l'œuvre que nous allons faire connaître ne fut autre chose [2]. Elle établissait pour la France, un droit de *suzeraineté*, ou plutôt de *souveraineté extérieure*, de *protectorat*, ainsi que l'avaient toujours voulu tous les colons. T. Louverture suivit d'autant mieux ce plan, qu'il en retirait tout le profit, étant nommé *gouverneur à vie*, avec faculté de désigner son successeur. En *acceptant*, en *approuvant* la constitution, il remplissait la fonction que l'assemblée de Saint-Marc avait réservée à l'assemblée constituante : la *sanction* laissée au gouvernement con-

---

[1] Livre et tome premier, p. 122, 123, 124, 125.

[2] C'est aussi l'opinion émise par M. Hérard Dumesle dans son ouvrage intitulé *Voyage dans le Nord d'Haïti*, page 373. L'exécution *provisoire* de la constitution de 1801 rentrait dans les dispositions de l'article 3 du décret du 28 mai 1790.

sulaire était la même qui était départie au Roi. Le régime intérieur de Saint-Domingue était déjà fixé par tous les actes du général en chef, notamment par son règlement de culture du 12 octobre 1800, avec la seule différence qu'en 1790, *l'esclavage* était formellement maintenu, tandis qu'en 1801, la constitution disait qu'il ne pouvait exister, qu'il était à jamais aboli : les mots de *liberté* et d'*égalité* subsistaient dans les actes officiels, dans toutes les bouches ; mais nous avons déjà fait connaître l'économie du règlement précité.

Voyons donc les principales dispositions de la constitution de 1801.

« Art. 1er. Saint-Domingue et ses îles adjacentes for-
« ment le territoire d'une seule colonie *faisant partie de*
« *l'empire français*, mais *soumise à des lois particu-*
« *lières.* »

Mêmes principes que ceux contenus dans la lettre du 24 décembre 1789. L'article 91 de la constitution française de l'an 8 appuya l'idée des lois particulières, déjà conçue depuis longtemps.

« 3. Il ne peut exister d'*esclavage* sur ce territoire ; la
« servitude y est à jamais *abolie*. Tous les hommes y nais-
« sent, vivent et meurent *libres et français.* »

Excellens principes sur le papier ; mais la contrainte faite aux cultivateurs noirs de rentrer sur les habitations des anciens maîtres et d'y travailler, avec la punition corporelle de la verge épineuse, du bâton, rétablissait *l'esclavage de fait*.

« 4. Tout homme, quelle que soit *sa couleur*, y est ad-
« missible à tous les emplois... La loi y est la même pour
« tous, soit qu'elle punisse, soit qu'elle protège. »

Autres bons principes ; mais la plupart des emplois étaient occupés par les blancs et les noirs ; il n'y avait de mulâtres employés, que ceux qui s'étaient soumis au joug ; tous les autres, et les noirs anciens libres, épargnés des massacres de 1799 et 1800, en étaient soigneusement écartés. L'assassinat de Gautier, les entraves mises à l'acquisition des terres par les noirs cultivateurs, disaient quelle foi il fallait donner à ces principes de punition et de protection *légales*.

« 6. La religion catholique, apostolique et romaine y
« est la seule publiquement professée. »

Cette disposition était réellement exécutée : T. Louverture y trouvait un des appuis de son autorité, par le concours des prêtres qui prêchaient constamment la soumission à ses ordres, qui le représentaient comme l'élu de Dieu.... jusqu'au moment où parut l'expédition française, sans en excepter l'évêque Mauvielle, si bien accueilli par le général en chef.

« 9. Le mariage, par son institution civile et religieuse,
« tendant à la pureté des mœurs, les époux qui pratique-
« ront les vertus qu'exige leur état, seront toujours dis-
« tingués et spécialement protégés par le gouvernement.
« Le divorce n'aura pas lieu dans la colonie. »

T. Louverture prêchait sans cesse, il est vrai, le mariage à ses fonctionnaires, à tout le monde ; il le recommandait comme nécessaire aux bonnes mœurs, et il avait raison *en principe*. Mais Pamphile de Lacroix n'a pas oublié de faire connaître dans ses Mémoires, la découverte faite par lui et le général Boudet : « d'un double fond dans
« une caisse contenant des documens importans, où se
« trouvaient des tresses de cheveux de toutes couleurs,
« des bagues, des cœurs en or traversés de flèches (celles

« qu'envoyait le *Cupidon* de la mythologie), de petites clés,
« des nécessaires, des souvenirs, et une infinité de billets
« doux qui ne laissaient, dit-il, aucun doute sur les succès
« obtenus en amour par le vieux Toussaint Louverture.
« Cependant, ajoute-t-il, *il était noir*, et il avait un phy-
« sique repoussant .... ¹ » Cet auteur fait cette réflexion
par rapport *aux femmes blanches* : nous n'en ajoutons
pas d'autres sur cette matière délicate.

« 14. La colonie, étant essentiellement agricole, ne
« peut souffrir *la moindre interruption* dans les travaux
« de sa culture.

« 15. Chaque habitation est une manufacture qui *exige*
« une réunion de cultivateurs et ouvriers.

« 16. Tout *changement de domicile* de la part *des cul-*
« *tivateurs* entraîne la ruine des cultures. Pour réprimer
« *un vice* aussi funeste à la colonie que contraire à l'ordre
« public, le gouverneur fait tous règlemens de police que
« les circonstances nécessitent, et *conformes* aux bases
« *du règlement* de police du 20 vendémiaire an 9 (12 oc-
« tobre 1800), et de la *proclamation* du 19 pluviôse sui-
« vant (8 février), du général en chef Toussaint Louver-
« ture.

« 17. *L'introduction des cultivateurs*, indispensables
« au rétablissement et à l'accroissement des cultures, *aura*
« *lieu* à Saint-Domingue ; la constitution charge le gou-
« verneur de prendre les mesures convenables *pour en-*
« *courager et favoriser* cette augmentation *de bras*, sti-
« puler et balancer les divers intérêts, assurer et garantir
« l'exécution des engagemens respectifs résultant de cette
« introduction. »

---

¹ Mémoires, t. 2, p. 105.

Voilà quatre articles fondamentaux, des institutions proclamées par T. Louverture et les colons qui le conseillaient. Après les actes déjà relatés sur les cultures et rappelés dans l'article 16, est-il encore besoin d'en faire voir le but et les conséquences ? Le changement de domicile de la part *des noirs* cultivateurs devenait *un vice*, funeste aux propriétés des colons principalement, qu'il fallait reconstituer : de là sa répression. Que devenaient alors l'abolition de l'esclavage, de la servitude, et la liberté proclamées dans l'article 3 ? Où était l'égalité décrétée dans le 4e ?

Quelle était cette introduction *de cultivateurs* qui devait avoir lieu dans la colonie ? Où les prendre, sinon à la côte d'Afrique ? Car il ne s'agissait pas de *blancs*, encore moins de *mulâtres*, ces derniers étant des êtres pestiférés [1]. Toutes les fois que les actes disaient *cultivateurs*, il était entendu que c'étaient *des noirs*. Les mesures à prendre par le gouverneur à ce sujet, pour encourager et favoriser l'augmentation de ces hommes, les stipulations qui devaient assurer et garantir l'exécution des engagemens respectifs résultant de cette introduction, étaient les conventions prévues entre T. Louverture et les Anglais, ces derniers lui ayant promis, a-t-on dit, de donner toutes les facilités *à cette traite des noirs* : les armateurs-négriers de toutes les nations y auraient concouru, et il fallait garantir l'exécution des engagemens à ce sujet, entre ces trafiquans de chair humaine et les colons propriétaires.

Est-il un seul lecteur de bonne foi qui, connaissant les antécédens de T. Louverture, s'étonnera de telles dispo-

---

[1] Ne verra-t-on pas clairement dans les dispositions de l'article 17 ci-dessus, la cause des assassinats commis sur *les anciens libres* dont l'existence gênait les vues liberticides de T. Louverture ? Dès-lors, la guerre civile du Sud ne fut pas une guerre *de couleur*.

sitions consenties par lui? S'il ne trafiqua pas personnellement des noirs du Nord, comme Jean François et Biassou; s'il réclama la prise de possession de la partie espagnole pour faire cesser ce commerce infâme qui s'y continuait, n'arrivait-il pas au même crime par sa constitution? N'avait-il pas voulu l'esclavage des noirs chez les Espagnols, ne le rétablit-il pas effectivement par ses règlemens de culture?

On a dit qu'il fut le descendant d'un Roi d'Afrique, et nous avions douté de cette filiation royale dans notre deuxième livre; mais ici, nous sommes forcé de reconnaître que toutes les apparences sont en faveur d'une telle prétention. En Afrique, les Rois font bon marché de leurs sujets.

Ainsi nous verrons Dessalines, *Empereur*, et Henri Christophe, *Roi*, incliner à l'introduction de noirs d'Afrique, *par la traite*, entrer en pourparler à ce sujet avec les Anglais, sous *le prétexte* avoué d'augmenter *leur armée*; mais réellement pour avoir *des cultivateurs plus abrutis* que les anciens, et les placer sous la verge et le bâton.

Que de tristes erremens, quels funestes exemples T. Louverture n'a-t-il pas laissés dans son pays!... Il fut d'autant plus coupable, qu'il ne manquait pas de lumières: son égoïsme, son despotisme, son orgueil, furent cause de tout le mal qu'il a fait.

« 19. Le régime de la colonie est déterminé par des
« lois proposées par le gouverneur et rendues par une
« assemblée d'habitans... 20. La promulgation de la loi
« a lieu ainsi qu'il suit : Au nom de la colonie *française* de
« Saint-Domingue, le gouverneur ordonne... 22. L'as-
« semblée centrale est composée de deux députés par dé-

« partement... 23. Elle est renouvelée tous les deux ans
« par moitié... En cas de décès, démission ou autrement
« d'un ou de plusieurs membres, le gouverneur pourvoit
« à leur remplacement. Il désigne également les membres
« de l'assemblée actuelle, qui, à l'époque du premier re-
« nouvellement, devront rester membres de l'assemblée
« pour deux autres années... 24. L'assemblée centrale vote
« l'adoption ou le rejet des lois qui lui sont proposées par
« le gouverneur; elle exprime son vœu sur les règlemens
« faits et sur l'application des lois déjà faites, sur les abus
« à corriger, sur les améliorations à entreprendre, dans
« toutes les parties du service de la colonie.

« 27. Les rênes administratives de la colonie sont con-
« fiées à un gouverneur qui correspond *directement*
« avec le gouvernement de la métropole, pour tout ce qui
« est relatif aux intérêts de la colonie. — 28. La consti-
« tution nomme *gouverneur*, le citoyen T. Louverture,
« général en chef de l'armée de Saint-Domingue; et en
« considération des importans services que ce général a
« rendus à la colonie, dans les circonstances les plus cri-
« tiques de la révolution, et sur le vœu des habitans recon-
« naissans, les rênes lui en sont confiées *pendant le reste*
« *de sa glorieuse vie.* — 29. A l'avenir, chaque gouver-
« neur sera nommé pour cinq ans, et pourra être conti-
« nué tous les cinq ans, en raison de sa bonne adminis-
« tration. — 30. Pour affermir la tranquillité que la colo-
« nie doit à la fermeté, à l'activité, au zèle infatigable et
« *aux vertus rares* du général T. Louverture, et en signe
« de la confiance *illimitée* des habitans de Saint-Domin-
« gue, la constitution attribue exclusivement à ce général
« *le droit de choisir* le citoyen qui, *au malheureux événe-*
« *ment de sa mort*, devra immédiatement le remplacer.

« Ce choix sera *secret*. — 34. Le gouverneur... nomme à
« tous les emplois civils et militaires. Il commande la
« force armée... »

T. Louverture, qui aimait tant à citer des proverbes, était plus que jamais attaché à celui-ci : *Passez-moi la rhubarbe, je vous passerai le séné.* Dans ce partage d'attributions législatives et gouvernementales, son lot était certainement plus considérable que celui qu'il faisait à ses complices. C'étaient des hommes qui disposaient d'une chose appartenant *à un tiers*, sans s'embarrasser de ce que dirait ce dernier. Seulement, les colons avaient encore la ressource de pouvoir dire au légitime propriétaire : *Nous n'avons pu faire autrement ; reprenez votre chose, et nous vous aiderons de toutes nos forces.* Pour T. Louverture, *pauvre noir* que l'encens des colons étourdit, il paya seul la folie qu'il commit d'ajouter foi à leurs promesses, de ne pas voir en eux des ennemis naturels, intéressés à le perdre.

Il est constant, cependant, que dans l'esprit de cette constitution, Saint-Domingue continuait de rester *une possession française*. L'erreur de T. Louverture, entraîné par sa vanité et son orgueil, fut de croire que le gouvernement consulaire lui passerait la fantaisie de gouverner cette colonie, indépendamment de sa volonté. Il avait eu jusque-là tant d'impunités aux violations qu'il avait portées à l'autorité de la France, qu'il dut espérer que celle-ci serait encore approuvée. Son espoir avait quelque chose de fondé ; car, malgré ces actes, depuis sa soumission à Laveaux, il n'avait fait qu'agir *dans l'intérêt de la métropole*, en protégeant constamment les colons, en faisant tout pour plaire à cette faction haineuse. Sa conduite envers les anciens libres, les massacres organisés qu'il fit commettre sur cette classe, la contrainte exercée contre les noirs cultivateurs : tout était *calculé* de sa part pour obtenir l'assentiment du gouvernement français à ce qu'il dominât à Saint-Domingue. Il n'avait oublié qu'une chose essentielle : c'est qu'il était *noir !*...

Cette constitution établit *un principe* qui passa dans les mœurs du peuple de Saint-Domingue, devenu Haïti : c'était de reconnaître dans son 33e article, certains droits au général *le plus élevé en grade.* Tout nouveau gouverneur, après T. Louverture, était tenu de convoquer l'assemblée centrale, un mois au plus tard avant l'expiration du terme de son mandat de cinq années : en cas qu'il ne l'eût pas fait, ce général, ou le plus ancien à grade égal, prendrait, de droit et provisoirement, les rênes du gouvernement en faisant la convocation voulue. En cas de décès, démission ou autrement d'un gouverneur, avant l'expiration de ses fonctions, le gouvernement devait encore passer provisoirement entre les mains du général le plus élevé en grade, ou du plus ancien à grade égal.

C'est en vertu de ce principe que Dessalines fut reconnu le général en chef des Indigènes d'Haïti, combattant pour l'indépendance du pays ; que H. Christophe, général en chef sous son gouvernement, le remplaça provisoirement à sa mort ; que d'autres généraux furent choisis pour gouverner Haïti. Le gouvernement militaire fut ainsi institué : du reste, Saint-Domingue avait toujours été gouverné par un militaire gradué. Les peuples ne renoncent pas facilement à leurs traditions.

Toutes les attributions exercées par les anciens gouverneurs généraux furent également déférées à T. Louverture. Il recevait 300 mille francs de traitement annuellement, *quant à présent*, disait l'article 41 de la constitution. Sa garde d'honneur était entretenue aux frais de la colonie.

Des tribunaux de première instance et d'appel, ayant les attributions civiles et criminelles, étaient décrétés. Un tribunal de cassation était créé. Des tribunaux spéciaux jugeaient les délits des militaires, et ceux commis par n'importe qui, pour vols et enlèvement quelconques, violation d'asile, assassinats, meurtres, incendies, viol, conspirations et révoltes. La loi déterminait les premiers, le gouverneur organisait les tribunaux spéciaux.

Chaque paroisse ou commune avait une administration municipale composée d'un maire et de quatre autres membres. Un commissaire du gouvernement y était attaché.

Les finances de la colonie devaient reposer sur les règlemens existans, en toutes matières. Dans ce titre, était compris un article qu'il faut faire connaître.

« 60. *Les étrangers* succédant en France à leurs pa-
« rens étrangers ou français, leur succéderont égale-
« ment à Saint-Domingue ; ils pourront *contracter, ac-*
« *quérir et recevoir des biens situés dans la colonie*, et
« en disposer *de même que les Français*, par tous les
« moyens autorisés par les lois. »

Dans celui des dispositions générales était encore celui-ci :

« 73. *Les propriétaires absens*, pour quelque cause que
« ce soit, *conservent tous leurs droits sur les biens* à eux
« appartenant et situés dans la colonie ; il leur suffira,
« pour obtenir la main levée du séquestre qui y aurait été
« posé, de représenter leurs titres de propriété, et à défaut
« de titres, des actes supplétifs dont la loi détermine la
« formule. Sont néanmoins *exceptés* de cette disposition

« ceux qui auraient été inscrits et maintenus sur la liste
« générale *des émigrés de France* : leurs biens, dans
« ce cas, continueront d'être administrés comme domai-
« nes coloniaux, jusqu'à leur radiation. »

Il était impossible de faire davantage pour les colons
et tous les hommes de la race européenne, que par les dispositions de ces deux articles. Les seuls émigrés *de France*
étaient exceptés du bénéfice du dernier, jusqu'à ce qu'ils
obtinssent leur radiation de la liste générale : quant à ceux
réputés *émigrés de Saint-Domingue,* par des lois anté-
rieures, ils rentraient dans la plénitude de leurs droits.

Lors donc que des écrivains étrangers, particulièrement
des Français, ont représenté T. Louverture comme enlevant *aux blancs* toutes les garanties de l'ordre social, ils
ont été *injustes* envers lui : les écrivains français surtout
l'ont accusé, pour pouvoir *légitimer* l'expédition qui vint
peu de temps après, tenter par la force de rétablir *légalement* l'esclavage qui existait *de fait* sous son gouvernement. Qu'on l'accuse de s'être emparé définitivement de
l'autorité, en dépit du droit du gouvernement français à la
déférer à qui lui eût semblé bon, on sera dans le vrai ;
mais il ne plaça pas Saint-Domingue, pour cela, dans une
véritable indépendance de la France : il n'en eut pas plus
l'intention que l'assemblée centrale elle-même ; c'est ce
qui résulte du Discours préliminaire placé en tête de cette
constitution ; le voici :

La colonie de Saint-Domingue existait depuis plusieurs années sans
lois positives. Longtemps gouvernée par des hommes ambitieux, son
anéantissement était inévitable, sans le génie actif et sage du général en
chef Toussaint Louverture qui, par les combinaisons les plus justes,
les plans les mieux réfléchis, et les actions les plus énergiques, a su la
délivrer presque en même temps de ses ennemis extérieurs et *intérieurs,*

étouffer successivement tous les germes de discorde, du sein de l'anarchie préparer sa restauration, faire succéder l'abondance à la misère, l'amour du travail et de la paix à la guerre et au vagabondage, *la sécurité à la terreur*, et enfin, *la soumettre tout entièrement à l'empire français.*

La révolution avait renversé avec violence tout ce qui constituait le régime par lequel l'île de Saint-Domingue était anciennement administrée.

Les différentes assemblées législatives de France y avaient substitué, à diverses époques, des lois nouvelles ; mais l'incohérence de ces lois aussitôt rapportées que rendues, leur vice ou leur insuffisance reconnus par ceux-là mêmes qui en avaient été les auteurs, la manière dont elles étaient exécutées par des factieux et des hommes de partis, habiles à les interpréter suivant leurs intérêts, contribuaient plutôt à propager le désordre qu'à le comprimer.

Et la conséquence naturelle de cet ordre de choses avait été de faire regarder des lois, qui n'auraient dû être reçues qu'avec un sentiment de respect, comme des objets d'alarmes, ou, lorsqu'elles étaient impuissantes, comme des objets de mépris.

Les hommes sages qui ont coopéré à la constitution française de l'an 8, ont sans doute senti la nécessité d'adopter un nouveau système pour des colonies éloignées, et de consulter dans la création des lois qui doivent les régir, les mœurs, les usages, les habitudes, les besoins *des Français* qui les habitent, même *les circonstances* dans lesquelles elles se trouvent.

Serait-il facile, en effet, de peser toutes ces considérations, d'après des rapports souvent infidèles, d'apprécier à une aussi grande distance, les changemens opérés dans l'esprit d'un peuple, de connaître ses maux, et d'y porter des remèdes à propos et efficaces, surtout pendant la guerre ?

L'article 91 de la constitution française aurait pu seul *autoriser les habitans de la colonie française* de Saint-Domingue *à présenter* au gouvernement français, les lois qui doivent les régir, si l'expérience *du passé* ne leur en avait fait un devoir impérieux [1].

Et quel moment plus propre à choisir pour cet important ouvrage, que celui où le chaos débrouillé, l'ancien édifice déblayé de ses ruines,

---

[1] *Le passé* des colons qui avaient tenté de constituer Saint-Domingue, en dépit de la France.

les préjugés guéris et les passions calmées, semblaient avoir marqué comme l'instant propice où il fallait en poser les fondemens?

Il est des circonstances qui ne se présentent qu'une seule fois pendant une longue série de siècles, pour fixer la destinée des peuples; si on les laisse échapper, elles ne se retrouvent plus. Et à ces causes fondamentales qui faisaient seules *la nécessité* d'une constitution pour l'île de Saint-Domingue, combien, d'après les intérêts de ses habitans intimement *liés* à ceux de la métropole, se joignaient des motifs également puissans?

Les justes réclamations des départemens de la colonie, pour rapprocher les tribunaux des justiciables;

La nécessité d'introduire de nouveaux cultivateurs pour l'accroissement des cultures, la revivification du commerce et le rétablissement des manufactures[1];

L'utilité de cimenter l'union de la ci-devant partie espagnole avec l'ancienne partie française;

L'impossibilité pour la métropole de secourir et d'alimenter cette immense colonie pendant la guerre avec les puissances maritimes;

Le besoin d'établir un régime simple et uniforme dans l'administration des finances de la colonie et d'en réformer les abus;

L'obligation de tranquilliser *les propriétaires absens* sur leurs propriétés;

Et enfin, l'importance de consolider et de rendre stable la paix intérieure, d'augmenter la prospérité dont commence à jouir la colonie après les orages qui l'ont agitée, de faire connaître à chacun ses droits et ses devoirs, et d'éteindre toutes les méfiances en présentant un code de lois auquel viendront se lier toutes les affections, se réunir tous les intérêts.

Tels ont été les motifs qui ont décidé le général en chef à convoquer une assemblée législative, chargée *de proposer* au gouvernement français la constitution la plus convenable à la colonie de Saint-Domingue. Ainsi, cet ouvrage sera encore un de ses bienfaits.

Le peu de membres dont il a formé cette assemblée prouve qu'il a

---

[1] Ainsi voilà fort bien expliqué le motif du projet qu'avait T. Louverture d'introduire des noirs d'Afrique; et quand il aura dit à un colon, selon Pamphile de Lacroix, que c'était pour en faire des *soldats pour la France*, il en imposait; si, toutefois, ce n'est pas un conte fabriqué par ce colon. Voyez Mémoires, t. 2, p. 57.

voulu éloigner de ses discussions les passions et le tumulte ; mais en même temps, il a voulu qu'elle fût environnée des lumières et des réflexions de tous les hommes instruits, afin qu'un ouvrage d'un aussi grand intérêt fût pour ainsi dire celui de la colonie entière.

Si l'assemblée centrale n'a pas complètement rempli les vœux de ses commettans, si elle n'a pas atteint le but que se proposait le général en chef, elle aura fait au moins ce que les circonstances lui permettaient : elle n'a pu proposer à la fois tous les changemens qu'on pouvait désirer. La colonie ne peut parvenir à sa plus grande prospérité qu'avec le temps et par degré ; le bien, pour être durable, ne peut s'opérer que lentement ; il faut, à cet égard, imiter la nature qui ne fait rien avec précipitation, mais qui mûrit peu à peu ses productions bienfaisantes.

Heureuse, si cette première tentative peut contribuer à améliorer le sort de ses concitoyens et lui mériter leur estime et leur indulgence, ainsi que des témoignages de satisfaction *de la France*, quand bien même elle n'aurait pas atteint une certaine perfection !

Tous les articles de la constitution ont été discutés et arrêtés sans passion, sans préjugés, sans partialité, et spécialement le mode de gouvernement, adopté comme le seul propre, dans les circonstances, à conserver à la colonie sa tranquillité et à la ramener à son ancienne splendeur.

D'ailleurs, tous les deux ans, les assemblées centrales suivantes pourront opérer les changemens que le temps et l'expérience rendront nécessaires.

L'assemblée centrale n'a pas la vanité de croire qu'elle a *proposé* la meilleure constitution possible ; mais, ce qu'elle peut assurer à ses concitoyens, c'est que tous les membres qui la composent ont constamment eu l'ardent désir du bien, l'intention d'affermir la tranquillité actuelle de la colonie, de rendre sa prospérité durable, de l'augmenter *et de prouver leur attachement au gouvernement français.*

Ainsi, le premier comme le dernier paragraphe de ce discours préliminaire, expliquant les motifs de la constitution de 1801, témoignent de la volonté de maintenir Saint-Domingue comme *colonie de la France.*

Quant à M. Madiou qui montre sans cesse T. Louverture, marchant à grands pas vers son indépendance, au moment où il va parler de cette constitution, il est forcé de convenir qu'elle n'atteignit pas ce but :

« Jusqu'alors, dit cet auteur, Toussaint *n'osait* exécuter pleinement *son projet :* la puissance de la France *l'effrayait....* Cependant, *ses grandes vues*, s'étaient tellement développées, *qu'il résolut*, malgré les dangers qu'il allait réunir sur sa tête, *de sonder* les dispositions du gouvernement consulaire à l'égard de Saint-Domingue, *en faisant une constitution qui*, devant satisfaire *son ambition* momentanément, *ne le proclamerait cependant pas souverain, indépendant de la métropole* [1]. »

Comment! un homme aussi résolu, aussi audacieux que T. Louverture s'effrayait de la puissance de la France! Ayant de si grandes vues, il se borna à sonder les dispositions du gouvernement consulaire!

Il avait *l'ambition* de rendre son pays, Saint-Domingue, *souverain* et *indépendant* de la métropole, et il se borna à faire une constitution qui, en la satisfaisant momentanément, n'établissait pas cet ordre de choses! Cependant n'est-ce pas le même auteur qui avait déjà dit :

« Quant à Toussaint, *en triomphant de Rigaud*, il aura renversé *le principal obstacle à l'indépendance de Saint-Domingue...* La guerre civile *eut pour cause réelle* la marche de T. Louverture *vers l'indépendance*, marche que voulut *arrêter* le général Rigaud (ce n'est plus *l'ambition* de Rigaud, *refusant obéissance*, qui en fut cause)... Toussaint sentit plus que jamais le besoin de se rendre *indépendant*, afin que l'état politique *des siens* ne fût pas sans cesse laissé à la discrétion du gouvernement français. Il comprit aussi combien il lui importait de se hâter *d'écraser* Rigaud qui, ayant toujours foi en la sincérité de

[1] Histoire d'Haïti, t. 2, p. 95.

la métropole, *était le plus grand obstacle* à la proclamation *de l'indépendance* de Saint-Domingue. Il prit la ferme détermination de continuer, *au travers du sang*, sa marche *vers le bonheur des masses noires*[1]. »

Voilà T. Louverture animé des plus grandes, des plus nobles vues, — le bonheur des masses noires, la fixité de leur état politique. Pour les réaliser, il fallait proclamer l'indépendance de son pays, en commençant par écraser cet indocile Rigaud qui avait trop foi en la sincérité de la France, qui faisait obstacle à ces vues généreuses. Rigaud est enfin vaincu, obligé de fuir sa terre natale, avec tous ses intrépides lieutenans qui ne sont pas tombés sous le courroux de son adversaire. Plus d'obstacle! Le général en chef triomphant est en bons rapports avec les États-Unis qui approvisionnent la colonie, en bons rapports avec la Grande-Bretagne, ennemie de la France, en guerre avec elle; il augmente ses domaines par la réunion de la partie espagnole. Aussitôt il convoque une assemblée politique : l'indépendance indispensable va donc sortir de ses travaux! Non; il faudra *sonder* seulement les dispositions du gouvernement consulaire. Comme cette conclusion rapetisse le génie audacieux de T. Louverture! Voyons donc la vérité dans *les faits*[2] !

Écoutons aussi un auteur français, parlant de la constitution de 1801 :

« Ce document curieux est, par sa contexture, par les

---

[1] Histoire d'Haïti, t. 1er p. 340, — t. 2, p. 47.
[2] Nous renouvelons ici l'excuse que nous avons présentée au 4e livre, pour l'erreur où nous étions sur les vues de T. Louverture, avant d'avoir eu en notre possession tous les documens que nous avons produits jusqu'ici. Nous croyons aussi que M. Madiou eût jugé autrement des vues de T. Louverture, s'il les avait possédés lui-même.

hésitations et les perplexités de son enfantement, l'expression la plus complète *du caractère étrange* dont nous n'avons pu qu'esquisser l'ensemble ; *l'étroite portée politique* de cet esprit, d'ailleurs si énergique et si entreprenant, s'y révèle tout entière : il n'ose ni aborder *de front l'indépendance,* ni se résigner *à la vassalité.* Bien plus, avec *cette duplicité du barbare* si naïvement pénétrée de sa profondeur, il eut *la simplicité* de croire que, après avoir fait un tel pas, il pourrait encore demeurer en bonne intelligence avec la mère-patrie, en protestant de son dévouement et de sa soumission[1]. »

Là fut son erreur, il est vrai ; car d'après la constitution française, Saint-Domingue n'avait pas le droit de faire une constitution spéciale, ni des lois particulières ; elles devaient venir de la métropole. Mais au point de vue du régime intérieur établi par cette constitution et par les règlemens de culture, arrêtés, etc., qui la précédèrent, par les lois qui la suivirent, *personne* ne pouvait faire ce que fit T. Louverture en faveur des colons et de tous les blancs en général. La France en a fait l'expérience peu après ; et des regrets superflus sont venus prouver l'erreur où tomba lui-même l'homme de génie qui la gouvernait alors. S'il avait mieux jugé de la situation, s'il avait été moins empressé de rétablir légalement l'esclavage, il eût laissé T. Louverture gouverner Saint-Domingue qui, alors, fût resté plus attaché que jamais à la France. Certes, Rigaud voulait aussi la dépendance de cette colonie de sa métropole ; mais à des conditions tout autres que celles conçues par son heureux vainqueur. Ils ont été tous deux *expier* au fort de Joux, l'un avec un sort plus affreux

[1] M. Lepelletier de Saint-Rémy, t. 1. p. 146.

que l'autre, *l'attachement* qu'ils avaient pour la France, à des points de vue différens.

Toutefois, il est un côté moral par lequel il faut aussi envisager la constitution de 1801 : c'est M. Madiou qui va nous fournir des observations à cet égard :

« Tout n'était, dit-il, que *mensonge* dans la constitution ; la liberté *individuelle* (la liberté *naturelle* aussi) *n'était pas respectée;* les propriétés étaient souvent *confisquées, et le despotisme le plus dur pesait sur les citoyens* (surtout *sur les citoyens noirs cultivateurs*). Quant à la liberté de l'instruction publique, elle n'était qu'*illusoire;* aucun établissement ne se formait sans l'autorisation du gouverneur qui *imposait* aux instituteurs le système d'enseignement et d'éducation *qui lui convenait*. On apprenait aux enfans dans les écoles, à lire et à écrire ; on leur enseignait l'histoire sainte interprétée de manière à ne former que *des fanatiques,* les hauts faits de Toussaint, gouverneur de l'île par la volonté du Tout-Puissant qui l'avait choisi pour être le Spartacus moderne prédit par Raynal[1]. »

C'était donc pour aboutir à ce résultat, qu'il avait ordonné tant d'assassinats sur la portion *la plus éclairée* de la population de son pays, sur ses frères ! Cette guerre civile, qu'il fit avec tant d'acharnement, pour la prétendue indépendance de Saint-Domingue, ne produisit que ce fruit honteux ! Sont-ce là *de grandes vues* de la part d'un législateur ? Nous entendons par ces mots, *des vues libérales,* ayant pour objet le bonheur réel des hommes. Était-ce en violant leur liberté naturelle et individuelle,

---

[1] Histoire d'Haïti, t. 2, p. 97.

en confisquant leurs propriétés, en faisant des enfans une foule de fanatiques, en faisant peser sur les citoyens le despotisme le plus dur, que T. Louverture prouvait son désir de les rendre heureux? Il avait la plénitude de la puissance en donnant une constitution à son pays; et après y avoir fait consacrer des principes salutaires, des institutions, il fit tout le contraire de ce qu'elle établissait comme *droits* pour ses concitoyens. Mais qui souffrait réellement de toutes ces violations? Sont-ce *les colons*, ou bien les hommes dont il paraissait être le protecteur naturel? Après avoir asservi *les mulâtres*, est-ce qu'il n'asservit pas aussi *les noirs*, les uns par les autres? Son armée n'était-elle pas composée *de noirs*, employés constamment à contraindre *les cultivateurs noirs* à produire *pour les colons*? On nous parlera sans doute de ces grandes productions, de ces richesses créées en si peu de temps. Oui, nous le savons; mais par quels moyens, grand Dieu! mais au profit de qui? *Des colons*, toujours *les colons*, — *des chefs militaires* qui ne valaient pas mieux, puisqu'ils tyrannisaient leurs frères.

Ah! que mon pays conserve sa médiocrité, sa pauvreté, plutôt que de parvenir à la richesse par le renouvellement de pareilles horreurs!

Venons enfin à la cérémonie de la proclamation de la constitution.

Elle eut lieu, le 8 juillet, sur la place d'armes du Cap, en face de la grande et belle église qui y existait. Les troupes de ligne, la garde nationale, les fonctionnaires publics, civils et militaires, les membres de l'assemblée centrale et T. Louverture s'y rendirent. Le peuple s'y porta en foule. Bernard Borgella, en sa qualité de président de l'assemblée centrale, prononça sur l'autel de la patrie l'adresse suivante déjà rédigée au Port-au-Prince, dès le 9 mai, à la date de la constitution :

Colons français, et vous, braves Soldats,

Depuis *longtemps*, Saint-Domingue aspire au bonheur inappréciable d'avoir une constitution locale. Des *factions* qui se sont successivement remplacées dans le gouvernement de la métropole, *en propageant leurs principes subversifs dans cette île lointaine*, avaient étouffé *les justes réclamations* de ses infortunés habitans, les avaient *dégradés* de la dignité d'hommes libres, leur avaient ravi jusqu'aux élans précieux de ces nobles sentimens qui élèvent et agrandissent les âmes, et les avaient *forcés* de recevoir la loi qu'ils n'avaient ni faite ni consentie [1].

Les colonies françaises, disait la constitution de l'an 3, sont parties intégrantes de la République et sont soumises à la même loi constitutionnelle.

Ainsi, par la fatalité la plus terrible, les destinées de Saint-Domingue ont été associées à celles de la métropole qui a étendu ses ramifications à travers l'immensité des mers, et a fait *courber* Saint-Domingue sous l'énorme poids de son influence.

Cet état affreux, cet état de dissolution, pouvait-il avoir une durée ? …. Non ! …. Il était réservé à un génie réédificateur de fixer bientôt le sort de la République. En effet, Bonaparte vole des confins de l'Égypte dans le cœur de la France ; et tout-à-coup les factions disparaissent ; un ordre social succède aux convulsions de l'anarchie ; la République goûte au-dedans les douceurs de la paix, et se prépare à aller en recueillir les fruits au-dehors. Une constitution nouvelle est posée ; elle est dégagée de cette multiplicité de rouages qui se heurtent mutuellement et qui donnent lieu aux cabales populaires, à la diversité d'opinions, aux calamités publiques.

Mais, cette constitution nouvelle, a-t-elle été faite *pour vous*, insulaires, qui habitez une région si éloignée et si différente de la métro-

---

[1] Brissot, les Girondins, Danton, qui firent proclamer l'égalité et la liberté générale. B. Borgella se vengeait, par ces paroles, de ces défenseurs des droits de l'humanité, de Polvérel qui lui avait remis une plume pour signer la liberté de ses esclaves, de Sonthonax qui avait interprété, comme son collègue, les vœux de Brissot et des Girondins.

pole? Vos représentans, comme ceux des autres départemens français, y ont-ils concouru ou participé?.... Non!

La sagesse et toutes les vertus ses compagnes qui ont présidé à la rédaction de cet acte constitutionnel, y ont consacré *vos droits*, stipulé vos intérêts, en proclamant qu'il n'était pas fait *pour vous*, que vous seriez soumis à l'empire *de lois particulières*. Dès ce moment, enfin, la justice a lui *pour vous*; la nation puissante et généreuse dont vous avez les goûts et le caractère, *et dont vous faites partie*, a brisé *les fers honteux* que l'esprit de parti et l'anarchie s'étaient plu à vous donner. Elle a reconnu *les droits* que vous tenez de la nature. Désormais, vous ne serez plus exposés à ces commotions terribles, à ces secousses violentes, à ces tempêtes politiques qui naissent de l'exécution des lois faites sans intérêt, loin de vous, et qui ne pouvaient convenir ni à vos mœurs, ni à vos usages, ni au climat que vous habitez.

Grâces soient rendues à la nouvelle constitution française!

Colons français, vous avez été éveillés par l'article 91. Le besoin des lois s'est fait entendre aussitôt, et vous avez manifesté votre vœu au général qui gouverne cette colonie, au général qui l'a tant de fois sauvée contre les entreprises des ennemis du nom français et contre l'influence de toutes les factions. Hé! pouviez-vous *ne pas être écoutés* de celui qui consacre tous les momens de sa vie à cicatriser les profondes plaies faites à la colonie, et à répandre *sur vous* un baume consolateur?

Toussaint Louverture, cet homme extraordinaire, dont les belles actions commandent votre admiration et votre reconnaissance, s'est élevé comme un phénix du milieu des cendres, *et s'est dévoué tout entier à la défense de votre pays, de vos personnes et de vos propriétés*. Au milieu des mouvemens convulsifs de l'anarchie, il a eu la générosité, le courage de se charger des rênes d'une colonie abandonnée sans défenses autres que celles qui lui sont naturelles, et dénuée de tous les moyens qu'assurent la culture et le commerce. Il y a fait, vous le savez, respecter le nom français, en y faisant partout arborer ses couleurs; il a su approvisionner vos ports, vivifier vos cultures, appeler le commerce, rétablir vos cités, discipliner les troupes; il a plus fait encore, il a vaincu les préjugés invétérés; il a cimenté parmi vous les nœuds de la plus douce fraternité, ces nœuds que l'ancien système colonial avait si inhumainement réprouvés, et que l'anarchie, pour maintenir son odieux empire, se faisait un jeu barbare de resserrer ou de rompre à loisir. La proclamation du général en chef qui a convoqué vos mandataires, vous prouve à quel point *il désire votre bonheur* ; il vous annonce que le temps des déchiremens est passé ; il vous démontre la nécessité de vous donner *des lois de convenance* ; et adoptant cette maxime constante, que les lois sont des conventions établies par des hommes qui doivent s'y conformer pour régler l'ordre de la société, il vous fait concevoir qu'il en est d'elles comme des productions de la terre, que chaque pays a ses mœurs, ses statuts, comme ses fruits propres.

D'après ces principes, une assemblée d'*habitans* a reçu *de vous* l'importante tâche de poser *les bases constitutionnelles du régime intérieur* de cette colonie; et *fidèle à la métropole*, le général qui a autorisé la convocation de cette assemblée, a proclamé *que ces bases constitutionnelles seront soumises à la sanction du gouvernement français.*

Mais vos mandataires ont dû *interpréter* favorablement le trop long silence de la métropole. Considérant son éloignement et l'état de guerre où elle se trouve, ils ont dû être effrayés de l'absence des lois ; et dans ce péril imminent, ils ont dû, par amour pour vous et attachement à la France, dissiper toutes les inquiétudes, rassurer tous les esprits. Ils se sont rappelés que le salut de tous est la suprême loi, et ils ont cru devoir inviter le général qui veille sur les destinées de Saint-Domingue *à faire mettre sur le champ à exécution* les bases de législation qu'ils ont posées. Aujourd'hui ces bases vous sont offertes. Votre bonheur présent et futur a constamment occupé vos mandataires ; ils se sont efforcés de le rendre durable. Puissent-ils ne s'être point trompés !

Colons français, et vous, braves Soldats, n'oubliez jamais et pénétrez-vous bien qu'il n'est que le temps et l'expérience qui puissent consolider les institutions humaines. Ralliez-vous autour du pacte de famille qui vous est présenté. Vos mandataires le déposent dans votre sein, comme le palladium de votre liberté civile et politique, et comme le gage de leur affection pour vous et de leur dévouement à la République. Vive la République qui réédifie et qui protège les colonies !

B. Borgella lut immédiatement après, la constitution annoncée par cette adresse. Cette lecture n'excita, dit-on, aucun enthousiasme, ni de la part des fonctionnaires publics qui entrevoyaient, dans l'exécution immédiate de cet acte, une cause de répression infaillible par le gouvernement consulaire, ni de la part des troupes qui n'y comprenaient pas grand'chose, ni de la part du peuple. Dans cette scène, B. Borgella n'était pas d'ailleurs, l'acteur qu'il fallait apolaudir.

Le Cap avait toujours pour maire, le noir Cézar Thélémaque dont nous avons déjà parlé, Martiniquais qui, après une longue résidence en France, était venu se fixer à Saint-Domingue : c'était un homme de beaucoup de sens et très-dévoué à la mère-patrie ; il lui répugnait, comme à tous les autres fonctionnaires, de voir prendre de telles mesures sans autorisation préalable du gouvernement français. Personne n'ignorait que le colonel Vincent, Pascal et bien d'autres avaient tenté de détourner T. Louverture de cette infraction à la constitution de l'an 8, que lui et l'assemblée centrale interprétaient de mauvaise foi. Si, encore, ils s'étaient bornés à ne faire de cet acte que l'objet d'un vœu, d'une proposition pour la législation du régime intérieur de la colonie, ils auraient eu, sans nul doute, l'assentiment général de tous ces hommes qui devaient profiter de ses dispositions ; mais l'exécuter tout d'abord, c'était manquer au respect dû à l'autorité souveraine de la France sur sa colonie.

Ce discours explicatif, prononcé par B. Borgella, exprime toute la pensée des colons qui inspiraient T. Louverture : c'est *aux colons français* qu'il s'adresse particulièrement ; c'est de leur pays, de leurs intérêts, de leurs propriétés, de leur bonheur, qu'il s'agit ; le reste de la population de Saint-Domingue n'y est compté pour rien ; et si mention y est faite *des braves soldats*, c'est que les colons et leur grand complice avaient besoin de l'armée pour assurer le succès de l'œuvre. Qu'on relise tous les documens fournis dans nos deux premiers livres, émanés des colons et exprimant leurs prétentions à constituer la colonie, à lui donner des lois locales, à ne réserver à la France qu'un haut patronage sur elle, et l'on se convaincra que cette constitution de 1801 ne fut que la suite de ces idées. Nous avons souligné expressément tous les passages de ce discours qui prouvent ce que nous avançons ici. T. Louverture s'y prêta sincèrement, parce que, dans son égoïsme, il y trouvait ses avantages.

Revêtu d'un bel et riche uniforme, il prononça à son tour le discours suivant:

Peuple de Saint-Domingue,

La constitution coloniale pour cette île importante vient de m'être remise par l'assemblée centrale, composée de législateurs qui, en vertu de ma proclamation du 16 pluviôse dernier, se sont réunis pour établir les lois qui doivent nous régir et nous gouverner. Je l'ai lue avec attention, cette loi, et persuadé qu'elle doit faire le bonheur de mes concitoyens, puisqu'elle est fondée sur les bonnes mœurs, sur les localités, et principalement *sur la religion*, je l'approuve.

Mais, quand je considère que je suis chargé de faire exécuter ces lois constitutionnelles, je vois que ma tâche est plus pénible que n'a été celle des législateurs. Néanmoins, je l'annonce, quelque vaste que soit cette carrière, je ferai mon possible pour la parcourir. O vous, mes concitoyens, de tout âge, de tout état, et *de toutes couleurs, vous êtes libres*, et la constitution qui m'est remise aujourd'hui *doit éterniser votre liberté*. Prosternons-nous d'abord devant le Créateur de l'univers, pour le remercier d'un bienfait si précieux.

Je dois vous parler le langage de la vérité. Cette constitution *assure à chaque individu la jouissance de ses droits*; elle exige de chaque citoyen la pratique des vertus, comme elle appelle aussi dans nos climats le règne des bonnes mœurs et de la religion divine de Jésus-Christ. Ainsi donc, magistrats, servez d'exemple au peuple dont vous devez être toujours les pères et les défenseurs. Que la probité comme la droiture dirigent vos actions et dictent vos sentences ; vous vous attirerez l'estime de vos concitoyens ; c'est la plus douce consolation qu'un homme en place puisse désirer.

Braves militaires, généraux, officiers, sous-officiers et soldats, observez la discipline et la subordination *activez la culture*, obéissez à vos chefs, défendez et soutenez la constitution, contre les ennemis *intérieurs et extérieurs* qui chercheraient à l'attaquer. Que votre devise soit sans cesse la bravoure, et votre guide l'honneur ; vous mériterez bien de la patrie.

Cultivateurs, fuyez l'oisiveté ; elle est la mère des vices ; gardez-vous principalement de vous laisser *séduire* par des hommes aussi malintentionnés que malveillans. Vous trouverez dans tous les temps, *en moi*, comme dans les généraux, mes représentans, *les répresseurs de l'injustice et des abus*.

Habitans industrieux des villes, soyez soumis aux lois ; elles ne cesseront d'être votre protection et votre égide.

Peuple, magistrats et militaires, je vous expose vos devoirs et les miens. Pour moi, je promets, à la face du ciel, de faire ce qui dépendra de moi, *si Dieu me le permet*, pour conserver l'union, la paix et la tranquillité publique, en conséquence le bonheur de mes concitoyens. Je promets d'exécuter ce qui m'est prescrit par la constitution coloniale. Jurez également, devant l'Être suprême et entre mes mains, que vous vous soumettez à ces lois qui doivent faire votre bonheur, et consolider votre liberté.

Je vous *préviens* que *la loi est la boussole de tous les citoyens* quelconques : quand elle parle, ils doivent tous fléchir devant elle. Les autorités civiles et militaires doivent être les premières à lui céder et à donner par-là l'exemple au peuple. Suivez de point en point la constitution que l'assemblée centrale et législative de Saint-Domingue vient de consacrer ; que les principes qu'elle proclame restent éternellement gravés dans vos cœurs.

Dans tous les temps, mes chers concitoyens et amis, mon désir, mes vœux et mon ambition consistèrent à trouver et à préparer les moyens de vous rendre *libres et heureux*. Si je puis atteindre un but si cher à mon cœur, je ne regretterai point la vie, et j'irai, *sans aucun remords, rendre compte de mes actions* au Dieu Tout-Puissant et souverain auteur de toutes choses.

Vivent à jamais la *République française* et la constitution coloniale !

Après ce discours, les troupes crièrent : *Vive le gouverneur !* C'était la meilleure investiture que le général en chef pût recevoir de son nouveau titre. Les fonctionnaires publics le félicitèrent en lui donnant l'accolade *républicaine*, à lui qui était presque un *Roi* par la pompe dont il s'entourait. Cinq coups de canon tirés de la place d'armes donnèrent le signal aux forts et aux bâtimens en station dans la rade, qui tirèrent chacun une salve de *vingt-trois coups*[1].

Un citoyen Fouqueau, président du tribunal civil du Cap, prononça aussi un discours où il louait T. Louverture, sauveur et restaurateur de la colonie : c'était un blanc.

On se rendit à l'église, où Corneille Brelle chanta une messe solennelle. Après cette cérémonie religieuse, il y eut un banquet magnifique au palais habité par le gouverneur, l'ancien couvent des Jésuites. La ville du Cap fut illuminée dans la soirée et durant toute la nuit.

Le 11 juillet, un arrêté du gouverneur ordonna l'élargissement de tous les prisonniers, autres que ceux pour vols et assassinats.

La constitution fut imprimée, répandue dans toute la colonie, et publiée partout avec une pompe inusitée.

On peut remarquer, dans le discours prononcé par T. Louverture, le tact qu'il savait mettre en toutes choses, en toutes circonstances. Si l'assemblée centrale, dans le discours de son président, ne s'adressa qu'aux colons et à l'armée, le gouverneur parla à tout le monde, en disant à chacun ce qui était à propos dans une telle occurence.

---

[1] Histoire d'Haïti, t. 2, p. 103. La salve de la République française était de 22 coups; en en faisant tirer un de plus, T. Louverture avait un sentiment d'orgueil : il voulait faire comprendre qu'il devenait plus grand que cette République. Peut-être cependant, il voulait rappeler la date de l'insurrection des noirs du Nord qui eut lieu dans la nuit du 22 au 23 août 1791. Une proclamation de lui, en 1796, disait qu'il avait été le chef de cette insurrection.

Son discours ne manquait ni dignité ni fermeté : il y faisait sentir toute son autorité, et avertissait, prévenait chacun de ce qu'il exigeait. *Jésuite* autant que général et législateur, il n'oublia pas de s'appuyer sur la religion du Christ pour prescrire ce qu'il voulait obtenir de tous. Enfin, arrivé à l'apogée de sa gloire et de sa fortune, il déclara qu'il n'éprouvait *aucun remords* pour ses actions. C'était, sans doute, la fermeté d'âme d'un homme qui comprenait *la politique* à sa manière ; mais le Dieu Tout-Puissant qu'il invoquait conservait aussi tous ses droits pour juger ses actions passées et celles qu'il faudra relater; car en juillet 1801, T. Louverture n'avait pas achevé sa carrière.

Les Mémoires de Pamphile de Lacroix rapportent des extraits d'un compte-rendu remis au ministre de la marine par le colonel Vincent, sur ce qui se passa entre lui et le gouverneur, au sujet de la constitution coloniale. Il paraît que ce colonel lui fit de vives représentations sur la publication de cet acte, avant de l'avoir soumis au gouvernement français, et encore plus sur son impression. « Il m'écouta avec attention, dit Vincent, surtout quand « je lui demandai ce que pourrait faire le gouvernement « français, aujourd'hui qu'aux termes de la constitution, « il n'aurait plus personne à nommer ni à envoyer dans « la colonie. Il me répondit que *le gouvernement enverrait* « *des commissaires pour parler avec lui.* — Dites plutôt « *que l'on veut* qu'il vous envoie des chargés d'affaires, des « ambassadeurs... » Dans la pensée de Vincent, T. Louverture était donc placé sous l'influence d'hommes qui le portaient à agir comme il fit ! Ces hommes ne sont que les colons.

Enfin, Vincent reçut la mission d'apporter la constitution au gouvernement français, et partit pour la France. Il a fait savoir aussi, qu'avant de quitter le Cap, il remit à H. Christophe une lettre adressée à T. Louverture : elle était décachetée, et à la lecture qu'il en fit à Christophe, ce dernier lui aurait dit : « Commandant Vincent, vous êtes « le seul Européen qui aimez réellement les hommes de « Saint-Domingue. Vous nous avez toujours dit la vérité. « Le projet de constitution a été rédigé *par nos ennemis* « *les plus dangereux.* » Il résulte de ces paroles, que Christophe voyait avec regret, comme Moïse, que T. Louverture était trop placé sous l'influence des colons ; et que, de plus, Christophe était attaché à la France, dont il voyait les droits méconnus par cet acte.

Vincent était porteur d'une lettre de T. Louverture, du 16 juillet, adressée directement au Premier Consul. Il lui rappelait qu'il avait envoyé au ministre de la marine sa proclamation du 16 pluviôse, qui convoquait l'assemblée centrale, en l'informant de la prise de possession de la partie espagnole et de la situation politique de la colonie ; qu'il lui avait fait savoir que le but de cette assemblée était de fixer les destinées de ce pays par des lois sages, calquées sur les localités et les mœurs de ses habitans.

« J'ai aujourd'hui, poursuivait-il, la satisfaction de vous annoncer que la dernière main vient d'être portée à cet ouvrage, et qu'il en résulte une constitution qui promet le bonheur aux habitans de cette colonie si longtemps infortunée. Je m'empresse de vous l'adresser *pour avoir votre approbation et la sanction de mon gouvernement.* L'assemblée centrale m'ayant requis, en l'absence des lois, et vu la nécessité de faire succéder leur règne à celui de l'anarchie, de faire exécuter *provisoirement* cette constitution, comme devant l'acheminer plus vite vers sa prospérité future, je me suis rendu à ses désirs; et cette constitution a été accueillie par toutes les classes de citoyens avec des transports de joie qui ne manqueront pas *de se reproduire,* lorsqu'elle leur sera renvoyée *revêtue de la sanction* du gouvernement. »

Vincent arriva en France dans les premiers jours d'octobre, quelques jours après la signature des préliminaires de la paix qui fut conclue à Amiens le 25 mai 1802. La pensée de l'expédition contre Saint-Domingue était déjà arrêtée ; nous espérons prouver cette assertion à la fin de ce volume.

CHAPITRE VI.

Diverses lois organiques rendues par l'assemblée centrale.— Lettre de Toussaint Louverture à cette assemblée, et sa réponse.— Produits, état financier en 1801.— Système agricole et politique de Toussaint Louverture.— Il est désapprouvé par Dessalines et Moïse.— Opinions diverses et discussion à ce sujet.

L'article 34 de la constitution donnait le droit au gouverneur de déterminer la division du territoire, de la manière la plus conforme aux relations intérieures. Cette division ne tarda pas : le 13 juillet, sur sa proposition de la consacrer par une loi, l'assemblée centrale rendit cette loi.

Au lieu des cinq départemens qui existaient, il y en eut six : ceux du Sud, de l'Ouest, du Nord, de Cibao, (autrefois Samana), de l'Ozama (autrefois Engaño), et un nouveau auquel on donna le nom de *Louverture*. Nous n'avons pu savoir si cette désignation fut le fait du gouverneur ou celui de l'assemblée centrale [1]. On se rappelle que les colons avaient déjà donné le nom de *Louverture* au bourg d'Ennery, par rapport à l'habitation acquise par Toussaint dans cette paroisse.

---

[1] Ce département de *Louverture* est devenu celui de *l'Artibonite*.

Les limites de ces départemens furent fixées et ont été maintenues dans la suite, par tous les gouvernemens, par toutes les constitutions publiées dans ce pays. Ces départemens furent subdivisés en arrondissemens militaires et en paroisses.

Celui du Sud comprenait 5 arrondissemens et 14 paroisses. — L'Ouest, 6 arrondissemens et 14 paroisses. — Le Nord, 6 arrondissemens et 24 paroisses. — Louverture, 4 arrondissemens et 15 paroisses. — Le Cibao, 4 arrondissemens et 5 paroisses. — L'Ozama, 3 arrondissemens et 13 paroisses.

La même distribution en arrondissemens et paroisses n'a pas été toujours maintenue par la suite : les paroisses ont fait place aux communes.

Le 15 juillet, une loi fut rendue sur la religion catholique, apostolique et romaine, la seule publiquement professée. Elle admettait cependant qu'on pût avoir une opinion religieuse différente, à la condition de respecter le culte reconnu par la constitution, sous peine d'être poursuivi et puni comme perturbateur de l'ordre public. Aucun ordre, décret ou loi ecclésiastique, quoique en matière purement spirituelle, ne pouvait être exécuté dans la colonie, sans le consentement du gouverneur. C'était la même disposition observée en France.

Les dimanches étaient les seuls jours de repos. Neuf fêtes solennelles étaient aussi observées généralement, et pour chaque paroisse, sa fête patronale. Dans les fêtes solennelles était comprise celle de *Saint-Dominique*, patron de l'île : c'était aussi le patron du gouverneur, et la *Toussaint* était une autre fête pour lui [1].

---

[1] Le gouverneur se nommait François Dominique Toussaint. Louverture fut un surnom devenu célèbre.

Toutes les autorités civiles et militaires étaient tenues d'assister régulièrement au service du culte, *en corps*. Il en fut nécessairement de même des troupes qui, de plus, soir et matin dans leurs casernes, priaient et chantaient des cantiques spirituels dont plusieurs furent composés expressément, par ordre du gouverneur et à sa louange. Ces cantiques étaient chantés aussi dans les écoles [1].

Il y avait un préfet apostolique pour l'ancienne partie française, l'évêque Mauvielle occupant l'archevêché de Santo-Domingo, dont la juridiction s'étendait sur toute l'ancienne partie espagnole. Sur la présentation du préfet, le gouverneur nommait les curés des paroisses, en leur assignant l'étendue du territoire où ils devaient exercer leur juridiction spirituelle. Il nommait aussi les vicaires, sur la même présentation. Ces ecclésiastiques étaient justiciables du préfet pour les cas religieux, et des tribunaux ordinaires pour les cas civils ; mais le préfet devait *participer* au gouverneur tous les jugemens de condamnation emportant déposition ou interdiction pour cas religieux. Le préfet faisait tous règlemens relatifs à la police, à l'exercice du culte, à la discipline des ecclésiastiques, en se conformant à la constitution et aux lois civiles.

Les ministres du culte recevaient un traitement fixe et une part sur les droits appelés *curiaux*, conformément au tarif de 1775 émané du comte d'Ennery. La *dîme* fut alors supprimée dans l'ancienne partie espagnole.

Les biens appartenant aux paroisses dans toute l'île étaient conservés et administrés par les municipalités.

---

[1] Etant à l'école sous le règne de Dessalines, je chantais ces cantiques avec mes condisciples ; mais à la louange de notre Empereur, qui avait commencé par être gouverneur général.

Ceux appartenant aux missionnaires, moines et couvens, l'étaient par l'administration générale des domaines ; et enfin, ceux provenant des fondations de famille suivaient leur destination originaire et particulière.

Le 18 juillet, une autre loi fut décrétée *sur les enfans nés hors mariage.* Pour faire connaître toutes ses dispositions favorables aux bonnes mœurs, à la préférence qui doit être toujours donnée au mariage légitime dans la société, il faudrait la donner tout entière. La plupart de ses dispositions se trouvent dans le code civil d'Haïti. Pour cette époque, où les mœurs coloniales n'avaient fait qu'une masse d'enfans naturels, cette loi était un bienfait pour eux et la colonie.

Le 23 juillet, loi *sur l'organisation des tribunaux* créés par la constitution. La justice était rendue—*au nom de la colonie française de Saint-Domingue.* Les actes devaient continuer à porter la date du calendrier républicain, en mettant entre parenthèses la date correspondante à l'ancien calendrier grégorien : c'était un acheminement à la suppression totale du premier.

Tous les tribunaux existans furent supprimés pour être réorganisés. Ceux de paix et de commerce disparurent tout-à-fait. Le jugement par des arbitres du choix des parties était d'abord suivi dans les cas permis par les lois. Les tribunaux de première instance et d'appel réunissaient toutes les attributions civiles, commerciales, correctionnelles et criminelles. La constitution avait reconnu le droit au gouverneur d'organiser lui-même les tribunaux spéciaux, conseils de guerre, qui jugeaient une foule de délits.

Il y avait seize tribunaux de première instance répartis dans les différens départemens, et composés chacun d'un juge et d'un lieutenant de police, d'un commissaire du gouvernement et d'un greffier. Dans chaque paroisse était un substitut du commissaire du gouvernement, faisant les actes conservatoires et préparatoires. Ces magistrats étaient tous payés par des émolumens taxés sur leurs actes, d'après un ancien tarif rendu sous le comte d'Ennery.

Un tribunal d'appel siégeant à Saint-Marc était établi pour les quatre départemens du Sud, de l'Ouest, de Louverture et du Nord : un autre à Santo-Domingo pour ceux de l'Ozama et de Cibao. Ils étaient composés d'un président, de quatre juges, de deux assesseurs, d'un commissaire du gouvernement, d'un substitut et d'un greffier. La justice y était rendue *gratuitement,* et les magistrats recevaient un traitement du trésor colonial, *à fixer par le gouverneur.*

Le tribunal de cassation, siégeant dans la ville où résiderait ordinairement le gouverneur, était composé d'un président, de huit juges, d'un commissaire du gouvernement et d'un greffier. Ils recevaient le même traitement que les magistrats des tribunaux d'appel.

Les officiers ministériels étaient réglementés par cette loi, ainsi que la forme de procéder en matière civile et criminelle. La jurisprudence des anciennes ordonnances des rois de France était observée. La hiérarchie et la police de ces tribunaux réglées convenablement.

Dans les dispositions additionnelles, les substitutions et les exhérédations par testamens furent abolies. Un autre principe salutaire était ainsi établi :

« *Toute personne légalement acquittée ne peut être re-*
« *prise ni accusée pour le même fait.* »

Le gouverneur ordonna que cette loi fût scellée, promulguée et exécutée dans toute la colonie ; mais, au moment de signer, il se fit *la restriction mentale* attribuée aux Jésuites, d'observer ce principe quand il y aurait lieu, de le violer quand il le jugerait convenable. Des faits seront produits bientôt à ce sujet.

Le 25 juillet,—loi *sur les notaires, arpenteurs, officiers de santé, pharmaciens, vendeurs publics* (encanteurs) et *sur les prisons, maisons de détention, les concierges et gardiens.* Chacun y trouvait la règle de ses devoirs.

Le 28,—loi *sur les administrations municipales,* composées dans chaque paroisse d'un maire et de quatre administrateurs, ayant pour organes du gouvernement les commissaires ou leurs substituts près les tribunaux de première instance. Leurs attributions étaient clairement définies, et celles particulières aux maires étaient surtout le maintien de la police : ils jugeaient seuls les cas de contraventions en matière de simple police, sur les conclusions des commissaires du gouvernement ou de leurs substituts. Les commissaires de police, les gendarmes à pied, étalonneurs, officiers de l'état civil, avaient leurs devoirs déterminés dans la même loi.

Le gouverneur publia aussi un *avis,* le 28 juillet, concernant des fonctionnaires publics qui exigeaient des particuliers, pour obtenir la prompte expédition de leurs affaires, *des rétributions* qui n'étaient pas autorisées par les lois. En défendant la continuation de cet abus, il qualifia ces fonctionnaires de *maîtres voleurs,* et les menaça de la destitution. Cet acte, cette expression sont d'une originalité remarquable entre tant d'autres de T. Louverture.

Le 30 juillet, la garde nationale non soldée fut organisée par une loi. Depuis l'âge de 14 ans jusqu'à 55, tout homme valide était tenu d'en faire partie. Elle était dispensée de faire le service, mais elle prenait les armes chaque jour de parade des troupes soldées, dans les villes et bourgs. En temps de guerre, une revue générale avait lieu tous les premiers dimanches de chaque mois. En temps de paix, cette revue ne se faisait que tous les trois mois. Les conducteurs et les cultivateurs dans les campagnes ne devaient passer une revue générale que tous les ans; il en était de même des domestiques. Les fonctionnaires et employés secondaires de l'administration civile et judiciaire étaient aussi exempts de tout service. En cas de trouble ou d'attaque, la population entière des villes et des campagnes, excepté ces fonctionnaires et employés, prenait les armes et était tenue de marcher au premier ordre du commandant militaire, de place ou d'arrondissement, d'après l'ordre supérieur qu'il en aurait reçu.

Le 1er août, une autre loi régla ce qui était relatif aux dettes particulières. Elle prit pour base les deux époques du 23 août 1791 et du 3 octobre 1798,—la première, date des insurrections des noirs dans le Nord, et des hommes de couleur dans l'Ouest et le Sud, — la seconde, date de l'évacuation totale des Anglais au Môle. Les intérêts respectifs des débiteurs et des créanciers furent compensés avec équité, en raison des troubles perpétuels survenus dans l'intervalle de ces deux époques.

Le 3 août, une loi organisa l'administration des finances de la colonie. Il fut établi ou maintenu un administrateur général des finances et un trésorier général, ayant sous leurs ordres des trésoriers particuliers dans chaque département et dans chaque port ouvert au commerce extérieur, les receveurs et autres percepteurs des deniers publics. Les *dépenses* pour l'armée, les hôpitaux militaires, les arsenaux, les édifices publics, ponts, chaussées et fortifications étaient réglées *par le gouverneur seul*. Le mode de reddition de comptes par les agens comptables était fixé en même temps. La plupart de ces dispositions furent basées sur les règlemens déjà publiés par le général en chef.

Un arrêté du gouverneur ordonna le même jour le paiement de ce qui était dû par les fermiers des biens domaniaux.

Le 5 août, il émit une ordonnance pour interdire toutes communications entre les quartiers voisins de la Petite-Rivière de l'Artibonite, Saint-Raphaël, Hinche, Banica et autres lieux, à cause des *vols* fréquens qui s'y commettaient. Malgré l'extrême sévérité des peines établies, de la discipline militaire étendue sur toute la population, et l'activité de la police, ce vice débordait : ce qui prouve que le despotisme le plus dur est souvent insuffisant pour arrêter les mauvaises inclinations.

Si des fonctionnaires publics même s'exposèrent à être qualifiés de *maîtres voleurs* sous un tel régime, c'est qu'il faut autre chose qu'*un bras de fer* dans la direction de la société. Il faut la moralisation des hommes, et *le despotisme* n'en est pas le meilleur agent : il renferme en lui-même un principe destructeur des bons sentimens, en avilissant les âmes, en corrompant les cœurs ; et ce principe réagit contre ses propres intentions.

Le 6 août, une loi fut rendue *sur les émigrés et sur leurs biens situés à Saint-Domingue*. Il faut la faire connaître, parce que la question qu'elle jugea et décida, contribua beaucoup à la guerre civile du Sud, à tous les crimes commis à l'occasion de cette guerre fratricide.

L'assemblée centrale de Saint-Domingue,

Considérant que la colonie *faisant partie de l'empire français*, il existe *entre elle et la métropole* des rapports fondés sur des principes tellement généraux et communs, que le législateur à Saint-Domingue ne peut se défendre d'en faire et prescrire l'application ;

Considérant que la nation française a déclaré par sa dernière constitution, qu'en aucun cas, elle ne souffrira le retour des Français, qui, ayant abandonné leur patrie depuis le 14 juillet 1789, ne sont pas compris dans les exceptions portées aux lois rendues contre les émigrés ;

Considérant que le paragraphe 2 de l'article 73 de la constitution de Saint-Domingue, ne conserve pas aux Français maintenus sur la liste définitive des émigrés, leurs droits de propriété sur les biens à eux appartenant situés dans l'île ;

Considérant que les biens des Français qui n'ont point obtenu leur radiation sur la liste des émigrés, ont été, en France, confisqués et vendus au profit de la République ;

Considérant, enfin, que les biens situés à Saint-Domingue, appartenant à ces mêmes émigrés, doivent suivre le sort de leurs biens situés en France ;

Sur la proposition du gouverneur, rend la loi suivante :

1. Le gouverneur de la colonie est et demeure invité de demander au gouvernement français, la liste des Français notoirement et définitivement reconnus *émigrés.*

2. Les *Français* dont les noms se trouvent inscrits sur cette liste fatale, *ne seront, sous aucun prétexte et dans aucun cas, admis à débarquer dans l'île.*

3. Les biens situés dans la colonie, appartenant à des Français maintenus sur la liste définitive des émigrés, sont irrévocablement acquis au profit de la colonie.

4. Ces biens seront vendus suivant le mode qui sera déterminé par une loi spéciale, lors de la réception de la liste mentionnée en l'article 1er de la présente loi, qui sera imprimée.

Il résulte de cette loi, que dans la pensée de T. Louverture et des colons membres de l'assemblée centrale, Saint-Domingue restait une colonie dépendante de la France, soumise à ses lois générales, mais avec le droit de se faire des lois locales pour son régime intérieur : tout ce que nous avons vu jusqu'ici témoigne de cette intention. En prenant enfin ces mesures à l'égard *des émigrés français,* dont beaucoup avaient servi avec les colons sous les Anglais, on faisait sous T. Louverture ce que Rigaud lui *demandait,* lui *conseillait,* aussitôt le départ d'Hédouville : ce qui augmenta l'irritation du général en chef contre lui.

Que lui disait Rigaud, par ses lettres du 27 octobre et du 20 novembre 1798 ?

« Je crains, disait-il, que ce ne soient *les émigrés* qui
« sèment la méfiance entre les premières autorités de la
« colonie. *Je vous engage à les chasser* .... Maintenons
« la tranquillité dans le pays : *prouvons notre fidélité à la*
« *France, en chassant les émigrés : au nom de notre*
« *existence, montrez-vous* jusqu'à la fin *l'homme du gou-*
« *vernement français.* »

N'étaient-ce pas des conseils judicieux, fraternels, pour éviter entre eux toutes dissensions, toute lutte sanglante ? Rigaud demandait-il que *les colons* fussent chassés du pays ? Non ; mais ces émigrés d'Europe qui, après avoir combattu contre leur patrie sur le continent européen, étaient venus la combattre dans sa colonie, et qui étaient alors accueillis par T. Louverture, contrairement aux lois existantes en France, lesquelles étaient alors aussi obligatoires que la constitution de l'an 8. Ce dissentiment entre eux ne fut-il pas une des causes de la continuation de leurs dissensions et de la guerre civile, en même temps que le général en chef semblait pactiser avec les Anglais ? Cette loi de l'assemblée centrale sur les émigrés, n'est-elle pas, enfin, la condamnation de la conduite atroce qu'il tint dans cette guerre ?

Le 7 août, une loi régla ce qui avait rapport aux minutes *des greffes des tribunaux supprimés* dans la nouvelle organisation judiciaire : elles durent être portées aux greffes des nouveaux tribunaux.

Le même jour, autre loi qui prescrivait la nomination *des députés* à fournir à l'assemblée centrale par le département de *Louverture :* elle devait avoir lieu en mars 1802. Mais le gouverneur et l'assemblée comptaient d'avance sans les nouveaux hôtes que la France se préparait à envoyer dans la colonie. Au lieu des opérations paisibles des électeurs, ce furent de glorieux combats livrés par le gouverneur lui-même, et l'héroïque résistance de Dessalines, de Lamartinière, de Magny, à la Crête-à-Pierrot, dans ce même département de *Louverture.*

Le même jour encore, autre loi pour prescrire *le mode de constater les décès survenus de cause violente aux époques malheureuses de la révolution, et de suppléer aux titres de propriétés qui ont été perdus ou incendiés.*

Les décès survenus de cause violente, et qui n'avaient pas été consignés sur les registres publics, devaient être constatés, à la diligence des parties intéressées, par enquête devant le juge du tribunal de première instance dans le ressort duquel les personnes avaient péri ; et ce, sur la déposition de trois témoins ayant les qualités requises.

On conçoit que cette loi était de pure forme, qu'elle prescrivait une chose difficile à exécuter dans bien des cas ; car, comment obtenir ce témoignage de la part des assassins, seuls témoins et exécuteurs des massacres en masse, des hommes immolés en 1799 et 1800, par ordre de T. Louverture ? S'il n'avait pas déclaré, dans son discours prononcé au Cap le 8 juillet, qu'il n'éprouvait *aucun remords* pour ses actions, ç'aurait été pour lui, qui proposa cette loi, une occasion de repentir religieux ; mais on sait comment il comprenait la religion du Christ.

Le 7 août, fut encore publiée une loi qui fixait la résidence du gouverneur et le lieu des séances de l'assemblée centrale. Voici l'article unique de cette loi :

« La résidence ordinaire du gouverneur est *provisoire-*
« *ment* fixée au Port-Républicain. *Jusqu'à ce que la ville*
« *centrale* de la colonie *soit reconnue,* l'assemblée cen-
« trale tiendra ses séances au Port-Républicain. »

Aucune autre ville que celle-là ne pouvait être plus centrale, et ne réunissait plus d'avantages pour le siége du gouvernement : c'était à cause de sa position topographique que le Port-au-Prince avait été fondé dans l'ancien régime, pour la résidence des gouverneurs de la colonie. Il y avait dans cette disposition de la loi une pensée que nous ne pouvons connaître ni apprécier.

Le 9 août, une loi fut rendue *sur la mise en activité des tribunaux* créés récemment. Le gouverneur en personne dut installer le tribunal de cassation et les tribunaux d'appel : les tribunaux de première instance, par les administrations municipales de leurs lieux respectifs.

Le 10 août, — loi *sur les délits et les peines de la compétence des tribunaux spéciaux,* des conseils de guerre.

Les simples *vols* étaient punis *de gêne,* d'*emprisonnement ;* les autres vols, suivant différentes circonstances déterminées, étaient punis *de mort.* Il en était de même pour *l'incendie, les violences* contre les personnes sur les grandes routes ou voies publiques, *le meurtre, l'assassinat, le viol, la révolte, la conspiration.* Les complices subissaient la même peine que les auteurs de ces délits.

Le 11 août, une loi régla *la manière de procéder aux jugemens de ces délits* par les tribunaux spéciaux. Toute condamnation *à mort* devait recevoir l'approbation du gouverneur avant d'être exécutée ; mais il se réserva aussi, *in petto*, la *désapprobation* des condamnations que ces tribunaux prononceraient, *sans emporter la peine de mort*, afin de les contraindre à la prononcer.

Le 12, une autre loi décréta *le costume* des membres de l'assemblée centrale, des magistrats et des officiers ministériels attachés aux tribunaux, des maires et administrateurs municipaux, et des officiers de l'administration des finances.

A quelques modifications près, ces costumes sont les mêmes que ceux des sénateurs, des magistrats et autres fonctionnaires civils d'Haïti.

Telles furent les lois décrétées par l'assemblée centrale, sur la proposition de T. Louverture qui, en sa qualité de gouverneur, avait seul l'initiative des lois. Ces actes, qui étaient, pour le moment, le complément de la constitution coloniale, ayant été promulgués par le gouverneur, il adressa la lettre suivante à l'assemblée centrale qui venait de terminer l'unique session qu'elle tint dans la colonie ; elle est du 28 août :

Citoyens législateurs,

Je me suis empressé de lire attentivement les lois organiques que vous m'avez remises. En annonçant à vos concitoyens qu'elles seraient le développement de la constitution que vous leur avez donnée, vous n'avez point trompé leur espoir. On ne peut rien voir de plus concis ni de plus clair ; ils trouveront dans ce recueil de lois, écrites en lettres ineffaçables, leurs devoirs, leur bonheur, la prospérité de leur pays ; il sera le régulateur du fonctionnaire public et du particulier, *l'appui du faible* contre les entreprises *du plus fort*, le refuge *de l'innocence* et le vengeur *du crime*. Pénétré d'admiration pour ce monument immortel de votre attachement à votre pays, je ne saurais trop tôt vous témoigner toute la satisfaction que sa lecture m'a causée, et vous assurer de la part du peuple de Saint-Domingue, les sentimens de respect et de reconnaissance qu'il vous conservera pour ce bienfait qu'il vient de recevoir de vous, lequel va le convaincre qu'il ne s'est pas trompé dans le choix qu'il a fait de ses législateurs. Vous avez rempli l'espoir de la colonie entière, et comme en étant le chef, je vous déclare que vous avez bien mérité d'elle ; et si, auprès de ce témoignage authentique de la reconnaissance publique, mes sentimens particuliers peuvent être de quelque prix, agréez ceux de mon estime et de ma considération.

Salut et respect, TOUSSAINT LOUVERTURE.

L'assemblée centrale ne pouvait être en reste de complimens envers le gouverneur qu'elle avait créé ; elle lui répondit en ces termes :

Citoyen gouverneur,

Votre lettre du 10 de ce mois (10 fructidor) contient les expressions les plus flatteuses pour nous. Dans ce témoignage de votre satisfaction, nous trouvons la récompense de nos travaux, par le présage que vous nous annoncez de la prospérité de cette colonie. Nous n'en doutons pas, citoyen gouverneur ; un avenir heureux sourit encore à Saint-Domingue. Sous vos auspices, *le cultivateur* reprendra *avec gaieté* ses instrumens aratoires, parce qu'il sera assuré qu'en vain il n'arrosera pas la terre de ses sueurs. Le militaire, plein de ses devoirs, se bornera à défendre le poste d'honneur qui lui sera confié ; la subordination, l'aménité et le courage seront les vertus qui le distingueront. La justice reparaîtra dans tout son éclat. Une administration simple et uniforme rétablira le crédit et la confiance. Dans le cœur de chaque fonctionnaire, une noble émulation excitera et entretiendra les plus précieux sentimens ; tous, à l'envi, s'empresseront de suivre les traces de celui qui a su mettre un terme à nos malheurs. Votre nom ne cessera *d'être cher* au peuple de Saint-Domingue ; il suffira de le proférer, pour indiquer à chacun la route qu'il doit tenir.

La constitution et les lois vous imposent une grande tâche ; mais elle n'est pas au-dessus de vos forces physiques et morales. Nous pouvons dire avec assurance qu'elle est digne de vous, et que vous la remplirez entièrement, parce que nous connaissons *vos rares vertus*.

Le gouvernement de la métropole *ajoutera à la récompense* qui vous a été décernée : il se rappellera qu'il vous doit la conservation et le rétablissement d'une colonie abandonnée, livrée aux ennemis, et déchirée par une infinité de factions ; il apposera le sceau de la justice à la constitution que la colonie s'est donnée .... ; il y applaudira .. : Il l'approuvera, parce qu'il verra dans cet acte le premier pas au retour de l'ordre social ; il l'approuvera, parce qu'il sait que la prospérité de cette île tournera à l'avantage de la métropole, et qu'une colonie doit être agricole et paisible.

Pour nous, mandataires du peuple dont vous êtes l'espoir et la consolation, nous ne terminerons point cette session, sans vous assurer, citoyen gouverneur, que dans tous les temps, vous nous trouverez disposés à seconder vos vues bienfaisantes ; l'attachement que nous vous portons et qui est fondé sur la reconnaissance publique, et que vous ont méritée *vos belles actions,* vous en est un sûr garant. Agréez, nous vous en prions, cette expression de nos cœurs, de même que le sentiment de notre respect.

BORGELLA, *président*, RAYMOND [1], COLLET, GASTON NOGÉRÉE, LACOUR, ROXAS, MUNOZ, MANCEBO, E. VIART, *secrétaire.*

Le 22 août, le gouverneur avait rendu un arrêté sur la formation des nouveaux tribunaux, en exécution de la loi rendue à cet égard.

Le 10 septembre, il en publia un autre qui érigea en *communes* plusieurs bourgs de l'ancienne partie espagnole : ainsi, communes et paroisses étaient identiques.

Saint-Domingue avait reçu une constitution spéciale, des lois organiques sur les matières les plus importantes ; — des règlemens, des arrêtés, des ordonnances, des proclamations de T. Louverture, précédemment publiés, faisaient mouvoir toute l'administration publique avec ensemble. C'est donc ici l'occasion d'examiner jusqu'à quel point était parvenue la prospérité de cette colonie essen-

---

[1] Julien Raymond mourut au Cap, le 25 vendémiaire an X (17 octobre 1801). Il était né à Baynet, en 1744.

tiellement agricole, avec le travail contraint auquel étaient assujétis les cultivateurs.

Suivant Pamphile de Lacroix, qui aura sans doute vu les états présentés à l'assemblée centrale, par Vollée, administrateur général des finances, les produits de la colonie pour l'an IX, c'est-à-dire de septembre 1800 à septembre 1801, s'élevèrent, pour l'ancienne partie française, à

16,540 livres pesant de sucre *terré*, au lieu de 70 millions de sucre *blanc* en 1790
18,518,572 « *brut*, 93 « *brut* «
43,220,270 « café, 68 « «
2,480,340 « coton, 6 « «
804 « indigo, 1 « «
648,518 « cacao, 150,000 livres «
6,768,634 « campêche, 1,500,000 gayac et acajou,
99,419 « sirop, 30,000
75,519 « gomme de gayac.
120,000 livres (monnaie) ferme des boucheries.

La partie espagnole ne pouvait encore entrer en ligne de compte : elle venait d'être réunie à l'ancienne possession française.

Pamphile de Lacroix a douté de l'exactitude des comptes de Vollée, surtout lorsque cet administrateur a présenté le chiffre de toutes les *dépenses* à la somme de 34,942,408 francs ; et cela, en comparant les produits de 1801 à ceux de 1789, les recettes et les dépenses de cette dernière année d'une prospérité inouïe, à celles de 1801 : il s'étonna alors du *déficit apparent* de 15,686,477 fr., puisque, suivant Vollée, les *recettes* s'élevaient à 19,255,931 fr. En 1789, elles ne s'élevèrent qu'à 15 millions, et les dépenses à 13 millions de livres de la colonie, différentes d'un tiers de la livre tournois ou franc.

Cet auteur a raisonné ainsi, parce qu'on s'était fait, en France, des idées exagérées de la prospérité de Saint-Domingue sous T. Louverture, et que l'on voulait bien croire qu'il avait des *réserves* considérables : on les a portées à des sommes fabuleuses. Aussi a-t-on torturé l'*âme* de T. Louverture, pour qu'il déclarât où il avait enfoui ses trésors. Que n'a-t-on pas imaginé, inventé à cet égard [1] ?

Il eût suffi cependant d'un peu de réflexion, pour concevoir que les dévastations produites par la première révolution, de 1791 à 1793 ; les agitations sans cesse renaissantes dans la classe productrice ; la guerre contre les Anglais durant cinq années consécutives ; les nouvelles agitations durant ce temps, la guerre civile du Sud : tout devait contribuer à réduire les produits agricoles à un chiffre minime. Ensuite, *l'infidélité des agens comptables*, la création d'une armée, les pertes en hommes occasionnées par la guerre (ces hommes étant tirés en grande partie de la classe des cultivateurs) devaient diminuer les revenus, en augmentant énormément les dépenses.

Loin donc d'admettre avec Pamphile de Lacroix : « que
« T. Louverture voulait prouver à la France que la pos-
« session de Saint-Domingue lui était à charge ;
« qu'ensuite il voulait se ménager vis-à-vis des subalternes
« la faculté de leur refuser ; qu'enfin, il désirait inaugurer
« vis-à-vis des habitans le droit d'établir un impôt supplé-
« mentaire de 15 millions de francs, en impositions
« somptuaires et foncières, pour niveler la recette à la dé-

---

[1] Le principal objet de la mission du général Cafarelli auprès du prisonnier de Joux, était de le porter à avouer où il avait enfoui ses trésors. Il lui déclara qu'à l'arrivée de Leclerc, il y avait 11,700,000 fr. dans toutes *les caisses publiques*, et aucune somme enfouie nulle part. Il lui dit aussi que lui et sa femme possédaient, pour toute fortune, 250 mille francs qui furent pris par la division Rochambeau aux Cahos.

« pense ; » — nous serions porté à ne lui adresser que des éloges, pour avoir mis tant d'ordre dans les finances de ce pays, si les moyens qu'il employait pour obtenir *des produits* n'avaient pas mérité notre blâme. Il est bien entendu que nous ne blâmons pas les mesures prises par lui, pour porter les agens comptables à être *plus fidèles* dans la gestion des deniers publics ; car de telles mesures sont toujours louables de la part d'un gouvernement, qui ne peut mettre trop de sévérité pour arriver à une comptabilité régulière.

Entrant dans la voie d'une organisation raisonnée de toutes les parties du service public, T. Louverture devait vouloir que les fonctionnaires publics, leurs employés, l'armée entière, pussent recevoir régulièrement ce qui était dû à leurs services, en même temps que les édifices étaient la plupart à reconstruire : de là le chiffre de près de 35 millions de francs porté à son budget des dépenses. Mais Pamphile de Lacroix, raisonnant sur *l'actualité des choses*, et sachant que l'armée, par exemple, ne recevait pas sa solde exactement, que la dépense pour elle s'élevait au budget à 16,540,226 fr., tandis qu'elle ne recevait effectivement que 4,542,600 fr., trouve de suite que le gouverneur *détournait* 12 millions *pour d'autres emplois*. Il ne fit pas attention qu'un budget règle *d'avance* une dépense quelconque : d'où la nécessité de pourvoir *aux voies et moyens ;* mais que cela ne signifie pas qu'on soit déjà en possession de ces ressources, qu'on en dispose.

Les accusations de cet auteur nous paraissent donc injustes et mal fondées.

Une remarque est à faire, à propos des divers produits agricoles dont nous venons de donner les chiffres : c'est que, dès cette époque, la grande production diminue dans le pays, pour se porter sur des denrées exigeant moins de labeur de la part du cultivateur. Ainsi, presque plus de *sucre blanc*, 16 mille livres de sucre *terré*, inférieur en qualité, au lieu de 70 millions de cette qualité supérieure; 804 livres d'*indigo* au lieu d'un million; peu de coton, beaucoup plus de *cacao*, de *campêche*, de *sirop*, qu'anciennement. Et pour avoir obtenu 18 millions et demi de *sucre brut,* il a fallu la contrainte contre les cultivateurs, la verge du gendarme, le bâton de l'inspecteur de culture, les sévérités de toutes sortes des chefs militaires. Le *café* seul, qui exige moins de soins et de peines, a donné alors un produit relativement moins inférieur en chiffre, que dans le temps de la plus grande prospérité de la colonie française. C'est cette denrée qui, de nos jours, est mieux exploitée que toutes autres, et qui est devenue la base de la production agricole d'Haïti : elle s'est soutenue, à l'aide de la *petite propriété* vers laquelle les cultivateurs montraient une tendance marquée, quand ils s'associaient pour acheter des terrains et qu'ils en furent empêchés par l'arrêté du 7 février 1801.

Toutes ces données économiques sont extrêmement intéressantes pour comprendre, non-seulement la situation actuelle d'Haïti, mais celle où se trouve déjà la Jamaïque, par suite de l'émancipation des noirs dans les colonies anglaises. Le vœu naturel à tout homme qui travaille de ses bras, est de s'acquérir une propriété, un morceau de cette terre qu'il féconde de sa sueur : de là *le travail isolé* qui ne permet plus les grandes exploitations, comme dans l'ancien régime colonial ; de là aussi les monstrueuses accusations contre les noirs auxquels on impute une paresse instinctive, parce qu'on s'est longtemps habitué à considérer les Antilles comme des champs qui devaient toujours produire d'immenses richesses, ainsi qu'elles faisaient lorsque le travail était forcé par l'esclavage[1]. Donnez-leur une population plus nombreuse, cultivez, développez l'intelligence des noirs, laissez au temps son action sur la civilisation des masses, et vous aurez de nouveau des produits considérables.

Nous ne terminerons pas cette digression, sans regretter que la commission spéciale, créée en 1840, en France, pour faire un rapport sur la question de l'abolition de l'esclavage dans les colonies françaises, n'ait pas eu en sa possession les divers règlemens de culture et les autres actes de T. Louverture sur cette matière, que nous avons successivement produits, afin d'en parler en connaissance de cause. Dans ce rapport si remarquable, rédigé par l'homme d'État éminent qui la présidait[2], il a été dit : « Il est bon de remarquer que, en 1801, les propriétés
« *des colons* n'étaient point confisquées, que ceux d'entre
« eux qui avaient survécu aux troubles civils se trouvaient
« encore sur leurs habitations, et qu'ils sont représentés
« comme vivant paisibles, *et très-efficacement protégés*
« par l'administration de Toussaint. On serait donc tenté
« de penser, en voyant une telle *réduction* dans les ex-
« portations de la colonie, *que son état n'était pas aussi*
« *prospère, sous cette administration*, que le prétendent
« le général Pamphile de Lacroix et le colonel Malen-
« fant. »

En effet, ces deux auteurs se sont accordés pour repré-

---

[1] De là l'accusation injuste portée par M. Thiers, contre *la paresse ignoble des noirs*. Dans le moyen-âge, l'industrie, le travail *des blancs* en Europe, étaient-ils ce qu'ils sont aujourd'hui ? Tous les peuples passent par des degrés avant d'arriver à la civilisation: les lumières en sont le véhicule le plus puissant.

[2] M. le duc de Broglie.

senter ainsi cette administration : le premier a beaucoup puisé dans le livre publié en 1814 par Malenfant ; celui-ci y a dit : « Sous Toussaint, la colonie était florissante ; *les blancs* étaient heureux et tranquilles sur leurs biens, *et les nègres travaillaient,* »... au profit des blancs et des chefs militaires.

Cette commission française a, d'une autre part, puisé des renseignemens dans le rapport présenté au gouvernement anglais par M. Mackensie, son consul général en Haïti, qui, lui-même, recueillit des données de plusieurs anciens officiers, vivant encore, lesquels avaient été employés à surveiller les cultures sous T. Louverture.

« Aussitôt qu'il eut décidément établi son pouvoir, dit Mackensie, et pris la direction suprême de la colonie, il plaça tout le système agricole sous la direction de Dessalines, depuis Empereur, et de Moïse, son propre neveu : ces deux hommes furent créés inspecteurs généraux ; ils eurent sous leurs ordres des inspecteurs de district, et ceux-ci eurent sous leur autorité les propriétaires, les fermiers, les gérans des plantations. Ces officiers exerçaient sur leurs subordonnés un pouvoir *sans limites, et toutes les déclarations concourent* à représenter le système établi comme *aussi arbitraire et aussi despotique* que possible. *Le fouet fut aboli;* mais on usait sans scrupule du *bâton* et des racines de ces plantes rampantes qu'on appelle à Haïti *lianes* (les verges étaient pires que les lianes); le sabre, le mousquet, étaient fréquemment employés pour *dompter* les ateliers et les bandes réfractaires ; on allait *jusqu'à enterrer des hommes vivans.* Dans les environs des Cayes, un propriétaire respectable m'a assuré qu'il avait vu lui-même *une femme enceinte* battue par ordre de Dessalines ; le châtiment fut si sévère que l'avortement s'en suivit sur le lieu même [1]. »

Et Mackensie avait parcouru toute l'île en tout sens, recueillant des renseignemens de tout le monde, de beaucoup d'hommes qui avaient été acteurs ou témoins des faits qu'il relata au gouvernement anglais.

Pamphile de Lacroix raconte de pareilles choses dans ses mémoires. « On conçoit, dit-il, qu'avec des moyens « aussi barbares, dix nouveaux citoyens, *prétendus libres,* « menacés de l'inspection du général Dessalines, faisaient « plus de travail et cultivaient mieux que trente esclaves « d'autrefois [2]. » De là l'idée erronée qu'il eut sur la grande prospérité de la colonie pendant le gouvernement de T. Louverture.

On peut remarquer, dans ces deux citations, qu'il est fortement question des rigueurs de Dessalines et non pas de Moïse. Bientôt, en effet, nous parlerons de Moïse, de sa mort, occasionnée en grande partie pour *sa négligence* à ce sujet ; c'est-à-dire, pour *son humanité* envers les cultivateurs.

La conséquence à tirer du système agricole de T. Louverture, de son administration de fer (et c'est pour cela que nous avons fait ces citations), c'est que *les blancs colons* jouissaient sous lui de toutes leurs prérogatives, c'est qu'il réagit contre *les noirs cultivateurs,* ses propres frères, dans l'intérêt de ces colons. Les chefs militaires profitèrent sans doute de cet état de choses ; mais, dans

---

[1] Dessalines était fermier de 32 habitations sucreries dont on estimait les revenus à 20 mille piastres chacune. En réduisant cette estimation à la moitié, c'était déjà une immense fortune : de là son intérêt personnel à user de férocité envers les cultivateurs.

[2] Tome 2, p. 47.

la pensée du gouverneur de Saint-Domingue, caressé, flatté par les colons, c'était pour eux qu'il en agissait ainsi.

Veut-on d'autres témoignages pour prouver la préférence qu'il leur accordait sur les noirs et les hommes de couleur? C'est Pamphile de Lacroix qui nous les fournira. Il dit que T. Louverture avait établi des cercles, des audiences où étaient admises des personnes des deux sexes : les grands cercles où l'on était invité comme une faveur, — les petits qui étaient des audiences publiques tous les soirs. Dans les premiers :

« Il affectait de ne parler *qu'aux femmes des anciens colons* ainsi qu'à celles *des étrangers* qui fréquentaient Saint-Domingue ; il leur donnait toujours le titre de *madame*. S'il parlait *à des femmes de couleur, et par extraordinaire à des noires*, il les appelait *citoyennes. Toute femme blanche était reçue de droit. Quant aux autres*, il n'admettait que celles dont les maris avaient des fonctions supérieures.... Il aimait beaucoup à embarrasser *les noirs* qui venaient aux petits cercles. Il affectait de la bonté pour ceux dont le trouble provenait du respect et de l'admiration qu'il leur inspirait ; mais *lorsqu'un noir* lui répondait *avec quelque assurance*, il s'étudiait à lui faire, *d'un ton dur*, une question sur le catéchisme ou sur l'agriculture, à laquelle le noir, déconcerté, ne savait que répondre. Alors *il ne manquait pas d'ajouter à sa confusion en lui reprochant dans des termes sévères son ignorance et son incapacité*. C'est ainsi qu'on l'a vu dire *à des noirs et à des hommes de couleur* qui lui demandaient des places de juges : — Je le veux bien, parce que je présume que vous savez le latin. — Non, mon général. — Comment, vous voulez être juge, et vous ne savez pas le latin ? .... Après avoir fait dans les petits cercles la tournée de la grande salle, Toussaint Louverture faisait introduire dans une pièce qui précédait sa chambre à coucher, et qui lui servait de bureau, les personnes avec lesquelles il voulait passer la soirée. Le plus grand nombre de ces personnes était *toujours les principaux blancs* du pays .... Pour captiver *les anciens maîtres,* il flattait leur vanité particulière (ils le lui rendaient) et tous les intérêts propriétaires ; il les secourait de son crédit moral sur les noirs.

« Les soldats le regardaient comme un être extraordinaire, et les cultivateurs se prosternaient devant lui comme devant une divinité. Tous ses généraux tremblaient à son aspect ; Dessalines n'osait pas le regarder en face ... Jamais armée européenne n'a été soumise à une discipline plus sévère que celle qui était observée par les troupes de Toussaint Louverture. Chaque grade y commandait *le pistolet à la main,* et avait *droit de vie et de mort* sur ses subalternes. Le système de fermage avait assuré le bien-être des officiers-généraux et supérieurs ; c'était *avec des paroles* qu'on maintenait les officiers subalternes et les soldats dans une obéissance *qui différait peu de celle de l'esclavage.* On leur disait *qu'ils étaient libres* et ils le croyaient, parce qu'une suite d'insinuations adroites les plaçait *au-dessus des cultivateurs,* et qu'un soldat avait toujours raison lorsqu'il se plaignait d'un noir qui n'était pas soldat .... »

En voilà assez, sans doute, pour faire juger des sentimens et du système de gouvernement de T. Louverture, si favorable aux blancs colons, si contraire aux vrais intérêts des noirs et des hommes de couleur. Et comment la faction coloniale se conduisit elle envers lui ? Que faisait elle alors en France, auprès du gouvernement consulaire ? Nous en parlerons bientôt. En attendant, voyons ce que dit M. Madiou :

« Les officiers noirs qui l'entouraient (le gouverneur)
« voyaient avec douleur combien il se plaçait *sous l'in-*
« *fluence des colons,* autrefois ses maîtres et secrètement
« ses plus cruels ennemis. Les généraux Dessalines et
« Moïse surtout se plaignaient *de cette tendance vers*
« *l'ancien régime,* le premier *sourdement,* le second *ou-*
« *vertement*[1]. »

Moïse n'avait donc pas *des vues si bornées,* quand, dans la querelle de son oncle avec Rigaud, il pressentait le funeste résultat qu'elle produirait ? Et comment M. Madiou a-t-il pu ajouter, quelques pages plus loin :

« Cette terreur qui régnait partout s'était *évanouie....* mais *le pouvoir le plus absolu* se faisait partout *sentir ; le cultivateur* était assujéti *à un travail forcé,* et *le blanc,* soutenu de la forte autorité du gouverneur, occupait toujours *le premier rang....* Un homme de cœur, *mais d'intelligence sans culture,* va bientôt *rompre l'harmonie qui existait déjà entre toutes les classes de la société...* Dans le département du Nord, l'agriculture, sous la direction du général Moïse n'était pas *aussi florissante* que dans l'Ouest et dans le Sud, sous la direction de Dessalines. Moïse *se refusait* à employer les moyens violens *pour contraindre* les cultivateurs au travail. *Il disait qu'il n'était pas le bourreau des siens, que les noirs n'avaient pas conquis leur liberté pour exploiter encore, sous la verge et le bâton, les propriétés des blancs.* Il demandait que le gouverneur son

---

[1] Histoire d'Haïti, t. 2, p. 105.

oncle *vendît les terres de l'État* aux officiers subalternes et même aux soldats. Toussaint, au contraire, ne voulait pas du morcellement des terres (son arrêté du 7 février en fait foi) et continuait le système des grandes habitations. Il avait, prétendait-on, le projet de se faire proclamer *Roi de Saint-Domingue*, et les trésors qu'il amassait devaient être employés à l'exécution de son plan.... Moïse *protégeait les cultivateurs contre les vexations des blancs*, et faisait distribuer rigoureusement aux premiers, le quart qui leur revenait dans les produits. Aussi était-il l'objet de toutes sortes de plaintes : on l'accusait de négliger ses devoirs et de souffrir que le désordre régnât dans les campagnes. Quand il recevait des reproches du gouverneur, il disait : — « Je ne maltraiterai jamais les miens. Le gou- « verneur me parle toujours des intérêts de la France; « *mais ces intérêts sont ceux des colons blancs.* » — Il ne sympathisait pas avec *le système* en vigueur *qui éloignait des fonctions publiques les hommes de couleur éclairés.* Il avait *cru découvrir* que *le but* de son oncle *était de rétablir l'esclavage dans les campagnes*, et de créer *une aristocratie noire et blanche.* Cette disposition de la constitution par laquelle *des Africains* pouvaient être transportés à Saint-Domingue comme *cultivateurs*, le confirmait dans cette opinion; c'était une masse nouvelle, qui, n'ayant pas connu la liberté, *l'aurait éteinte*.... Toussaint voulait devenir *indépendant, par l'union du noir avec le colon blanc*, tandis que Moïse s'efforçait de le devenir *par l'union du noir avec le jaune.* En 1803, Dessalines *ne délivrera le pays* du joug de l'étranger, qu'en réunissant contre les Français *le nègre et le mulâtre.* Néanmoins, le général Moïse *se trompait sur les véritables intentions* de Toussaint Louverture, *qui ne rêva jamais au rétablisse-*

ment de l'esclavage, et qui s'inquiétait sans cesse du sort des siens *après sa mort* .... [1]. »

T. Louverture n'avait pas effectivement besoin *de rêver* à une chose qui existait *de fait* par son odieux système ; et s'il s'inquiéta jamais du sort de ses frères, *après sa mort*, il leur fit un sort pénible *de son vivant*.

Au moment où l'ordre chronologique va nous amener à parler du sanglant épisode qui entraîna la mort de cet infortuné Moïse, nous avons tenu à citer ces passages du livre de notre compatriote, immédiatement après ceux que nous avons empruntés aux Mémoires de Pamphile de Lacroix, qui résument si bien tout le système de T. Louverture.

On voit, d'après M. Madiou (et il a raison), que Dessalines lui-même ne s'aveuglait pas sur cette situation tendue, malgré la férocité qu'il mettait dans l'exécution des mesures ordonnées par son chef. Il arriva donc à penser comme Moïse ! Mais, plus prudent que ce dernier et passivement obéissant, ayant d'ailleurs l'instinct de la violence, il n'osait pas s'exprimer aussi publiquement que lui : les liens du sang ne l'unissaient pas, comme son collègue, au gouverneur qui ne savait souffrir aucune contradiction. C'est beaucoup cependant, en faveur de Moïse, que cette conformité dans le jugement de ces deux principaux généraux.

Ensuite, est-il vrai que la terreur s'était évanouie, en présence de ce pouvoir absolu qui se faisait sentir partout? Où la terreur peut-elle exister, si ce n'est quand l'arbitraire s'exerce dans la plénitude de la puissance? Les blancs colons dominaient, soutenus par l'autorité du gouverneur;

---

[1] Histoire d'Haïti, t. 2, p. 116, 117 et 118.

les cultivateurs noirs étaient opprimés, vexés par eux ; les hommes de couleur les plus éclairés étaient écartés des fonctions publiques,— et *l'harmonie* existait entre toutes les classes de la société ! Et Moïse, qui gémissait de cet état de choses ; qui pensait que ses frères ne devaient pas être contraints au travail par la verge et le bâton ; qui eût désiré l'aliénation du domaine public disponible en faveur du pauvre officier privé de tout, en faveur du soldat encore plus pauvre ; qui entrevoyait le bonheur des masses dans *la petite propriété ;* qui désirait l'union étroite du noir et du mulâtre ; qui voyait sacrifier leurs intérêts à ceux des colons : Moïse n'avait qu'*une intelligence sans culture !* Faut-il donc savoir faire des phrases, écrire correctement sa langue, pour être apte à découvrir ce qu'il faut à une société[1] ? L'intelligence de Moïse ne se dévoile-t-elle pas dans toutes ses vues *si en harmonie* avec les vrais intérêts des hommes de sa race, lui qu'on accuse d'avoir rompu l'harmonie prétendue existante alors ? Quand il jugeait que *l'union du blanc et du noir était une monstruosité politique,* que *l'aristocratie* à fonder entre ces hommes était une contradiction palpable, qu'elle aurait pour but, avec son accessoire *royal,* de rétablir l'esclavage des cultivateurs noirs, étaient-ce autant d'erreurs de sa part ?....

---

[1] Plus tard, nous produirons une espèce de *fac-simile* de l'écriture de T. Louverture, et l'on verra qu'il ne savait pas le français, pas même orthographier ; mais son intelligence, son génie, sont évidens.

CHAPITRE VII.

Conduite imprudente de Moïse.— Révolte des cultivateurs dans le Nord, et ses causes.— Accusation contre Moïse.— Prompte répression de la révolte par Henri Christophe, Dessalines et T. Louverture.— Massacre des révoltés.— Arrestation et jugemens prononcés contre Moise.— Sa mort.— Proclamation de T. Louverture, du 25 novembre, fortifiant le règne de la terreur.— Réflexions à ce sujet.— T. Louverture va dans l'Ouest.— Situation de son esprit.

Nous venons de voir comment les idées de Moïse étaient en opposition au système politique adopté par T. Louverture. Si Dessalines lui-même s'en plaignait *sourdement*, s'adressant sans doute aux hommes qui possédaient sa confiance, Moïse s'en plaignant *ouvertement*, il était impossible que ses opinions publiquement manifestées, n'arrivassent pas aux oreilles des chefs militaires placés sous ses ordres, et des cultivateurs du Nord, qu'il protégeait contre les vexations des colons : de là, la disposition à la révolte par ces derniers qui souffraient réellement, et de la part de quelques chefs à les ménager, en cas qu'ils vinssent à se prononcer.

Il y a certainement toujours un grand danger pour tout fonctionnaire public, pour tout officier supérieur, à manifester, sans retenue, des opinions contraires à l'ordre de choses établi par le gouvernement qui l'emploie : ou il doit en parler dans une confidence intime dont il soit sûr, ou il doit se démettre de sa charge, pour ne pas participer à des mesures qu'il juge contraires à l'intérêt public. S'il y reste, et surtout sous un gouvernement organisé comme celui de T. Louverture, la prudence lui devient nécessaire : il doit s'abstenir complètement d'énoncer aucune idée contraire aux vues du gouvernement.

C'est ce que ne comprit pas Moïse, chargé d'un grand commandement, général de division et inspecteur général des cultures dans le Nord : sa qualité de neveu du gouverneur lui donna des illusions ; sa jeunesse, son caractère imprudent, les services qu'il avait rendus à son oncle personnellement : tout servit contre lui ; il crut qu'il pouvait impunément hasarder l'expression de ses idées.

On peut facilement croire que les colons dont il contrariait les intérêts exclusifs, que presque tous les blancs du Nord, recueillaient avec avidité les moindres paroles qu'il proférait, pour les transmettre au gouverneur, leur ami et protecteur, en dénonçant cet officier général comme essentiellement contraire à ses vues. Le 29 août 1800, l'administration municipale du Cap, composée de colons, en faisant au général en chef, vainqueur de Rigaud, une adresse de félicitations, n'avait-elle pas dès-lors « invité « *les bons citoyens* à dénoncer les esprits inquiets qui prê-« chent *une fausse doctrine*, et qui, par *des discours sé-« ditieux*, cherchent à troubler *l'harmonie* qui doit régner « entre les citoyens ; en ajoutant — que les méchans ne « soient pas ménagés, et que la société en soit purgée ? » Pour eux, Moïse était l'un de ces esprits inquiets ; *il troublait l'harmonie existante.*

Et croit-on qu'un officier tel que H. Christophe, exécuteur passif des ordres du gouverneur, ambitieux du pouvoir, déjà général de brigade, n'était pas aise de trouver l'occasion de se frayer la route d'un poste plus élevé, en dénonçant son supérieur hiérarchique ? Croit-on que les nombreux espions du gouverneur (tout despote ne peut s'en passer) ne lui rendaient pas compte exactement des imprudences de Moïse ?

T. Louverture n'avait besoin que de la moindre dénonciation pour arriver à une résolution contre les jours de son neveu. Il paraît qu'à peu près dans le même temps, des négocians blancs du Cap, voyant la répugnance de Moïse à employer des moyens de rigueur contre les cultivateurs des habitations qu'il tenait à ferme, lui offrirent de les gérer pour son compte, moyennant une somme de 20 mille piastres *par mois,* dit Pamphile de Lacroix, *par an*, dit M. Madiou : on peut croire plus exacte l'assertion du premier auteur, parce que Moïse devait avoir au moins autant d'habitations que Dessalines. Le gouverneur ayant appris cette particularité, fut excessivement irrité contre son inspecteur général de culture, disposé à laisser à d'autres, l'exploitation de ces biens : il lui témoigna toute sa colère, en le menaçant.

« Moïse, obsédé *de menaces,* dit M. Madiou, contrarié dans toutes ses idées et ses entreprises, *résolut de s'armer* contre le gouverneur dont le système, à son avis, faisait le malheur de Saint-Domingue. Il se tenait au Cap, chef-lieu de son commandement; il était toujours en lutte *avec les blancs* qui, *fiers de la protection* du colonel (général) Christophe, n'avaient pas pour lui *les égards* qu'ils lui devaient. Dans le courant de vendémiaire an x (octobre 1801) *il se trama au Cap une conspiration* dont les rayons se prolongeaient au Port-Margot, à la Marmelade, au Dondon, enfin *dans toute la province du Nord*. Par une matinée du 25 vendémiaire (17 octobre) le général Moïse *sortit* du Cap (foyer de la conspiration où il est le chef supérieur), réunit plusieurs centaines de cavaliers et parcourut la plaine du Nord, *organisant l'insurrection* qui devait éclater le 29 vendémiaire. En effet, dans la nuit du 29 au 30 du même mois, des mouvemens insurrectionnels se manifestèrent dans presque tout le département du Nord. 250 blancs furent massacrés... Moïse entreprenait une guerre dont le but était *l'extermination des blancs, l'union des noirs et des jaunes,* et *l'indépendance de son pays*. L'on disait dans les campagnes du Nord, que Dessalines et Christophe avaient consenti au projet du rétablissement *de l'esclavage* par le gouverneur. [1] »

Ecoutons maintenant Pamphile de Lacroix, arrivé dans la colonie *trois mois* après ces événemens :

« Le général Moïse, présomptueux dans sa fortune,.... ne changea rien (après la menace du gouverneur) *à ses propos* ni à ses mœurs, que son oncle blâmait. *Pour son malheur,* quelque temps après, pendant que T. Louverture était au Port-au-Prince, les noirs du département du Nord, *à qui le travail plaisait moins que la licence,* voulurent reprendre leurs anciennes habitudes. *Plusieurs ateliers,* dans la plaine du Limbé, égorgèrent tout-à-coup leurs gérans et les blancs qu'ils purent atteindre. Ce soulèvement inattendu *vint aux portes du Cap,* et coûta la vie à 300 blancs ; *mais comme la révolte n'était point tramée de longue main, et qu'elle dérivait plutôt des dégoûts de la culture* que de l'inquiétude occasionnée par les bruits de paix (en Europe), les nouveaux révoltés furent facilement

---

[1] *Histoire d'Haïti,* t. 2, p. 118.

enveloppés par l'ascendant et l'autorité de T. Louverture. A son approche et à sa voix, ils rentrèrent effrayés dans le devoir. *Ils déclarèrent* qu'*on* les avait poussés à la révolte, en leur disant qu'ils allaient de nouveau être *les esclaves des blancs*, et en les assurant que les généraux Dessalines et Christophe y avaient consenti, mais que le général Moïse *s'y était refusé.* T. Louverture, qui était étranger à cet événement, comprit *la juste défiance* qu'il pouvait donner contre sa couleur (contre les noirs) dans un moment où la paix allait rendre à la métropole de nouveaux moyens de force et de puissance. *Il n'hésita point à accueillir les accusations* qui signalaient *son neveu comme le chef* d'un mouvement *dont sa haine pour les blancs était bien capable, — mais qui ne dérivait au fond que d'un esprit de révolte contre le travail*[1]. »

Voilà deux versions certainement bien différentes, et indiquant la cause de cette révolte d'une manière à jeter le doute dans l'esprit du lecteur. Sur quoi se sont fondés les deux narrateurs? Sur *des traditions orales*, l'un à trois mois d'intervalle, l'autre à plus de quarante ans après l'événement. Lequel mérite plus de créance? Nous n'hésitons pas à dire que c'est Pamphile de Lacroix.

En effet, T. Louverture ne pouvait que nourrir un secret mécontentement contre Moïse, depuis qu'il avait manifesté des opinions contraires à ses procédés à l'égard de Rigaud; il avait saisi l'instant de la révolte du Môle pour l'éloigner du théâtre de la guerre civile, et donner le commandement supérieur à Dessalines; après le succès de cette guerre, il avait élevé ce dernier au grade de général de division, en laissant Moïse à celui de général de bri-

---

[1] Mémoires, etc., tome 2, p. 49 et 50.

gade, parce qu'encore, dans la répression de la révolte du Môle, Moïse avait ménagé beaucoup d'hommes de couleur; il ne s'était décidé à l'élever au grade de général de division qu'en prenant possession de la partie espagnole; et en proclamant sa constitution, il fit de nombreuses promotions dans l'armée, pour attacher tous ces militaires au nouvel ordre de choses qu'elle consacrait. Mais ce fut, au contraire, pour Moïse, une occasion de reconnaître tout ce qu'il y avait de faux dans le système politique de son oncle, et d'en parler trop publiquement : de là les accusations, les délations contre Moïse, par tous ceux qui étaient intéressés à le perdre.

Ses paroles imprudentes étant colportées parmi les cultivateurs qui souffraient du régime intolérable sous lequel on les avait placés, ces hommes qui étaient vexés, tourmentés chaque jour, auront probablement pensé qu'en se révoltant, en massacrant des blancs, ils contraindraient le gouverneur à changer de système. Ce fut un mouvement non prémédité de longue main, ainsi que le dit Pamphile de Lacroix; il aura eu lieu d'abord sur une habitation du Limbé, où peut-être des actes de violence avaient été commis, et le mouvement se sera propagé de proche en proche jusqu'aux portes du Cap, dans d'autres communes de l'intérieur où les autres cultivateurs souffraient aussi; mais sans que ce fût le fait de Moïse « or-
« ganisant une vaste conspiration dans les campagnes,
« après en avoir établi le siége au Cap. »

Peut-on concevoir, en effet, que Moïse, général de division, commandant en chef le département du Nord, n'ait pas gagné un seul soldat de la troupe en garnison au Cap, et qu'il ait couru les campagnes pour les soulever, *quatre jours* seulement avant celui fixé pour sa conspiration?

Indépendamment de l'attachement qu'il avait toujours montré à son oncle, est-il encore supposable que, voyant son pouvoir plus fortement assis que jamais, Moïse aurait choisi ce moment « pour s'armer contre lui, exterminer « les blancs, réunir les noirs et les jaunes, et proclamer « l'indépendance de la colonie ? » Est-ce que les mulâtres étaient comptés pour rien à cette époque et pouvaient seconder un tel mouvement ?

Pesons donc cette appréciation du général français, qui a dû entendre bien des colons au sujet de cette révolte, et qui reconnaît que Moïse haïssait les blancs, mais qui le disculpe de ce fait, en disant *deux fois* dans sa narration que ce fait eut lieu par rapport au travail exigé des cultivateurs. Il dit bien qu'on *l'accusait* d'en être le chef, que le gouverneur accueillit ces accusations; mais qu'au fond cela n'était pas.

Les noms de Christophe et de Dessalines qui se trouvent mêlés dans ces troubles, ne semblent-ils pas indiquer que le premier s'en sera fait un mérite auprès du gouverneur, pour accabler Moïse, de concert avec les colons ? L'ambition de Christophe, sa servilité envers le gouverneur, son union avec les blancs, la protection qu'il leur accordait contre Moïse, son chef, jusqu'à les porter « à « n'avoir point pour lui les égards qu'ils lui devaient » : tout dénote que dans cette circonstance, il aura exploité le mécontentement du gouverneur contre son neveu, qui blâmait son système de gouvernement. Christophe en était bien capable !

Que quelques hommes dans l'enceinte du Cap se soient montrés favorables au mouvement, aux cruautés des cultivateurs agissant contre les blancs, cela se conçoit fort bien dans cette ville, où il y avait toujours eu des agitateurs; mais cela ne prouve pas une conspiration ourdie par Moïse. Que le colonel Joseph Flaville, au Limbé, n'ait pas tenté de réprimer les premiers actes commis par les cultivateurs, on le conçoit encore de la part de cet officier, dont le caractère désordonné s'est montré dans notre troisième livre, agissant tantôt pour Villatte, tantôt pour T. Louverture.

Comment ! M. Madiou affirme que ce fut au Cap que se trama la conspiration, que le Cap en était le foyer, et il montre Moïse ensuite, « ayant vu *échouer* tous ses projets, « pénétrant au Cap et *tentant* de soulever cette ville où il « fut accueilli avec tant d'indifférence par les habitans, « qu'il en sortit deux heures après, dans la crainte d'être « arrêté. »

Si Moïse en était sorti d'abord pour aller dans les campagnes, il est présumable que c'était pour apaiser le mouvement des cultivateurs, et non pour l'exciter. Lui, chef de la conspiration au Cap, il aurait abandonné ce lieu où il avait à disposer de ses forces militaires, des munitions, pour laisser le champ libre à Christophe, en opposition avec lui ? N'aurait-il pas eu assez d'agens pour envoyer ses ordres aux cultivateurs ? Lorsque, par les ordres de T. Louverture, il les avait soulevés contre Sonthonax et Roume, eut-il besoin de parcourir lui-même les campagnes ?

Quoi qu'il en soit, Christophe, le commandant blanc Barada, avaient agi avec vigueur et énergie pour rétablir l'ordre au Cap. Christophe s'était porté contre les révoltés, et d'autres officiers l'avaient secondé dans la répression de ce mouvement sans ensemble, sans chef visible et réel.

En apprenant la révolte, T. Louverture s'était rendu

dans le Nord avec sa rapidité ordinaire. Dessalines y vint par ses ordres avec des troupes sortant des Gonaïves. Traqués de tous côtés, fusillés, baïonnettés, poignardés, les révoltés qui échappèrent aux massacres dans cette répression (que « le peuple des campagnes appela *la guerre « couteaux* »), rentrèrent dans l'ordre, c'est-à-dire sous le joug de l'esclavage *de fait* qui leur était imposé.

Moïse se trouvait, à ce qu'il paraît, dans le voisinage de la Marmelade où était le gouverneur : celui-ci lui écrivit à son ordinaire; il y vint le rencontrer; il fut blâmé pour avoir agi *avec faiblesse,* pour n'avoir pas sévi contre les révoltés qui avaient mis son nom *en avant, en le compromettant ainsi.* Selon M. Madiou, le gouverneur le voyant *perdu* pour avoir *pris les armes* contre lui et contre les blancs, et voulant *le sauver* en lui donnant le moyen de se cacher, il lui ordonna de se mettre en campagne contre les révoltés qui n'étaient pas encore soumis; mais, étant *sans perspicacité,* Moïse ne comprit pas la pensée secrète de son oncle; il se borna à parcourir les campagnes, cherchant à faire *des prisonniers,* sans doute lorsqu'il aurait dû *tuer* tous ceux qu'il rencontrerait : nouveau tort de sa part.

Finalement, Moïse se serait rendu ensuite sur l'habitation D'Héricourt où le gouverneur s'était porté, et où vinrent aussi Dessalines et H. Christophe. Là, le gouverneur lui aurait fait de vifs reproches (en le traitant *avec douceur*) d'avoir *pris les armes* parce qu'il croyait que les blancs redevenaient *les maîtres;* il lui dit qu'il avait été *plus qu'imprudent,* qu'il aurait dû avoir confiance en sa politique, puisqu'ayant été esclave, il ne pouvait lui-même *travailler au rétablissement de la servitude.*

« Nous sommes libres, ajouta-t-il; le moment de nous

« *détacher* entièrement de la France n'est pas encore
« arrivé; vous avez nui à mes projets; vous m'obligerez
« *peut-être* à un sacrifice qui fera *saigner mon cœur*,
« mais que commandera l'intérêt de tous. — Toussaint lui
« ordonna de garder les arrêts sur cette habitation. *Il fit*
« *ensuite consulter l'opinion des colons blancs.* Ceux-ci
« lui conseillèrent de sacrifier Moïse à la France; ce serait
« donner à Bonaparte une haute idée de son attachement
« à la mère-patrie, s'il n'hésitait pas à faire périr un géné-
« ral *influent*, son neveu, qui avait pris les armes contre la
« métropole. Il pensa lui-même que ce sacrifice détourne-
« rait *de sa tête* la colère du Premier Consul, que sa cons-
« titution devait infailliblement exciter. Il n'hésita plus à
« accuser hautement le général Moïse *d'avoir été le chef*
« *de l'insurrection* [1]. »

Si M. Madiou représente incessamment Moïse comme ayant des vues bornées, sans intelligence, sans perspicacité, il faut convenir que dans cette circonstance il fait jouer un singulier et triste rôle à T. Louverture, dont la capacité ne peut être contestée. Nous concevons que les colons aient saisi l'occasion pour accourir de toutes parts auprès du gouverneur ou pour lui écrire de sacrifier Moïse; mais avec la haute opinion que nous avons des facultés intellectuelles de cet homme, dont nous avons étudié le caractère énergique, résolu, porté au despotisme le plus violent quand on contrariait ses idées, ses vues, nous ne pouvons concevoir qu'il ait eu même la pensée de faire consulter les colons. N'avait-il pas en ce moment auprès de lui, en Dessalines et Christophe, deux conseillers intéressés à le pousser dans les voies extrêmes contre Moïse, si toutefois il avait besoin de conseil ?

[1] Histoire d'Haïti, t. 2, p. 121 et 122.

CHAPITRE VII.

Non ; disons simplement avec Pamphile de Lacroix, qu'il n'hésita point à accueillir les accusations produites contre Moïse ; trop de motifs concouraient à la perte de ce jeune homme, pour qu'il échappât à son funeste sort : nous les avons déjà énumérés.

Le 6 brumaire (28 octobre), Moïse fut considéré comme prisonnier d'État : le 10 (1er novembre), beau jour de la fête du gouverneur, il donna l'ordre au général Clervaux de le conduire dans le cachot du Grand-Fort du Port-de-Paix. Pourquoi pas au Cap où il aurait conspiré ? Il y avait en cela une pensée que nous verrons se produire bientôt au grand jour.

De D'Héricourt, le gouverneur se rendit au Cap, ensuite au Fort-Liberté, au Trou ; et dans tous ces lieux, d'affreuses exécutions, des boucheries d'hommes signalèrent la présence de T. Louverture.

M. Madiou porte le nombre des victimes, au Trou, à *un millier de cultivateurs*[1]. En supposant ce chiffre exagéré (et nous le croyons), en le portant seulement à *cent*, n'est-ce pas déjà trop d'hommes sacrifiés, *après* le rétablissement de l'ordre ?

Eh quoi ! tous sont soumis au despotisme du sabre, et la baïonnette exerce encore ses meurtriers ravages sur des hommes, jadis esclaves, devenus libres, rétablis de fait dans l'esclavage, qui se soulèvent un instant contre leurs oppresseurs ! T. Louverture n'avait donc point d'entrailles, même pour ses frères qui avaient jadis souffert comme lui ?

Dans notre deuxième livre, nous avions promis que si nous le rencontrions dans la fatale voie *d'une réaction*

---

[1] Histoire d'Haïti, t. 2, p. 123.

contre ses frères, nous lancerions l'anathème contre sa mémoire. Ces faits douloureux sont la preuve la plus sanglante de cette réaction. Nous appelons l'anathème de la postérité contre cette indigne mémoire !

Moïse n'avait pas été envoyé au cachot pour y rester prisonnier d'État. Le gouverneur composa un conseil de guerre, dit-on, sous la présidence du général Pageot, ce blanc dont nous avons fait l'éloge en 1793, quand d'autres officiers français trahirent la cause de leur patrie. Il avait toujours continué d'être un homme honorable. Que se passa-t-il réellement à l'égard de l'accusé ?

Nous avons sous les yeux le texte de quatre auteurs, sur cette affaire.

Pamphile de Lacroix dit seulement que « Moïse fut « livré à une commission militaire, et fusillé comme *coupable de négligence* dans l'exercice de ses fonctions.[1] »

M. Hérard Dumesle dit que « Moïse fut livré au jugement d'un premier conseil qui le renvoya *absous* ; mais « que T. Louverture fit convoquer un autre conseil auquel *il dicta son arrêt de mort* qui fut exécuté au Port-« de-Paix[2]. »

M. Saint-Rémy prétend que « traduit devant un conseil de guerre, séant au Port-de-Paix, Moïse se défendit avec une merveilleuse clarté ; et comme on ne pouvait rien préciser contre lui, *il fut acquitté*. Mais cet « acquittement ne convenait pas aux vues de Louverture. « Il arrive au Port-de-Paix, *fait casser* le jugement, convoque un autre conseil de guerre qu'il préside *en per-*

---

[1] Mémoires, t. 2, p. 50.
[2] Voyage dans le Nord d'Haïti, p. 181.

sonne; et Moïse, *condamné à mort*, est exécuté le même
« jour[1]. »

M. Madiou affirme que la commission militaire présidée par le général Pageot siégea au Cap, et que « Moïse ne
« fut pas amené devant ses juges ; il demeura au Port-de-
« Paix. Le conseil militaire n'ayant pas entendu la dé-
« fense de l'accusé et ne pouvant juger que sur le rapport
« fait par T. Louverture, *déclara* que le général Moïse
« *était coupable*, d'après les pièces remises contre lui au
« tribunal militaire par le commandant de la place Bara-
« da. T. Louverture, *mécontent* de ce jugement qui faisait
« peser sur lui toute la responsabilité de la mort de son
« neveu, *le cassa* et forma au Port-de-Paix une nouvelle
« commission *qui condamna Moïse à la peine capitale*,
« comme *coupable du crime de rébellion*. Le condamné
« fut fusillé le 29 novembre 1801 dans le Grand-Fort du
« Port-de-Paix, sous les yeux du général Clervaux[2]. »

De ces quatre auteurs, quel est celui qui a *vu et lu* les pièces du procès fait à Moïse ? Nous l'ignorons, car aucun d'eux ne l'apprend au lecteur : ils auront donc écrit sur des traditions orales, souvent inexactes. Nous-même, dans une note de notre deuxième livre, avons mentionné ce fait sur la foi de la version de M. Saint-Rémy. S'il y a eu erreur de notre part, c'est lui qui nous y a induit. Dans tous les cas, il existe dans ces quatre versions que nous venons de citer, une preuve de fureur reprochable à la mémoire de T. Louverture.

S'il est vrai que Moïse ne fut reconnu coupable que *de négligence* dans l'exercice de ses fonctions, un tel fait de

---

[1] Vie de Toussaint Louverture, p. 319.
[2] Histoire d'Haïti, t. 2, p. 124.

sa part ne méritait pas la mort qu'il subit : aucune loi de ce temps n'appliquait une telle peine contre *la négligence dans ses fonctions;* elle a donc été *arbitraire;* elle est imputable à la volonté personnelle du gouverneur, et il commit un *crime* en l'ordonnant : crime politique d'autant plus odieux, qu'il avait pour but d'asseoir le système du gouvernement de T. Louverture sur les cadavres des hommes.

Si Moïse fut d'abord *absous, acquitté* par un premier conseil de guerre, et que le gouverneur *dicta son arrêt de mort* à un nouveau conseil, le gouverneur fut encore coupable; *car aucun chef de gouvernement n'a le droit de dicter le moindre arrêt à un tribunal compétent; aucun ne doit se placer entre l'accusé et la conscience des juges.*

Si ce général, d'abord *acquitté,* fut jugé de nouveau et condamné *à mort* par un second conseil présidé *par le gouverneur,* celui-ci ne paraît plus aux yeux de la postérité que comme un tyran digne de son exécration : *aucun chef de gouvernement ne peut, ne doit présider un tribunal qui juge un homme accusé par lui.*

Enfin, si T. Louverture accusa Moïse devant une première commission militaire, sans le faire comparaître devant elle pour être entendu dans sa défense, il aura violé toutes les règles de la justice à son égard. Cette commission ayant seulement fait *une déclaration de culpabilité* contre l'accusé, d'après les pièces à charge, aura voulu sans doute laisser au gouverneur la faculté d'exercer son omnipotence par une punition *moindre que la mort;* elle aura trouvé que les faits à lui imputés ne méritaient pas cette peine, et elle voulait réserver au gouverneur une occasion *d'être juste :* un tel jugement ne nous étonnerait pas de la part d'un tribunal présidé par le général Pageot. Mais T. Louverture, en se montrant *mécontent* de ce jugement, en *le cassant,* aura encore violé les lois qu'il avait lui-même édictées, promulguées : c'était à un conseil de révision à prononcer la cassation de cet acte, et il en avait établi pour la réforme des jugemens des conseils de guerre. En cassant le jugement lui-même, en formant un nouveau conseil spécial, même alors qu'il ne l'aura pas *présidé,* il lui dicta réellement la condamnation *à mort* qui s'en suivit contre l'accusé ; car un tel acte de sa volonté arbitraire indiquait ce qu'il désirait, et les juges ne pouvaient qu'obéir à cette injonction sanguinaire, par la terreur qu'il exerçait sur toutes les âmes. Lui seul est donc responsable de ce jugement injuste !

A notre avis, devant l'histoire qui relate les faits, devant la postérité qui les juge, T. Louverture fut *le seul auteur* de la mort de Moïse. On doit en charger sa mémoire.

Et croit-on qu'il se soit arrêté à cette action odieuse, croit-on qu'il en ait éprouvé des remords, et qu'il aura voulu laisser penser aux hommes de son temps, que cette condamnation à la peine capitale contre Moïse fut jugée juste par le conseil de guerre ?

Après avoir assouvi sa rage contre son neveu, il accusa encore cette victime de sa politique inhumaine : c'est ce que l'on va voir par la proclamation suivante. Quelle que soit sa longueur, nous la donnons sans en rien omettre, parce qu'elle résume, à nos yeux, tout le système politique de T. Louverture, et que l'accusant nous-même, nous croyons de notre devoir de le laisser présenter *les motifs* qui le guidèrent dans l'administration de son pays. C'est exercer *la justice* envers lui, que d'offrir au lecteur *l'excuse* qu'il donnait à ses actes.

Proclamation.

Depuis la révolution, j'ai fait tout ce qui a dépendu de moi pour ramener le bonheur dans mon pays, pour assurer *la liberté* de mes concitoyens. Forcé de combattre les ennemis intérieurs et extérieurs de la République française, j'ai fait la guerre avec courage, *honneur et loyauté*. Avec mes plus grands ennemis, *je ne me suis jamais écarté des règles de la justice ;* et si j'ai employé tous les moyens qui étaient en mon pouvoir pour les vaincre, j'ai cherché, autant qu'il était en moi, *à adoucir les horreurs de la guerre, à épargner le sang des hommes.* J'ai toujours eu pour *principe, le pardon des offenses*, pour premier *sentiment, l'humanité*; souvent, après la victoire, j'ai accueilli, comme des amis et des frères, ceux qui, la veille, étaient sous des drapeaux ennemis. *Par l'oubli des erreurs et des fautes*, j'ai voulu faire aimer la cause légitime et sacrée de la liberté, même à ses plus ardens adversaires.

Amis, frères d'armes, *généraux et officiers*, je leur ai constamment rappelé que les grades auxquels ils étaient élevés, ne devaient être que la récompense de la bravoure et d'une conduite *privée* irréprochable ; que, plus ils étaient au-dessus de leurs concitoyens, plus toutes leurs actions et toutes leurs paroles devaient être mesurées et irréprochables ; que le scandale des hommes publics avait des conséquences encore plus funestes pour la société, que celui des simples citoyens ; que les grades et les fonctions dont ils étaient revêtus ne leur étaient pas donnés pour servir uniquement à leur fortune ou à leur ambition ; mais que ces institutions nécessaires avaient pour cause et pour but le bien général ; qu'elles imposaient des devoirs qu'il fallait d'abord remplir avant de songer à soi ; que l'impartialité et l'équité devaient dicter toutes leurs décisions ; l'amour de l'ordre, la prospérité de la colonie, la répression de tous les vices, exciter sans cesse leur activité, leur surveillance et leur zèle.

J'ai toujours et énergiquement recommandé *à tous les militaires* la subordination, la discipline et l'obéissance, sans lesquelles il ne peut exister d'armée. Elle est créée pour protéger la liberté, la sûreté des personnes et des propriétés, et tous ceux qui la composent ne doivent jamais perdre de vue l'objet de son honorable destination : c'est *aux officiers* à donner à leurs *soldats*, avec de bonnes leçons, de bons exemples. Chaque *capitaine* doit avoir la noble émulation d'avoir sa compagnie la mieux disciplinée, la plus proprement tenue, la mieux exercée ; il doit penser que les écarts de ses soldats rejaillissent sur lui, et se croire avili des fautes de ceux qu'il commande. Les mêmes sentimens doivent animer à un plus haut degré encore, les *chefs de bataillons* pour leurs bataillons, et les *chefs de brigades* pour leurs brigades. Ils doivent les regarder comme leurs propres familles, quand les individus qui les composent remplissent bien leurs devoirs, et se montrer en chefs rigides lorsqu'ils s'en écartent.

Tel est le langage que j'ai tenu au général Moïse depuis dix ans, dans toutes mes conversations particulières, que je lui ai répétées mille fois en présence de ses camarades, en présence des généraux, que je lui ai renouvelé dans ma correspondance : tels sont les principes et les sentimens consignés dans mille de mes lettres. Dans toutes les occasions, j'ai cherché à lui expliquer les saintes maximes *de notre religion*, à lui prouver *que l'homme n'est rien*, sans la puissance et la volonté de Dieu ; que les devoirs d'un chrétien qui a reçu le baptême ne devaient jamais être négligés ; que, *lorsqu'un homme brave la Providence, il doit s'attendre à une fin terrible* : que n'ai-je pas fait pour le ramener à la vertu, à l'équité, à la bienfaisance, *pour changer ses inclinations vicieuses*, pour l'empêcher de se précipiter dans l'abîme? Dieu seul le sait. Au lieu d'écouter les conseils d'un père, d'obéir aux ordres d'un chef dévoué au bonheur de la colonie, il n'a voulu se laisser guider que *par ses passions*, ne suivre que *ses funestes penchans : il a péri misérablement !*

Tel est le sort réservé à tous ceux qui voudront l'imiter. La justice du ciel est lente, mais elle est infaillible, et tôt ou tard elle frappe les méchans et les écrase comme la foudre.

La cruelle expérience que je viens de faire ne sera pas inutile pour moi ; et d'après l'inconduite du général Moïse, il ne sera plus nommé *de général divisionnaire*, jusqu'à de nouveaux *ordres* du gouvernement français.

Le général Dessalines, néanmoins, *à cause des services qu'il a rendus, conservera* son grade de *général divisionnaire.*

Dans une de mes proclamations, à l'époque de la guerre du Sud, j'avais tracé les devoirs *des pères et mères* envers leurs enfans, l'obligation où ils étaient de les élever dans l'amour et la crainte de Dieu, ayant toujours regardé la religion comme la base de toutes les vertus et le fondement du bonheur des sociétés. En effet, quels sont ceux qui, depuis la révolution, ont causé les plus grands malheurs de la colonie ? N'ont-ils pas été tous des hommes sans religion et sans mœurs? Celui qui méprise Dieu et *ses divins préceptes*, qui ne chérit pas ses premiers parens, *aimera-t-il ses semblables ? Père et mère honoreras, afin que tu vives longuement*, est un des premiers commandemens de Dieu[1]. Un enfant qui ne respecte pas son père et sa mère, écoutera-t-il les bons conseils de ceux qui lui sont étrangers? Obéira-t-il aux lois de la société, celui qui a foulé aux pieds la plus sainte et la plus douce loi de la nature? Et cependant, avec quelle négligence les pères et mères élèvent-ils leurs enfans, *surtout dans les villes*! Au lieu de les instruire dans leur religion, d'exiger d'eux le respect et l'obéissance qui leur sont dus, de leur donner des idées conformes à leur état; au lieu de leur apprendre à aimer le travail, ils les laissent dans l'oisiveté et dans l'ignorance de leurs premiers devoirs : ils semblent mépriser eux-mêmes et leur inspirer le mépris pour *la culture*, le premier, le plus honorable et le plus utile de tous les états. A peine sont-ils nés, on voit ces mêmes enfans *avec des bijoux et des pendans d'oreilles*, couverts de haillons, salement tenus, blesser par leur nudité les yeux de la décence. *Ils arrivent ainsi à l'âge de douze ans, sans principes de morale, sans métier, avec le goût du luxe et de la paresse pour toute éducation.* Et comme les mauvaises impressions sont difficiles à corriger, à coup sûr, voilà de mauvais citoyens, *des vagabonds et des voleurs*; et si ce sont *des filles, voilà des prostituées*, toujours prêts les uns et les autres à suivre les impulsions du premier *conspirateur* qui leur prêchera le désordre, l'assassinat et le pillage. C'est sur des pères et mères aussi vils, sur des élèves aussi dangereux, que les magistrats du peuple, que les commandans militaires doivent avoir sans cesse les yeux ouverts, que la main de la justice doit toujours être étendue.

Les mêmes reproches s'adressent également à un grand nombre de *cultivateurs* et *cultivatrices* sur les habitations. Depuis la révolution, des hommes pervers se sont adressés à des lâches, à des perturbateurs, et leur ont dit : *que la liberté était le droit de rester oisif, de faire le mal impunément, de mépriser les lois et de ne suivre que leurs caprices.* Une pareille doctrine devait être accueillie par tous les mauvais sujets, les voleurs et les assassins. Il est temps *de frapper* sur les hommes endurcis qui persistent dans de pareilles idées; il faut que tout le monde sache qu'il n'est d'autre moyen pour vivre paisible et respecté, *que le travail, et un travail assidu.*

---

[1] Et celui-ci? *Homicide, point ne seras...* T. Louverture l'ignorait-il?

Telle est la leçon que *les pères et mères* doivent donner à leurs enfans tous les jours et tous les instans de leur vie.

A peine un enfant peut-il marcher, il doit être employé *sur les habitations* à quelque travail utile, suivant ses forces, au lieu d'être envoyé *dans les villes* où, sous prétexte d'une éducation qu'il ne reçoit pas, il vient apprendre *des vices*, grossir la tourbe des vagabonds et *des femmes de mauvaise vie*, troubler par son existence le repos des bons citoyens, et la terminer par le dernier supplice. *Il faut* que les commandans militaires, que les magistrats *soient inexorables à l'égard de cette classe d'hommes ; il faut, malgré elle, la contraindre* à être utile à la société dont elle serait le fléau, sans la vigilance *la plus sévère*.

Depuis la révolution, il est évident que la guerre a fait périr beaucoup plus d'hommes que de femmes ; aussi s'en trouve-t-il un plus grand nombre de ces dernières *dans les villes*, dont l'existence est uniquement fondée *sur le libertinage*. Entièrement livrées aux soins *de leur parure, résultat de leur prostitution ;* dédaignant non-seulement *les travaux de la culture*, mais même toutes autres occupations, elles ne veulent absolument rien faire d'utile. Ce sont *elles* qui recèlent tous les mauvais sujets qui vivent du produit de leurs rapines, qui les excitent au brigandage, afin de partager le fruit de leurs crimes. Il est de l'honneur des magistrats, généraux et commandans, de n'en pas laisser *une seule* dans les villes ou bourgs ; la moindre négligence à cet égard les rendrait dignes de la mésestime publique.

Moïse, il est vrai, était l'âme et le chef de la dernière conspiration ; mais il n'aurait jamais pu consommer son infamie, s'il n'avait trouvé de pareils auxiliaires.

Quant aux *domestiques*, chaque citoyen ne doit en avoir qu'autant qu'ils sont nécessaires à un service indispensable. Les personnes chez lesquelles ils demeurent doivent être les premiers surveillans de leur conduite, et ne rien tolérer de leur part de contraire aux bonnes mœurs, à la soumission et au bon ordre. S'ils sont *paresseux*, ils doivent les corriger de ce vice ; s'ils sont *voleurs*, les dénoncer aux commandans militaires, pour les punir conformément aux lois. Un bon domestique, traité avec justice, mais aussi *forcé* à remplir tous ses devoirs, fait plus d'ouvrage que quatre mauvais ; *et puisque dans le nouveau régime, tout travail mérite salaire, tout salaire doit exiger son travail.* Telle est l'invariable et la ferme volonté du gouvernement.

Il est encore un objet digne de son attention : c'est la surveillance *des étrangers* qui arrivent dans la colonie. Quelques-uns d'entre eux, ne connaissant que par les rapports des ennemis du nouvel ordre de choses les changemens qui se sont opérés, sans avoir réfléchi sur les causes qui les ont amenés, sur les difficultés à vaincre pour faire succéder au plus grand désordre qui ait jamais existé, la tranquillité, la paix, la restauration des cultures et du commerce, *tiennent des propos d'autant plus dangereux*, qu'ils sont recueillis avec avidité par tous ceux qui, fondant leurs espérances sur les troubles, ne demandent que des prétextes. De pareils écarts doivent être d'autant plus *sévèrement punis*, que l'insouciance des fonctionnaires publics à cet égard nuirait à la confiance dont ils ont besoin, et les ferait regarder, avec justice, comme *complices* des ennemis de la liberté.

La plus sainte de toutes les institutions parmi les hommes qui vivent en société, celle d'où découlent les plus grands biens, *c'est le mariage*. Un bon père de famille, un bon époux entièrement occupé du bonheur de sa femme et de ses enfans, doit être au milieu d'eux l'image vivante de la divinité. Aussi, un gouvernement sage doit-il toujours être occupé à environner les bons ménages d'honneur, de respect et de vénération; il ne doit se reposer qu'après avoir extirpé la dernière racine de l'immoralité. *Les commandans militaires, les fonctionnaires publics* surtout, *sont sans excuse* lorsqu'ils donnent publiquement *le scandale du vice*. Ceux qui, *ayant des femmes légitimes, souffrent des concubines dans l'intérieur de leurs maisons*, ou ceux même qui, *n'étant pas mariés, vivent publiquement avec plusieurs femmes, sont indignes de commander; ils seront destitués*.

En dernière analyse, *tout homme* qui existe dans la colonie, doit de bons exemples à ses concitoyens ; *tout commandant militaire, tout fonctionnaire public* doit remplir exactement ses devoirs ; ils seront jugés sur leurs actions, sur le bien qu'ils auront fait, sur la tranquillité et la prospérité des lieux qu'ils commandent. *Tout homme qui veut vivre doit travailler*. Dans un État bien ordonné, *l'oisiveté est la source de tous les désordres*; et si elle est soufferte chez un seul individu, je m'en prendrai *aux commandans militaires*, persuadé d'avance *que ceux qui tolèrent les paresseux et les vagabonds, ont de mauvais desseins, qu'ils sont ennemis secrets du gouvernement*.

Personne, sous aucun prétexte, ne doit être exempt d'une tâche quelconque, suivant ses facultés. Les pères et mères *créoles*, qui ont des enfans et des propriétés, doivent aller *y demeurer*, pour y travailler, faire travailler leurs enfans ou en surveiller les travaux ; et, dans les momens de repos, les instruire eux-mêmes ou par des instituteurs, des préceptes de notre religion, leur inspirer l'horreur du vice, leur expliquer *les commandemens de Dieu*, en graver les principes dans leurs cœurs, d'une manière ineffaçable, et les bien pénétrer de cette vérité : *Que puisque l'oisiveté est la mère de tous les vices, — le travail est le père de toutes les vertus.* C'est par ces moyens que seront formés des citoyens utiles et respectables, qu'on peut espérer de voir cette belle colonie l'une des plus heureuses contrées de la terre, et en éloigner, pour toujours, les horribles événemens dont le souvenir ne doit jamais s'effacer de notre mémoire.

En conséquence, j'arrête ce qui suit :

1. Tout *commandant* qui, lors de la dernière *conspiration*, a eu connaissance des troubles qui devaient éclater et a toléré le pillage et les assassinats; qui, pouvant prévenir ou empêcher la révolte, a laissé enfreindre la loi qui déclare *la vie, la propriété et l'asile de tout citoyen sacrés et inviolables*, sera traduit devant un tribunal spécial, et *puni* conformément à la loi du 22 thermidor an 9 (10 août 1801. — Peine *de mort*.)

Tout commandant militaire qui, *par imprévoyance ou négligence*, n'a pas arrêté les désordres qui se sont commis, *sera destitué et puni d'un an de prison*.

Il sera fait en conséquence *une enquête rigoureuse* de leur conduite, d'après laquelle *le gouverneur prononcera sur leur sort*.

2. *Tous généraux*, commandans d'arrondissement ou de quartiers qui, à l'avenir, *négligeront* de prendre toutes les mesures nécessaires pour prévenir ou empêcher les séditions, et laisseront enfreindre la loi qui déclare la vie, la propriété et l'asile de chaque citoyen sacrés et inviolables, seront traduits devant un tribunal spécial et *punis* conformément à la loi du 22 thermidor an 9. (Peine *de mort.*)

3. En cas de troubles ou sur des indices qu'il doit en éclater, la garde nationale d'un quartier ou d'un arrondissement sera aux ordres des commandans militaires, sur sa simple réquisition. *Tout commandant militaire* qui n'aura pas pris toutes les mesures nécessaires pour empêcher les troubles dans son quartier, ou la propagation des troubles d'un quartier voisin dans celui qu'il commande; *tout militaire*, soit de ligne, soit de la garde nationale, qui refusera d'obéir à des ordres légaux, *sera puni de mort*, conformément aux lois.

4. *Tout individu, homme ou femme, quelle que soit sa couleur,* qui sera convaincu d'avoir tenu *des propos graves*, tendant à exciter

la sédition, sera traduit devant un conseil de guerre, et *puni* conformément aux lois. (Peine *de mort.*)

5. *Tout individu créole, homme ou femme*, convaincu d'avoir tenu des propos tendant à altérer la tranquillité publique, mais qui ne serait pas jugé *digne de mort*, sera renvoyé *à la culture, avec une chaîne à un pied, pendant six mois*.

6. *Tout individu étranger* qui se trouverait dans le cas de l'article précédent, *sera déporté de la colonie, comme mauvais sujet*.

7. Dans toutes les communes de la colonie où il existe des administrations municipales, *tous les citoyens et citoyennes* qui les habitent, quelle que soit leur qualité ou leur condition, sont tenus de se munir *de cartes de sûreté*.

Ladite carte contiendra les noms, surnoms, domiciles, états, professions et qualités, l'âge et le sexe de ceux qui en seront porteurs. Elle sera signée du maire et du commissaire de police du quartier dans lequel habite l'individu à qui elle sera délivrée. Elle sera renouvelée tous les six mois et payée un gourdin par chaque individu, pour les sommes qui en proviendront être destinées aux dépenses communales.

8. Il est expressément ordonné aux administrations municipales de ne délivrer des cartes de sûreté qu'à des personnes qui auront un état ou métier bien reconnu, une conduite sans reproche et des moyens d'existence bien assurés. *Tous ceux* qui ne pourront remplir les conditions rigoureusement nécessaires pour en obtenir, — *s'ils sont créoles*, seront renvoyés *à la culture*, — *s'ils sont étrangers*, renvoyés de la colonie.

9. *Tout maire ou officier de police* qui, *par négligence ou pour favoriser le vice*, aura signé et délivré une carte de sûreté à un individu qui n'est pas dans le cas d'en obtenir, *sera destitué et puni d'un mois de prison*.

10. Quinze jours après la publication du présent arrêté, *toute personne* trouvée sans carte de sûreté sera, — *si elle est créole*, renvoyée *à la culture*; — *si elle est étrangère, déportée* de la colonie *sans formes de procès*, si elle ne préfère servir dans les troupes de ligne.

11. Tout *domestique* qui, en sortant d'une maison dans laquelle il servait, n'aura pas été jugé *digne* d'obtenir un certificat de bonne conduite, sera déclaré incapable de recevoir une carte de sûreté. *Toute personne* qui, *pour le favoriser*, lui en aurait délivré un, *sera punie d'un mois de prison*.

12. A dater de quinze jours après la publication du présent arrêté,

tous gérans ou conducteurs d'habitations sont tenus d'envoyer aux commandans de leurs quartiers, la liste exacte de tous les cultivateurs de leurs habitations, de tout âge et de tout sexe, *à peine de huit jours de prison*. Tout gérant ou conducteur est le premier surveillant sur son habitation ; il est déclaré personnellement *responsable* de toute espèce de désordre qui y serait commis, de la paresse ou du vagabondage des cultivateurs.

13. A dater d'un mois après la publication du présent arrêté, *tous les commandans de quartiers* sont tenus d'envoyer les listes des cultivateurs et de toutes les habitations de leurs quartiers aux commandans d'arrondissemens, *sous peine de destitution*.

14. *Les commandans d'arrondissemens* sont tenus d'envoyer des listes de toutes les habitations de leurs arrondissemens *aux généraux* sous les ordres desquels ils sont, et ces derniers au gouverneur, dans le plus bref délai, *sous peine de désobéissance*. Lesdites listes, déposées aux archives du gouvernement, serviront, pour l'avenir, de base immuable *pour la fixation des cultivateurs sur les habitations*.

15. *Tout gérant ou conducteur* d'habitation sur laquelle se serait réfugié un cultivateur étranger à l'habitation, sera tenu de le dénoncer au capitaine ou commandant de section, dans les 24 heures, *sous peine de huit jours de prison*.

16. *Tout capitaine ou commandant de section* qui, par négligence, aura laissé un cultivateur étranger plus de trois jours sur une habitation de sa section, *sera destitué*.

17. *Les cultivateurs vagabonds*, ainsi arrêtés, seront conduits au commandant du quartier qui les fera ramener par la gendarmerie sur leur habitation. Il les recommandera à la surveillance particulière des conducteurs et des gérans, et ils seront *privés*, pendant trois mois, *de passeports* pour sortir de l'habitation.

18. Il est défendu *à tout militaire* d'aller travailler sur une habitation ou chez des particuliers en ville. Ceux qui voudront travailler et ceux qui en obtiendront la permission de leurs officiers, seront employés à des travaux pour le compte de la République, et payés de leurs journées suivant leurs peines.

19. Il est défendu *à tout militaire* d'aller sur une habitation, à moins que ce ne soit pour y voir *son père ou sa mère*, et avec un permis limité de son chef. S'il manque de rentrer à son corps à l'heure fixée, *il sera puni* suivant l'exigence des cas, conformément aux ordonnances militaires.

20. *Toute personne convaincue d'avoir dérangé ou tenté de déranger un ménage, sera dénoncée* aux autorités civiles et militaires qui en rendront compte *au gouverneur, qui prononcera sur son sort*, suivant l'exigence des cas.

21. Mon règlement relatif *à la culture*, donné au Port-Républicain le 20 vendémiaire an 9 (12 octobre 1800) sera exécuté dans sa forme et teneur : il est enjoint aux commandans militaires de s'en bien pénétrer, et de le faire exécuter *à la rigueur et littéralement*, en tout ce qui n'est pas contraire à la présente proclamation.

La présente proclamation sera imprimée, transcrite sur les registres des corps administratifs et judiciaires, lue, publiée et affichée partout où besoin sera, et en outre insérée au Bulletin officiel de Saint-Domingue.

Un exemplaire sera envoyé à tous les ministres du culte, pour le lire à tous les paroissiens *après la messe.*

Il est enjoint *à tous les généraux, commandans militaires, à toutes les autorités civiles* dans tous les départemens, de tenir la main *la plus sévère* à l'exécution pleine et entière de toutes ses dispositions, sur leur responsabilité personnelle, *et sous peine de désobéissance.*

Donné au Cap-Français, le 4 frimaire an 10 (25 novembre) de la République française une et indivisible [1].

Le gouverneur général de Saint-Domingue,
Toussaint Louverture.

Cet acte ne fut pas seulement une espèce de code pénal, mais *le testament politique* de T. Louverture : on y retrouve toutes ses maximes religieuses, tous les préceptes épars dans ses précédentes proclamations. Il y compléta toutes ses mesures rigoureuses, et il expliqua les motifs de son administration despotique. Qu'on le juge d'après les principes qu'il expose, et il serait presque irréprochable ; mais qu'on se rappelle de quelle manière *il a adouci les horreurs de la guerre, épargné le sang des hommes, suivi*

---

[1] M. Madiou s'est trompé en disant que Moïse fut fusillé le 29 novembre : c'est le 24, comme le dit M. Saint-Rémy (3 frimaire) ; la date de la proclamation ne permet pas d'en douter.

les règles de la justice, agi loyalement; de quelle manière *il a respecté l'institution du mariage* (suivant le témoignage de Pamphile de Lacroix), alors il ne paraîtra plus qu'avec son hypocrisie, traçant à ses subordonnés et aux citoyens en général, des préceptes qu'il était loin de suivre lui-même ; et l'on dira de lui ce qu'il a dit de Moïse :

« Lorsqu'un homme brave la Providence, il doit s'at-
« tendre à une fin terrible. La justice du ciel est lente,
« mais elle est infaillible, et tôt ou tard elle frappe les mé-
« chans et les écrase comme la foudre. T. Louverture a
« péri misérablement. »

Non ! il n'éprouva aucun remords, aucun regret du triste sort qu'il fit subir à Moïse ; cette proclamation témoigne de la dureté de son cœur. Pour justifier ce crime politique, il accusa son neveu des plus viles passions ; pour légitimer les affreuses exécutions commises sur les cultivateurs et motiver de nouvelles rigueurs contre eux, il les accabla de reproches : personne ne fut exempté de ses menaces.

Une singulière disposition se trouve dans cette proclamation : c'est celle qui conserva à Dessalines son grade de général de division, comme si *le grade*, une fois acquis, ne devenait pas *la propriété du militaire*, qu'il ne peut perdre que par un jugement d'un tribunal compétent et d'après les lois [1] ; c'est la déclaration faite à tous ses généraux, qu'aucun d'eux ne devait plus prétendre au même grade, à moins d'ordres ultérieurs du *gouvernement français*. Le malheureux ! dans l'aveuglement de son despotisme, il préparait lui-même leur défection à l'armée fran-

---

[1] *Le grade* du militaire est distinct de *l'emploi* qu'il reçoit du gouvernement. Il ne peut perdre le *grade* que par jugement d'un tribunal ; mais le gouvernement peut le destituer de son *emploi*, le lui retirer ou ne pas l'employer du tout.

çaise qui allait bientôt arriver. On semble voir dans cette déclaration la main de Dieu qui le pousse dans l'abîme qu'il s'est creusé lui-même.

Aussi, la brochure imprimée à Paris en 1802, d'où nous avons extrait cette proclamation, dit-elle :

« La *proclamation* de T. Louverture *est écrite avec sagesse.* Cependant le *règlement* de police intérieure *qui la suit, digne en tout* de figurer à côté des règlemens de sûreté de l'infâme Robespierre, *excita, par l'arbitraire qui y régnait, un mécontentement général.* Il était facile de voir que *l'inquiétude* l'avait dicté. T. Louverture était devenu *un tyran cruel* dont l'ambition démesurée lui faisait voir des assemblées *de conspirateurs* là où il n'y avait que des réunions d'amis. Son despotisme pesait sur toutes les familles : *sa sévérité préparait sa chute.* »

Tel est toujours le sort du despotisme sanguinaire. Après la mort de Moïse, quel officier supérieur pouvait désormais avoir confiance dans le gouverneur de Saint-Domingue, lorsqu'ils se voyaient tous menacés par ce chef barbare? D'après cette proclamation, il suffirait que l'un d'eux fût accusé *d'avoir toléré* un paresseux ou un vagabond, pour que le gouverneur le considérât comme ayant de mauvais desseins, comme étant un ennemi secret de son pouvoir. Joignez à cette incertitude de sa vie, la nullité des conseils de guerre, l'absence de toute garantie d'un jugement équitable de leur part, et vous direz encore que cette proclamation fut *le coup de grâce* que T. Louverture porta lui-même à son autorité. Il perdit dès-lors toute influence sur l'opinion qui fait la force réelle des gouvernemens. On restait soumis par crainte de perdre la vie ; mais il ne pouvait plus exister de dévouement pour un chef, qui n'avait pas reculé devant l'immolation de son neveu, toujours si dévoué. Désormais, il était un homme usé par l'abus du pouvoir.

S'il est vrai, ainsi que l'affirme M. Madiou, qu'il quitta le Nord pour venir dans l'Ouest, et qu'on remarqua en lui « un abattement profond, de l'inquiétude, de l'agitation ; « qu'il parut bourrelé de remords et de chagrin, » — c'est que le crime occasionne souvent de tels effets, même dans l'âme de l'homme le plus pervers. En vain le coupable cherche-t-il à cacher les reproches qu'il reçoit de sa conscience ; on les aperçoit sous le masque qu'il emprunte pour les dissimuler.

Néanmoins, nous avons lieu de douter que T. Louverture éprouva un vrai remords des excès qu'il venait de commettre, quand nous le voyons représenté ensuite comme s'entourant des hommes de couleur les plus marquans du Port-au-Prince, et leur adressant ces paroles :

« Je sais que j'ai été, après la chute de Rigaud, *injuste*
« envers les hommes de couleur, *en violant* l'amnistie du
« 1ᵉʳ messidor ; mais *des blancs scélérats* m'avaient con-
« seillé d'agir ainsi envers eux. *Je suis revenu de mes er-*
« *reurs* ; je vous jure de vous accorder toute ma confiance ;
« je ne verrai désormais dans les blancs *que des monstres*.
« Réunissez-vous à moi, *afin que je les détruise;* faites savoir
« à vos frères ce que je vous dis ; exhortez-les *à ne pas m'a-*
« *bandonner....* Je veux, dit-il ensuite à des officiers noirs
« qu'il voulait convaincre de la nécessité d'un massacre
« général contre les blancs, je veux que sous peu l'on
« ne puisse pas trouver à Saint-Domingue, *même une*
« *parcelle de la chair de l'homme blanc, du Français sur-*
« *tout*, pour s'en servir comme un remède si c'était pres-
« crit dans la maladie la plus grave.... ¹ »

¹ Histoire d'Haïti, t. 2, p. 125 et 126.

Nous n'hésitons pas à considérer ces allocutions comme des fables de la tradition populaire. T. Louverture pouvait et devait même éprouver *de l'inquiétude*, s'il apprit alors, comme il paraît, que les préliminaires de la paix entre la France et la Grande-Bretagne faisaient présager une paix définitive ; car il était *incertain* si le gouvernement consulaire approuverait la constitution et la législation qu'il venait de donner à la colonie. Mais nous ne pouvons croire qu'avec son tact ordinaire, son orgueil excessif ne se fût pas considéré humilié de tenir aux hommes de couleur le langage qu'on lui prête. Il avait trop de dignité dans l'exercice de son autorité pour s'abaisser à ce point, trop de fierté pour convenir de ses torts envers ceux qu'il avait persécutés injustement. Et quant à ses intentions manifestées aux officiers noirs, les faits qui suivirent prouvent le contraire ; car il ne donna aucun ordre positif à ses officiers supérieurs, pour les éventualités qu'il avait pu prévoir : ils ne surent que faire, la plupart. S'il avait résolu le massacre des blancs, il l'eût organisé de la même manière qu'il avait prescrit celui des hommes de couleur. Il ne l'a ordonné qu'à l'arrivée de l'expédition française, après la prise du Fort-Liberté et du Cap, après le massacre des prisonniers noirs par les généraux Rochambeau et Hardy.

CHAPITRE VIII.

Organisation et état militaire de Saint-Domingue, à la fin de 1801. — Position des troupes dans les divers départemens. — Faits antérieurs à l'arrivée du colonel Vincent en France. — L'expédition contre Saint-Domingue est résolue par le gouvernement consulaire, avant la constitution de Toussaint Louverture. — Motifs divers de cette expédition. — Son but était de rétablir l'esclavage des noirs. — Citation de divers écrits à ce sujet, et examen des opinions émises. — Préparatifs dans les ports de France. — Perplexité de Toussaint Louverture. — Sa proclamation du 18 décembre. — Il ne se prépare à aucune résistance. — Résumé de la cinquième Epoque.

Arrivé au moment de parler de ce qui se passait en France relativement à Saint-Domingue, il est convenable de faire connaître au lecteur quels sont les hommes et les moyens sur lesquels T. Louverture pouvait compter, en cas qu'il y eût lieu de résister aux volontés du gouvernement consulaire.

Après la mort de Moïse, H. Christophe, commandant l'arrondissement du Cap, était, en sa qualité de général de brigade, l'officier le plus élevé en rang dans cette partie principale du département du Nord. La 2ᵉ demi-brigade coloniale fournissait garnison au Cap et au Limbé. La 5ᵉ était au Fort-Liberté dont l'arrondissement était aussi sous le commandement de Christophe. Le général de brigade Maurepas commandait celui du Port-de-Paix, ayant la 9ᵉ sous ses ordres.

Le général de brigade Vernet commandait aux Gonaïves, principal arrondissement du département de Louverture : il n'avait que des détachemens de troupes avec lui. Le Môle Saint-Nicolas était sous son commandement.

Dessalines, général de division commandant les départemens de l'Ouest et du Sud, avait sous ses ordres les généraux de brigade Agé, au Port-au-Prince, avec la 3e et la 13e demi-brigades ; Charles Bélair, à l'Arcahaie avec la 7e ; Laplume, aux Cayes avec la 11e et la 12e. Saint-Marc était commandé par le colonel Gabart avec une partie de la 4e ; Jérémie, par le colonel Dommage avec l'autre partie de ce corps. Les colonels Pierre-Louis Diane et Dieudonné Jambon commandaient, le premier à Léogane avec une partie de la 8e, le second à Jacmel avec l'autre partie. Le colonel Mamzelle commandait à l'Anse-à-Veau, le colonel Néret à Saint-Louis, le colonel Desravines à Tiburon, avec des détachemens de la 11e et de la 12e.

Le général de brigade Clervaux commandait le département de Cibao, ayant sous ses ordres la 6e demi-brigade à Saint-Yague, et la 1re à Samana.

Le général de brigade Paul Louverture commandait celui de l'Ozama, ayant avec lui à Santo-Domingo la 10e demi-brigade.

Tous ces corps de troupes, la garde d'honneur, l'artillerie, la gendarmerie et les guides des généraux, formaient un total d'environ 20 mille hommes fournissant garnison dans les villes ou bourgs de moindre importance.

L'armée coloniale régulière se trouvait ainsi disséminée sur la vaste étendue du territoire de Saint-Domingue, mais pouvant se recruter ou s'adjoindre la garde nationale des paroisses, urbaine et des campagnes. 2 à 300 soldats européens étaient aux Cayes, ou à Jacmel.

Agé était chef de l'état-major général de l'armée. Idlinger, adjudant-général et directeur général des domaines, se tenait au Port-au-Prince. D'Hébécourt, général de brigade, adjudant, était au Cap.

Vollée, administrateur général des finances, résidait au Cap. Là, se trouvait Allier, secrétaire du gouverneur, et Pascal, autre secrétaire, au Port-au-Prince.

Telle était l'organisation du gouvernement de T. Louverture ; tels étaient les hommes qui le faisaient mouvoir sous l'impulsion du gouverneur général dont la prodigieuse activité le portait sur tous les points ; telles étaient enfin ses ressources pour s'opposer à l'autorité de la France, si son gouvernement jugeait à propos de la faire valoir dans sa colonie, constituée indépendamment de sa volonté, mais non pas détachée entièrement de son obéissance.

Que se passait-il alors dans la métropole relativement à Saint-Domingue, quelles étaient les vues du gouvernement consulaire sur cette colonie et sur toutes les autres ? Avant d'en parler, il convient de relater quelques précédens de ce gouvernement, qui aideront à faire comprendre la résolution qu'il prit d'envoyer une armée à Saint-Domingue, l'objet qu'elle avait en vue, le but qu'elle se proposait d'atteindre. Il faut donc recourir à ce qui a été publié à cet égard.

On se rappelle que le colonel Vincent avait été envoyé en France, à la fin de 1799, par Roume et du consentement de T. Louverture, pour exposer au Directoire exécutif la situation de la colonie en guerre civile ; que Vincent y arriva le 25 novembre, quelques jours après le 18 brumaire ; qu'à la fin de décembre, il fut expédié de Paris avec J. Raymond et le général Michel, et qu'ils n'arrivèrent à Santo-Domingo que dans les premiers jours de juin 1800, porteurs de la proclamation des consuls aux habitans de Saint-Domingue, qui déclarait aux noirs que les principes sacrés de la liberté et de l'égalité n'éprouveraient jamais aucune atteinte ni de modification. La même proclamation leur répétait les paroles que l'arrêté consulaire, qui nommait ces trois agens, ordonnait d'écrire sur les drapeaux des corps de troupes. T. Louverture, enfin, était confirmé dans son grade de général en chef, et Rigaud presque vaincu déjà, condamné dans sa *rébellion*.

Il avait suffi de ces deux actes pour exciter les clameurs de la faction coloniale en France. A ce sujet, dans son *Histoire du consulat et de l'empire*, Thibaudeau dit :

« Les colons qui, depuis le 18 brumaire, comptaient sur une prompte réintégration dans leurs propriétés *et sur l'esclavage des noirs*, furent frappés de consternation en lisant la proclamation du Premier Consul (publiée sur le Moniteur). Il essaya de les rassurer par des articles de journaux. La garantie de la propriété des colons et de la liberté des noirs *paraissait alors* être son système; mais *il n'était guère possible désormais de concilier ces deux principes; les colons* du moins ne le croyaient pas et *voulaient qu'on rétablît l'esclavage* [1]. »

Le Moniteur du 15 nivôse an VIII (5 janvier 1800) publia en effet un article pour les rassurer. Il disait, entre autres choses :

« Il était facile de concevoir que la révolution du 18 brumaire ne pouvait, par sa nature, par son objet, par les

---

[1] Tome 3, p. 105. Thibaudeau avait été membre de la convention nationale et de la commission qui entendit les débats entre les colons et les commissaires civils. Sous le consulat, il était conseiller d'Etat.

hommes qui l'ont conduite, présager aucune atteinte ni à la sûreté individuelle, ni à la propriété *territoriale* sur laquelle repose tout l'édifice de la société. Il n'y avait point *de colon* qui ne dût voir, dans les derniers événemens, *l'augure d'une possession paisible*, garantie par la loi, assurée par la puissance. L'ignorance ou la mauvaise foi pouvaient, au contraire, abuser du silence de l'acte constitutionnel et faire croire *aux noirs affranchis par la révolution, qu'on ne songeât à leur forger de nouveaux fers.* C'était donc *eux* qu'il convenait *de rassurer ;* c'était à *eux* qu'il fallait *promettre que cette liberté qu'ils idolâtrent ne périrait point* avec la constitution *qui l'avait confirmée ;* et puisque les lois françaises sont les seules qui les reconnaissent *pour libres et citoyens,* il fut convenable de leur rappeler cette considération, *très-propre à leur faire rejeter les séductions étrangères, des offres perfides* dont le résultat infaillible serait *pour eux la mort ou l'esclavage.* »

Ces suggestions étrangères, ces offres perfides s'entendaient de celles faites à T. Louverture par les Anglais : le Premier Consul n'ignorait rien à ce sujet, et nous avons déjà dit qu'il l'avait averti sur ce point ; cet article lui disait encore que, s'il y persistait, la mort ou l'esclavage des noirs, serait le résultat de sa trahison, la France se réservant d'agir en temps opportun. Voilà donc une pensée bien arrêtée contre *les noirs*, dès janvier 1800, alors même que T. Louverture seul serait coupable.

Aussi, voyons-nous que T. Louverture se garda de rien conclure avec les Anglais, et parce que d'ailleurs il n'eut *jamais* l'intention de leur livrer Saint-Domingue, qu'il ne voulait constituer que de la manière même que les colons l'avaient conçue, étant toujours d'accord avec eux. Averti de leurs démarches en France, averti des intentions du

Premier Consul, que fit-il après avoir vaincu Rigaud? Tous ses actes répondent à cette question, depuis son règlement de culture jusqu'à sa constitution et à sa proclamation après la mort de Moïse. On a vu dans quelle proportion, il laissa lui-même la liberté aux noirs cultivateurs. Ainsi, avant que le gouvernement consulaire pût rien entreprendre contre la colonie, T. Louverture avait fait et accompli tout ce que les colons pouvaient désirer à l'égard de leurs anciens esclaves, mieux encore que n'aurait pu l'exécuter ce gouvernement; et l'on peut croire que le Premier Consul était parfaitement renseigné à cet égard.

Mais, dans le temps même où T. Louverture opérait la prise de possession de la partie espagnole, la paix de Lunéville se concluait, le 9 février 1801. Quelles furent alors les idées du Premier Consul sur Saint-Domingue? Laissons parler les mémoires de l'Empereur Napoléon dictés à Saint-Hélène :

« La situation prospère où se trouvait la République dans le courant de 1801, *après la paix* de Lunéville, faisait déjà *prévoir* le moment où l'Angleterre serait obligée de poser les armes, et où on serait maître d'adopter *un parti définitif* sur Saint-Domingue. Il s'en présenta alors deux aux méditations du Premier Consul : le premier, de revêtir de l'autorité civile et militaire et du titre de *gouverneur général* de la colonie, le général T. Louverture; de confier le commandement aux généraux noirs; de consolider, *de légaliser l'ordre de travail* établi par Toussaint, *qui était déjà couronné par d'heureux succès;* d'obliger les fermiers noirs à payer un cens ou redevance aux anciens propriétaires français, de conserver à la métropole le commerce exclusif de toute la colonie, en faisant surveiller les côtes par de nombreuses croisières. Le dernier parti consistait *à reconquérir la colonie par la force des armes, à rappeler en France tous les noirs qui avaient occupé des grades supérieurs à celui de chef de bataillon, à désarmer les noirs,* en leur assurant *la liberté civile* et en restituant les propriétés aux colons. »

Et les avantages et les inconvéniens des deux partis sont ensuite exposés et discutés.

« Aussi le Premier Consul *inclinait* pour le premier parti, parce que c'était celui que *paraissait* lui conseiller *la politique*, celui qui donnerait le plus d'influence à son pavillon dans l'Amérique.... Tels étaient l'état de Saint-Domingue et la politique *adoptée* par le gouvernement français à son égard, lorsque le colonel Vincent arriva à Paris. Il était porteur de la constitution qu'avait adoptée de sa pleine autorité T. Louverture, qui l'avait fait imprimer et mise à exécution, et qu'il notifiait à la France. Non-seulement l'autorité, mais même l'honneur et la dignité de la République étaient outragés : de toutes les manières de proclamer *son indépendance* et d'arborer le drapeau de la rébellion, T. Louverture avait choisi la plus outrageante, celle que la métropole pouvait le moins tolérer. De ce moment il n'y eut plus à délibérer ; *les chefs* des noirs furent *des Africains ingrats et rebelles*, avec lesquels il était impossible d'établir un système. L'honneur, comme l'intérêt de la France, voulut qu'on les fît rentrer *dans le néant*.... Comme T. Louverture *était le plus modéré* des généraux noirs ; que Dessalines, Christophe et Clervaux, etc., étaient plus exagérés, plus désaffectionnés et plus opposés encore à l'autorité de la métropole, il n'y eut plus *à délibérer :* le premier parti n'était plus praticable ; il fallut se résoudre à adopter le deuxième et à faire le sacrifice qu'il exigeait. »

Certes, de la manière que les choses ont été ainsi arrangées dans les Mémoires de Sainte-Hélène, c'est T. Louverture qui a eu tous les torts pour avoir fait sa constitution et l'avoir mise à exécution; car le Premier Consul était bien disposé en sa faveur comme en faveur des noirs. Eh bien ! tâchons de prouver qu'il y a au moins de *l'inexactitude* dans ce récit, et que *le plan* exécuté par l'expédition envoyée sous les ordres du général Leclerc *existait avant l'arrivée* de Vincent avec la constitution coloniale.

Si la paix de Lunéville fit *prévoir* le moment où la paix serait aussi conclue avec l'Angleterre, dès le 27 juin une convention avait été signée pour l'évacuation de l'Égypte par l'armée française. La France se voyait déchue dans son espoir d'y fonder une colonie qui eût pu remplacer Saint-Domingue. Aussi ne s'agissait-il que de reprendre cette ancienne colonie et d'y joindre la Louisiane que la France avait également fondée et possédée. La Guadeloupe elle-même était dans la même situation que Saint-Domingue, quant à la condition des noirs ; leur liberté s'y était maintenue, par le courage et l'énergie de ces hommes qui en avaient chassé les Anglais.

Suivant le Moniteur du 6 fructidor an 9 (24 août), un acte des consuls y avait créé un capitaine-général, un préfet colonial et un commissaire de justice[1]. Le capitaine-général pouvait, dans certains cas urgens, *surseoir* en tout ou en partie, *à l'exécution des lois et règlemens existans*, après en avoir conféré avec le préfet ou le commissaire. Le *décret* de la convention nationale sur la liberté générale était *une loi*. Le Moniteur du 4 vendé-

---

[1] On a vu au chapitre IV que le titre de *capitaine-général* fut décrété, le 6 février, en faveur de T. Louverture. La pensée de l'organisation du pouvoir à Saint-Domingue était donc la même que pour la Guadeloupe.

miaire an 10 (26 septembre) contient une adresse au Premier Consul, de la part du conseil d'administration de cette colonie qui assistait le capitaine-général; il y était dit : « que cette île *gémissait* encore sous le régime *monstrueux* de 1793, quand il y envoya le contre-amiral Lacrosse. » Aussi, ce capitaine-général y rétablit-il l'ancien régime colonial, en 1802, c'est-à-dire *l'esclavage*, malgré toutes les déclarations contraires du gouvernement consulaire au sujet de la Guadeloupe ; et ce gouvernement l'approuva.

C'est ce que l'on méditait également pour Saint-Domingue.

Dès le 20 fructidor (7 septembre), le général Kerverseau avait présenté au ministre de la marine et des colonies, son rapport dont nous avons cité déjà une foule de passages. Il lui présentait les faits relatifs à la partie française de Saint-Domingue jusqu'au 22 mars de la même année : il y joignit un résumé cinq jours après, en proposant dans l'un et l'autre écrit les mesures qu'il croyait propres à assurer la souveraineté de la France dans cette colonie, en mentionnant des opinions qu'il attribuait aux divers chefs noirs, relativement à la métropole.

« Tel est, j'ose l'affirmer, dit-il, tel est l'esprit des chefs actuels de la colonie, d'où l'on peut voir quelles seraient les suites funestes *d'une tentative imprudente et mal concertée* qui serait faite *pour les réduire*. Sans doute, *il faut employer la force,* mais une force telle, qu'il ne soit pas besoin d'en faire usage, et que son appareil seul démontre l'inutilité de la résistance ; il faut employer la force, mais présenter *de bonne foi* le pardon à la soumission et au repentir, en même temps qu'un châtiment terrible et inévitable à l'obstination de la révolte... Il faut employer la force, *non pour asservir* Saint-Domingue, *mais pour l'affranchir* de la tyrannie de ses oppresseurs, et la placer enfin sous la protection et sous l'empire de la loi.

« *Je sais qu'on a proposé de réduire cette île, en armant les chefs les uns contre les autres, et de mettre à profit leur ambition effrénée, pour les détruire de leurs propres mains*[1]. Un tel moyen est facile sans doute ; mais *je ne puis croire* que cette politique *barbare* soit compatible avec la majesté de la première nation du monde, avec les principes d'un gouvernement qui ne veut fonder sa puissance que sur les plus nobles vertus, qui regarde la loyauté, la franchise et l'humanité comme de saints devoirs, et qui est trop plein de la grandeur du peuple français, pour ne pas sentir fortement *qu'une indulgence magnanime* fait partie essentielle de la justice nationale... *Les blancs qui le caressent* (T. Louverture) ne sont soumis que par la crainte, et n'obéissent qu'avec *un dépit secret ;* les *rouges* échappés à la proscription ne le contemplent qu'avec horreur ; les *cultivateurs*, fatigués de réquisitions, et vexés par ses lieutenans, verraient avec joie succéder à ce despotisme anarchique *un régime bienfaisant* qui les garantirait des outrages et leur assurerait le fruit de leurs travaux... *Que l'arrivée de nos troupes* soit donc précédée *par des proclamations de paix,* qu'elles débarquent l'olivier à la main, et qu'elles se montrent comme des forces *protectrices*, et non comme des ministres *de vengeance*... *Qu'elles descendent à la fois sur quatre points principaux* pour partager les forces ennemies... S'il faut faire la guerre, qu'on

---

[1] Ce passage, qui fait honneur à la loyauté de Kerverseau, et que nous avons déjà cité, prouve bien *qu'avant* l'arrivée de Vincent à Paris, en octobre, on recherchait, on méditait les moyens de subjuguer la race noire à Saint Domingue, en commençant par ses chefs.

la pousse avec vigueur et célérité ; qu'elle soit terrible pour qu'elle soit de courte durée...

« Il ne m'appartient pas d'examiner *quel est le régime* qui convient aux colonies... *L'Africain* ne sait pas raisonner l'obéissance; il regarde son chef, obéit s'il lui en impose, s'en moque s'il ne lui fait pas peur... Il ne cesse pas *d'être homme, il ne peut donc pas cesser d'être libre*... Dans tous les systèmes (à choisir), il est deux points sur lesquels on ne peut trop insister... L'un est *la réhabilitation politique des blancs*, marqués aujourd'hui à Saint-Domingue d'un sceau d'infamie plus honteux encore que celui dont le préjugé frappait autrefois les hommes de couleur; le second est l'*expulsion de la colonie* de ceux qui en ont usurpé tous les pouvoirs... Saint-Domingue appartient au peuple français *et non à un peuple d'Afrique*... C'est à la République à examiner si, après avoir donné des lois à tous les monarques de l'Europe, il convient à sa dignité d'en recevoir dans une de ses colonies *d'un nègre révolté*... Quels moyens peut y trouver la métropole d'y établir son autorité sur *des chefs* qui, ne tenant à elle *ni par les liens du sang, ni par l'éducation, ni par les principes*, ne verront en elle qu'une puissance toujours prête à les asservir, et dans les Européens qu'une race secrètement ennemie.... Croit-on *qu'une immense multitude d'une race absolument différente de la nôtre par ses habitudes, son caractère, ses préjugés et sa constitution physique et morale, s'identifiera* assez fortement avec une métropole éloignée d'elle de deux mille lieues, et qu'elle ne connaîtra que par les gênes auxquelles elle voudra l'assujétir ?... Il faut *avant tout, que tous les chefs actuels sortent de la colonie;* car, tant qu'ils y seront, leur volonté sera plus puissante que la loi. Il y aura *des soldats* de Toussaint, de Rigaud, de Moïse, de Dessalines et de Christophe ; il y en aura fort peu de la République. *L'ostracisme* est ici commandé par la loi impérieuse du salut de la colonie[1]... »

Tels furent les conseils donnés au gouvernement consulaire, *en septembre* 1801, par Kerverseau en qui nous avons reconnu de l'honnêteté dans ses sentimens, de la modération dans son langage comme dans sa conduite. Arrivé au moment de conclure son rapport, il ne fit pas attention qu'en faisant une nouvelle édition du discours de l'abbé Maury, prononcé à la constituante le 13 mai 1791, il allait fournir l'idée de mesures diamétralement opposées à ses vues pour le maintien de la liberté des noirs : conseiller l'ostracisme de tous leurs chefs, n'était-ce pas exciter, en quelque sorte, au rétablissement de leur esclavage ? Qui les avait guidés dans la conquête de ce droit précieux, sinon ces chefs ? Qui les avait conduits dans les nombreux combats livrés aux Anglais pendant cinq années consécutives ? Et c'était-là, enfin, la récompense réservée à ces hommes de la race noire qui se dévouèrent à la défense de Saint-Domingue, qui versèrent leur sang pour l'arracher aux mains des ennemis de la France, avec lesquels les colons blancs s'entendaient pour la ravir à leur patrie !...

Cependant, T. Louverture avait rétabli ces mêmes colons dans tous leurs priviléges, au détriment de ses frères; ceux-ci étaient redevenus esclaves par toutes les mesures qu'il avait prises contre eux ; mais *il était noir*, il n'était

---

[1] Cette partie du rapport de Kerverseau est un passage d'une lettre du 13 juin 1800 qu'il adressa de Santo-Domingo, au ministre de la marine, avant la fuite de Rigaud, au moment où le colonel Vincent et ses collègues y arrivaient comme agens du gouvernement consulaire.

plus *qu'un nègre révolté*[1] !... Oh ! nous ne le plaignons pas d'avoir encouru la disgrâce des colons et du gouvernement consulaire ! Il la méritait bien, ce grand coupable qui, pour satisfaire son insatiable ambition, son égoïsme, couvrit le sol de son pays des cadavres de ses frères et de ses neveux !

On peut reconnaître des rapprochemens entre le rapport de Kerverseau et les Mémoires de Sainte-Hélène, notamment ce qui concerne la *déportation* des chefs. On verra encore les troupes françaises débarquer à Saint-Domingue sur quatre points à la fois,—au Fort-Liberté, —au Cap,—au Port-au-Prince et à Santo-Domingo, dans cette dernière ville, sous les ordres de Kerverseau lui-même, ainsi qu'il l'avait conseillé et probablement indiqué ; car il connaissait cette colonie. Nous pourrions donc induire de ces rapprochemens que *la pensée de l'expédition était arrêtée d'avance, avant* la réception de la constitution de T. Louverture. En veut-on d'autres preuves ?

Les Mémoires de Sainte-Hélène, reproduits dans l'ouvrage du général Montholon, et qui avaient pour objet principal de réfuter certaines erreurs commises par Pamphile de Lacroix, disent encore :

« Les années 1800 et 1801 furent deux années de prospérité pour la colonie. Cependant, *les vraies dispositions des chefs des noirs ne pouvaient pas échapper au* gouvernement français. Toussaint continuait à avoir de

---

[1] Il faut dire que T. Louverture persécuta Kerverseau, d'abord pour lui avoir adressé une lettre énergique après le départ d'Hédouville, où il lui reprocha cet attentat contre l'autorité de la France ; ensuite, pour en avoir écrit plusieurs autres à Roume, où il reprochait à ce dernier sa mollesse à l'occasion de la guerre du Sud. Comme on l'a vu au 4e livre, T. Louverture exigea son remplacement de Roume.

intelligences secrètes à la Jamaïque et à Londres. Il avait constamment éludé l'ordre de faire écrire en lettres d'or, sur les drapeaux de ses régimens, l'inscription ordonnée par l'arrêté consulaire de 1799. »

Conçoit-on qu'un esprit de la trempe du Premier Consul avait besoin d'autres motifs pour se déterminer à ordonner une expédition contre Saint-Domingue? Qu'on rapproche ce passage des Mémoires, avec l'article du Moniteur, du 5 janvier 1800. Mais il fallait attendre *la conclusion de la paix* avec la Grande-Bretagne : celle de Lunéville l'avait fait présager. Les préliminaires de la paix d'Amiens furent signés à Londres le 1er octobre.

Le 29 septembre, la France avait conclu la paix avec le Portugal ; le 30, une convention fut signée avec les États-Unis, pour régler tous les différends existans depuis plusieurs années entre les deux pays. Le 8 octobre, la paix se fit avec la Russie, le 9 avec la Turquie.

La France n'était donc plus gênée dans ses vues sur sa colonie.

Le Moniteur du 3 octobre (11 vendémiaire e) publia la *constitution* de T. Louverture, qui venait d'arriver par les États-Unis, avec ces seuls mots : « Nous ne garantissons « pas l'authenticité de la constitution de Saint-Domingue « que nous avons extraite des papiers américains. »

Celui du 4 contient l'analyse d'une brochure qui venait de paraître, publiée par Charles Esmangart, colon de Saint-Domingue. Il y concluait *au maintien de la liberté des noirs, quoiqu'elle eût été faite avec précipitation ;* qu'il serait *aussi injuste qu'impolitique de revenir sur le principe de cette émancipation.* Il faisait sentir néanmoins la nécessité d'établir à Saint-Domingue un gouvernement *très fort,* de rétablir les colons dans leurs biens, de proté-

[1801] CHAPITRE VIII. 435

ger leur retour dans la colonie. Il proposait aussi de la peupler *de noirs par la traite*, pour servir durant *sept années* ceux qui les achèteraient, après quoi ils pourraient aller travailler où ils voudraient[1].

Si cette brochure contenait des vues libérales, même lorsqu'il s'agissait de la traite des noirs, lesquels ne seraient pas condamnés à un esclavage *perpétuel* (ce qui n'était pas prévu dans le système de la constitution de Saint-Domingue), elle est aussi la preuve que la question relative à cette colonie était à l'ordre du jour *avant* l'arrivée du colonel Vincent.

Le Moniteur du 14 octobre (22 vendémiaire) dit à ce sujet :

« Le citoyen Vincent, chef de brigade, directeur du génie à Saint-Domingue, est arrivé à Paris. Il a apporté plusieurs lettres de T. Louverture, et *officiellement* la constitution que l'on présente à l'approbation de la métropole. Ce projet va, sous peu de jours, être soumis *à la discussion* du conseil d'État. Le citoyen Vincent donne les renseignemens les plus satisfaisans sur la culture de la colonie.

« T. Louverture, presque sans communication avec le gouvernement, n'étant pas bien à même de connaître son intention, *a pu se tromper quelquefois ;* mais il a constamment rendu *de grands services*. La guerre civile a enfin cessé; la colonie est tranquille, *et le peuple français ne peut pas oublier que c'est en partie à lui qu'il doit la conservation* de cette belle et importante colonie.

« Il est *possible* que l'on n'adopte pas en France plu-

[1] Nous ne savons pas si l'auteur de cette brochure est le même personnage qui vint en mission avec le vicomte de Fontanges à Haïti, en 1816, et qui contribua ensuite aux arrangemens qui eurent lieu entre la France et Haïti.

sieurs articles de la constitution qu'il a *proposée;* mais les changemens que l'intérêt de la métropole pourrait commander seront à l'avantage du commerce, de l'agriculture et de la prospérité de Saint-Domingue. »

Voilà un article rédigé convenablement pour endormir T. Louverture sur les projets du gouvernement consulaire : tous les gouvernemens emploient, au besoin, de pareils soporatifs. Mais lisons ce que dit Thibaudeau :

« A la nouvelle apportée par Vincent, *l'indignation* du Premier Consul fut extrême. La conduite de T. Louverture lui parut attentatoire à l'autorité et à la dignité de la République ; et ne voyant *dès-lors* dans les chefs noirs que des Africains ingrats et rebelles avec lesquels il était impossible de pactiser, il résolut de les anéantir par les armes. Il fut influencé dans cette détermination, *non*, comme on l'a dit, par l'opinion des ministres et du conseil d'État *qui ne fut pas même consulté*, mais par les importunités des colons, des négocians, des spéculateurs ....[1] »

Cette narration est écrite à peu près d'après les Mémoires de Sainte-Hélène. Cependant, une assertion de Thibaudeau, conseiller d'État, détruit ce qui y est dit relativement au conseil d'État et aux ministres. Il paraît donc que s'il y eut des membres de ce conseil qui furent consultés, *le conseil lui-même*, comme corps délibérant, appelé par la constitution à donner son avis, ne le fut point. Thibeaudeau paraît avoir raison; car les mémoires de H. Grégoire disent :

« Que les ministres, *des conseillers d'État*, des sénateurs, au nombre de soixante, furent réunis par le Premier Consul pour aviser au moyen de rétablir à Saint-Domingue

---

[1] Tome 3, p. 111.

l'autorité française. — Tous ces hommes avaient donné leur opinion, et Grégoire se taisait : le Premier Consul lui dit : « Qu'en pensez-vous ? — Je pense, répondit Gré-
« goire, que fût-on aveugle, il suffirait d'entendre de tels
« discours pour être sûr qu'ils sont tenus par *des blancs*.
« Si ces messieurs changeaient à l'instant de couleur, ils
« tiendraient probablement un tout autre langage. — *Al-*
« *lons*, répartit le Premier Consul, *vous êtes incorrigible*. »
Continuons de lire Thibaudeau.

« A peine s'était-il écoulé quelques jours *depuis* l'arrivée de Vincent, que le Premier Consul avait fait toutes ses dispositions pour envoyer une armée à Saint-Domingue. Le général Leclerc fut mandé du corps d'observation de la Gironde, et des ordres furent donnés pour que l'expédition fût prête à partir du 12 au 15 brumaire an x (du 3 au 6 novembre). Mais en même temps, le Premier Consul fit publier dans les journaux des articles *pacifiques*, pour ne point donner *l'éveil* à T. Louverture, ou du moins pour dissiper les inquiétudes que pourrait lui inspirer cet armement [1]. » — Nous venons de lire cet article.

Cet auteur cite à ce sujet des lettres du Premier Consul au ministre de la guerre, en date des 16, 21, 29 vendémiaire et 1er brumaire (8, 13, 21 et 23 octobre). Nous remarquons que la première ayant été écrite le 8 octobre, — elle l'aura été *avant* l'arrivée de Vincent, puisque ce fait n'a été annoncé que dans le Moniteur du 14, et que celui du 3 annonçait déjà et publia la constitution de Saint-Domingue qui venait d'arriver par les États-Unis.

De tout ce qui précède, il résulte, selon nos appréciations, que ce n'est pas l'arrivée de Vincent avec la consti-

---

[1] Tome 3, p. 112.

tution qui fit *naître* l'idée de l'expédition : elle était déjà *résolue*. Nous tirons encore cette induction du passage suivant de l'*Histoire de France* par Bignon :

« Dans les préliminaires de Londres, le Premier Consul avait posé, comme condition absolue, la restitution de toutes les possessions françaises dans les deux Indes. Avec *de telles dispositions*, il était *naturel* que l'importante colonie de Saint-Domingue eût surtout appelé son attention et ses soins .... Des communications *préalables* avec le cabinet de Londres avaient donné l'assurance que *cette expédition* ne rencontrerait de sa part aucun obstacle [1]. »

Selon cet auteur, — qui réfute tous les motifs allégués par divers ouvrages, même ceux énoncés dans les Mémoires de Sainte-Hélène, en disant : « Le prisonnier de « Sainte-Hélène, écrivant d'après des souvenirs *plus ou « moins exacts* ; .... » — *les vrais motifs* de l'expédition étaient : 1° que T. Louverture avait refusé d'écrire sur les drapeaux de ses régimens les paroles ordonnées par l'arrêté consulaire ; 2° qu'il était *suspect depuis longtemps* de viser à l'indépendance de la colonie ; 3° qu'on était *mécontent* de la prise de possession de la partie espagnole et de l'arrestation de Roume ; 4° enfin, que sa constitution *acheva* de le perdre dans l'esprit du Premier Consul.

M. Lepelletier de Saint-Rémy, dans son ouvrage déjà cité, attribue positivement l'expédition à l'influence de l'Impératrice Joséphine, qui devint l'intermédiaire entre le Premier Consul, désirant l'entière pacification de la Vendée, et les nobles de la Vendée et de la Bretagne dont beaucoup parmi eux étaient propriétaires à Saint-Domingue, par leurs alliances avec les filles des premiers colons.

---

[1] Tome 2, p. 123.

« On leur promit, dit cet auteur, de ramener Saint-Do-
« mingue dans le giron de la mère-patrie : ils promirent
« leur concours pour faire rentrer le fleuve vendéen dans
« son lit [1]. »

Malenfant, qui fait savoir qu'il était breton, mais qui n'était pas noble, confirme à peu près cette assertion en disant : « Madame Bonaparte, qui ne connaissait que la
« Martinique, a beaucoup contribué, dit-on, à persuader
« le Premier Consul *de ramener l'esclavage* [2]. »

M. Thiers, dans son *Histoire du consulat et de l'empire*, en résumant les divers motifs de l'expédition, dit aussi :

« Une considérable partie *des nobles français* déjà privés de leurs biens en France par la révolution, étaient en même temps *colons* de Saint-Domingue et dépouillés des riches habitations qu'ils avaient jadis possédées dans cette île. On ne voulait pas leur rendre leurs biens en France, devenus biens nationaux ; mais on pouvait leur rendre leurs sucreries, leurs caféteries à Saint-Domingue, et c'était un dédommagement qui semblait pouvoir les satisfaire. Ce furent là les motifs divers qui agirent sur la détermination du Premier Consul. Recouvrer la plus grande de nos colonies, la tenir non pas de la douteuse fidélité d'un *noir* devenu dictateur, mais de la force des armes ; la posséder solidement *contre les noirs* et les Anglais ; rendre aux anciens colons leurs propriétés *cultivées par des mains libres;* joindre enfin à cette Reine des Antilles les bouches du Mississipi, en acquérant la Louisiane : telles furent les combinaisons du Premier Consul, — *combinaisons regrettables*, comme on le verra bientôt, mais com-

---

[1] Tome 1er, p. 153.
[2] Page 265.

mandées, pour ainsi dire, par une disposition des esprits qui était *générale* en France [1]. »

Il est donc constant que le rétablissement *des nobles-colons* dans leurs propriétés à Saint-Domingue, entra comme une des causes principales de l'expédition qui allait renverser T. Louverture, pour le conduire ensuite au fort de Joux. Ceci est très-curieux et d'un haut enseignement ; car, il a été prouvé que ce fut à la suggestion *des nobles*, contre-révolutionnaires du Nord, qu'il organisa la révolte des noirs en 1791. Sous les Espagnols, il s'affublait de décorations *de la noblesse ;* devenu tout-puissant, dictateur, il s'entoura *de ces nobles émigrés*, il en admit dans sa garde d'honneur ; il les restaura dans leurs propriétés. Sa querelle, sa guerre avec Rigaud avait eu pour origine la trop grande faveur qu'il leur accordait ; et en définitive, il mourut dans un cachot, en grande partie à cause d'eux.

M. Thiers, comme on le voit, n'admet pas que le rétablissement de l'esclavage devait être la conséquence de l'expédition : c'est ce que pense aussi M. Bignon, quoiqu'il ait dit à propos de ce fait consommé en 1802 à la Guadeloupe : « Il est des conjonctures où il y aurait une stupide « imprudence *à ne pas museler des tigres*. » Or, comme les noirs de la Guadeloupe ne redevinrent *esclaves* que pour avoir résisté les armes à la main, ceux de Saint-Domingue ayant aussi résisté de la même manière, il est plus que probable que des instructions *secrètes* avaient dû *prévoir* ce cas, pour qu'on agît à leur égard comme on fit envers ceux de la Guadeloupe, — pour *les museler !*

---

[1] Tome 3. « En un mot, la nation avait *la rage* de recouvrer Saint-Domingue, « et je fus forcé d'y céder. » Mémorial de Sainte-Hélène, par Las Cases.

C'est ce qu'affirme M. Lepelletier de Saint-Rémy ; il dit :

« Tandis que les publicistes agitaient la question de savoir quel parti il conviendrait à la France de prendre *en redevenant maîtresse de la colonie*, celui qui traçait au général Leclerc jusqu'au mode du débarquement de ses troupes, lui donnait pour instructions *verbales*, mais *formelles*, de rétablir *l'ancienne* organisation coloniale aussitôt la pacification opérée [1]. »

Précédemment, le même auteur avait dit :

« On sait le mot du Premier Consul ; ayant demandé *en prenant le pouvoir*, sous quel régime les colonies avaient le plus prospéré, il lui fut répondu que c'était sous celui en vigueur au moment où avait éclaté la révolution : « *Alors, qu'on le leur applique de nouveau, et au plus « vite*, répondit-il [2]. »

Cependant, dans l'exposé de la situation de la République, présenté le 23 novembre par le conseiller d'État Thibaudeau au corps législatif, il était dit :

« A Saint-Domingue, des actes irréguliers ont alarmé la soumission. Sous des apparences équivoques, le gouvernement n'a voulu voir que l'ignorance qui confond les noms et les choses, qui usurpe quand elle ne croit qu'obéir; mais une flotte et une armée qui s'apprêtent à partir des ports de l'Europe, auront *bientôt* dissipé tous les nuages, et Saint-Domingue *rentrera* tout entière sous les lois de

---

[1] Cet auteur ajoute dans une note : « *Nous tenons ce fait de* l'un des officiers généraux de l'armée, glorieux débris de l'expédition de 1802, et auquel *Leclerc en avait fait la confidence.* » T. 1er p. 191. Dans ses mémoires, Fouché attribue l'expédition principalement à Malouet, Fleurieu, (deux conseillers d'Etat) et tout le parti des colons. « On décida , dit-il, qu'*après la conquête* « on maintiendrait *l'esclavage*, conformément aux lois et règlemens antérieurs « à 1789, et que la traite des noirs et leur importation auraient lieu suivant « les lois existantes à cette époque. »

[2] Tome 1er, page 92.

la République. *A Saint-Domingue et à la Guadeloupe, il n'est plus d'esclaves : tout y est libre, tout y restera libre. La sagesse et le temps y ramèneront l'ordre et y rétabliront la culture et les travaux.* — A la Martinique, *ce seront des principes différens. La Martinique a conservé l'esclavage, et l'esclavage y sera conservé. Il en a trop coûté à l'humanité,* pour tenter encore, dans cette partie, une révolution nouvelle. — La Guyane, les îles de France et de la Réunion... Ces colonies si importantes sont rassurées; elles ne craignent plus que la métropole, *en donnant la liberté aux noirs, ne constitue l'esclavage des blancs.* »

Les raisons n'ont pas manqué pour justifier le maintien de l'esclavage dans les colonies, autres que Saint-Domingue. Les Mémoires de Sainte-Hélène les font connaître en ces termes :

« La loi du 30 floréal an 10 (20 mai 1802)... était *juste, politique, nécessaire.* Il fallait assurer la tranquillité de la Martinique qui venait d'être rendue par les Anglais. La loi générale de la République était *la liberté des noirs.* Si l'on ne l'eût pas rapportée pour cette colonie et pour l'Ile de France, les noirs de ces colonies l'eussent relevée.... Quant à la continuation de la *traite des nègres,* cela ne put pas affecter *les noirs* de Saint-Domingue qui la *désiraient* pour se recruter et s'augmenter en nombre ; ils l'avaient encouragée pour leur propre compte. »

Quand les chefs de gouvernement sont déchus de leur autorité, et qu'ils se voient en face de la postérité, ils sentent le besoin d'expliquer, sinon de justifier les actes les plus importans de leur administration. Mais si M. Lepelletier de Saint-Rémy est fondé à rapporter le mot cité du Premier Consul et prononcé par lui au moment *où il prenait le pouvoir ;* s'il a tenu d'un officier général de l'expédition l'aveu mentionné dans sa note et résultant de la confidence du général Leclerc ; il est clair que les Mémoires de Sainte-Hélène ne disent pas *toute la vérité* sur cette question, et que les assertions de MM. Bignon et Thiers tombent devant les instructions *verbales et formelles* données au chef de l'expédition. Aussi M. Lepelletier de Saint-Rémy ajoute-t-il dans la même page de son livre :

« Le *secret* fut d'abord absolu, et *le leurre* des proclamations du Consul acheva l'œuvre si vigoureusement ébauchée par nos soldats. Mais on devint *moins circonspect* à mesure qu'approchait le moment *d'exécuter les ordres de la métropole*. Le chef du gouvernement, en apprenant la résistance meurtrière opposée à l'armée expéditionnaire, ne put lui-même contenir l'explosion *du mépris haineux qu'il portait à la race noire*. Les paroles violentes qu'il jeta au négrophile Grégoire[1], et le décret consulaire qui rétablissait l'esclavage à la Guadeloupe, *révélèrent sa pensée* à l'Europe, tandis que, entraînés par cet exemple, les familiers du général Leclerc ne gardaient aucune mesure. »

Veut-on une confirmation des assertions *fondées* de cet auteur ? C'est Thibaudeau qui nous la fournira dans son Histoire du consulat et de l'empire. Il dit que, lorsqu'il s'agissait d'instituer à Paris *des chambres d'agriculture* pour représenter les colonies et faire connaître leurs besoins à la métropole, cette question fut portée au conseil d'État où l'ancien ministre Truguet, l'un de ses membres, fit des objections contre cette institution. Le Premier Consul, impatienté de ses raisonnemens, dit avec chaleur :

---

[1] « D'après ce qui se passe à Saint-Domingue, je voudrais que les *Amis des noirs* eussent, dans toute l'Europe, la tête voilée d'un crêpe funèbre. »

« On suppose que les colons sont *pour les Anglais ;*
« mais je puis *assurer* qu'à la *Martinique* il y a de très-
« bons citoyens. Les partisans des Anglais y sont connus;
« ils y sont *peu nombreux* .... On ne veut voir *que des*
« *partisans des Anglais* dans nos colonies, pour avoir *le*
« *prétexte* de les opprimer. Eh bien ! M. Truguet, *si vous*
« *étiez venu en Égypte* nous prêcher *la liberté des Noirs*
« ou des Arabes, *nous vous eussions pendu* au haut d'un
« mât. *On a livré tous les blancs à la férocité des noirs,*
« et on ne veut pas même que les victimes soient mécon-
« tentes : eh bien ! *si j'avais été à la Martinique, j'aurais*
« *été pour les Anglais,* parce qu'avant tout il faut sauver
« sa vie. JE SUIS POUR LES BLANCS PARCE QUE JE SUIS BLANC :
« je n'en ai pas d'autre raison, et celle-là est *la bonne.*
« Comment a-t-on pu donner la liberté *à des Africains,*
« à des hommes qui n'avaient aucune civilisation, qui ne
« savaient seulement pas ce que c'était que *colonie,* ce que
« c'était que *la France*[1] *?* Il est tout simple que ceux qui
« ont voulu la liberté des noirs, veuillent encore l'escla-
« vage des blancs. Mais encore, *croyez-vous que, si la*
« *majorité de la convention avait su ce qu'elle faisait et*
« *connu les colonies, elle aurait donné la liberté aux*
« *noirs? Non,* sans doute ; mais peu de personnes étaient
« en état d'en prévoir les résultats, et un sentiment d'hu-
« manité est toujours puissant sur l'imagination. Mais, *à*
« *présent, tenir encore à ces principes,* il n'y a pas de
« *bonne foi;* il n'y a que de l'amour-propre et de l'hypo-
« crisie .... »

---

[1] Si les noirs de Saint-Domingue et de la Guadeloupe n'avaient pas su ce que c'était que la France, ils n'auraient pas chassé les Anglais de ces deux îles. Au reste, le Premier Consul, à ce qu'il paraît, employait autant d'arguments pour rester vainqueur dans une discussion, que de moyens stratégiques pour gagner une bataille.

Cette discussion eut lieu dans la séance du conseil d'État, du 21 ventôse an 11 (12 mars 1803). Sans doute, on peut dire que les événemens qui se passaient à Saint-Domingue depuis un an, ont dû avoir quelque influence sur ces paroles du Premier Consul. Mais il ressort aussi de toutes les idées exprimées dans ce peu de mots, que le chef du gouvernement français avait des opinions faites sur la question de la liberté des noirs, *avant* d'être parvenu à ce haut rang. Ce n'est pas à un tel génie qu'on osera faire le reproche de n'y avoir jamais réfléchi, surtout lorsque, par son alliance avec une Créole, il avait dû être informé de tout ce qui concernait les colonies françaises. D'ailleurs, nous l'avons déjà dit, depuis 1795 la réaction s'opérait dans l'opinion, en France, contre la liberté générale ; des regrets avaient été manifestés souvent à ce sujet dans les discussions qui eurent lieu au corps législatif, et il était impossible que le général Bonaparte ignorât tous ces précédens : sa noble compagne était particulièrement intéressée à le lui apprendre jusqu'en Égypte ; et nous félicitons sincèrement l'amiral Truguet de n'y avoir pas été *se faire pendre* par rapport *aux noirs*.

Une réflexion naît des paroles que nous venons de rapporter d'après l'ouvrage de Thibaudeau : c'est que, selon le Premier Consul, les colons de Saint-Domingue n'eurent *aucun tort*, lorsqu'ils livrèrent cette colonie aux Anglais et aux Espagnols. Page et Brulley avaient soutenu cette thèse dans les débats contre Polvérel et Sonthonax [1]. Or,

---

[1] D'après les mémoires de H. Grégoire, en 1802, pendant qu'une loi ordonnait le rétablissement de l'esclavage dans les colonies françaises, Page publia une brochure où il prenait pour base *la liberté générale des noirs*. Était-il sincèrement *converti*, lui toujours si furieux, si perfide ?

comme T. Louverture agissait *alors* de concert avec les colons, il faisait fort bien aussi de travailler au rétablissement de l'esclavage des noirs, aboli par ces commissaires civils. Mais, comme il vint ensuite se soumettre à la République française représentée par eux, comme il combattit constamment contre les Anglais, qu'il réussit à chasser de Saint-Domingue avec le concours de tous ses frères, il eut *un grand tort* par ses succès ; car il est *probable* qu'à la paix, les Anglais *rendant* Saint-Domingue comme la Martinique, l'esclavage des noirs y étant maintenu par eux, on n'eût pas eu besoin d'y envoyer une flotte et une armée. Vainement T. Louverture fit-il tous ses règlemens de culture, tous ses autres actes qui rétablissaient *de fait* l'esclavage des noirs cultivateurs ; les mots de *liberté* et d'*égalité* qu'il continuait d'écrire hypocritement dans ses actes, les autres faits qu'on pouvait justement lui reprocher, et surtout sa prétention à gouverner la colonie, lui *noir*, faisaient sa condamnation aux yeux du Premier Consul[1].

Si nous avons devancé l'ordre chronologique des faits par toutes ces citations, c'est qu'avant de parler de la formidable expédition dirigée contre Saint-Domingue, il nous a paru convenable de bien préciser *son caractère, son objet, le but* qu'elle se proposait d'atteindre. Aussi, ne sommes-nous pas étonné de trouver, dans le rapport de la commission française présidée par le duc de Broglie,

---

[1] N'oublions pas néanmoins qu'à Sainte-Hélène, suivant Las Cases, l'Empereur Napoléon a *flétri* les colons « tous royalistes et vendus à la faction anglaise » dont les *criailleries* ont provoqué l'expédition. Le temps lui avait fait connaître la vérité à leur égard ; mais *il était trop tard* !

cette conclusion *vraie* contre les procédés du gouvernement consulaire :

« Lorsqu'en 1793, à la suite des violences de notre
« première révolution, l'esclavage s'est trouvé aboli dans
« nos colonies, le premier soin du gouvernement consu-
« laire, au retour de l'ordre, a été de remettre les noirs
« en servitude. Rien ne lui a coûté pour cela, ni les
« hommes, ni l'argent, ni même, il faut bien le dire, *les*
« *cruautés, les perfidies.* Il a semblé considérer la li-
« berté des noirs comme l'une des folies d'un temps de
« folie [1]. »

Oui, cette appréciation est judicieuse ; et si, à Saint-Domingue, les hommes de la race noire ont dû déployer toute leur énergie, pour échapper au résultat obtenu dans les autres colonies françaises, il n'est pas moins vrai qu'on y a pratiqué tout ce que le génie de l'enfer pouvait suggérer pour arriver à ces fins détestables. On le verra dans le sixième livre de cet ouvrage qui terminera la période française.

Comment donc concevoir qu'il y a de la *sincérité* dans tous les ouvrages qui ont prétendu, d'après les Mémoires de Sainte-Hélène, que le rétablissement de l'esclavage n'était pas prescrit par les instructions *secrètes* du Premier Consul à son beau-frère ? Il suffit de lire encore la déclaration suivante dans l'exposé des motifs de la loi du 20 mai 1802, pour rester convaincu de cette résolution si contraire aux droits naturels des noirs. Le conseiller d'État Dupuy disait :

« Dans les colonies où les lois révolutionnaires ont été
« mises à exécution, il faut *se hâter* de substituer aux

---

[1] Rapport de la commission, page 270.

« séduisantes *théories,* un système réparateur dont les
« combinaisons *se lient aux circonstances, varient avec*
« *elles,* et soient confiées *à la sagesse* du gouvernement. »

Que signifiait une telle déclaration, sinon que le gouvernement consulaire se réservait de faire rétablir l'esclavage à Saint-Domingue et à la Guadeloupe, dès que les circonstances y seraient favorables ? Aussi, peu après, cette mesure fut-elle prise à la Guadeloupe par le contre-amiral Lacrosse et sanctionnée par les consuls. Était-ce d'ailleurs *logique,* de maintenir l'esclavage à la Martinique et de laisser subsister la liberté dans cette colonie si voisine de cette île, même à Saint-Domingue ?

La bonne foi ne fut donc pas le signe caractéristique de tous les actes que nous aurons à énumérer, de la part du gouvernement consulaire à l'égard de notre pays ; et c'est avec raison que M. Lepelletier de Saint-Rémy dit :

« Si le gouvernement consulaire eût marché ouverte-
« ment au rétablissement de l'ancien système colonial,
« *l'insuccès* eût été sans doute le même. Mais cet insuccès
« fût demeuré réduit aux seules proportions d'un grand
« désastre militaire. La combinaison *astucieuse* qui fit
« d'une *perfidie* la base de l'expédition de 1802, frappa *la*
« *politique de la France* d'un *discrédit* dont rien ne put
« la relever aux yeux des noirs[1]. »

Cette politique avait été déjà frappée de discrédit, par les horreurs produites par la guerre civile du Sud, excitée, allumée par les agens de la France. En 1802, on pouvait encore espérer de la métropole un retour à des sentimens généreux : ce fut le contraire.

On a vainement dit ensuite que les instructions *secrètes*

---

[1] Tome 1er., page 193.

données au général Leclerc portaient — « de mettre la
« plus grande confiance dans *les hommes de couleur*, de
« les traiter *à l'égal des blancs*, de favoriser *les mariages*
« *des hommes de couleur avec les blanches*, et des mu-
« lâtresses avec les blancs, mais de suivre un système
« *tout opposé envers les noirs*. Il devait, dans la semaine
« même où la colonie serait pacifiée, faire notifier à tous
« les *généraux, adjudans-généraux, colonels et chefs de*
« *bataillon noirs*, des ordres pour servir en France avec
« leurs grades, les faire *embarquer* sur huit ou dix bâti-
« mens, dans tous les ports de la colonie et les diriger sur
« Brest et Toulon ; il devait *désarmer tous les noirs* en
« conservant un corps de six mille hommes, dans lequel
« les places d'officiers et de sous-officiers seraient répar-
« ties également par tiers entre les noirs, les hommes de
« couleur et les blancs. Il lui était ordonné, du reste, d'as-
« surer aux noirs *la liberté civile* et de les en faire jouir,
« en confirmant l'ordre de classement et de travail établi
« par Toussaint Louverture [1]. »

Ce sont autant d'inexactitudes empruntées aux Mémoires de Sainte-Hélène ; car on prouvera que si Rigaud
et les officiers du Sud furent amenés dans l'expédition,
c'était pour en faire un *drapeau de défection* dans ce dé-

---

[1] Thibaudeau, t. 3, p. 115. Bignon parle des instructions *secrètes* dans le même sens et d'après les mémoires de Sainte-Hélène. M. Thiers dit *le contraire* de ces mémoires et du Mémorial de Las Cases. Selon lui, (tome 4), « Leclerc
« avait pour instructions de ménager Toussaint, de lui offrir le rôle de lieute-
« nant, la confirmation des grades et des biens acquis par ses officiers, la garan-
« tie de la liberté des noirs, mais avec l'autorité positive de la métropole, repré-
« sentée par le capitaine-général... Et de se débarrasser des chefs noirs au moin-
« dre signe de désobéissance. » Or, dans le Mémorial de Las Cases, Napoléon accuse Leclerc de n'avoir pas envoyé en France, dans le principe, Toussaint et les officiers noirs.

En présence de tant de contradictions, il est permis de douter et de ne juger que d'après *les faits*.

partement et partout où il avait encore des partisans secrets de la cause qu'il soutint contre T. Louverture, et qu'il fut embarqué et déporté en France avec plusieurs de ces officiers, *avant son rival*. On verra aussi quelles mesures furent prises ensuite, en France même, *contre* les hommes de couleur.

Si nous pouvions nous *convaincre* que Leclerc a réellement *enfreint* ses instructions à l'égard *des hommes de couleur,* comme on l'a dit, nous provoquerions de notre pays l'érection d'une *statue* à ce général ; car, alors, il aurait rendu le service le plus éminent à la race noire. Mais, non, il n'y a pas lieu pour sa mémoire de jouir d'un tel honneur : il a positivement fait ce qui lui avait été prescrit, et c'est au Premier Consul lui-même que nous devons en rendre *grâces. Nous applaudissons sincèrement* à la résolution qu'il prit de *renverser* T. Louverture dont la tyrannie opprimait sa race, de faire *persécuter* les hommes de couleur et de *tenter* le rétablissement de l'esclavage légal à Saint-Domingue : par ces injustices, même en ce qui concerne T. Louverture si dévoué aux colons, il a donné *naissance* à un peuple de plus dans le monde, il a *accéléré* l'émancipation générale des noirs dans les Antilles ; car cet événement inattendu y a puissamment contribué.

Supposons, au contraire, T. Louverture maintenu à son poste par le gouvernement consulaire, et il sera facile de concevoir que *la servitude des noirs* se serait perpétuée à Saint-Domingue et ailleurs. En effet, son despotisme sanguinaire se fût maintenu sur son pays, il se fût raffermi — par le courant de barbarie que ce chef y aurait introduit avec la traite des noirs d'Afrique, prévue dans sa constitution toute favorable à la race blanche, —

par l'immigration de nouveaux colons européens qu'aurait facilitée la métropole.

Ah ! sans doute, si au lieu de supprimer la liberté dans les possessions françaises, le gouvernement consulaire se fût borné à la réglementer par des dispositions modérées et généreuses, dans les vues d'élever la race noire à la dignité des hommes libres par l'instruction, son puissant patronage n'eût fait que le bonheur de cette race tout entière : dans l'introduction même de colons européens, elle eût trouvé un véhicule à sa civilisation. Une si noble entreprise était-elle au-dessus du génie du Premier Consul et des forces dont il disposait ? Peut-on concevoir où se serait arrêtée la puissance de la France dans les Antilles, appuyée surtout sur une population de 600 mille noirs et mulâtres, à Saint-Domingue, tous aguerris, tous dévoués à cette métropole dont ils avaient défendu les droits, en repoussant les Anglais du sol de leur pays ? En leur envoyant des officiers pour les instruire dans l'art de la guerre, des administrateurs pour les diriger, le Premier Consul, dont la renommée avait excité leur admiration, n'en eût-il pas fait des guerriers redoutables aux possessions de la Grande-Bretagne ? Quelle gloire pure pour la France, qui, la première parmi les puissances possédant des colonies, avait proclamé la liberté des noirs, si son gouvernement eût agi ainsi ? Mais il préféra les millions que procure le travail esclave, à l'influence immense qu'il eût pu exercer sur des hommes libres, et il ne retira que des ruines de son entreprise. Ainsi l'avait sans doute voulu la Providence : bénissons-la !

Quoi qu'il en soit, d'après le plan adopté pour user du droit incontestable qu'avait la France sur Saint-Domingue, le gouvernement consulaire ne pouvait saisir un moment plus favorable pour agir contre T. Louverture, que celui où il dirigeait la flotte française dans cette colonie. Ce gouverneur *de motu proprio* venait de mettre le comble à sa tyrannie, par le supplice de Moïse et les meurtres commis dans le Nord sur les noirs cultivateurs. Les officiers supérieurs redoutaient tous le sort de leur collègue, de leur frère d'armes ; toutes les parties de la population soupiraient après un changement dans l'état des choses, et ce changement ne pouvait venir que de la métropole : toutes les espérances étaient donc dirigées vers la France, *mais vers la France libérale et non réactionnaire*. La résistance qui fut opposée à l'armée expéditionnaire, n'a été occasionnée d'abord que par les craintes conçues à son apparition, et ensuite par ces espérances déçues, et non par le dévouement qu'on portait à T. Louverture.

Aussi, le colonel Vincent, qui connaissait l'esprit de la population noire, avait-il fait tout ce qui dépendait de lui pour détourner le Premier Consul de la résolution d'envoyer cette armée, en exposant d'ailleurs toutes les difficultés de l'entreprise par rapport à l'influence du climat sur les troupes européennes, — « sans prétendre « néanmoins qu'elle fût impossible [1]. » On profita des renseignemens qu'il put donner comme officier du génie et directeur des fortifications de Saint-Domingue [2].

D'après ces affirmations, nous doutons de l'assertion de M. Madiou qui prétend que Vincent adressa à T. Louver-

---

[1] Mémorial de Sainte-Hélène, par Las Cases.
[2] Montholon, t. 1er. A cette occasion, Napoléon détruit les imputations de Pamphile de Lacroix, relatives à l'exil de Vincent à l'île d'Elbe. Il affirmo que cet officier, devenu *suspect* par rapport à ses opinions en faveur de T. Louverture, témoigna lui-même le désir d'être employé dans un pays chaud, et qu'il obtint la direction des fortifications de la Toscane. Il se plaisait, dit-il, à Florence, où il maria une de ses filles. P. de Lacroix a commis plus d'une erreur.

ture, des dépêches qu'il reçut par la voie de Jacmel, et qui lui annonçaient qu'une expédition formidable se préparait en France contre Saint-Domingue [1]. En bon Français, Vincent avait bien pu tenter de détourner son gouvernement de l'expédition; mais par cette raison même, il n'eût pas trahi son pays : or une telle information n'eût été de sa part qu'une trahison. Cet officier était trop honorable pour agir ainsi.

T. Louverture a dû être informé de ce projet par la voie de l'Angleterre, des États-Unis et de la Jamaïque, peut-être par les soins de quelque particulier de France. Nous avons lu dans le Moniteur que, dès le 6 octobre, le schooner *Wilmington*, de 14 canons, partit de Plymouth, pour aller aux Indes occidentales annoncer la signature des préliminaires de paix entre la Grande-Bretagne et la France, et transmettre les ordres du gouvernement anglais. Ce bâtiment a dû arriver dans les Antilles, au milieu ou à la fin de novembre, au moment de la répression de la révolte des cultivateurs du Nord et de la mort de Moïse.

Pamphile de Lacroix prétend « que le général Nugent, « gouverneur de la Jamaïque, venait de signer une *con-« vention* avec T. Louverture pour augmenter au besoin « ses moyens de résistance, lorsqu'il apprit la signature « des préliminaires de paix, et qu'il congédia les agens de « T. Louverture qui résidaient près de lui depuis deux mois, « en rappelant du Cap le résident britannique dont la « mission n'avait jamais été officiellement reconnue. »

Nous doutons de l'existence d'une telle *convention*; car tous les auteurs français se sont accordés pour accuser T. Louverture d'avoir eu le projet de l'indépendance de Saint-

[1] Histoire d'Haïti, t. 2, p. 125.

Domingue, afin de justifier l'expédition de 1802 [1]. Ce sont sans doute ces accusations multipliées qui ont porté M. Madiou à admettre l'assertion de Pamphile de Lacroix, et à ajouter, comme motif de cette convention, que — « T. « Louverture s'était déterminé à hâter l'exécution de son « projet d'indépendance. » Cette affirmation de sa part n'est pas plus fondée en cette circonstance, que dans les autres, où il a attribué ce projet à T. Louverture.

M. Thiers, de son côté, affirme que : « Les Anglais « furent inquiets de l'expédition. On eut quelque peine à « les rassurer, bien qu'en réalité *ils désirassent* l'expédi-« tion, par rapport à leurs colonies : la liberté des noirs « les effrayait. Ils *souhaitaient* donc *le succès* de notre « entreprise. Ils promirent même de mettre toutes les « ressources de la Jamaïque, en vivres et munitions, à la « disposition de l'armée française, moyennant, bien en-« tendu, le paiement de ce qui serait fourni [2]. »

La promesse d'un tel concours de la part du gouvernement anglais ne doit pas étonner, et elle prouve encore qu'il était dans le secret du but réel de l'expédition — le rétablissement de l'esclavage après la conquête. Les Anglais l'avaient rétabli à Saint-Domingue durant leur occupation ; ils le savaient rétabli *de fait* par T. Louverture avec le mot de *liberté* ; et à cette époque, ils étaient bien éloignés de vouloir l'émancipation des noirs. Que leur im-

---

[1] T. Louverture a déclaré au général Cafarelli, qu'il avait d'abord envoyé Bunel à la Jamaïque, pour réclamer ses navires de guerre capturés à la fin de 1799 ; et qu'ensuite, il l'envoya pour obtenir que les Anglais étendissent à la partie espagnole, la permission qu'ils accordèrent pour la navigation autour de la partie française ; que Bunel revint *peu avant* l'arrivée de l'expédition française. Il a déclaré aussi avoir acheté des Etats-Unis, 10 mille fusils, 16 canons de 4 et peu de poudre. En envoyant Bunel à la Jamaïque, en dernier lieu, ce n'était donc pas pour faire la convention dont parle Pamphile de Lacroix.

[2] Histoire du consulat, t. 3.

portait, d'ailleurs, que la France réduisît à néant le pouvoir de T. Louverture qui ne voulut pas souscrire à leurs propositions relatives au monopole du commerce de Saint-Domingue, et qui ne leur avait accordé que la faculté d'y faire entrer leurs navires sous pavillon neutre? Ils se vengeaient de son *indifférence*, de son *dévouement* à la France, en même temps qu'en faisant la paix avec elle et lui restituant plusieurs de ses colonies, ils ne pouvaient pas soutenir le gouverneur de Saint-Domingue. D'un autre côté, croit-on que le gouvernement britannique, si prévoyant, après avoir fait l'essai de ses forces contre les noirs de cette colonie, n'entrevoyait pas *l'insuccès* de l'expédition française, surtout avec *l'arrière-pensée* qu'il pouvait avoir de la rupture de la paix? Donc, dans tous les cas, la Grande-Bretagne ne pouvait que gagner à laisser effectuer cette entreprise : elle y gagna considérablement; on le verra dans la suite de cette histoire.

Ainsi, à la fin de 1801, T. Louverture, bien informé des préparatifs qui se faisaient dans les ports de France, se trouvait réduit aux seules ressources de son génie et des forces dont il pouvait disposer. Ses troupes étaient disséminées sur toute l'étendue du territoire de Saint-Domingue. La population entière des anciens esclaves pouvait les recruter ; car la plupart d'entre eux étaient armés comme gardes nationaux.

Que fit-il, que pouvait-il faire dans une telle occurence? Ce sont des questions qui ressortent nécessairement de cette situation.

Ce qu'il fit se borna à peu de chose. Tous les hommes éclairés étaient également informés de la nouvelle du projet d'expédition : elle s'était propagée dans les masses.

Quoique satisfaits au fond du cœur, les colons conçurent des inquiétudes pour leurs jours : la population noire pouvait se ruer contre eux qui étaient favorisés par le gouverneur, si elle venait à être persuadée que, loin de se présenter comme protectrice, l'armée française était destinée à river ses fers. De même que les autres blancs employés dans l'administration, ils pouvaient encore tout redouter de la part de T. Louverture lui-même, si, menacé dans son pouvoir, il prenait la résolution de soulever cette population : son hypocrisie, sa perfidie connue, quand il s'agissait de son autorité, légitimaient ces inquiétudes.

T. Louverture qui, cependant, *n'avait aucun dessein contre les blancs*, se décida néanmoins à publier une proclamation, le 27 frimaire (18 décembre), pour rassurer les esprits. Nous ne la possédons pas ; mais nous trouvons dans les Mémoires de Pamphile de Lacroix, qu'il y disait, en parlant de l'expédition : « Qu'il fallait recevoir *les « ordres et les envoyés* de la métropole *avec le respect de « la piété filiale.* » Et dans l'ouvrage de M. Saint-Rémy sur sa vie, que cette proclamation se terminait ainsi :

« Je suis soldat, je ne crains pas les hommes ; je ne « crains que Dieu : s'il faut mourir, je mourrai comme un « soldat d'honneur qui n'a rien à se reprocher…. Tou- « jours au chemin de l'honneur, je vous montrerai la route « que vous devez suivre. Soldats ! vous devez, fidèles ob- « servateurs de la subordination et de toutes les vertus « militaires, *vaincre ou mourir* à votre poste. »

Pamphile de Lacroix lui attribue encore ces paroles :

« Un enfant bien né doit de la soumission et de l'obéis- « sance à sa mère ; mais au cas que cette mère soit si « dénaturée que de chercher la destruction de son enfant, « l'enfant doit remettre sa vengeance entre les mains de

« Dieu. Si je dois mourir, je mourrai en brave soldat, en homme d'honneur : je ne crains personne. »

Ces paroles faisaient allusion à la position de la colonie vis-à-vis de la France. Mais ni elles, ni la proclamation, ne disaient qu'il fallait *résister* à l'armée expéditionnaire : au contraire, la proclamation était *explicite* à l'égard de la *soumission* qu'il fallait faire à cette armée, malgré sa finale qu'on a considérée comme une sorte d'appel à l'armée coloniale. On voit donc en T. Louverture un homme, un inférieur parfaitement *résigné* à subir le sort qu'il plairait au gouvernement consulaire de lui infliger. L'entretien même que lui prête encore Pamphile de Lacroix avec un créole (colon) du Port-au-Prince, qui lui demanda un passeport pour se rendre en France, appuie nos appréciations. Ce colon lui disait, pour motiver sa demande de passeport :

« Je vous vois à la veille d'être le chef irrité des noirs, et depuis quelques jours *vous n'êtes plus le protecteur des blancs*, puisque vous venez d'en faire déporter plusieurs pour s'être réjouis de la prochaine arrivée des Européens à Saint-Domingue. »

A cela, que répondit T. Louverture

« Oui, ils ont eu l'imprudence et la sottise de se réjouir de cette prochaine arrivée, comme si cette expédition n'était pas destinée *à me perdre, à perdre les blancs, à perdre la colonie*. On me représente en France comme *une puissance indépendante*, et on y arme *contre moi*!... Contre moi qui ai *refusé* au général Maitland de me constituer *en indépendance* sous la protection de l'Angleterre, et qui ai toujours rejeté les propositions que Sonthonax n'a cessé de me faire à ce sujet[1] !

---

[1] Quelle preuve plus grande peut-on donner que T. Louverture ne conçut jamais l'idée de *l'indépendance absolue* de Saint-Domingue, que ces paroles,

« Puisque vous voulez partir pour la France, j'y consens : mais que votre voyage soit au moins utile à la colonie : je vous remettrai des lettres pour le Premier Consul, et je le prierai de vous écouter. Faites-lui connaître *Toussaint;* faites-lui connaître l'état prospère de l'agriculture et du commerce de la colonie. Enfin, faites-lui connaître *mes œuvres:* c'est d'après tout ce que *j'ai fait ici* que je dois et que je veux être jugé. Vingt fois j'ai écrit à Bonaparte pour lui demander l'envoi de commissaires civils, pour lui dire de m'expédier *les anciens colons,* des blancs instruits dans l'administration, de bons mécaniciens, de bons ouvriers ; il ne m'a jamais répondu. Tout-à-coup il profite de la paix pour diriger *contre moi* une expédition formidable dans les rangs de laquelle je vois figurer *mes ennemis personnels* et des gens funestes à la colonie dont je l'avais purgée... Si Bonaparte est le premier homme en France, Toussaint est aussi le premier dans l'Archipel des Antilles. »

En voilà assez pour prouver que dans cette circonstance si critique, T. Louverture se préoccupait surtout de son sort *personnel;* c'est toujours de *lui-même* qu'il s'agit dans cet entretien, *des blancs, des colons :* son égoïsme, sa vanité percent dans ses paroles. Si ensuite il dit : « Je « saisis mes armes pour la liberté de ma couleur que la « France a seule proclamée, mais qu'elle n'a plus le droit « de rendre esclave ! Notre liberté ne lui appartient plus ! « Ce bien est à nous ! Nous saurons la défendre ou périr ; » ce n'est de sa part qu'une déclaration comminatoire, destinée à faire impression sur le Premier Consul, quand

justifiées par de simples *propositions secrètes* du général Maitland, et non acceptées par lui? Car sa convention avec ce général, citée à la page 140, ne tendait nullement à le constituer indépendant de la France.

le colon interlocuteur pourrait lui rapporter ces paroles. Car s'il était fermement *résolu* à défendre la liberté des noirs, qu'il avait foulée aux pieds, eût-il proclamé qu'il fallait se soumettre aux envoyés de la France *avec le respect de la piété filiale?* N'eût-il pas donné à ses généraux *des ordres formels de résistance?* Loin de là, il les laissa dans le vague, il les abandonna à leur propre impulsion.

C'est qu'au fond, T. Louverture restait conséquent à tous ses antécédens. Il sentait d'ailleurs que d'après sa conduite, *d'après ses œuvres*, il n'avait plus le droit de tenir un langage énergique à ses frères. Sans revenir à ses atrocités pendant et après la guerre du Sud, les massacres qu'il venait de faire commettre dans le Nord par rapport à l'assassinat des blancs par les cultivateurs de ce département, l'avertissaient qu'il s'était dépopularisé, qu'il était un homme fini, à bout de sa puissance.

La preuve du déconcertement de son esprit, ordinairement si ferme, si résolu, se trouve encore dans le voyage qu'il effectua, après sa proclamation du 18 décembre, en se portant à Santo-Domingo pour y installer le tribunal d'appel en personne, conformément à sa constitution. Etait-ce dans une telle conjoncture qu'il devait s'éloigner de la partie française, où la force de son pouvoir résidait dans ses premiers lieutenans? Ne devait-il pas savoir, par expérience, que ce serait dans le Nord que les vaisseaux aborderaient en premier lieu? Mais, après le meurtre récent de l'infortuné Moïse, comment s'y serait-il tenu, il est vrai, pour préparer la défense contre l'armée expéditionnaire?

A ce sujet M. Madiou dit :

« Il partit du Port-Républicain où il laissa Lamartinière,
« homme de couleur, commandant de la 3ᵉ coloniale,

« avec ordre de surveiller le général Agé, commandant de
« l'arrondissement, et le colonel Dalban, commandant de
« la place, tous les deux blancs français. Partout où il
« passa, il ordonna à ses lieutenans *de massacrer les*
« *blancs, de brûler les villes*, et d'exciter les hommes de
« couleur à s'armer en sa faveur, si les Français attaquaient
« la colonie. Il gagna la partie espagnole *pour y établir*
« *un système de résistance*, sans néanmoins être parfai-
« tement *certain* des projets de la France à son égard [1]. »

S'il était vrai que de tels ordres eussent été donnés par T. Louverture, la ville du Port-Républicain n'eût-elle pas été incendiée par Lamartinière qui montra tant d'intrépidité et de résolution à l'apparition des troupes françaises? Et ce serait dans la partie espagnole, avec une population clairsemée et d'une fidélité douteuse, sur un territoire aussi vaste, que le gouverneur de Saint-Domingue aurait été organiser sa résistance? Il n'y avait que deux demi-brigades, la 6ᵉ et la 10ᵉ, dans ces deux tiers de l'île. Et comment cet auteur peut-il dire que T. Louverture *n'était pas certain* des projets de la France, lorsqu'il a affirmé précédemment que le gouverneur avait reçu des dépêches du colonel Vincent, qui lui annonçaient la formidable expédition qui se préparait dans les ports de France contre Saint-Domingue? Sa proclamation du 18 décembre prouve qu'il avait reçu des informations positives, non par Vincent (nous osons le soutenir), mais par d'autres voies. Son entretien ci-dessus cité avec un colon en est encore une preuve.

Disons-le donc, parce que c'est *la vérité:* T. Louverture

---

[1] Histoire d'Haïti, t. 2, p. 129. — T. Louverture a déclaré au général Cafarelli, que les incendies des villes ont eu lieu sans ses ordres. Il sera encore prouvé que ce n'est pas lui qui ordonna l'incendie du Cap, que ce fait eut lieu par l'initiative de H. Christophe.

n'avait réellement aucune intention *de résister* à la puissance de la métropole. En s'accordant avec les colons pour faire sa constitution, il avait cru naïvement que le gouvernement consulaire l'aurait sanctionnée, ou tout au plus modifiée en quelques parties, pour laisser la colonie sous le patronage, le protectorat de la France. Toutes les dispositions de cet acte étaient trop favorables *à la race blanche,* pour qu'il ne dût pas *espérer* cette sanction. Elles confirmaient tous ses actes personnels, tous ses règlemens de culture ; elles leur donnaient une nouvelle force par l'article spécial qui ordonnait *la traite des noirs,* dont les colons auraient profité pour restaurer leurs biens. T. Louverture s'imaginait, qu'après tant de témoignages de son dévouement aveugle aux intérêts coloniaux, à ceux de la France elle-même, il eût été conservé à son poste de gouverneur général : ce fut là son unique pensée, car son égoïsme égalait cette ambition dévorante qui avait toujours été le mobile de toutes ses actions. Ce sont ces deux sentimens, ces deux passions, poussées à l'excès, qui le portèrent à faire si bon marché du sang et de la liberté des hommes de sa race.

Que le gouvernement consulaire ne l'ait pas compris, qu'il se soit mépris sur la vraie situation des choses à Saint-Domingue, sur le parti qu'il pouvait en tirer, même dans le système qu'il adopta pour la restauration de l'esclavage dans les possessions françaises, c'est ce qui n'est pas douteux : les aveux faits, les regrets exprimés à Sainte-Hélène en disent assez à ce sujet.

Une nouvelle lutte s'est ouverte dans mon pays, entre la race blanche et la race noire. Je sens le besoin de reprendre haleine pour la décrire.

Parvenu à la fin du *règne* de T. Louverture, après avoir flétri ses crimes, il me reste à parler de la dernière époque de sa vie politique et militaire, pour arriver au moment où la Providence appesantit sur lui sa main vengeresse. Je n'appellerai point de son jugement.

Mais, si cet homme de ma race me donne l'occasion de prouver qu'en tombant du pouvoir, il a montré de la résolution, de l'énergie, de la dignité ; s'il résulte de cette dernière période de sa brillante destinée, qu'il est seulement vraisemblable qu'il a reconnu *ses torts,* je saisirai cette occasion pour lui tendre une main fraternelle.

J'imiterai André Rigaud et Martial Besse, détenus comme lui au fort de Joux, lui donnant des témoignages de leurs sympathies.

J'imiterai Alexandre Pétion, écrivant son nom à côté de celui des autres héros de mon pays, traçant aux générations contemporaines et futures le noble exemple de l'oubli des torts, pour ne songer qu'à rehausser le mérite des hommes de notre race, à laquelle nous devons être fiers d'appartenir.

RÉSUMÉ DE LA CINQUIÈME ÉPOQUE.

Cette époque, d'une durée si courte, mais si féconde par les actes de la toute-puissance de T. Louverture, nous donne l'occasion d'apprécier toutes les idées, toutes les vues politiques et administratives de ce noir célèbre. Vainqueur de Rigaud, qui a été forcé de fuir de son pays natal pour aller chercher un refuge dans la métropole, il n'a plus trouvé aucune résistance à son pouvoir colossal. C'était le moment pour lui de prouver ses sentimens envers les hommes de sa race, d'exercer sa justice envers les vaincus du Sud, son impartialité envers tous.

Mais, violant aussitôt toutes ses promesses d'amnistie si solennellement faites et renouvelées, T. Louverture ordonne de nouveaux massacres sur tous les points du département du Sud, dans d'autres localités de l'Ouest, de l'Artibonite et du Nord. Un joug de fer est étendu sur toute la population : la terreur est mise à l'ordre du jour par ses divers lieutenans, notamment par Dessalines, exécuteur de ses volontés.

La joie des colons français se manifeste partout : ils s'ingénient à flatter celui qui n'a été toujours que leur allié, leur instrument ; ils le comparent, dans leurs discours, aux plus grands hommes de l'antiquité ; ils réussissent à le persuader qu'il est semblable à Bonaparte, Premier Consul de la République française.

Toutefois, des actes isolés, des protestations armées sans entente, intempestives, de la part de quelques noirs, contre le régime inhumain qui pèse sur eux et sur leurs enfans, l'avertissent en vain, qu'il prend une fausse route. Ces infortunés subissent le châtiment le plus terrible.

Pour ôter à l'avenir toute pareille idée aux masses qu'il a déjà contraintes à un travail qui ne profite qu'aux colons et aux chefs militaires ; en même temps, pour compléter son système agricole, basé sur celui de l'ancien régime que le souffle de la révolution avait emporté, T. Louverture proclame de nouveaux règlemens sur la culture du sol. Afin d'en assurer l'exécution par son aristocratie militaire, il assimile ce nouveau régime à celui qui tient l'armée dans la subordination : même discipline, mêmes pénalités, mêmes rigueurs sont prescrites contre l'ouvrier des champs devenu en quelque sorte soldat de la terre. Des conseils de guerre jugent la plupart des délits.

Un système financier, conséquence nécessaire de celui-là, est imaginé. Toutes les parties de l'administration publique sont organisées dans le même but, sans même excepter l'ordre judiciaire ; car la plus grande partie de ses attributions sont dévolues au jugement des conseils de guerre.

C'est le despotisme, c'est la tyrannie étendant le niveau de l'égalité, dans la cruauté, sur toutes les têtes. Les lois, les ordonnances, les arrêtés ont tout prévu ; mais aucune indépendance n'est laissée, ni aux juges civils, ni aux juges militaires, dans leurs décisions ; car T. Louverture se réserve un jugement en dernier ressort, et des faits monstrueux justifient ses intentions à cet égard.

Afin de commander le respect, la servilité à sa personne, il s'entoure d'un luxe aristocratique, d'une garde d'honneur où entrent des nobles colons en qualité d'officiers : ce sont d'anciens émigrés à la solde de la Grande-

Bretagne, quand elle possédait quelques points du territoire de la colonie.

Il dirige alors sa pensée, déjà conçue dans l'époque précédente, vers la réunion totale de toute l'île de Saint-Domingue sous sa domination. Il n'ignore pas que le gouvernement de la métropole s'est réservé à lui seul d'ordonner la prise de possession de la partie espagnole, quand il le jugerait convenable; que, si Roume, agent national, avait été forcé de l'ordonner, il avait néanmoins rapporté ensuite son arrêté à cet effet. Pour ôter à cette ombre d'autorité tout désir de s'y opposer, il ordonne qu'il soit interné dans l'intérieur du département du Nord, où il le tient en chartre privée, après l'avoir accusé d'être l'auteur de la guerre civile du Sud. Roume reçoit ainsi la juste récompense de toutes ses condescendances, basées du reste sur les instructions du gouvernement directorial; et T. Louverture, en agissant ainsi, ne se base pas moins sur les condescendances constantes de la métropole envers lui.

Se mettant à la tête d'une portion de l'armée, il se dirige contre la partie espagnole dont il s'empare par la force des armes.

Là, enfin, il développe toutes ses vues sur l'organisation définitive de son gouvernement. De Santo-Domingo, il convoque une assemblée délibérante pour donner une constitution et des lois particulières à la colonie, en interprétant de mauvaise foi une disposition de la constitution française qui a institué le gouvernement consulaire. En même temps, il y fait de nombreuses promotions militaires pour s'assurer le dévouement des chefs de son armée.

Là aussi, il proclame une disposition contraire aux droits naturels et civils de ses frères, les cultivateurs noirs qui, pour se soustraire aux caprices des colons, aux rigueurs des chefs militaires, avaient imaginé de se créer, d'acquérir de petites propriétés rurales pour jouir des faveurs accordées aux propriétaires. Reconnaissant leur but, T. Louverture entrave cette louable intention pour mieux les tenir sous le joug de son système.

Comme une conséquence naturelle d'une injustice aussi criante, il fait un appel aux Français d'Europe, à tous les blancs qui voudraient venir dans la colonie, pour y former des établissemens agricoles ; à eux, il offre des concessions gratuites de terres inoccupées, tandis qu'il vient d'interdire aux noirs d'acquérir légitimement par leurs deniers.

Revenant alors dans l'ancienne partie française de Saint-Domingue, il installe son assemblée constituante, composée de colons, d'hommes qu'il a fait nommer pour ne rencontrer aucune opposition à ses vues. Bientôt leur œuvre principale est achevée : la constitution coloniale sort de leurs travaux. En en considérant toute l'économie, on voit facilement qu'elle n'est que le résultat des vues constantes des colons depuis 1789, de régir Saint-Domingue indépendamment des lois de la métropole, de statuer seuls sur son régime intérieur, tout en conservant à la France un haut patronage, un protectorat, enfin la souveraineté extérieure sur sa colonie. Aussi, l'une des principales dispositions de cet acte est-elle le recrutement des ateliers agricoles, par la traite des noirs d'Afrique. Les colons et T. Louverture veulent ainsi augmenter la population, par des hommes abrutis par la barbarie où est plongé leur pays natal, afin de tuer la liberté à Saint-Domingue. Le despotisme de T. Louverture sent qu'il a besoin de cet auxiliaire.

Son égoïsme le porte à condescendre à tout ce que désirent, que veulent les colons, parce qu'ils lui défèrent le titre et les pouvoirs des anciens gouverneurs généraux de la colonie, pour toute la durée de sa vie, avec faculté de désigner son successeur.

Ainsi, le droit de la métropole, à laquelle on rattache néanmoins Saint-Domingue, se trouve anéanti.

Des lois organiques suivent la constitution et la complètent.

Une cérémonie pompeuse proclame ces actes et les mettent à exécution, sans attendre la sanction réservée cependant au gouvernement de la métropole. Mais, dès ce jour, commencent les inquiétudes de tous les hommes éclairés de la colonie, qui pensent, non sans raison, que le gouvernement consulaire, fortement organisé, ne laissera pas impuni ce dernier attentat à la souveraineté de la France. Des observations, des représentations judicieuses sont faites en vain à T. Louverture; il persiste dans sa résolution, et adresse la constitution au gouvernement consulaire, par l'homme même qui a osé lui en faire le plus dans son intérêt personnel. Le Destin l'entraîne malgré lui dans l'abîme qu'il a creusé de ses propres mains.

Cependant, son neveu, le général Moïse, depuis longtemps mécontent de ses tendances; encore plus mécontent du système de gouvernement qu'il a établi; se croyant peut-être à l'abri de son despotisme par les liens du sang qui les unissent, Moïse a le malheur de se prononcer avec imprudence contre la conduite du gouverneur général et surtout contre les colons qui le conseillent. Ses paroles, recueillies avec avidité par les cultivateurs noirs du Nord qu'il ménage dans son commandement, excitent la révolte parmi eux qui souffrent le plus du nouvel ordre de choses. Ils prennent les armes et assassinent des colons. Ce mouvement, non concerté, menace de se propager dans toute la colonie, parce que le nom de Moïse prononcé par les révoltés, semble en faire le drapeau.

T. Louverture accourt aussitôt sur les lieux. Aidé de Dessalines et de Henri Christophe, il réprime la révolte dans le sang des infortunés qui se sont révoltés. Moïse lui-même devient victime de ses imprudences, sans aucun respect pour les lois protectrices qui lui garantissaient un jugement équitable.

Ces actes sanguinaires mettent le comble à la tyrannie de T. Louverture, et lui aliènent tous les cœurs. Il y ajoute par une proclamation qui menace chacun dans son existence individuelle.

Le gouvernement consulaire, qui n'attendait que la conclusion de la paix entre la France et la Grande-Bretagne, apprenant l'état des choses à Saint-Domingue au moment où les préliminaires de cette paix sont signés, et que la paix définitive est conclue avec d'autres puissances, saisit ce moment pour ordonner les préparatifs d'une expédition formidable dans les ports de la métropole. Son but est de renverser le pouvoir de T. Louverture et de rétablir l'esclavage à Saint-Domingue. L'instant en est des plus propices, puisque l'esclavage était rétabli de fait, par tous les actes du gouverneur général de cette colonie, et qu'en outre, la désaffection de la population noire tout entière avait usé tous les ressorts de son administration.

T. Louverture apprend les dispositions faites par le gouvernement consulaire, et tombe dans un état de perplexité inconcevable de la part d'un caractère ordinairement si résolu. Il proclame la nécessité de la soumission aux ordres de la métropole, alors que pour conserver son pouvoir il eût fallu ordonner une résistance générale. C'est qu'il avait la conscience qu'il était un homme usé, par l'excès de ses crimes et de son despotisme.

Une lutte nouvelle est donc sur le point de s'ouvrir à Saint-Domingue, entre les deux races européenne et africaine; car, si le gouvernement consulaire emploie les moyens les plus propres à tromper la population sur ses véritables intentions, elle ne tardera pas à reconnaître les vues coupables qui amènent l'expédition française.

CHAPITRE IX.

Positions occupées par J.-M. Borgella, après la guerre civile du Sud.

Devenu aide de camp du général Laplume, dès son retour de Tiburon, Borgella était considéré de ce général qui l'avait connu à Léogane, et encore à cause de l'estime que lui avait témoignée T. Louverture. Il en avait obtenu un permis pour aller à Miragoane où il se trouvait à la fin d'octobre 1800, quand l'insurrection de J.-C. Tibi et d'A. Marlot éclata dans la plaine des Cayes. Il s'empressa de retourner auprès de son chef qu'il joignit dans cette plaine, après la répression de cette prise d'armes.

Les colons, machinateurs secrets de ce mouvement d'A. Marlot, avaient préparé un repas sur l'habitation Laborde pour Laplume. En se levant de table, ce général dit à Borgella : « Eh bien ! mon cher Borgella, vous voyez que
« les nègres et les mulâtres qui devraient être mes amis,
« sont au contraire ceux qui se montrent mes ennemis,
« tandis que les blancs me sont attachés. — Ce sont les
« blancs qui vous le font accroire, général, répondit Borgella avec vivacité, sans considérer qu'il était en présence
« de tous ces pervers. Cependant, général, si vous réflé-
« chissiez un peu, vous reconnaîtriez que les blancs ne peu-

« vent pas plus être vos amis que les nègres et les mu-
« lâtres qui sont vos frères, et dont les intérêts sont liés
« aux vôtres. Pensez-vous que l'adjudant-général Salomon,
« par exemple, qui appesantit sa rage maintenant sur
« les malheureux officiers qu'il fait arrêter et mettre aux
« fers, soit plus votre ami que ces innocens? Est-ce en
« désapprouvant les actes du général Rigaud, dont il dit
« aujourd'hui tant de mal, que de tambour-major il serait
« devenu colonel? Et croyez-vous qu'il vous montrera
« plus de reconnaissance qu'au général Rigaud? »

Les blancs furent excessivement irrités de ces paroles d'une franchise imprudente. Chéri Congo, jeune noir, gendre de Laplume et son aide de camp, tira son poignard et s'avança sur Borgella en lui disant: « Vous oubliez que vous « parlez au général Laplume!—Chéri, répartit Borgella d'un « ton aussi dédaigneux qu'imposant, vous êtes trop jeune « pour vous mêler de semblables choses. » Laplume, de son côté, s'était avancé pour lui imposer silence.

Ce général, nous l'avons dit, s'était toujours montré l'ami des hommes de couleur, dans son commandement de Léogane: il en avait reçu lui-même des témoignages non équivoques d'attachement. Rigaud et Bauvais lui avaient prouvé ce sentiment depuis qu'il les avait aidés à arrêter Pierre Dieudonné et Pompée. Lorsqu'il fut fait prisonnier à la prise du fort du Petit-Goave, en juin 1799, c'est un homme de couleur qui avait facilité son évasion. Il n'eut donc pas de peine à comprendre la vérité sortie du cœur de Borgella; car il connaissait ses sentimens pour ses frères noirs. Laplume, Africain, était une de ces bonnes natures, comme on en a remarqué tant d'autres parmi les noirs, victimes de la cupidité des Européens. Mais, que pouvait-il faire contre le système inhumain de T. Louverture ? Il avait reçu ses instructions, il était forcé d'y obéir sous peine de périr lui-même ; mais du moins, on peut dire à sa louange, qu'il tempéra autant qu'il put les ordres barbares qu'il reçut de T. Louverture et de Dessalines [1]. Quand nous avons vu Sonthonax, Hédouville, Roume, hommes éclairés parmi les blancs, suivre à la lettre les instructions perfides de leur gouvernement, nous comprenons la soumission d'un noir, privé de lumières, aux ordres de ses chefs.

On conçoit aussi que Salomon, commandant de la place des Cayes, ne tarda pas à savoir la sortie de Borgella à son sujet. C'était ce blanc surtout qui, s'entendant avec Collet et les autres colons, exerçait les rigueurs contre les officiers du Sud. Il fit arrêter Borgella par un autre blanc nommé Morélon ; Borgella fut mis d'abord en prison, puis embarqué sur le bâtiment de l'État nommé *Le département du Nord*. C'était l'envoyer aux noyades qui s'exécutaient alors dans la rade des Cayes par un blanc nommé Pierret et surnommé *Gros-Pierre*. Borgella y trouva d'autres camarades destinés au

---

[1] Je saisis cette occasion pour mentionner une bonne action du général Laplume. Dans l'ancien régime, il était l'esclave d'un blanc nommé Grenier, propriétaire de l'habitation où les Anglais avaient établi un camp. Il se rendait souvent sur celle de mon oncle (le colonel Doyon aîné, mort au camp Thomas dans la Grande-Anse), pour voir des Africains, ses amis, qui s'y trouvaient aussi esclaves. Doyon l'avait remarqué et lui avait souvent témoigné de la bienveillance. Devenu commandant en second du département du Sud, Laplume fit une tournée au Petit-Trou où se trouvaient une sœur de Doyon et toute sa famille, à laquelle mon père était allié. Il recommanda toute cette famille aux attentions de Gracia, autre noir, commandant du Petit-Trou, l'un des hommes les plus honorables parmi les officiers placés dans le Sud. Gracia devint le protecteur de ma famille et de mon père en particulier, durant l'administration de T. Louverture.

Après ces faits, qui excitèrent toujours toute ma gratitude envers la mémoire de Laplume et de Gracia, est-on fondé à dire qu'il n'a existé aucun attachement entre les noirs et les mulâtres ?

même sort, notamment Lacoule, un mulâtre de ses amis.

Parmi les méchans se trouvent toujours des hommes bons. Borgella était franc-maçon, et connu pour tel par plusieurs des blancs des Cayes. L'un d'eux, nommé Desclaux, véritable frère et vénérable de la loge des francs-maçons de cette ville, le recommanda à toute la bienveillance de Pierret, franc-maçon lui-même. Celui-ci se transporta à bord du garde-côtes et le prit sous sa protection, lui donna l'autorisation de coucher dans sa chambre, et défera à sa sollicitation en faveur de Lacoule qui jouit dès-lors du même avantage.

Pendant ce temps, la sollicitude de Madame Marthe Bolos n'avait épargné aucune démarche auprès du général Laplume, pour obtenir la mise en liberté de Borgella. Elle donna même 400 piastres à un jeune blanc, nommé Libertas, qui servait de secrétaire à Laplume, pour l'intéresser à solliciter aussi la faveur qu'elle demandait. Huit jours après, Laplume fit descendre Borgella qui obtint la même faveur pour Lacoule.

Disons ici que la conduite de Pierret envers Borgella fut reconnue dans une circonstance où ce dernier était devenu tout-puissant. Ce blanc était à Santo-Domingo, en 1822, lorsque Borgella y fut nommé commandant d'arrondissement. Le 15e régiment d'Aquin, dont il avait été le colonel, y fut laissé en garnison : dans ses rangs se trouvaient des militaires dont les pères avaient été victimes des exécutions commises par Pierret, aux Cayes, en 1800 ; ils voulaient en tirer vengeance contre lui. Mais Borgella protégea à son tour, celui qui lui avait rendu service dans son malheur : Pierret se décida à quitter Santo-Domingo, et obtint de son protecteur reconnaissant les facilités qu'il désirait.

Les hommes ne sont-ils pas nés pour s'entre-aider les uns les autres ? Si la méchanceté de quelques-uns est souvent punie, presque toujours une bonne action reçoit sa récompense.

Les paroles tenues par Borgella au général Laplume avaient eu trop de retentissement dans un moment aussi critique, et Salomon était trop irrité contre lui, pour qu'il pût rester encore aux Cayes. D'ailleurs, un ordre de T. Louverture enjoignit à Laplume d'envoyer tous les officiers de Rigaud dans l'Ouest. Continuant sa bienveillance à Borgella, il le fit escorter par un seul officier au Port-au-Prince, et Borgella obtint encore de lui la même faveur pour son ami Lacoule.

Rendus là, ils furent mis en prison et aux fers. Dans le même cachot se trouvaient Renaud Delisle et Rey Delmas, deux blancs qui avaient toujours été les amis des hommes de couleur, deux hommes justes enfin, qui ne partageaient pas les préjugés de la généralité des colons. Rey Delmas, on se le rappelle, avait été élu membre du corps législatif par le département de l'Ouest, en 1796, et avait été captif en Angleterre avec Pinchinat et Bonnet. Revenu à Saint-Domingue après avoir été écarté, comme Pinchinat, de la législature, les colons le poursuivirent. Pendant une nuit, il disait à Borgella : « Je vais être sacri-
« fié à la haine des colons qui ne peuvent me pardonner
« mon amour pour la liberté des noirs. T. Louverture se
« montre bien ingrat ! » Ces paroles furent à peine prononcées, que le geôlier vint ouvrir la porte de leur cachot, et appela Rey Delmas. Cet homme honorable fit ses adieux à ses compagnons ; il sortit et fut bientôt sacrifié. Il avait été secrétaire de Bauvais.

Bernard Borgella sentit enfin ses entrailles émues en

faveur de son fils : il intercéda auprès de T. Louverture dont il obtint sa mise en liberté, le 1er janvier 1801. Il n'était pas le seul ; d'autres prisonniers furent aussi relaxés.

Il fut placé à la tête de la 4e compagnie du 3e bataillon de la 13e demi-brigade, formée des débris des troupes du Sud. Bardet était son chef de bataillon. Jean-Louis François, et Coco Herne, qui prit plus tard le nom de Moreau, étaient commandans des deux autres bataillons, et Vendôme, colonel du corps. C'étaient tous des camarades qui avaient défendu la même cause. N'oubliant pas encore Lacoule, il l'obtint pour sergent-major de sa compagnie [1].

Ce fut une faveur faite à Borgella qui, de chef d'escadron, devint capitaine : tant d'autres officiers supérieurs avaient été faits soldats !

Dans cette position, Borgella devint aussi capitaine rapporteur près la commission militaire organisée au Port-au-Prince.

En juin 1801, le général Agé, chef de l'état-major général de l'armée et commandant de l'arrondissement du Port-au-Prince, le prit de la 13e pour servir auprès de lui, toujours au grade de capitaine. Ce fut encore à la recom-

---

[1] Peu de jours après avoir été fait capitaine de cette compagnie, Borgella y reçut, comme soldat, le jeune Chardavoine, âgé alors de 14 ans. Il était venu de lui-même s'incorporer dans la 13e demi-brigade. Dans une absence momentanée du colonel Vendôme, il s'adressa au chef de bataillon J. L. François, qui lui fit des objections sur son jeune âge, en lui demandant à quelle famille il appartenait. Apprenant qu'il était neveu de Doyon aîné, dont J. L. François vénérait la mémoire, ce chef de bataillon le plaça dans la compagnie de Borgella, afin qu'il eût plus d'égards pour lui. C'est dès-lors que commença pour Chardavoine la vive amitié que lui porta Borgella durant toute sa carrière, et à laquelle il répondit par un attachement et un dévouement inaltérables. Leur destinée se lia intimement par des circonstances qui se produiront dans la suite.

mandation de son père dont le général Agé était l'ami. Ce dernier ne tarda pas à lui accorder toute son estime, à cause des qualités qui le distinguaient.

Il était dans cette position, quand l'expédition française arriva.

TABLE DES MATIÈRES

CONTENUES DANS LE CINQUIÈME LIVRE.

PÉRIODE FRANÇAISE.

CINQUIÈME ÉPOQUE.

LIVRE CINQUIÈME.

CHAPITRE PREMIER.

Le général Dessalines va à Jérémie. — Nombreux assassinats dans divers lieux du Sud. — Actes publiés par T. Louverture. — Il quitte les Cayes et se rend à Léogane. — Fête militaire dans cette ville. — Dessalines, général de division. — Assassinats de prisonniers dans plusieurs endroits. — Dessalines en épargne un certain nombre. — Noble conduite de Madame Dessalines à cette occasion. — Hypocrisie de T. Louverture. — Joie et fête des colons. — Révolte éphémère à l'Artibonite. — Inondation extraordinaire. — Règlement sur la culture et sort des cultivateurs. — Ordonnance relative aux propos qui leur sont adressés. — Autre ordonnance sur la culture. — Création de conseils de guerre pour le jugement de divers délits. — Faits relatifs à un vol commis au préjudice de T. Louverture. — Arrêté concernant les comptes à rendre par les agens des finances. — Révolte éphémère dans la plaine des Cayes. — Nouveaux assassinats. — Supputation générale du nombre des victimes par divers auteurs. 237

CHAPITRE II.

Règlement sur la perception des frais par les tribunaux civils. — Création d'une garde d'honneur. — T. Louverture va au Cap où il est fêté par les colons. — Il fait arrêter Roume qui est conduit au Dondon. — Motifs de

T. IV.

cette mesure. — Autres actes administratifs. — Création des douanes, abolition de l'impôt du quart de subvention, établissement de celui sur l'importation des marchandises et l'exportation des denrées. — Acte modifiant le précédent. — Lettre de T. Louverture à Don J. Garcia, pour la prise de possession de la partie espagnole. 271

CHAPITRE III.

Toussaint Louverture arrive à Saint-Jean. — Lettre du 4 janvier à Don Garcia. — Proclamation du même jour aux Espagnols. — Réponse de Don Garcia, du 6 janvier. — Nouvelle lettre de T. Louverture, datée d'Azua. — Combat à Nisao. — T. Louverture arrive à Bany. — Lettre à Don Garcia. — D'Hébécourt envoyé à Santo-Domingo. — Convention prise avec Don Garcia. — T. Louverture entre à Santo-Domingo, le 26 janvier. — Réfutation de faits rapportés par divers auteurs. — Lettre de T. Louverture à Don Garcia, du 28 janvier, et réflexions à ce sujet. — Dispositions diverses prises par T. Louverture. — Départ de Don Garcia de Santo-Domingo, le 22 février.. 288

CHAPITRE IV.

Règlement établissant les droits du timbre et de l'enregistrement. — Ordonnance portant la valeur de la piastre à onze escalins. — Proclamations sur la prise de possession de l'Est de l'île, et la convocation d'une *assemblée centrale* au Port-au-Prince. — Arrêté sur les acquisitions de terre par les cultivateurs. — Proclamation sur des propos tenus contre les intentions de T. Louverture. — Proclamation sur les denrées à cultiver dans l'Est. — Arrêté sur l'organisation et l'entretien de la gendarmerie. — Proclamation qui réduit les droits d'importation et d'exportation dans l'Est. — Ordonnance et arrêté sur la vente des animaux, et portant impôt à ce sujet. — Deux lettres de T. Louverture au Premier Consul. — Arrêté qui défend l'exploitation et l'exportation des bois d'acajou et de gayac. — T. Louverture fait battre une monnaie à son effigie. — Réception faite à l'évêque Mauvielle qui est placé dans l'Est. — Assassinat du colonel Gautier, par ordre de T. Louverture. — Commandemens militaires conférés dans l'Est. — Retour de T. Louverture au Port-au-Prince. — Arrêté contre les pirates. — Répression des *Vaudoux* par Dessalines. — Irruption de Lamour Dérance à Marigot. — Il en est chassé et se réfugie au Bahoruco. 311

CHAPITRE V.

Formation, composition et réunion de l'assemblée centrale au Port-au-Prince. — Toussaint Louverture se rend au Cap. — Sa proclamation à l'armée. — Arrêté pour son habillement. — Nouveau règlement fiscal sur le commerce. —

Arrêtés contre les jeux, sur l'exportation des bois d'acajou dans l'Est, sur les boucheries dans toute la colonie.— Examen de quelques opinions émises sur le gouvernement de Toussaint Louverture.— Il met des hommes de couleur en liberté.— Examen de la constitution coloniale décrétée par l'assemblée centrale, et d'opinions émises à son sujet par divers auteurs.— Publication de cet acte au Cap, discours et cérémonie à cette occasion.— Mission du colonel du génie Vincent en France, pour apporter la constitution au gouvernement consulaire. 341

CHAPITRE VI.

Diverses lois organiques rendues par l'assemblée centrale.— Lettre de Toussaint Louverture à cette assemblée, et sa réponse.— Produits, état financier en 1801.— Système agricole et politique de Toussaint Louverture.— Il est désapprouvé par Dessalines et Moïse.— Opinions diverses et discussion à ce sujet. 385

CHAPITRE VII.

Conduite imprudente de Moïse.— Révolte des cultivateurs dans le Nord, et ses causes.— Accusation contre Moïse.— Prompte répression de la révolte par Henri Christophe, Dessalines et T. Louverture.— Massacre des révoltés.— Arrestation et jugemens prononcés contre Moïse.— Sa mort.— Proclamation de T. Louverture, du 25 novembre, fortifiant le règne de la terreur.— Réflexions à ce sujet.— T. Louverture va dans l'Ouest.— Situation de son esprit. 413

CHAPITRE VIII.

Organisation et état militaire de Saint-Domingue, à la fin de 1801.— Position des troupes dans les divers départemens.— Faits antérieurs à l'arrivée du colonel Vincent en France.— L'expédition contre Saint-Domingue est résolue par le gouvernement consulaire, avant la constitution de Toussaint Louverture.— Motifs divers de cette expédition.— Son but était de rétablir l'esclavage des noirs.— Citation de divers écrits à ce sujet, et examen des opinions émises.— Préparatifs dans les ports de France.— Perplexité de Toussaint Louverture.— Sa proclamation du 18 décembre.— Il ne se prépare à aucune résistance.— Résumé de la cinquième Epoque. . . . 441

CHAPITRE IX.

Positions occupées par J.-M. Borgella, après la guerre du Sud. . . . 490

FIN DE LA TABLE DE LA CINQUIÈME ÉPOQUE.

www.ingramcontent.com/pod-product-compliance
Lightning Source LLC
Chambersburg PA
CBHW050603230426
43670CB00009B/1249